"十四五"全国高校物流管理与工程类专业冷链特色规划教材

冷链物流技术与装备

李　洋　刘广海　主　编

中国财富出版社有限公司

图书在版编目（CIP）数据

冷链物流技术与装备/李洋，刘广海主编．—北京：中国财富出版社有限公司，2020.12（2024.8 重印）

（“十四五”全国高校物流管理与工程类专业冷链特色规划教材）

ISBN 978－7－5047－7303－6

Ⅰ.①冷…　Ⅱ.①李…　②刘…　Ⅲ.①冷冻食品—物流管理—高等学校—教材　Ⅳ.①F252.8

中国版本图书馆 CIP 数据核字（2020）第 249141 号

策划编辑　徐　妍　　**责任编辑**　徐　妍

责任印制　梁　凡　　**责任校对**　杨小静　　**责任发行**　敬　东

出版发行	中国财富出版社有限公司		
社　　址	北京市丰台区南四环西路 188 号 5 区 20 楼	**邮政编码**	100070
电　　话	010－52227588 转 2098（发行部）		010－52227588 转 321（总编室）
	010－52227566（24 小时读者服务）		010－52227588 转 305（质检部）
网　　址	http://www.cfpress.com.cn	**排　　版**	义春秋
经　　销	新华书店	**印　　刷**	北京九州迅驰传媒文化有限公司
书　　号	ISBN 978－7－5047－7303－6/F・3291		
开　　本	787mm×1092mm　1/16	**版　　次**	2020 年 12 月第 1 版
印　　张	17.25	**印　　次**	2024 年 8 月第 4 次印刷
字　　数	399 千字	**定　　价**	52.80 元

总　序

自《农产品冷链物流发展规划》实施以来，中央和地方政府因势利导地出台了多项政策，支持冷链物流行业的发展，加上技术的不断成熟和市场需求的扩大，助推了冷链物流行业的加速发展。冷链物流已成为满足人民美好生活需要、支撑新经济增长和对接国家发展战略的热点问题。人们生活水平的提高以及消费观念的改变，使消费者对生鲜产品的质量要求越来越高，绿色、有机产品需求大幅提升，“以国内大循环为主体、国内国际双循环相互促进”“精准扶贫”等一系列战略的实施和经济全球化给冷链物流发展带来了新的机遇。

目前，我国冷链物流无论是规模还是质量均达到了较高的水平，但同欧美发达国家相比仍存在明显差距。单从行业发展空间来看，我国综合冷链流通率远低于欧美、日等发达国家和地区，人均冷链资源也远未达到发达国家的水平；地区发展不平衡、冷链物流成本高、腐烂损耗高、冷链流通率低、物流效率低等问题一直存在，冷链物流人才短缺已成为制约冷链物流发展的瓶颈。随着新零售、新餐饮等更多新业态的爆发，冷链物流服务也面临多元化发展，这也对当前的冷链物流企业提出了更高的要求，培养和储备能够提供全面解决方案的复合型冷链专业人才势在必行。此外，冷链物流对专业性和技术性的要求不断提高，对从业人员的要求也越来越高。

基于上述背景，在教育部高校物流管理与工程类专业教学指导委员会的领导下，在冷链物流工作组组长谢如鹤教授的主持下，自 2018 年以来召开了一系列有关冷链特色教材的研讨会，组织近 20 所高校及企业、近 30 位作者，耗时近两年完成了本规划教材的主要模块的编写，后续还将继续完成该教材体系。目前形成的主要模块教材有：《冷链物流概论》《冷链商品学》《冷链物流技术与装备》《冷链物流实验与实训》，各高校可根据学校自身的专业定位及特点选取相应的教材。

该冷链特色规划系列教材立足物流管理与工程类专业的特点，将冷链技术与冷链运作管理相结合、冷链基础知识与高阶技术相结合、冷链物流理论与冷链运营实践相结合，具有较好的系统性、科学性和先进性，可以基本满足当前和今后一个时期内我国冷链物流发展对冷链人才的培养的要求。希望本规划教材的出版和使用，能起到其应有的作用。

前　言

冷链物流作为物流行业的一个分支，是随着工业和商业的需求增多而不断发展起来的一个行业。近年来，由于供给侧结构性改革势头正猛，冷链物流行业受到前所未有的关注，中央和地方政府因势利导地出台了多项政策，以支持行业健康发展。我国政策、经济、市场环境持续向好，加上技术的不断成熟，助推了冷链物流行业的加速发展。随着新零售等新兴业态不断涌现，消费需求也将进一步提升，消费者对食材品质与安全性的高要求，使得冷链物流技术成为整个生鲜行业发展的关键所在。

在我国冷链物流的高速发展时期，冷链物流人才短缺成为了制约冷链物流发展的瓶颈。随着新零售、新餐饮等更多新业态的爆发，冷链物流服务也需要多元化发展，这就对当前的冷链物流企业提出了更高的要求，培养和储备能够提供全面解决方案的复合型专业人才势在必行。此外，冷链物流对专业性和技术性的要求不断提高，对从业人员的要求也越来越高。

教育部高校物流管理与工程类专业教学指导委员会冷链工作组自 2019 年开始组织全国有关单位编写了本书。本书基于冷链物流全流程、全方位视角，对冷链物流技术体系进行了重新梳理，并注重理论与实践相结合，将冷链物流应用技术与设施设备整合为一个系统全面的冷链物流知识框架。本书从冷链物流行业实践出发，将应用技术具体化，强调对读者实践能力的培养，使读者能够利用本书掌握知识要点，为以后进一步在冷链物流行业深造及工作打好基础。本书重点阐述冷链物流中的常用的制冷技术、包装技术、温度传感测试技术、低温储藏加工技术、运输技术以及信息技术和运营技术。内容上力求阐明相关概念和理论及应用，并尽量做到图文并茂，每章后配有习题供学生复习使用。本书为冷链物流类及相关专业的研究生、本科生或已经从事冷链物流类等工作的人员而编写。

本书编写工作历时近两年，由长期从事冷链教学和科研工作的教师编写而成，凝聚了多人的劳动与研究成果。

本书的参编单位有：东北林业大学、广州大学、东北农业大学、长沙学院、厦门华厦学院等。

本书编写任务如下：第一章由王英编写，第二章由李金亮编写，第三章和第五章由李洋编写，第四章和第六章由刘广海编写，第七章和第八章由赵静编写。全书由李洋老师统稿，本书在编写过程中借鉴了国内外多位专家的观点、论文以及资料，在此表示感谢。

由于时间仓促，本书难免有不足之处，敬请各位读者批评指正。

编　者

2020 年 8 月

目　录

第一章 绪 论

绪论

教学目标

掌握冷链物流的定义、特点；理解发展冷链物流的意义；了解冷链物流的研究对象、主要环节以及研究内容；了解冷链物流的国外发展状况、国内发展现状、存在问题以及未来的发展趋势；了解冷链物流技术与装备的发展现状、问题及发展趋势。

生鲜初级农产品、肉制品、乳制品、速冻食品、疫苗类产品、血液制品——这些在人们日常生活中扮演着重要角色的食品和药品，都有一个共同的特点，就是从生产到消费整个产品生命周期中，都需要借助全程冷链物流保证其新鲜和安全。天南地北的生鲜产品依靠冷链物流跨越了时间和距离，在全世界范围流通，保证了其质量和安全，丰富了消费者的生活，也让农户和企业获得相应的价值增值。

冷链物流作为物流行业一个特殊和重要的组成部分，与人们的生活息息相关。尤其近年来，国家从食品、药品安全角度，相继颁布了许多支持冷链物流行业的政策法规，为冷链物流发展创造了良好的政策环境。同时，生鲜电商和生鲜连锁超市等的快速成长，也极大地刺激企业关注和投资冷链物流领域，助推了冷链物流市场的快速成长。

那么什么是冷链物流？它有什么特点？其研究对象和任务是什么？目前的发展现状和未来趋势如何？本章将对这些问题做具体阐述。

第一节 冷链物流概述

一、冷链物流的定义

（一）冷链的定义

随着冷链的发展，人们对冷链的认识也不断深入。目前，关于“冷链”尚没有一个统一的定义，不同的组织和学者从不同的角度给出“冷链”不同的定义。

美国对冷链的定义是在第二次世界大战后物流管理进入供应链管理时代的背景下提出的。美国食品药品监督管理局（Food and Drug Administration，FDA）将冷链定义为：为阻止细菌的生长，保证产品的品质，在产品从农田到餐桌的连续移动过程中，始终维持正确温度的物流过程。

欧盟由于国家众多，发展水平存在差异，其在物流发展方面注重物流的标准化，以促进物流运作在各国之间的有效衔接。因此，欧盟对冷链的定义更强调可操作性，具有标准化的特征。欧盟给出的冷链定义为：从原材料的供应，经过生产、加工或屠宰，直到最终消费为止的一系列有温度控制的过程。

日本冷链发展迅速，从其冷链发展过程看，日本冷链更加注重冷链技术的发展和新的流通方法的应用。日本各种大辞典中都有明确的冷链定义，如《明镜国语辞典》对冷链的定义为：通过采用冷冻、冷藏、低温储藏等方法，使鲜活食品、原料保持新鲜状态，由生产者流通至消费者的系统。《日本国语大辞典》对冷链的定义是“低温流通体系”。

全球冷链监控联盟给出的冷链定义是：从牲畜被屠宰或果蔬被采摘开始一直到供给最终消费者的过程中，对易腐食品的冷藏温度进行监控，以保证其品质的优良性和食用的安全性。

我国冷链发展起步较晚，直到21世纪，冷链才得到重视。2009年11月30日，全国物流标准化技术委员会冷链物流分技术委员会（以下简称“冷标委”）在北京成立。

国家标准《物流术语》（GB/T 18354—2006）对冷链的定义为：根据物品特性，为保持物品的品质而采用的从生产到消费的过程中始终处于低温状态的物流网络。该标准也对物流网络做出明确定义：物流网络是物流过程中相互关联的组织、设施和信息的集合。

孙杰提出：冷链是从物品获取到最终被消耗的整个过程中，物品始终处于维持其品质所必需的可控温度环境下的特殊供应链。

胡从旭将冷链定义为：易腐生鲜食品从采集原料（采摘、捕捞、收购等）、生产、加工、储藏、运输、销售，到最终消费前的各个环节始终处于规定的低温环境，以保证食品质量、减少食品损耗的一项系统工程。

综上所述，冷链是指某些食品原料、经过加工的食品或半成品、特殊的生物制品和药品，在经过采收、处理、灭菌、灭活后，在加工、储藏、运输、分销和零售、使用过程中，其各个环节始终处于所必需的特定低温环境下，以减少损耗，防止污染和变质，从而保证食品安全、生物安全、药品安全的特殊供应链系统。

（二）冷链物流的定义

冷链物流（Cold Chain Logistics），也称为低温物流（Low - temperature Logistics）。目前，关于冷链物流的定义也有不同的表述。

2010年国家发展和改革委员会（以下简称“国家发展改革委”）出台的《农产品冷链物流发展规划》指出，农产品冷链物流是指使肉、禽、水产、蔬菜、水果、蛋等生鲜农产品从产地采收（或屠宰、捕捞）后，在产品加工、贮藏、运输、分销、零售等环节始终处于适宜的低温控制环境下，最大程度地保证产品品质和质量安全、减少损耗、防止污染的特殊供应链系统。

毋庆刚认为冷链物流泛指冷藏冷冻类物品在生产、储存、运输、再加工以及销售的全过程中始终处于规定的低温环境下（0℃～4℃），以保证物品质量和性能的系统工程。它是以保持低温环境为核心要求的供应链系统，是随着科技进步以及制冷技术的快速发展而发展起来的，是以冷冻工艺学为基础，以制冷技术为手段的低温物流过程。

《冷链物流分类与基本要求》（GB/T 28577—2012）将冷链物流定义为：以冷冻工艺为基础、制冷技术为手段，使冷链物品从生产、流通、销售到消费者的各个环节始终处于规定的低温环境下，以保证冷链物品质量，减少冷链物品损耗的物流活动。其中，冷链物品指冷链条件下流动的物质资料。

庾莉萍认为冷链物流是指冷藏冷冻品在生产、储藏、运输、销售到消费前的各个环节中始终处于低温环境下，以保证产品品质、减少物品损耗的系统工程。冷链物流具有复杂性、协调性以及高成本性特征，适用于果蔬、禽蛋、水产品、速冻食品、乳制品、花卉、药品等领域。

史海峰、郭瑞红提出冷链物流是指各种易腐、生鲜商品在生产、储存、运输、配送、销售等环节中，始终处于规定的低温环境，以保证商品品质，减少商品损耗的复杂供应链系统。冷链物流是随着现代科学技术的进步与发展而建立起来的，综合考虑了生产、运输、配送、销售等环节的经济性、技术性要素，确保各要素间相互协调，从而保证易腐、生鲜商品的保值增值。

谢如鹤提出冷链物流是指在生产、仓储或运输和销售过程中，一直到消费前的各个环节始终使产品处于规定的最佳低温环境下，以保证产品质量、减少产品损耗的一项特殊的物流活动；并指出冷链物流的研究对象是需要所处环境保持较低温度的物品，如农产品、禽肉类、水产品、花卉、加工食品、冷冻或速冻食品、冰激凌和蛋奶制品、快餐原料、酒品、饮料等，以及特殊的商品。

上述典型定义，尽管表述不尽相同，但是归纳起来有以下几个共同点。

第一，冷链物流的对象主要是易腐、易变质的产品，如生鲜农产品、加工食品和医药产品，这些产品在从供应地向消费地的流动过程中需要保持规定的低温条件，以保证产品品质和性能的完好。

第二，冷链物流是一个复杂的系统，为实现产品从生产地到消费者的空间转移，需要全程控温，涉及运输、仓储、集散、拣选、流通加工等一系列物流环节，并需要运用系统的观点、科学的管理方法对相应的物流环节及其接口进行计划、组织、协调和控制。

第三，冷链物流的核心目的是保证产品的品质。冷链物流集成了信息获取与监控、冷藏与冷冻、保鲜环境控制、仓储、流通加工等一系列高新技术，而所有相关技术的应用都是为了延长产品的保质期和确保产品质量。

二、冷链物流的特点

冷链物流涉及多个环节和众多企业，是一个复杂的、特殊的物流系统。同普通物流系统相比，冷链物流具有以下鲜明的特点。

（1）温度控制要求严格。冷链物流是一个全程的低温物流过程，必须遵循 3T 原则，即产品的最终质量取决于冷链的流通时间（Time）、储藏温度（Temperature）和产品本身的耐藏性（Tolerance）。冷藏产品在流通过程中，因温度和时间的变化而引起的品质降低是逐渐累积并且不可逆的。因此，对于不同的产品品种和不同的品质要求都要有对应的温度控制和储藏时间的技术经济指标。

（2）时效性强。冷链物流所承载的产品一般为易腐和易变质的产品，如鲜活农产品、加工食品、乳制品等，这类产品即使在低温环境下的保质期也很短。因此，需要在规定的温度条件下，用较短的时间完成整个物流转移过程，以保证时效性。

（3）组织协调性要求高。冷链产品的时效性特点要求冷链上、下游各环节之间要密切配合，且具有高度的组织协调性，以实现各环节的无缝衔接，从而保证产品时间和空间上的顺畅对接。否则，一旦某个环节出现差错，就很可能导致产品品质发生变化，造成巨大的经济损失。

（4）专业性强。冷链物流是以冷冻与温控工艺学为基础，以制冷和保温技术为手段的一种特殊物流。为保证产品在从供应地流向消费地的各个环节都处于规定的低温条件，需要借助预冷站、冷库、冷藏车、冷柜等冷冻、冷藏和空调系统以及保冷隔热相关设施，对产品进行预冷、冷却冷冻、储藏和运输；需要在低温环境下完成分拣、流通加工、包装等物流作业活动；进入零售环节的产品也需要用低温冷藏设备进行存放和保管。因此，同普通物流相比，冷链物流对技术、设备和环境的要求更高，其专业性更强，相应的资金投入也更大。

（5）复杂性。与普通物流系统相比，除了一般的现代物流技术之外，冷链物流还涉及制冷技术、保温技术、制冷保鲜技术、温湿度检测技术、信息处理技术等。产品品质变化机理复杂，有的产品甚至涉及法律法规的约束。同时，每种产品都必须有对应的温度、湿度控制和储藏时间要求，并且能够对全程进行追踪和监督，这些都加大了冷链物流的复杂性。

（6）成本高。冷链物流的成本远比普通物流的成本要高。首先，冷藏设施设备投资大，成本高。例如，冷藏车的购置费、冷藏库（简称冷库）的建设投资通常是常温车辆和仓库的 3～5 倍。其次，冷链物流运营成本较高，冷链运输和仓储成本通常是普通物品运输和仓储成本的 2～3 倍，而且，为了保证环境温度的恒定，冷库和冷藏车都需要不间断地制冷，因此需要消耗更多的能源。另外，冷链物流资本回收期较长，不是一般的企业所能承担的。

三、发展冷链物流的意义

随着我国经济发展和人民生活水平的提高，人们对产品的质量与安全越来越重视，要求也越来越高。冷链物流作为保障产品质量与安全链条中的重要一环，近些年来受到了前所未有的关注。由于我国冷链物流行业起步较晚，目前同世界先进水平相比，还存在很大差距，我国相应的物流成本更高、产值损耗更大，产业竞争力也较弱。

因此，加快冷链物流发展，对于保证产品质量安全，增加农民收入，促进相关产业发展和提升产业竞争力都具有重要意义。

（1）冷链物流对人民生命安全起保障作用。食品、药品，特别是生物制剂和血液制品的质量直接关系到人民身体健康和生命安全，而冷链物流是保障食品、药品流通安全的关键环节。党中央曾强调指出，要用最严谨的标准、最严格的监管、最严厉的处罚、最严肃的问责，加快建立科学完善的食品、药品安全治理体系，严把从农田到餐桌、从实验室到医院的每一道防线。冷链物流使食品、药品在生产、储藏、运输、销售等各个环节始终保持在所规定的低温环境下，从而有效控制有害微生物和细菌的繁殖，为食品、药品的质量与安全提供保障。

（2）冷链物流是适应农产品大规模流通的客观需要。我国是农业大国，经过改革开放40多年的发展，我国农业产业结构调整取得了显著成效，农作物的区域分布和品种布局更加合理化，农产品流通呈现出大规模、长距离、反季节的特点。冷链物流是使农产品在加工、运输、储存、销售等整个链条中保持新鲜度和营养价值的重要基础。一方面，冷链物流可以降低农产品在大规模、长距离、跨区域运输中由于新鲜度下降、变色、变质、腐烂等带来的损耗；另一方面，冷链物流也是实现农产品跨季节销售的重要途径。将在旺季生产的农产品冷藏，淡季时供应市场，能够增加其经济价值，在丰富消费者的菜篮子的同时，增加农民收入。

（3）冷链物流是提升居民生活品质的重要保障。随着城乡居民消费水平和消费能力的不断提高，人们的消费观念向多样化、快捷化方向发展。人们对果蔬、牛奶以及冷冻食品等生鲜产品的需求不断增加；同时，对生鲜产品的多元化、新鲜度、营养性、安全性方面也提出了更高的要求。冷链物流的全程温控这一严格的环境要求能够大大提高生鲜产品的品质，减少其营养流失。冷链物流为丰富产品种类，满足人民群众“更优质、更便利、更安全”的要求提供了重要保障。

（4）冷链物流是促进农民增收的重要途径。长期以来，我国农产品损失严重，果蔬、肉类、水产品流通腐损率分别为20%～28%，12%、15%，尤其是果蔬这一类在流通过程中的损失每年可达到数千亿元。同时，生鲜农产品集中上市后受保鲜储运能力制约，农产品“卖难”和价格季节性波动的问题突出，农民增产不增收的情况时有发生，严重影响了农民增收和其种植积极性。发展冷链物流，一方面，可以减少农产品产后损失，直接提高农民收入；另一方面，有利于提高农产品流通的组织化、信息化和标准化程度，促进农产品的大规模跨区域流通和跨季节均衡销售，提高农产品的经济价值，促进农民的持续稳定增收。

（5）冷链物流是提高我国农产品国际竞争力的重要举措。从产量上看，我国每年生产的生鲜农产品具有较强的比较优势，但是由于冷链物流发展滞后，我国的蔬菜、水果每年出口量仅占总产量的1%～2%，且其中80%是初级产品，产品附加值低，在国际市场上缺乏竞争力。特别是近年来，世界各国尤其是发达国家不断提高进口农产品的准入标准，各种质量监控和绿色贸易壁垒已经成为制约我国农产品出口的重要障碍。加快发展农产品冷链物流，有助于提高我国出口农产品质量，突破贸易壁垒，增强农产品的国际竞争力。

第二节　冷链物流研究对象与内容

一、冷链物流的研究对象与分类

（一）冷链物流的研究对象

目前，冷链物流的研究对象主要包括以下三大类。

（1）初级农产品。初级农产品包括蔬菜、水果、畜、肉、禽、蛋、水产品、花卉等。

（2）加工农产品。加工农产品包括速冻食品，畜、禽、肉、水产等包装熟食，冰激凌、奶制品、巧克力以及快餐原料等。

（3）特殊产品。特殊产品包括医药用品、生物制品、部分电子器件和化工产品等。

不同的冷链产品，由于其自身的特性差异，对温度控制条件、储运环境、运输工具和技术标准等都有不同的要求。因此，需要针对不同产品的独特属性进行分类管理。下面以其中的几类产品为例进行说明。

1. 水果和蔬菜

我国是农业大国，蔬菜和水果产业已成为仅次于粮食产业，生产总值分别位于第二、第三位的农村经济支柱产业。2017 年，全国蔬菜总产量约为 8.11 亿 t，约占全球总产量的 60%，水果总产量约为 2.52 亿 t，约占全球总产量的 31.40%。2018 年，中国果蔬产品冷链物流需求规模达到 9914 万 t，水果、蔬菜冷链运输量分别占冷链运输总量的 27%、26%。

水果和蔬菜被采摘后，虽然已经离开植株，但仍为生命体，能够进行呼吸作用、蒸腾作用和微生物作用，这是引起果蔬采摘后腐损的原因。

水果和蔬菜高质量的运输始于采摘，因此应注意以下几点：①应在理想时间和成熟状态下采摘；②细心地拣选、整理和清洗；③通过预冷，以有效减缓采摘后的果蔬因呼吸作用、蒸腾作用和微生物作用而发生腐损；④通过速冻储藏技术最大限度地保存果蔬原有风味和营养成分；⑤正确地使用包装材料对果蔬进行包装；⑥在正确的温度、湿度、气体成分环境下进行冷链运输。通常，果蔬冷藏温度在 0℃左右，湿度保持在 85%～95%，但是由于果蔬的种类不同，对温度和湿度的要求也有区别。

2. 畜禽肉类

畜禽肉类主要包括牛肉、羊肉、猪肉、鸭肉、鹅肉等。我国是肉类生产和消费大国，肉类总产量占世界总产量 1/3 左右。根据国家统计局数据，2018 年，我国肉类总产量 8517 万 t，其中，羊肉产量 475.07 万 t，牛肉产量 644.06 万 t，猪肉产量 5404 万 t。目前，我国肉类产品冷链流通率超过 15%，冷链运输率超过 30%，冷链物流的规模增长速度很快。

畜禽经屠宰后即成为无生命体，对外界的微生物侵害失去抵御能力，同时发生一系列的降解等生化反应，会经历僵直、软化成熟、自溶和酸败四个阶段。其中，自溶阶段是质量下降的阶段，特点是蛋白质和氨基酸分解、腐败微生物大量繁殖。可通过储藏尽量推迟肉类进入自溶阶段。

冷冻储藏是一种古老的、传统的保存易腐食物的方法，它可以钝化酶的分解、减缓氧化、抑制微生物生长繁殖，使肉类食品处于休眠状态，能够最大限度、最长时间保证其新鲜，使产品生产数周甚至数月后仍保持原样。

通常，冷鲜肉要求在加工、储藏、运输、销售直到烹饪前的整个过程始终处于0℃～4℃环境中。如果是冷冻肉，温度则需要控制在－18℃以下，因为肉类在－18℃以下达到休眠状态，在－23℃以下的低温则会成倍延长冷藏期，在－30℃以下的冷藏期比在－18℃下冷藏期长一倍以上，其中猪肉最明显。

3. 水产品

水产品主要包括鱼、虾、蟹、贝类。我国是水产品的主要生产国之一，2018 年，我国水产品加工行业总产值达到 4305.1 亿元，水产冷库数量达到 7957 座，水产冷藏技术方面也有了极大的进步。

同畜禽肉类相比，水产品死后同样会经历僵直、软化成熟、自溶和酸败四个阶段，而且这四个阶段持续时间较短，尤其是软化成熟阶段极短，这是因为多种酶和微生物在较低的温度下仍有很强的活性。在自溶阶段，蛋白质和氨基酸分解、微生物大量繁殖，导致产品质量变差。

从客户需求与流通模式看，水产品分为鲜活水产品、冰鲜水产品以及冷冻水产品三大类。其中，鲜活鱼类、虾类、蟹类和贝类等通常用无色玻璃有氧鱼缸进行陈列展示，并使用带氧气瓶的专用车进行有氧运输；冷冻水产品和冰鲜水产品需全程采用冷链技术。

不同类型的水产品有不同的储藏温度，温度越低，保鲜期越长。一般鱼类在－18℃可储存 9 个月，在－24℃可储存 1 年，其中，金枪鱼需要在－60℃超低温环境下储存；虾在－18℃可储存 12 个月，在－23℃可储存 14 个月；贝类在－25℃～－18℃可储存 6～10 个月。

此外，包装和操作方法对冷藏期也有影响，应避免将产品暴露在空气中导致其氧化变色和脱水干耗情况的发生，装、拆箱作业应快速进行，避免因温度波动影响其质量。

4. 速冻食品

速冻食品是指将新鲜的食品，在－30 ℃以下速冻，使食品中心温度在 20～30 min 内从－1 ℃降至－5 ℃，再降至－18 ℃，食品内 80%以上的水分变成冰晶（冰的结晶粒度小于 100μm），然后经包装，在－18 ℃及以下的温度条件下冻藏和流通的方便食品。

目前，我国速冻食品进入快速发展阶段，根据国家统计局数据，2017 年，我国速冻食品行业销售收入为 869.97 亿元，比 2011 年 547.12 亿元的收入增长约 59%。速冻水饺、速冻汤圆、速冻面点、速冻粽子和速冻馄饨占据速冻市场的前五强，速冻水饺约占整个速冻食品销售额的 50%，速冻汤圆约占据 20%，速冻面点、速冻粽子、速冻馄饨、速冻春卷及地方特色小吃等约占 30%。

速冻食品通过各种急速冻结方式，使速冻食品细胞内外在很短时间内度过冰晶期，不会破坏食物的细胞组织，能够最大限度地保持速冻食品的新鲜和营养。另外，因速冻食品的温度低，细菌停止生产繁殖，抑制了酶的作用，因而，速冻食品可长期储藏保鲜。

5. 奶制品

随着人们生活水平提高和健康意识的加强，营养丰富的奶制品受到大多数消费者的喜爱。根据温度控制要求的不同，奶制品可以分为三类：a. 常温类（15℃～28℃）：该类型包括灭菌奶、奶粉、奶片及乳饮料等；b. 冷藏保鲜类（0℃～4℃）：如巴氏杀菌奶、酸奶及奶酪等；c. 冷冻类（低于－18℃）：如冰激凌等。冷藏保鲜类和冷冻类奶制品需要进行冷链处理。

在我国，从原奶获取、生产到加工多在 24h 内完成，整个物流过程都要求使用低温冷藏设备。在原奶的生产基地，产后的原奶要第一时间急速预冷至 4℃，而后对原奶进行包装或者通过管道进行运输，在整个运输过程中始终保持在 0℃～4℃，直至送达工厂后将鲜奶通过冷藏保温管道传到工厂冷藏储奶罐。在工厂内部，加工不同种类产品时，要严格按照相应的储藏标准和条件执行，在各加工作业区，室温条件一般不超过 10℃，冷藏保鲜类产品的冷藏温度必须保证在 0℃～4℃，冷冻类产品的储藏温度为－18℃以下，部分为－25℃，甚至更低。在销售及配送过程中，冷藏保鲜类产品的运输温度也应控制在 0℃～4℃，冷冻类产品的运输温度要始终低于－18℃。

6. 医药用品

随着经济生活水平和医疗保障水平的提高，中国医药市场规模不断壮大，医药冷链物流市场规模也随之扩大并进入快速增长期。根据《中国医药物流发展报告（2017)》，截至 2017 年年底，我国以疫苗类制品、注射针剂、酊剂、口服药品、外用药品、血液制品等为主的冷链物流医药市场规模为 1000 亿元左右，占我国医药流通企业总销售额的 10%左右。

医药用品安全直接关系到人民的生命安全，因此对冷链物流提出了更高的要求。一般的冷藏药品的温度要求是 2℃～8℃；加工药品的温度要求是 8℃～15℃；冷冻药品的温度要求是低于－20℃，比如常见的疫苗；深度冷冻药品的温度要求低于－70℃，这些药品基本上是药品的原液，比如赫赛汀储存温度为 2℃～8℃，但是它的原液应储存在－70℃以下的环境中。

（二）冷链物流的分类

1. 按温度适用范围划分

按照温度从低到高的顺序，通常将冷链物流划分为超低温物流、冷冻物流、冰温物流、冷藏物流、恒温物流五种类型，如图 1-1 所示。

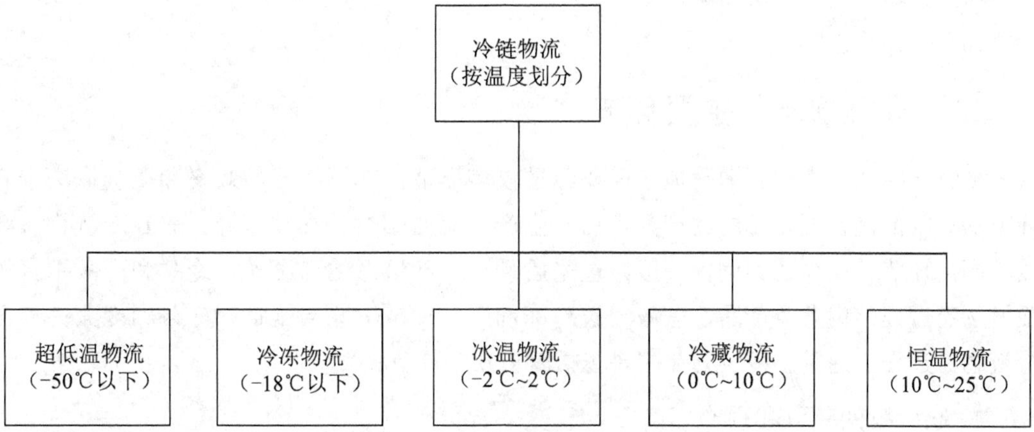

图 1-1　冷链物流温度分类示意

（1）超低温物流适用温度范围一般要求在－50℃以下。

（2）冷冻物流适用温度范围一般要求在－18℃以下。

（3）冰温物流适用温度范围一般要求在－2℃～2℃。

（4）冷藏物流适用温度范围一般要求在 0℃～10℃。

（5）恒温物流适用温度范围一般要求在 10℃～25℃。

2. 按产品品类划分

（1）肉及肉制品冷链物流。

（2）水产品及其制品冷链物流。

（3）禽蛋及其制品冷链物流。

（4）果蔬产品冷链物流。

（5）乳及乳制品冷链物流。

（6）糕点、糖果类食品冷链物流。

（7）油脂品冷链物流。

（8）速冻食品冷链物流。

（9）冷冻饮品冷链物流。

（10）药品冷链物流。

（11）花卉及苗木冷链物流。

（12）化工原料冷链物流。

（13）特殊危化品冷链物流。

3. 按冷链物流环节或领域划分

（1）生产加工冷链物流。

（2）批发（市场）冷链销售物流。

（3）零售（店铺）冷链销售物流。

（4）运输、配送冷链物流。

（5）储存冷链物流。

二、冷链物流的主要环节

冷链产品从生产地到消费地，需要经过较多环节，冷链物流的效率和质量取决于各环节的有效衔接程度。不同的产品，由于生产、流通等过程存在差异，故其冷链物流涉及不同的环节。以果蔬为例，一般经过采后预冷、冷链运输与配送、冷藏和冷藏销售等冷链物流过程；肉禽类产品，一般经过冷冻加工、冷链运输与配送、冷藏和冷藏销售等冷链物流过程。通常，冷链物流主要包括以下几个环节。

1. 原材料的获取和预冷环节

获取质量完好的原材料并对其进行预冷是冷链物流的第一个环节。预冷是指产品从初始温度（常温 30℃左右）迅速降至所需要的温度的过程。通过预冷将产品冷却到适宜运输或储藏的温度，以最大限度地保持产品的新鲜度等品质指标，延长储藏期，降低损失率。该环节质量的高低在很大程度上决定了整个冷链物流的质量的高低。

2. 加工环节

该环节包括在一定温度控制下使产品发生物理和化学变化的所有加工作业过程，如肉禽类、鱼类、蛋类的冷却与冷冻，各种速冻食品与奶制品的低温加工等，同时也包括为促进销售、保证产品质量和实现物流的高效率运作而进行的包装、分级、分割、计量、分拣、贴标签以及组装等加工活动。该环节是产品价值增值的重要一环，是整个冷链中必不可少的环节。在加工过程中对温度进行有效控制是不容易的，通常需要应用冷却、冷冻和速冻装备等。

3. 冷藏储存环节

该环节是指在一定的冷却或冻结温度条件下，将产品低温储存一定的时间。根据产品冷却或冻结加工温度的不同，冷藏可以分为冷却物冷藏和冻结物冷藏两种。冷却物冷藏的温度一般在 0℃以上，冻结物冷藏的温度一般在－18℃以下。该环节主要保证产品在储存和加工过程中始终处于低温保鲜环境，通常涉及各类冷库、制冷等配套设备、冷藏柜、冻结柜及家用冰箱等。

4. 冷链运输与配送环节

该环节使用装有特制冷藏设备的运输工具来实现易腐产品的中、长途运输及短途配送。在该环节，温度的波动是引起产品质量下降的主要原因之一，因此运输工具应具有良好的性能，在保持规定低温的同时，更要保持温度的稳定，这对长途运输来说尤其重要。冷链运输有多种形式，如公路冷链运输、铁路冷链运输、水路冷链运输、航空冷链运输和多种方式的联合运输，涉及的运输工具主要有铁路冷藏车、冷藏汽车、冷藏集装箱、冷藏船以及其他低温运输工具。

5. 冷藏销售环节

该环节主要包括产品进入批发和零售环节的冷藏和销售，由生产厂家、批发商和零售商共同完成。随着大中城市连锁超市的快速发展，各类连锁超市正在成为冷链农产品的主要销售渠道。这些销售终端，大量使用了冷藏、冷冻陈列柜和冷库等冷链设备与设施，其中，冷藏、冷冻陈列柜兼有冷藏和销售的功能，已经成为整个冷链越来越不可或缺的冷藏设备。

三、冷链物流的运作条件

冷链物流是一个特殊的低温物流过程，与普通物流系统相比，冷链物流在运作过程中需要具备以下条件①。

1）“3P”条件

“3P”指的是 Products（原料品质）、Process（处理工艺）、Package（货物包装）。要求冷链产品的原料质量要好、处理工艺质量要高，且包装要符合产品的特性，这是产品处于冷链中的“早期质量”要求。

2）“3C”条件

“3C”指的是在整个生产加工和流通过程中，对产品爱护（Care）、保持清洁（Clean）卫生的条件以及低温（Cool）的环境，这是保证产品“流通质量”的基本要求。

3）“3T”条件

著名的“3T”理论，包括冷链流通时间（Time）、储藏温度（Temperature）以及产品本身的耐藏性（Tolerance）。该理论表明：a. 在一定的温度下，每一种冻结产品的质量下降程度与所经历的时间存在确定的关系，大多数冷冻食品的质量稳定性是随着食品温度的降低而呈指数关系增长的；b. 冻结产品在储运过程中，由于时间和温度变化而引起的质量降低量是累积的，并且是不可逆的，但与时间和温度的变化顺序无关；c. 冻结产品的温度越低，其品质变化越小，相应的储藏期就越长。

4）“3Q”条件

“3Q”是指冷链中设备数量（Quantity）的协调、质量（Quality）标准的一致性以及快速的（Quick）作业组织，这对冷链物流各个作业环节的衔接管理与协调是非常重要的。冷链中设备数量的协调能够保证易腐产品始终处于低温的环境中。因此要求产销部门的预冷站、各种冷库、铁路的冷藏车、公路的冷藏汽车、水路的冷藏船，都要按照易腐产品货源货流的客观需要，相互协调发展。质量标准的一致性是指各环节的标准，包括温度条件、湿度条件、卫生条件和包装条件应当统一，以提高各项设备的综合利用效率。快速的作业组织是指生产部门的货源组织、运输部门的车辆准备和途中服务、换装作业的衔接、销售部门的库容准备都应快速组织并协调配合。

---

① 为便于理解，“3P”“3C”“3T”“3Q”“3M”中对应单词的中文释义为其引申义。

5）“3M”条件

“3M”即保鲜工具与手段（Means）、保鲜方法（Methods）和管理（Management）措施。冷链物流中所使用储运工具的数量、技术性能与质量标准等均应协调一致；保鲜方法应符合产品的特性，在保证经济的同时，又能达到最佳的保鲜效果；同时，要有相应的管理机构和行之有效的管理措施，以保证各作业环节之间协调配合。

四、冷链物流的研究内容

随着消费结构的升级，消费者对食品、药品等产品的质量与安全要求越来越高，再加上生鲜电商的快速崛起和国家相关政策的大力支持，我国冷链物流进入了迅速发展期，并受到了全社会的关注与重视。

冷链物流是一门新兴的理论与实践相结合的交叉学科。它运用了经济学、管理学、物理、化学、数学、系统工程学和运筹学等理论工具，涉及物流管理学、运输经济学、企业管理学、生物学、制冷学、电学和食品工艺学等应用学科，对运输、仓储、冷冻、计算机、互联网等方面的技术有着越来越高的要求。

冷链物流主要研究根据产品的质量属性，利用物流网络、物流设备及设施和物流技术，保证易腐、易变质的产品从生产、加工、储藏、运输、销售、配送直到消费前的各个环节始终处于规定的低温环境下，以保证产品质量、减少损耗。

冷链物流的研究内容可以概括为以下几个层面。

第一，经济学层面。例如，冷链物流园区建设与宏观经济、区域经济的关系；冷链物流企业运作的经济性分析；冷链物流运营采用第三方物流、第四方物流及物流集团化的经济性等。

第二，管理学层面。例如，冷链物流网络的建立与冷链物流系统的建设；冷链物流的采购、运输、储存、流通加工、包装、配送、信息处理等作业环节的一体化管理；冷链物流系统的组织管理、企业冷链物流系统的绩效评价等。

第三，技术层面。例如，食品冷藏、冷冻技术，食品保鲜及加工工艺，冷库布局与规划，冷链物流节能工艺与技术，冷链运输技术，冷链信息技术和冷链智能化技术。

当前，国内外关于冷链物流研究的前沿内容主要有：冷链物流产品的质量安全、冷链物流配送网络优化、冷链物流新技术、冷链物流的多式联运和一贯式运输、绿色冷链物流、冷链物流运作模式、冷链物流系统的安全与风险等。

第三节　冷链物流发展概况及趋势

一、国外冷链物流发展概况

冷链物流起源于19世纪上半叶冷冻机的发明。随着电冰箱的出现，各种各样的保鲜和冷冻食品开始进入市场和消费者家庭。冷链作为一个概念，最早由美国的艾伯特·巴尔利尔（Albert Barrier）和英国的 O. A. 莱迪齐（O. A. Ruddich）于 1894 年先后提出。到了 20 世纪 30 年代，欧洲和美国的农产品冷链已经初步建立。20 世纪 40 年代，欧洲的冷链在第二次世界大战中被摧毁，但战后又很快重建。20 世纪 50 年代，各式生鲜冷冻产品开始以商品的形式在美国、日本等发达国家出现。经过数十年的发展，冷链已经形成了从果蔬采摘、禽畜屠宰、食品饮料的制造生产，到配送至各个社区的连锁超市，直至到达客户手中的一体化运作体系。

1. 美国冷链物流发展概况

现代冷链物流起源于 19 世纪 80 年代的美国，随着经济的发展以及科学技术水平的提高，美国冷链物流发展迅速，并呈现出以下的特点。

1）链条较短

美国农产品的生产呈现区域化、规模化和专业化的特点，其产地市场集中，农产品物流以大规模直销和配送为主，平均 78.5%的农产品从产地经物流配送中心直接送达零售商，批发商分销量仅占 20%左右。因此，美国冷链渠道短，中间环节少，较短的冷链链条极大地降低了物流成本，减少了损失率，提高了物流运转的效率。以蔬菜产业为例，美国的蔬菜物流是世界上十分先进且具有代表性的农产品冷链物流。蔬菜从田间采摘到送至终端消费者，始终处于所需的低温条件下。田间采后预冷→冷库冷藏→冷藏车运输→批发站冷库冷藏→超市冷柜销售→消费者冰箱储存，整个物流链的耗损率仅为 1%～2%。

2）拥有发达的运输网络和先进的运输设备

冷链物流具有时效性强的特点，其对时间和温度有较高的要求。因此，必然要有配套的、完善的交通网络体系和先进的冷链运输设备。美国拥有一个庞大、通畅、复合、高效的交通运输网络体系，建有高质量、速度快、通行量大的高速公路，依靠这些纵横交错的高速公路网，冷藏汽车可以以最快速度将冷链物流的货物送达；美国的铁路运输能力比公路运输能力更强，四通八达的铁路运输网络每天将各种货物运往目的地，是美国货物运输的主力。各个州之间都有铁路进行连通，铁路网络运载能力强、运输速度快。

3）分工明确，专业化强

以蔬菜产业为例，美国根据各地的气候、土壤条件，建立了蔬菜基地，专门生产几种适宜的蔬菜供应全国，形成了比较完善的全国性蔬菜生产分工体系，西南部、中南部、南部以及北部四大产区的蔬菜产量约占美国蔬菜总产量的 90%，蔬菜生产地呈现专业化的发展趋势。蔬菜农场也实现了专业化，且分工越来越细，很多农场甚至只生产某种蔬菜的某一品种。运输商家负责司机和运输车辆的规范化管理；仓储的商家负责及时卸货和规范化的仓储管理。任何一个环节出现故障，都会有专门的维修公司进行维修。这样细致的分工不仅专业化更强，而且使效率得到提高，质量得到保证。

4）重视加强农业信息化的建设

美国十分重视加强农业信息化建设，美国政府每年拨款 1.5 亿美元用于建设农业信息网络，现已建成世界最大的农业计算机网络系统 AGNET。该系统覆盖美国国内 46 个州、加拿大的 6 个省以及美国和加拿大以外的 7 个国家，联通美国农业部、15 个州的农业署、36 所大学和大量的农业企业。农民通过家中的电话、电视或计算机，便可共享网络中的信息资源，实现了生产者、运营者和销售者的资源与信息共享。以信息技术、储运技术、冷链技术等为支撑，美国在发达国家中率先实现了农产品冷链物流的现代化和专业化。

2. 加拿大冷链物流发展概况

加拿大的冷链物流非常发达，已经成为推动其经济发展的新的增长点。加拿大地广人稀，且人口分布非常集中。加拿大受其人口和经济因素的影响，其冷链物流的发展呈现以下特征。

1）具有高效的冷链物流运输网络

加拿大农副产品的冷链物流需求主要集中在经济特别发达的城市，但加拿大的农业生产基地离城市和加工中心比较远，因此必须要建立高效的冷链物流运输网络，才能及时满足消费者的需求。

加拿大的冷链物流运输网络包含各种运输方式，如航空运输、水路运输、公路运输、铁路运输等。经过几十年的发展和改进，这些运输方式之间已经能够很好地衔接，共同组成适应加拿大国情的运输网络。目前，加拿大境内已经建立了东海岸运输路线、西海岸运输路线以及以 5 大湖地区为中心的公路和铁路运输路线这 3 大冷链物流运输路线。同时，在加拿大的东海岸和西海岸之间还建立了便利的铁路运输网和公路运输网。

2）政府高度重视冷链物流的发展

加拿大政府通过优惠政策和资金支持来促进农产品冷链物流的发展，如加拿大政府通过对国家铁路公司进行补贴、改制并给予相关政策支持，使其扭亏为盈，盈利率大幅提高，成为北美地区效益极佳的铁路冷链物流运输企业。通过注入启动资金扶持，Ontario Food Terminal Board（安大略省食品终端局）成为北美巨大的农产品批发市场。

3）行业协会组织健全

物流行业协会在政府与企业之间起着桥梁和纽带作用，在完善行业管理过程中有着重要作用。行业协会既能够从企业角度出发，向政府提出促进物流发展的政策和措施以及改善企业经营的意见和建议，又能够将政府的政策、法规向企业进行传达与解释。同时，行业协会从不同的角度起到沟通情况、协调关系、提供信息、咨询服务等作用。如加拿大汽车协会，是由加拿大运输企业、农产品产地加工企业、批发市场和配送中心等自愿组成的民间组织。该协会主要协助加拿大食品检验局（CFIA）制定冷链物流指导原则与标准，协调冷链物流环节行为主体的关系，组织制定本行业企业共同遵守的行为规范与纪律，并配合 CFIA 为协会成员提供技术咨询与人员培训，在推动加拿大冷链物流发展中发挥了重要作用。

4）完善的冷链物流标准和认证制度

为了确保冷链物流的食品质量与安全问题，加拿大对冷链物流的各个环节，如加工、储藏和运输等制定了严格的温度标准，如禽类加工环境温度要低于 10℃，冷藏与运输温度不得高于 4℃。此外，还建立了严格的专业认证制度，实行市场准入。近年来，加拿大正积极推动有机食品的发展。2001 年，加拿大共有有机食品认证机构 46 个，经认证的有机农场 2500 个，有机食品加工企业 150 家，有机农业的总产值为 6 亿加元，占全国农业总产值的 1.5%。有机食品种植和加工者通过认证后，认证机构向其授予证书，并授权其使用有机产品标识，而后其产品方能进入流通与消费环节。又如，对肉食品生产企业，要利用国际上共同认可和接受的食品安全保证体系 HACCP（指危害分析的临界控制点）来监督和控制其生产操作过程，该体系不仅要求检查其农药残留量，还要检查生产厂家的卫生条件，对工作间温度、肉制品配方以及容器和包装等均做出了严格的规定。加拿大成熟的法律体系、健全的冷链物流标准、专业的资格认证以及权威的标识管理体系，推动其冷链物流健康、有序地发展。

3. 日本冷链物流发展概况

日本作为亚洲农产品冷链物流的先驱者，其交通运输设施发达，农产品保鲜、冷藏、运输、仓储、加工等物流装备和技术先进，农产品物流服务体系完备，已形成了从“田间到餐桌”的一整套农产品冷链物流体系。日本冷链物流呈现以下特点。

1）拥有先进的、完善的冷链物流设施设备

为了实现生鲜农产品采后的高效保鲜并提高其附加值，日本在全国生鲜农产品主产地高密度地建设了专业化的冷库，在农产品保鲜、冷藏、运输、仓储、加工等环节采用了先进的冷藏、冷冻技术及设施设备，减少了农产品在储运过程中的损耗。2014 年，日本冷藏保鲜车的保有量为 12 万辆左右，到 2016 年则有 15 万辆左右，冷藏保鲜车占货运汽车的比重约为 2.65%，98%的农产品通过冷链流通，流通过程中的产品腐损率低至 5%以下。

2）建立了以中心批发市场为核心的农产品冷链物流体系

日本是一个典型的岛国，国土面积小，人口多，人均资源匮乏，而且日本的农户比较分散，导致交易成本比较高，因此日本建立了以农业合作社组织为主，以中心批发市场为核心的农产品冷链物流体系，为广大农户提供了一个农副产品的物流平台。虽然农户分散，生产的农产品规模也较小，但还是能通过中心批发市场有效保障城市的生鲜农产品供应。日本农产品生产总量的 80%～90%是经由批发市场送达最终消费者的。

3）拥有完整的冷链物流网络体系

日本在大中城市、港口、主要公路枢纽都对物流设施进行了合理规划，在全国范围内开展了包括高速公路网、新干线铁路运输网、沿海湾设施、航空枢纽港、流通聚集地等在内的各种基础设施建设。

4）自动化、信息化水平高

日本劳动力有限，因此其机械化和自动化水平很高。目前，全世界自动化立体仓库应用最广泛的就是日本，在这种仓库里，只需很少的操作人员就可以运转，货物的存取、分拣完全由机器自动实现，不仅提高了作业效率和准确性，而且无形中降低了成本，缓解了日本劳动力短缺的压力。在信息化方面，通过运用物联网等信息技术，对农产品的产、储、运、销全过程进行动态监控，同时实现物流信息在全国范围内的实时传递。

5）注重法律法规和标准化方面建设

进入 20 世纪 90 年代后，日本加大了物流法律法规和标准化方面的建设，先后颁布了《物流效率化法》《综合物流施政大纲》《新综合物流施政大纲》等一系列促进综合性物流发展的法律规范和政策，全面指导物流业的发展。

4. 荷兰冷链物流发展概况

荷兰素有“欧洲门户”之称，面向北海，背靠欧洲大陆腹地，地理位置优越，对外贸易发展历史悠久。荷兰建立了垂直合作一体化的市场运行体系，物流专业化程度高，如荷兰是全球最大的花卉出口国。荷兰的冷链行业非常发达，冷链物流整体水平高，其冷链物流的许多方面值得学习与借鉴。

1）冷链物流基础设施和设备完善，物流运输网络发达

荷兰著名的世界贸易港口鹿特丹港靠近重要的蔬菜和水果种植地区，港区四周高速公路网络和通往内地的水路运输网络非常发达，而且靠近欧盟国家水果进出口中心所在地巴伦德雷赫，为荷兰发展冷链物流提供了良好的条件，为农产品的运送提供了便利。各种大型货运机场和物流中心与各码头相连并建有运输通道，拥有先进的运输装卸设备和信息技术，促进了冷链物流运输效率的提高。

2）优惠的税收制度和严格的生产标准

在荷兰，不论什么行业都只需承担企业所得税的一个税种，且盈利在 4 万欧元以下不用缴纳所得税。荷兰同全世界近 100 个国家和地区签署了双边税收协定，企业通过海外控股公司投资则不需要单独和某个国家商讨双边税收优惠，在荷兰本国内的控股公司投资后所得的利润可享受零股息预提税。

此外，荷兰对食品安全非常重视，有着严苛的生产检测标准，每一个环节都有相应的追溯制度。以荷兰农业中最重要的乳制品为例，其生产标准远比国际标准还要严格。奶粉由荷兰的工厂生产出来后，厂家会在包装罐上印制生产追溯码，在整个物流运输过程中，每到一个中转站，当地物流的管理部门都会在奶粉罐上印制物流追溯码，直到零售商将奶粉出售。所以，奶粉从生产到消费的整个过程的每个流程都是可以追溯的，食品质量安全得到了有效保障。

3）缩短冷链物流链条，实现物流增值

以花卉为例，通过“分类—鲜储—拍卖—包装”的程序，每天都有数万束鲜花从荷兰最大的鲜花拍卖市场——爱士曼鲜花拍卖市场运往世界各地。鲜花的保鲜期只有短短几天，为保证鲜花被送达目的地时还是鲜翠欲滴，要求每天清晨售出的鲜花一定要在当天晚上或者第二天出现在世界各地的花店中。这对整个物流链都是一个巨大的考验，而荷兰利用位于“欧洲门户”的有利位置，充分运用高度发达的海、陆、空运输网络、分拨系统和通信系统进行实现。

4）电子信息化程度高

荷兰花卉和园艺中心有最先进的拍卖系统以及新式电子交换式信息和订货系统。通

过电子化的农业产品物流园区和配送中心向全球许多国家的广大消费者提供服务，缩短了交易时间和中间运输时间，大大减少了能耗。

综上所述，发达国家的冷链物流起步较早，目前已发展得比较成熟，其主要的经验如下。

（1）建立“从农田到餐桌”的整套体系，实现全过程的食品安全与控制。

（2）采用先进的冷链物流技术及设施设备，延长产品保鲜期，保证产品品质并降低其腐损率。

（3）发展多式联运。发展多样化的运输，不是一味地依赖公路这一种运输方式，而是采用多元化的运输方式以应对多变的天气环境。

（4）减少流通环节。过多的流通环节不仅增加产品变质的风险，还会耗费更多的劳动力，既占用库存，又增加成本。

（5）建立并完善一系列法律法规和物流标准，以保障冷链物流产品的质量与安全。

（6）制定一系列优惠、扶持政策，加大对冷链物流企业的投入。

二、我国冷链物流发展概况

（一）我国冷链物流发展历程

我国的冷链物流起步较晚，中华人民共和国成立后，受限于当时的经济水平，改装的冷藏库和冷藏车是仅有的冷藏设备，开展的冷链运输主要是面向肉类的出口。在随后长达30年的时间里，我国的冷链物流都处于零散、无序的发展状态。直到20世纪80年代，改革开放对我国冷链物流发展起到了一定的推动作用，但此时的冷链仍处于低水平的发展阶段。进入21世纪后，一方面，我国制造业的快速发展推动了冷链物流设备和冷藏技术的发展；另一方面，随着我国居民收入水平的稳步增长和消费水平的提高，消费者对产品的质量与安全性越来越重视，要求也越来越高，冷链物流受到了全社会的广泛关注，步入了快速发展期。

近年来，国家从食品、药品安全角度出发，不断出台冷链物流的利好政策，为冷链物流的发展创造良好的外部政策环境。2011年6月，国务院常务会议制定了8条推动物流业发展的配套政策措施，明确提出“加快建立主要品种和重点地区的冷链物流体系”。2017年4月，国务院办公厅印发了《关于加快发展冷链物流保障食品安全促进消费升级的意见》，提出到2020年，我国要初步形成布局合理、覆盖广泛、衔接顺畅的冷链基础设施网络，基本建立“全程温控、标准健全、绿色安全、应用广泛”的冷链物流服务体系。

网络购物的普及和生鲜电商、生鲜连锁超市、蔬果宅配等新零售模式的拓展和快速成长，一方面使人们的消费和生活方式发生了改变，如越来越多的上班族热衷于通过生鲜电商渠道购买有冷链保障的生鲜食品，越来越多的年轻人选择超市中更贵的“冷鲜肉”，而放弃市场上的冷冻肉和热鲜肉；另一方面也极大地刺激了企业进一步关注和投资冷链物流领域，如阿里巴巴、京东、苏宁、顺丰、圆通、中国邮政、中远等企业相继进入冷链物流市场，中国铁路总公司和各地铁路局更是开通多条线路的冷链班列。未来还将有更多的传统物流企业进入冷链市场，这必将大力推动我国冷链物流的发展。

（二）我国冷链物流的发展现状

1. 冷链市场需求不断增长

随着食品工业及电子商务的发展，国内农产品冷链物流需求不断增长。2019 年，我国冷冻冷藏水产和肉制品进口量上涨至 1000 万 t 左右，果蔬、肉制品、水产品、乳制品总产量突破了 12 亿 t，冷链市场需求巨大。据中物联冷链委测算分析，2019 年，我国食品冷链物流需求总量达到 2.43 亿 t，比 2018 年增长 4438 万 t，同比增长 23.26%。2019 年，我国食品冷链物流总额约为 6 万亿元，比 2018 年同比增长 24.7%。

2. 冷链基础设施不断完善

由于冷链物流发展前景良好，一些零售企业和大型农业企业积极投资建设低温供应链配送系统及生鲜食品配送中心；一些大型连锁企业着手建立技术难度较高的生鲜食品、果蔬等配送中心。同时，政府也在积极筹备战略储备冷库的建设，大力推进了冷链物流基础设施的发展。2019 年，全国冷库总量达 6052.5 万 t，新增库容 814.5 万 t，同比增长 15.55%。冷库市场结构趋于合理，冷库扎堆建设情况有所改善。产地冷库建设增多，冷藏库、保鲜库、气调库体量也有所增加。据统计，截至 2019 年 11 月，全国冷藏车市场保有量为 21.27 万台，较上年增长 3.27 万台，同比增长 18.17%。

3. 冷链物流服务过程逐步规范

冷链物流技术标准的出台、法律法规的推动和市场舆论的监督，使冷链物流行业的运作管理逐步走向规范。2016 年，《商务部办公厅 国家标准化管理委员会办公室关于开展农产品冷链流通标准化示范工作的通知》的发布，旨在进一步建立健全冷链流通标准体系。国家发展改革委正式发布了《肉与肉制品冷链物流作业规范》《道路运输食品冷藏车功能选用技术规范》等行业标准，细分领域的标准更加完善。

4. 冷链物流企业逐步发展

随着我国冷链物流行业的起步，冷链物流企业也开始发展。但总体来看，国内专业化的冷链物流企业仍然不多。过去很长时间，企业自建物流往往服务于内部业务体系，随着冷链物流市场份额的扩大、农产品电商及跨境电商的崛起、企业专业能力的提升和体量的增大，很多企业的内部物流部门被剥离出来成为独立的企业，内外服务比例开始倾斜。例如，从原来的双汇物流、领鲜物流、蜀海供应链，到现在的京东物流、安鲜达物流等都是如此，物流的资源正在被最大化地挖掘。

5. 全国范围内的低成本运输网络初具规模

近年来，我国各级政府对农产品物流业发展给予了充分的重视与支持，重点加强了我国农产品物流网络建设。我国已经基本建成全国农产品流通“五纵二横”贯穿全国的

“绿色通道”框架，为农产品运输提供了快速便捷的通道以及低成本的运输网络，加快了冷链物流在我国的发展进程。

以蔬菜为例，从全国范围看，我国已基本形成了华南冬春蔬菜、黄淮海与环渤海等八大蔬菜重点生产区域。季节性蔬菜运销基本可以概括为“五圈”“两基地”，其中，“五圈”是以“天津、北京”为中心的山东、河北、辽宁、内蒙古蔬菜供应圈；以“沈阳、大连”为中心的辽宁、河北、内蒙古、山东蔬菜供应圈；以“上海、杭州、南京”为中心的河南、安徽、山东、江苏、浙江蔬菜供应圈；以“中国香港、广东、深圳”为中心的湖南、湖北、广东、广西蔬菜供应圈；西安、成都在内陆的运销圈中处于中心地位，内陆蔬菜供应圈则是围绕着这两大中心而形成。“两基地”是山东蔬菜集散基地和河北—北京蔬菜集散基地。这两大基地依靠强大的吞吐能力，对其他运销圈起到调剂作用。

6. 农产品冷链物流运作模式呈现多样化发展

我国地域广阔，各地区的自然条件、经济发展程度、基础设施建设程度不同，其冷链物流发展的模式也不相同。目前，我国农产品冷链物流运作模式主要有四种：一是以大型生产或加工企业为主导的冷链物流模式；二是以大型农副产品批发市场为主导的冷链物流模式；三是以大型连锁超市为主导的冷链物流模式；四是以第三方冷链物流企业为主导的冷链物流模式。其中，以大型农副产品批发市场为主导的冷链物流模式所占比重较大，并且在未来一段时间内该模式仍将占据主导地位。但随着农业产业化的不断发展以及国家对农超对接政策的大力支持，以大型连锁超市为主导的冷链物流模式所占比重将不断增加。

（三）我国冷链物流发展存在的问题

1. 尚未形成一个独立完整的冷链系统

作为农业大国的中国，自身的农业产业化程度和产供销一体化水平其实并不高。从农业的初级产品来看，虽然产销量巨大，但在初级农产品和易腐食品供应链上，其上游、中间环节和下游并没有很好地衔接起来，上、下游之间缺乏整体规划和协调，尚未形成完整的冷链流通渠道。目前，90%的肉类、80%的鱼、很多牛奶和奶制品基本上仍在常温环境中流通和加工，冷链物流的发展还仅仅停留在运输与冷藏环节上，冷链产品在从产地进入市场销售的过程中，存在着“断链”现象。

2. 基础设施不平衡矛盾突出

随着冷链物流需求的不断增加，我国冷链基础设施体量依然不足，无法满足市场需求，而且冷链基础设施发展不平衡矛盾突出。以冷库为例，一方面，冷库地区发展不平衡，如国内冷库主要分布在华东、华北、华中、华南区域，2017 年其冷库容量分别为 1245 万 t、453 万 t、431 万 t、324 万 t，而承担全国大部分生鲜农产品批发的西南和西北区域的冷库相对较少，容量合计不足 400 万 t，并且冷库主要分布在北京、上海等一线城市，农村的冷库较少。另一方面，各类冷库的结构不平衡，如肉类冷库多，果蔬冷库少；冷冻库多、保鲜库少，大型生产性冷库多，而小型零售冷库少等。

3. 政策滞后和超前共同制约行业发展

政策环境的改善给冷链行业带来的推动作用显而易见，但是在冷链物流用地、通行、用电等方面政策的滞后，使行业的发展步履维艰。同时，推行国Ⅵ排放标准、配比新能源货车的政策又显超前，对冷链物流等行业的特殊性兼顾不足，导致企业既花费高额成本，又无法提高运营效率。

4. 专业化的第三方冷链物流发展滞后

冷链物流中第三方物流直接影响我国冷链物流的发展。目前，我国的第三方物流以提供货物代理、库存管理、搬运和定向运输等业务为主，能够提供综合、集成、全程冷链物流服务的第三方物流企业只能满足不到5%的总体需求，缺乏全国性、具有影响力的第三方冷链物流行业领袖。据统计，2017年，在全国冷链物流产业总收入占比中，冷链物流百强企业的总收入仅占10%，市场集中度比较低。由于第三方冷链物流发展滞后，物流服务覆盖的网络面较小，所以物流信息的准确性、及时性以及服务质量都难以保证。一方面产生较高的冷链物流成本，另一方面又无法避免较高的商品损耗率。因此，多数生产厂家不愿也无法放心将冷链物流业务外包，只能自行经营，即使外包，也只是外包区域性部分配送和短途冷藏运送，这反过来又在一定程度上阻碍了第三方冷链物流的发展。

5. 冷链物流技术水平低

目前，我国的制冷技术、冷冻冷藏质量监控技术和包装技术等与国际相比仍有较大的差距。一些先进技术，如射频技术、全球卫星定位技术等尚未得到广泛应用。铁路方面，冷藏车绝大多数还是陈旧的机械式速冻车皮，规范保温式的保鲜冷链运输车厢严重缺乏。同时，仓储企业主要提供冷库，在配送环节无法发力；配送企业拥有干线，但在冷冻冷藏方面无法提供专业服务，各自的欠缺导致了“断链”，这是冷链产业发展的硬伤所在。另外，我国冷链物流信息化程度低，技术落后。一些规模比较小的冷链物流企业还没有信息化系统，做不到精细化管理，更谈不上智能化，未来冷链需要物联网、大数据等信息化技术的支撑。

6. 高素质的物流人才匮乏

高素质的物流人才是冷链物流发展的关键所在。同普通物流相比，冷链物流更复杂，对技术的专业性要求更高。然而，目前我国关于冷链物流人才的培养力度明显不足，绝大部分高校并没有开设冷链物流专业，相关课程开设得也不多，导致冷链物流管理专业人才极其缺乏，严重制约了冷链物流的发展。

三、我国冷链物流发展趋势

1. 信息化和智能化

冷链物流的信息化、智能化将成为冷链物流系统未来的发展趋势。目前，冷链物流比较发达的国家已经广泛采用无线互联网技术、条码技术、RFID（射频识别）技术、GPS（全球定位系统）技术、GIS（地理信息系统）技术以及基于互联网的通信方面的技术。先进的冷链企业为了提高竞争力将会更加重视冷链的信息化建设，通过应用互联网、大数据、物联网等技术实现整个冷链流程的智能化管理。通过建立冷链追溯查询信息系统，进行产品的全过程溯源，对冷链产品在运输、仓储、配送等各环节的温度和地理位置进行全过程的实时监控和跟踪，对相关作业流程和操作进行智能控制和精准管理，以提升冷链物流的整体管理运营水平。

2. 专业化

专业化的第三方冷链物流企业能够整合资源和物流网络、合理有效控制物流成本、减少易腐产品的流通环节以及降低周转时间，具有低成本、高质量、高运营效率的突出优势。所以，未来冷链相关产业将会越来越多地选择专业化的第三方冷链物流服务，以利于企业集中有限的资源于自身的核心业务上。目前，在美国、日本和欧洲等经济发达的国家和地区，专业化的物流服务已形成规模。虽然我国第三方冷链物流现阶段发展相对滞后，但发展势头迅猛。随着冷链市场需求的不断增加，越来越多的生产商会选择将自身冷链物流业务外包给第三方冷链物流企业，这将促进第三方冷链物流企业的快速成长。

3. 规范化

自 2014 年以来，国家对冷链物流产业给予高度关注，相继出台利好政策予以扶持，并对产业发展提出更高要求。近几年下发的中央 1 号文件中均强调要加快农产品冷链物流系统建设，促进农产品流通。2017 年国务院办公厅发布《国务院办公厅关于加快发展冷链物流保障食品安全促进消费升级的意见》，表达了对冷链进一步规范化、标准化的诉求。2019 年，《中共中央 国务院关于深化改革加强食品安全工作的意见》，提出史上四个最严，即最严的标准、最严的监管、最严的问责、最严的处罚，并要求大力发展冷链物流。目前，已经发布的与冷链相关的国家标准规范性文件有几十个。同时，国家还积极推行 HACCP、GMP（良好生产规范）、ISO 22000：2005 食品安全管理体系认证等质量安全认证制度和市场准入制度。随着国家一系列政策法规的发布，冷链市场环境将得到净化，以次充好的冷藏车、资质低下的物流企业将被淘汰，冷链物流的从业门槛也会提高，冷链物流将会逐步走向规范化。

4. 多元化

一方面，随着新零售、冷链宅配、同城冷链需求的快速增长，订单呈现出小批量、多频次和个性化的特征，从而电动冷藏车、冷链包装、社区微仓等新技术、新模式不断涌现；另一方面，随着国内巨头纷纷进入冷链行业，冷链物流服务形态将呈现出多元化发展的竞争格局，围绕传统冷链物流仓储、运输、配送业务展开的全产业链生态系统构建正在形成。

5. 绿色化

在冷链物流加速发展的同时，每年随之产生的近 3 亿个泡沫箱及 10 亿个冰袋的冷链耗材亦成为行业可持续发展的痛点。冷链包装废弃物专业处理收费较高，故部分企业选择直接丢弃处理，这样处理对环境造成的污染不容小觑；而较为环保的可循环冷链箱因为箱体重量、回收流程等问题，实际应用比例较低。因此，发展绿色冷链物流新模式的需求十分迫切。

绿色冷链物流的发展需要政府、企业等多方共同参与。一方面，通过制定冷链耗材国家标准，推进冷链技术升级，加强耗材管控，提高冷链运输配送基础设施标准。另一方面，鼓励企业加大研发投入，研究及使用更易携带、易回收的新型可回收冷链包装。同时，通过提高冷链商品周转率、降低商品损耗，推进食品垃圾处理体系的建立，以科学处理食品垃圾，减少对环境造成的影响。

第四节　冷链物流技术与装备概述

冷链物流技术与装备贯穿整个冷链物流系统的全过程，深入每个作业和功能环节，是实现各项作业和功能的基础。冷链物流技术与装备对于保证产品质量与安全，提升冷链物流系统的效率、节约资源以及降低成本都具有重要的意义。

一、冷链物流技术概述

冷链物流是一项系统工程，其包含和涉及的技术领域广泛而复杂。其中，冷链物流标准和认证技术是宏观层面所涉及的一项重要的核心技术。而在微观层面上，服务产品流转过程的冷藏技术、保证产品品质和安全的保鲜技术、产品的包装技术、服务设施的节能技术以及提供高效运作及快速反应处理功能的自动化技术和信息技术等是不同环节涉及的核心技术。概括起来，冷链物流系统的核心技术包括冷链物流制冷和蓄冷技术、冷链物流保鲜技术、冷链物流加工技术、冷链物流包装技术、冷链物流信息技术、冷链物流温控技术、冷链物流节能技术以及冷链物流标准和认证技术。对于每一项核心技术而言，因其服务的对象、环节不同，所涉及的关键技术及配套的相关技术也不同。

（一）冷链物流制冷和蓄冷技术

制冷是指用人工方法使某一空间或物体冷却，使其温度降至低于周围环境温度，并保持这个低温状态的一项技术。没有先进的制冷技术支持，冷链产品的质量将无法得到保证，现代冷链物流就是纸上谈兵。因此，制冷技术是冷链物流系统的核心技术，是冷链服务品质的根本保证。根据工作原理不同，制冷机可以分为蒸气压缩式制冷机、吸收式制冷机、蒸气喷射式制冷机等。

蓄冷技术是根据水、冰或其他物质的蓄热特性，利用非峰值电力使制冷机在满负荷条件下运行，将空调所需的制冷量以显热或潜热的形式全部或部分地储存于水、冰或其他蓄冷物质中；一旦出现空调超负荷运转，可使用这些蓄冷物质储存的冷量满足空调系统的需要。蓄冷技术分为水蓄冷技术和冰蓄冷技术。

（二）冷链物流保鲜技术

保鲜技术贯穿冷链物流所有环节，从生产、储运、销售一直到最终消费者的各个环节都必须使产品保持在规定的温度内，以保证其新鲜。保鲜技术正朝着综合控制的方向发展，综合控制包括物理控制、化学控制、农业控制和生物控制。标准化、自动化、配套化和绿色化已成为冷链物流保鲜技术的发展趋势。冷链物流保鲜技术主要有气调保鲜技术、低温保鲜技术、减压保鲜技术、化学保鲜技术和生物保鲜技术。

（三）冷链物流加工技术

冷链物流加工技术包括肉禽类、鱼类、蛋类的冷却与冷冻，各种速冻食物与奶制品的低温加工与冷冻，果蔬的预冷，以及为促进销售、保证产品质量和实现物流的高效率而进行的包装、分级、分割、计量等活动。冷链物流加工技术主要有预冷技术和冻结技术。其中，预冷技术包括空气预冷、真空预冷、水预冷和液态冰预冷；冻结技术包括鼓风式冻结技术、接触式冻结技术、液化气体喷淋冻结技术以及沉浸式冻结技术。

（四）冷链物流包装技术

冷链物流包装是物流包装中一个细小的分支，即在运输及配送过程中，以保证生鲜、冷冻食品及医药、化学制剂等产品的质量，防止其腐败变质，同时保护产品、降低货损、方便储运的包装技术。目前，我国冷链运输仍以公路运输为主。对于生鲜食品冷链物流来说，在干线运输环节，产品以“裸装”为主，主要依靠冷藏车、冷藏集装箱等来保鲜；在末端配送环节则采用以保温箱为主的保温设备。对于药品冷链物流来说，由于药品对温度控制要求更高，在干线运输、城市配送及落地配送环节，为达到全程严格控温、不断链，应采用“门到门、点对点”的运输方式，全程采用不同类型及规格的保温箱或冷藏车进行运输。

（五）冷链物流信息技术

信息技术是冷链物流的神经系统，也是冷链物流现代化的重要标志。冷链物流信息技术主要涉及条码技术、RFID 技术、GPS 技术、GIS 技术以及区块链技术等。

（六）冷链物流温控技术

温控是冷链物流的核心，任何细小的温度变化都可能影响产品的品质，因此需要对冷链物流系统的温度进行实时控制。冷链物流温控技术会用到手持温度检测器、圆图温度记录仪、温湿度记录器等比较传统的温控设备以及结合现代信息技术的现代设备，如

RFID 温度标签、无线温湿度传感器等。

（七）冷链物流节能技术

冷链物流节能可以从制冷设备和冷链物流环节管控两方面着手。其中，在制冷设备节能方面，通过选择节能型压缩机、在制冷系统中采用更多的节能技术（如热回收技术、冷回收技术、制冷剂回收技术以及冷冻机油再生技术等）达到节能降耗、节约运行成本的目的。在冷链物流环节管控方面，则通过预冷处理、仓储、运输、销售等环节采取节能技术、方法和措施实现节能目的。

（八）冷链物流标准和认证技术

我国冷链物流标准可分为两种，一种是强制性标准，主要由商务部、农业农村部等政府部门制定，属于必须执行的技术法规类别；另一种是推荐性标准，主要由非政府组织，如行业协会、中介组织、标准委员会等制定。目前，整个冷链物流标准分为四个部分：服务标准、管理标准、技术标准和信息标准。其中，服务标准是核心，是其他标准发展的根据。

冷链物流认证制度和市场准入制度对于规范冷链物流行业，促进其健康持续发展，增强国际竞争力具有重要的作用。目前，冷链物流认证体系主要有：冷链质量指标（CCQI）认证、药品经营质量管理规范（GSP）、GMP、HACCP、食品安全质量（SQF）认证、ISO 22000：2005 食品安全管理体系认证、易腐食物国际运输及其特种运输设备条约（ATP）等。

二、冷链物流装备概述

冷链物流对装备的要求高，需要特殊的、足以保证产品从生产地到消费者的整个过程始终处于规定低温状态的冷库、冷藏运输装备、冷藏箱等冷冻、冷藏相关设施、设备。冷链物流涉及的主要设备与设施如下。

（一）冷库

冷库一般是指用各种设备制冷并能人为控制和保持稳定低温的设施。冷库是冷链物流发展的基础，是冷链物流的仓储地。冷库分类的方法有很多，按冷库使用性质可分为生产性冷库、零售性冷库、周转性冷库、分配性冷库和综合性冷库；按库房容量规模的大小可分为大型冷库、中型冷库和小型冷库；按库温要求可分为冷却库、冻结库、冷藏库；按建筑结构形式可分为土建式冷库、装配式冷库、土建装配复合式冷库。

（二）冷藏运输装备

冷藏运输装备主要有冷藏汽车、冷藏集装箱、铁路冷藏车、冷藏船、飞机等。

（三）冷藏箱

冷藏箱是一种应用广泛的冷链设备，根据制冷机制的不同，冷藏箱可分为压缩式、半导体式和吸收式三种类型；根据外形特征的不同，冷藏箱又可分为手提式、背带式和柜式三种类型。

（四）冷链物流仓储装备

冷链物流仓储装备包括各型货架或自动化立体货架，但与常温货架不同的是，其对货架的钢材材质、荷重、货架跨度的设计均有特殊要求。为配合存储，满足生鲜食品的特殊要求，冷链物流中心的仓储库内会配置臭氧发生器和加湿器。

（五）冷链物流搬运装备

冷链物流的搬运装备主要有各型叉车，如高位货架库内的前移式叉车，步行式叉车，电动托盘车、油压托盘车，以及自动化立体仓库内的堆垛机等。一般情况下，这些搬运设备应是耐低温的专用型设备。

（六）冷链物流包装装备

冷链物流包装与普通包装相比，有一些特殊的要求：①包装容器耐低温性能优越；②材料食品级要求；③部分容器为网目型。典型的包装容器包括包装袋、包装盒、包装罐和包装箱。常见的包装装备包括填充装备、罐装装备、封口装备、包裹装备、捆扎装备等。

（七）冷链物流分拣装备

冷链物流分拣装备包括自动分拣装备、RF（射频）拣选装备、电子标签拣选装备、自动台车以及数据终端装备等。这些专为严酷的冷链物流环境而打造的移动数据终端，非常适合高强度分拣扫描业务，采用了内部加热系统和屏幕除冰技术以及特制电池组，能够在－30℃的低温环境下正常运行。

（八）冷藏销售装备

冷藏销售装备包括冷藏陈列柜、冰箱和冰柜等。其中，根据结构的不同，冷藏陈列柜可分为卧式敞开式、立式多层散开式、卧式封闭式、半敞开式和立式多层封闭式五种类型。

第五节 冷链物流技术与装备发展现状、问题和发展趋势

一、冷链物流技术与装备的发展现状及问题

冷链物流是保障产品品质与安全，降低流通腐损率的重要技术手段。随着人们生活水平的提高，我国冷链物流需求不断增长，2018 年，我国冷链物流需求总量约为 1.8 亿 t，冷链物流市场规模达 3035 亿元。快速增长的冷链物流需求促使冷链物流技术与装备高速发展。2018 年，全国冷库总量为 5238 万 t（折合 1.3 亿 m^3），新增库容 488 万 t，同比增长 10.3%。截至 2018 年第三季度，全国冷藏车保有量为 16.42 万辆，新增冷藏车 2.4 万辆，同比增长 33%。此外，据不完全统计，2018 年，国内新开通铁路冷链线路近 20 条，铁路冷链运量超过 160 万 t。

另外，近年来，国内一些龙头企业对各类先进的保鲜、包装技术以及节能技术的应用已经相当成熟。自动化温度测量与控制技术、无线射频识别技术、空间定位技术、动态信息监控技术亦从局部应用转向更大范围，我国冷链物流系统技术体系已经初步形成。

然而，同世界先进国家相比，我国的冷链物流技术与装备发展仍存在诸多问题，主要表现在以下几个方面。

1. 冷链物流标准的制定及应用仍需不断完善与提高

国内目前已经出台的相关标准存在交叉重叠，同时尚有诸多方面的标准存在空白或尚不完善，标准制定的系统性、战略性和统筹性仍需要增强。诸多国际通行的冷链物流标准和规范在我国仍只在小范围得到应用，导致我国大多数冷链物流相关企业仍游离于国际标准之外。

2. 高效环保、安全精准的冷链物流装备的缺乏，难以满足经济新常态的战略机遇需求

当前我国经济发展进入“新常态”，随着“互联网＋”这一“新引擎”的推动，冷链物流这一传统行业正在迸发出新的活力，电子商务企业纷纷进驻。“大众创业、万众创新”与“一带一路”倡议为冷链物流行业带来了更多商机。这都使冷链物流成为我国一个重要的经济增长点。但是，高效环保且安全精准的冷链物流装备的缺乏，尚难以为冷链物流需求的快速发展提供足够的保障，“冷链不冷”与“冷链断链”现象都很严重。

从冷链物流各个环节来看：我国的产地预冷是非常薄弱的一环，约80％的水果、蔬菜未进行预冷处理便在常温下流通，少部分预冷处理也未采用专用设备，没有实现真正意义上的预冷。而日本超市销售的蔬菜95％以上都经过了预冷环节。美国、澳大利亚等国由于具有完备的预冷基础设施，故对几乎全部的水果和蔬菜采摘后进行预冷处理。在冷库方面，2018年，全国冷库总量达到5238万t，但我国人均冷库面积较低，远低于英、美、日等发达国家以及人口大国印度。在冷链运输方面，当前我国冷藏车和保温车占公路营运载货汽车的比重为0.5％左右，而美国为0.8％～1％，英国为2.5％～2.8％，德国为2％～3％。从人均保有量来看，我国约1.8万人才有一辆冷藏车，而美国平均500人就有一辆冷藏车。

总而言之，我国冷链物流的装备和设施无论是总量还是人均保有量都与发达国家有很大差距，并且较为低端的装备和设施仍充斥着市场。

3. 核心关键技术缺失，冷链物流企业不大也不强

《中国制造2025》指出我国制造业仍然大而不强，在自主创新能力、资源利用效率、产业结构水平、信息化程度、质量效益等方面差距明显。在冷链物流行业，这些问题显得更突出。解决这些问题的关键，一是在整个冷链系统层面，提高信息化程度，利用大数据挖掘技术，建立能耗和成本预测模型，为冷链资源合理分配和高效利用提供指导和依据，但这一方法还存在数据缺乏、建模困难等问题。二是在各环节设备设施层面，不断优化部件和系统，提升设备的生产和运行效率，然而一些关键部件的技术研究和开发成果大多掌握在少数国外企业手中。例如，制冷系统中的压缩机、制冷剂、阀件等，国

内企业只负责系统装配和调试，这也是冷链物流装备投资成本高的一个重要原因。因此，关键装备国产化和原创性核心技术研发成为摆在我国冷链物流技术与装备发展面前的、亟待解决的问题。虽然一大批中小型冷链物流企业如雨后春笋般发展起来，但是仍然存在着核心技术缺失、产品和服务水平低、同质化竞争严重以及科研力量分散等问题，造成了冷链物流企业不大也不强的情况。

4. 装备能耗大、成本高

高能耗和高成本是制约冷链物流技术与装备应用和发展的两个主要瓶颈。这不仅是我国冷链物流的技术问题，国外发达国家也同样存在此问题。据统计，冷链物流产业消耗能源所产生的温室气体排放量占全世界温室气体排放量的 2.5%。以食品工业为例，在全球范围内仅制冷系统能耗就会消耗 1300 TW·h/年的能量，这说明冷链物流是高能耗产业，能耗又与成本直接相关，因此也使冷链物流成为一个高成本行业。此外，由于在流通过程中需要对温度、湿度等进行控制，所以冷链物流的成本较普通物流成本高出 40%以上。

5. 冷链物流节能意识以及节能方案设计水平有待进一步提高

冷链物流环节涉及多种能源的利用，特别是电、油和水等基础能源的应用。目前我国建设和使用的冷链物流设施大多只考虑冷链物流环节能源的应用，对节能减排考虑不够。提升现有冷链物流技术的应用效果，促进现有冷链物流设施的节能改造和节能新技术的综合应用，已经成为极其迫切的任务。

二、冷链物流技术与装备的发展趋势

1. 信息化、标准化、智能化发展得到进一步推动

我国整个物流行业的信息化建设起步比较晚，总体水平不高，冷链物流尤其如此。未来将运用 5G、北斗导航、大数据、云计算、区块链等先进技术，着力打造一批在全国具有一定知名度和影响力的冷链物流公共信息交易服务平台，该平台集在线交易、信息发布、位置跟踪、全程控温、质量追溯、技术咨询、产业动态分析等功能于一体，能够有效提升我国农产品冷链物流的信息化、标准化、智能化综合服务水平。

2. 冷链物流基础设施建设和设备的改进得到进一步加强

在冷链物流基础设施方面，未来将构建一批具有现代化发展水平的冷链物流配送中心，大力推广应用中小型冷库设施和恒温气调库设施；针对目前中长途冷链运输耗能大的问题，促进汽车与火车等多式联运的协调，发展冷链运输方式间的衔接联运，改进适应不同食品类别的仓储运输设备；在销售环节通过设备的改进实现冷链物流发展的低成本、绿色环保。

3. 冷链物流配送网络建设力度进一步加大

未来，将加大力度建设冷链物流配送网络，完善冷链物流配送节点的功能和布

局，构建城乡一体化的配送体系。加快信息网络建设，积极引进先进的现代信息技术、制冷技术、冷藏技术、仓储技术和运输技术，为生鲜农产品流通系统提供保障。

4. 冷链物流节能新技术研究进程进一步加快

未来将推广无人机、无人车和无人仓，研究新型节能环保制冷技术和保鲜技术，提高冷链物流的机械化运作效率，增强人机协调交互的能力；研发信息综合技术，整合冷链物流环节特征，利用大数据和云计算技术处理海量数据，增强数据可塑性和准确度，减少成本损失，实现节能目的。

5. 冷链物流关键技术的专项研究得到进一步推进

针对目前未能解决的问题，研究和开发高效的冷链物流装备、氨制冷系统安全技术、冷链物流信息化技术，以及易腐食品流通品质控制方法体系势在必行。同时还应梳理和完善冷链物流标准体系、制定冷链物流装备和设施的能效评价标准，以实现冷链物流统一化的目的。

复习与思考

1. 什么是冷链？
2. 什么是冷链物流？
3. 简述冷链物流的主要特点。
4. 简述冷链物流的运作条件。
5. 简述冷链物流的研究对象及其分类。
6. 简述发展冷链物流的意义。
7. 简述未来我国冷链物流的发展趋势。
8. 你周围的冷链物流都有哪些？请举例说明。
9. 你生活中接触到的冷链物流技术有哪些？请举例说明。
10. 你生活中接触到的冷链物流装备有哪些？请举例说明。

课后习题答案

第二章　制冷技术与装备

制冷技术与装备

教学目标

了解制冷剂、载冷剂的分类、特点；掌握蒸气压缩制冷的组成、原理、工作过程；了解吸收式制冷的原理、类型；了解其他制冷方法的简单原理；了解一些制冷设备的基本工作原理；了解冷库的基本结构和设计要点。

第一节　制冷原理

制冷技术是研究如何获得低温的一门科学技术。随着我国社会经济和科学技术的快速发展，制冷技术的应用也日益广泛。

冷和热是相对存在的，是人体对温度高低感觉的反应，就其本质来说，它所反映的是物质分子运动的动能，把物体变冷实际上就是使它的温度降低。温度降低表明物体内部分子热运动减弱，热能减少；温度升高表明物体内部分子热运动增强，热能增加。要把空间或物体温度降低，就必须从该空间物体中取出热量，使内部的分子热运动减弱，从而使其变冷。

制冷技术中所说的冷是相对于环境温度而言的。因此，制冷就是使某一空间或某物体的温度达到低于周围环境介质的温度，并维持这个低温的过程。所谓环境介质就是指自然界的空气和水。如前所述，为使某一空间或某物体达到并维持所需的低温，不断地从该空间或该物体中取出热量并转移到环境介质中的过程就是制冷过程。

制冷可以通过两种途径来实现，一种是利用天然冷源制冷，另一种是人工制冷。天然冷源主要是指夏季使用的深井水和冬天储存下来的天然冰。在夏季，深井水温度低于环境温度，可用来防暑降温或作为空调冷源使用；天然冰可以用于食品冷藏和防暑降温。天然冷源虽具有价格低廉、不需要复杂技术设备等优点，但是受时间和地区等条件的限制，最主要的是受制冷温度的限制，它只能制取 0℃以上的温度。因此，天然冷源只能用于防暑降温，或用于温度不太低的空调和少量食品的短期储存。要想获得 0℃以下的制冷温度，必须采用人工制冷的方法来实现。

目前广泛采用的制冷方法有：蒸气压缩式制冷、吸收式制冷和蒸气喷射式制冷，除此之外还有磁制冷、热声制冷、热管制冷等。

在社会应用中将根据不同的制冷范围选择不同的制冷方法。目前，根据制冷温度的不同，将制冷技术分为以下三类。

普通制冷：高于－120℃（153K）；

深度制冷：－253℃～－120℃（20～153K）；

超低温制冷：－253℃以下（20K以下）。

食品冷藏属于普通制冷范围，主要采用液体汽化制冷。

一、蒸气压缩式制冷

在日常生活中我们都有过这样的体会：一杯100℃的热水置于30℃的环境空气中，杯中的水会慢慢变凉，最后达到30℃，这一过程是冷却过程，不是制冷，因为水的热量是由高温向低温传递，即热量传给了环境空气，这是一个自然发生的过程。采用什么方法将热量取走就是制冷技术所要解决的问题。酒精涂抹在皮肤上会有冰凉的感觉，这是什么原因呢？这是因为酒精液体蒸发吸走了皮肤的热量；而将100℃的水变成100℃的水蒸气需对水进行加热。这都说明液体蒸发需要吸收热量，也就是说，凡是液体汽化时都要从周围物体吸收热量。蒸气压缩式制冷原理就是利用液体汽化时要吸收热量的这一物理特性来达到制冷目的的。

如果把水蒸气变回水（水蒸气冷凝成水），就需要放出水变成水蒸气所吸收的热量。这就是蒸发吸热，冷凝放热。需要注意的是，在海平面上，水的沸点是100℃，其蒸发和冷凝温度都是100℃，但在青藏高原，水的沸点只有80℃左右，这是因为青藏高原的海拔高，气压低。液体的压力和沸点存在对应关系，压力高，沸点高；压力低，沸点低。利用这一物理现象的蒸气压缩式制冷系统由此产生（见图2－1）。

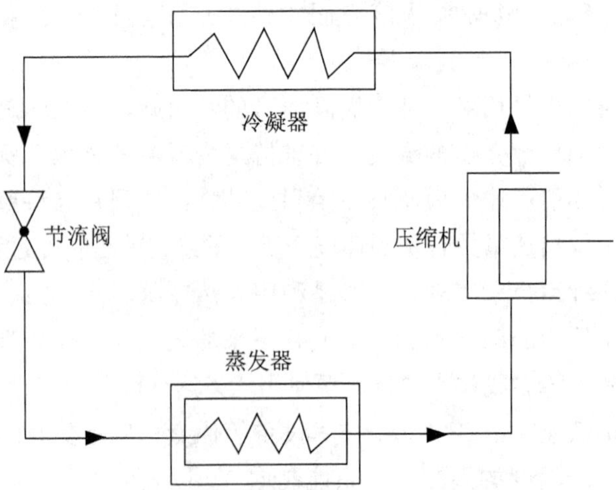

图2－1　蒸气压缩式制冷系统

1. 蒸气压缩式制冷系统的构成

蒸气压缩式制冷系统由压缩机、冷凝器、节流阀、蒸发器组成，用管道连接成一个密封系统，在其中充灌适当的制冷剂，如氨（NH_3）、二氟二氯甲烷（$CHCl_2F_2$）、二氟一氯甲烷（$CHClF_2$）等易挥发物质。蒸发器内处于低温低压的制冷剂液体与被冷却对象发生热交换，吸收被冷却对象的热量后汽化，产生的低压蒸气被压缩机吸入，压缩机压缩后排出的高压气态制冷剂进入冷凝器，而后向环境放热，被冷却凝结成高压液体。高压液态制冷剂流经节流阀节流降压，变成低温低压的气液混合物，进入蒸发器，其中液态制冷剂在蒸发器中蒸发制冷，产生的低压气体再次被压缩机吸入。如此，不断循环。

下面对蒸发器、压缩机、冷凝器、节流装置进行简要介绍。

（1）蒸发器。蒸发器是一个热交换设备，制冷剂在其内吸热汽化而实现制冷。因此，蒸发器是真正产生制冷效应的设备。蒸发器内制冷剂的汽化过程是等压下的沸腾过程，沸腾时的温度为该压力下的饱和温度（沸点）。因此，蒸发器称为沸腾器更为确切。但制冷工程中习惯上称之为蒸发器，把蒸发器内制冷剂沸腾时的压力称为蒸发压力，相对应的饱和温度（沸点）称为蒸发温度，沸腾汽化过程称为蒸发过程。

（2）压缩机。压缩机是从蒸发器中抽吸出蒸发的制冷剂蒸气并进行压缩的设备。它的功能如下。一是从蒸发器中抽吸出蒸气以维持蒸发器内一定的蒸发压力，同时也维持了一定的蒸发温度；二是将吸入的蒸气进行压缩，或是说将蒸气的压力提高，从而有可能在较高的温度下将它冷却凝结成液体，使得制冷剂得以重复使用；三是在制冷系统中起输送制冷剂的作用。在整个压缩过程中，压缩机将消耗一定的外功。常用制冷压缩机的形式有活塞式、螺杆式、离心式和回转式。

（3）冷凝器。冷凝器也是一个热交换设备，作用是利用环境冷却介质（空气或水），将来自压缩机的高温高压制冷剂蒸气的热量带走并使制冷剂蒸气冷却、冷凝为液体。在制冷剂蒸气冷凝过程中，压力是不变的，仍为高压。

（4）节流装置。冷凝器冷凝得到的高压低温的制冷剂液体不能直接送入低温低压的蒸发器。利用饱和压力与饱和温度一一对应原理，降低制冷剂液体的压力，从而降低制冷剂液体的温度。将高压常温的制冷剂液体通过节流装置（膨胀阀、节流阀、毛细管等），膨胀、降压后得到低温低压制冷剂，再送入蒸发器吸热蒸发，从而完成一个制冷循环。

2. 蒸气压缩式制冷原理和过程

制冷剂液体在蒸发器中吸收被冷却物体的热量后，汽化成高温低压的蒸气，而后被压缩机吸入、压缩成高压高温的蒸气后排入冷凝器，在冷凝器中向冷却介质（水或空气）放热，冷凝为高压液体，经节流阀节流变为低压低温的制冷剂，再次进入蒸发器吸热汽化，达到循环制冷的目的。这样，制冷剂在系统中经过蒸发、压缩、冷凝、节流四个基本过程完成一个制冷循环，如图 2-2 所示。

（1）蒸发过程。节流降压后的制冷剂液体（混有饱和蒸气）进入蒸发器，从周围介质吸热蒸发成气体，实现制冷。在蒸发过程中，制冷剂的压力保持不变。从蒸发器出来的制冷剂（高温、低压、气态）已成为饱和蒸气或具有一定过热度的过热蒸气。物质由液态变成气态时要吸热，这就是制冷系统中使用蒸发器吸热制冷的原因。

（2）压缩过程。压缩机是制冷系统的心脏，其用于完成对制冷剂蒸气的吸入和压缩过程，把从蒸发器出来的高温低压制冷剂蒸气压缩成高温高压的过热蒸气（高温、高压、气态）。压缩蒸气时，压缩机要消耗一定的外能即压缩功。

（3）冷凝过程。从压缩机排出来的高温高压制冷剂蒸气进入冷凝器后同冷却介质进行热交换，使过热蒸气逐渐变成饱和蒸气，进而变成饱和液体或过冷液体（低温、高压、液态）。冷凝过程中制冷剂的压力保持不变。物质由气态变为液态时要放出热量，这就是制冷系统使用冷凝器散热的道理。冷凝器的散热常采用风冷或水冷的形式。

（4）节流过程。从冷凝器出来的高压制冷剂液体通过节流装置（膨胀阀、节流阀、毛细管等）被节流降压，变为低压液体，然后再进入蒸发器重复蒸发过程。膨胀阀属于节流装置，其结构相当于流体力学中讨论的突缩管，即流体从一较粗管段突然流入一较细管段。

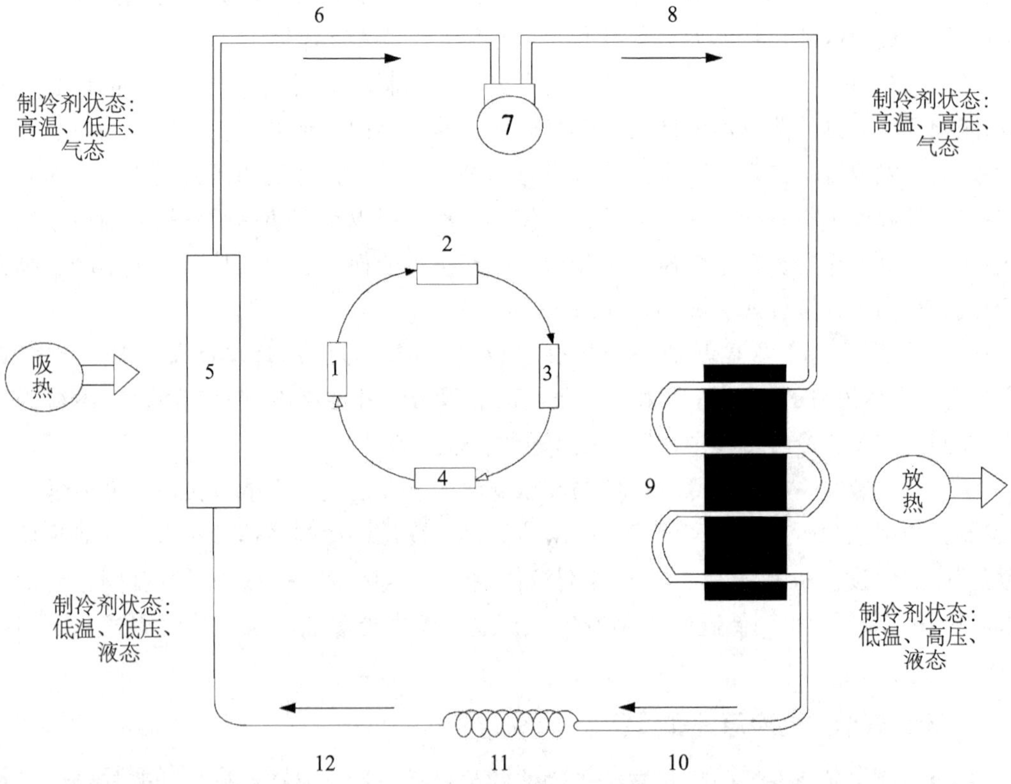

1—蒸发；2—压缩；3—冷凝；4—节流；5—蒸发器；6—高温低压气体；7—压缩机；8—高温高压气体；9—冷凝器；10—低温高压液体；11—毛细管；12—低温低压液体

图 2-2　蒸气压缩式制冷循环工作过程

二、吸收式制冷

吸收式制冷系统的组成与蒸气压缩式制冷系统有所不同，吸收式制冷循环工作过程如图 2-3 所示。吸收式制冷系统去掉了蒸气压缩式制冷系统中的压缩机，并用发生器、吸收器和循环泵代替，其余设备不变。

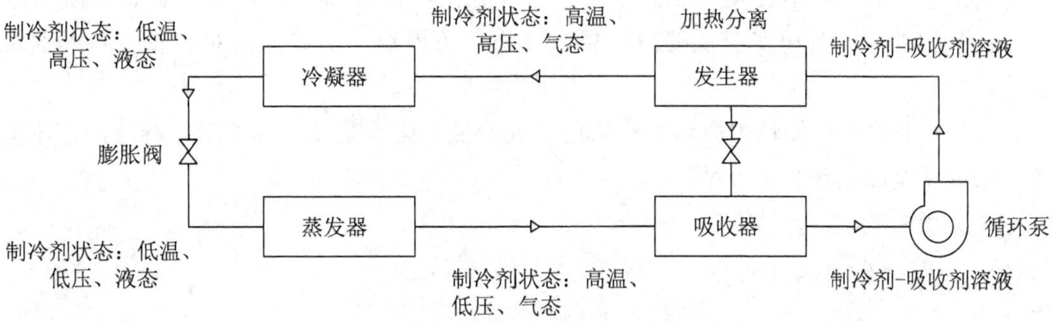

图 2-3　吸收式制冷循环工作过程

根据膨胀阀工作原理可知，从膨胀阀流出的为低温、低压、液态的制冷剂。该状态的制冷剂流入蒸发器内吸热、蒸发，从蒸发器流出，变为高温、低压、气态的制冷剂。而后，这一状态的制冷剂流入吸收器中。吸收器内有液态的吸收剂，吸收剂会将气态制冷剂吸收为液态，形成制冷剂-吸收剂溶液。在循环泵的驱动下，制冷剂-吸收剂溶液流入发生器内部。发生器对制冷剂-吸收剂进行加热，使沸点较低的制冷剂以气态形式与液态的吸收剂分离。制冷剂-吸收剂溶液经过发生器后，流出发生器的制冷剂状态为高温、高压、气态的制冷剂，而吸收剂以液态形式留在发生器内，经循环泵再次流入吸收器往复循环使用。流出发生器的制冷剂进入冷凝器放热冷凝，流出的制冷剂状态为低温、高压、液态。该状态的制冷剂继续流入膨胀阀，流出后只有压强降低，温度以及液态状态不变。

1. 吸收式制冷循环基础

吸收式制冷循环就是利用溶液在一定条件下能析出低沸点组分的蒸气，在另一种条件下又能吸收低沸点组分这一特性来完成的制冷循环。与压缩式制冷循环不同，吸收式制冷循环的工质除制冷剂外，还需要吸收剂。其中，制冷剂用来产生冷效应，吸收剂用来吸收产生冷效应的制冷剂蒸气，以实现对制冷剂的“热化学”压缩过程。制冷剂与吸收剂组成工质对。

对制冷剂的选择要求：吸收式制冷循环中制冷剂的选择要求与蒸气压缩式制冷循环基本相同，例如蒸发潜热大、工作压力适中、成本低、毒性小、不爆炸及不腐蚀等。

关于吸收剂的选择，要求其应有如下特性。

（1）吸收制冷剂能力强。吸收能力越强，所需要的吸收剂循环量就越少，发生器工作热源的加热量、吸收器中冷却介质带走的热量以及溶液泵消耗的功率也越减少。

（2）在相同压力下，吸收剂的沸点温度应比制冷剂的沸点温度高，且相差越大越好。吸收剂的沸点越高，越难挥发，在发生器中汽化的制冷剂蒸气纯度就越高。否则，制冷剂蒸气中会夹带部分吸收剂蒸气，必须通过精馏的方法将这部分吸收剂除去，尽可能避免影响制冷效果。使用精馏方法将吸收剂与制冷剂分开，不仅需要专用的精馏设备，而且会降低制冷循环的工作效率。

（3）吸收剂热导率要大，密度、黏度、比热要小，以提高制冷循环的工作效率。

（4）化学稳定性和安全性要好，要求无毒、不燃烧、不爆炸，对金属材料的腐蚀性小。

（5）吸收式制冷循环工质对所组成的二元溶液，必须是非共沸溶液。共沸溶液不能作为吸收式制冷循环的工质对。

（6）价格低廉，容易得到。

2. 吸收式制冷循环原理

吸收式制冷机主要工作原理就是利用吸收剂吸收制冷剂蒸气，形成真空环境，使液体制冷剂在低压真空环境下不断蒸发，吸收汽化潜热，从而达到制冷的目的。目前常见的吸收式制冷机有溴化锂吸收式制冷机和氨水吸收式制冷机。

1）溴化锂吸收式制冷机的工作原理

溴化锂吸收式制冷机是利用溴化锂水溶液具有在常温下强烈地吸收水蒸气，在高温下又能将所吸收的水分释放出来的特性，以及水在真空状态下蒸发时，具有较低的蒸发温度的特性来实现制冷的。

溴化锂吸收式制冷机主要由发生器、冷凝器、膨胀阀、蒸发器、溶液泵和吸收器组成。如图 2-4 所示，它们组成两个循环回路，即制冷剂循环与吸收剂循环。左半部分是制冷剂循环，由冷凝器、膨胀阀和蒸发器组成；右半部分是吸收剂循环，由吸收器、发生器、溶液泵以及膨胀阀（降压调节阀）组成。

发生器 3 内的溴化锂水溶液由于外部热源的加热，所含的比溴化锂沸点低得多的水汽化成水蒸气。水蒸气进入冷凝器 5，被冷却的介质冷却，凝结为制冷剂液体。制冷剂液体经膨胀阀 6 节流降压后，进入蒸发器 7，在蒸发器 7 内，低压制冷剂液体吸收被冷却的介质的热量，在低压下蒸发为蒸气。被冷却的介质因失去热量，温度降低而产生制冷效应。低温制冷剂液体蒸气进入吸收器 1，被其中的溴化锂溶液吸收，吸收过程中放出的溶解热，由冷却水带走。吸收了制冷剂液体蒸气的溴化锂水溶液，变为稀溶液后，由溶液泵 2 送到发生器 3 中。发生器 3 由于外部热源加热，使溴化锂溶液不断释放出水蒸气而浓度升高，成为浓溶液。浓溶液经膨胀阀 4 降低压力后进入吸收器 1，吸收来自蒸发器 7 的制冷剂液体蒸气而浓度降低，再由溶液泵 2 将吸收器里的溴化锂稀溶液送入发生器 3。如此循环往复，从而达到连续制冷的目的。

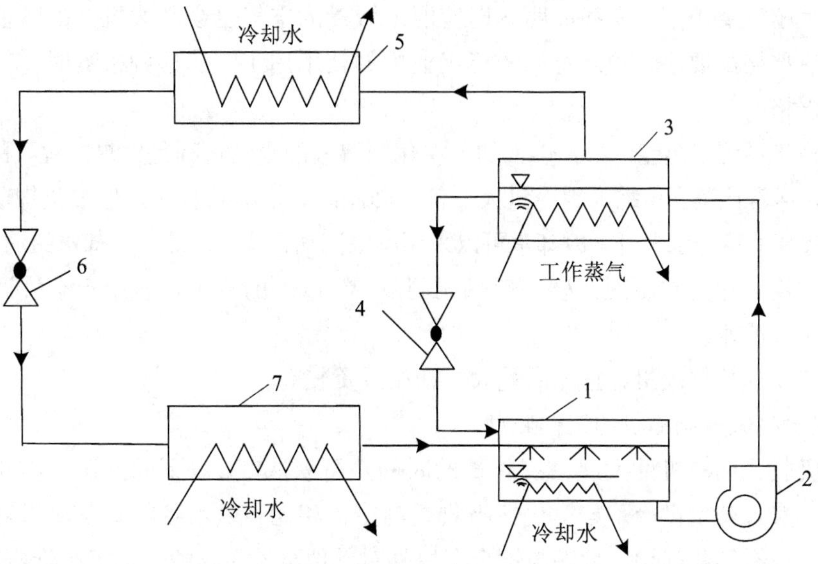

1—吸收器；2—溶液泵；3—发生器；4、6—膨胀阀；5—冷凝器；7—蒸发器

图 2-4 溴化锂吸收式制冷机工作原理

2）溴化锂吸收式制冷机的特点

溴化锂吸收式制冷机是以热能作为补偿来实现制冷的装置，其优点主要有以下几点。

（1）制冷剂和吸收剂无臭、无味、无毒，对人体无危害，对大气臭氧层无破坏作用，有利于满足环保要求。

（2）利用热源为动力，不但能源利用范围广，且能利用低热能（余热、废热、排热），使溴化锂吸收式制冷机不仅能够大量节约能耗而且可以明显节约电耗。以一台3500kW 的制冷机组为例，压缩式制冷机耗电量约 900kW，而溴化锂吸收式制冷机耗电量约 10kW，当前我国电力比较紧缺的条件下，使用这种机型更具有现实意义。特别适用于废气、废热水可利用的化工、冶金和轻工业企业，有利于热源的综合利用。

（3）整个装置基本是换热器的组合体，除功率较小的泵以外，没有其他运动部件，故振动、噪声都很小（仅为 75～80dB），运转平稳，对基建要求不高，可在露天甚至楼顶安装，尤其适用于舰船、医院、宾馆等场合。

（4）结构简单，制造方便。

（5）整个装置处于真空状态下运行，无爆炸危险。

（6）操作简单，维护保养方便，易于实现自动化运行。

（7）能在 10%～100%范用内实现制冷量的自动、无级调节。而且在部分负荷时，机组的热力系数并不明显下降。

该机组的主要缺点有以下几条。

（1）腐蚀性强。溴化锂溶液对金属，尤其是黑色金属有强烈的腐蚀性，特别是在有空气存在的情况下更为严重。溴化锂溶液对普通碳钢有较强的腐蚀性，不仅影响制冷机的性能与正常运行，而且影响制冷机的寿命，因此对金属的密封性要求非常严格。

（2）气密性要求高。实践证明，即使混入微量的空气也会影响机器的性能。这就对制造工艺有严格的要求，国外将原子能工业中的技术用于制造这种机器时，对其气密性要求非常严格。

（3）由于系统以热能作为补偿，加上溴化锂溶液的吸收过程是放热过程，故对外界的排热量大，通常比蒸气压缩式制冷机大一倍，因此冷却水消耗量大。但溴化锂吸收式制冷机允许有较高的冷却水温升，冷却水可以采用串联流动方式，以减少冷却水的消耗量。

（4）因用水作为制冷剂，故一般只能制取5℃以上的冷水，多用于空气调节及一些生产工艺用冷冻水。

（5）溴化锂价格较贵，且充灌量大，初始投资较高。

3）氨水吸收式制冷机的工作原理

氨水吸收式制冷机的发展已有较长的时间，可获取0℃以下的温度，易小型化，可风冷冷却、直接蒸发供冷。与溴化锂吸收式制冷机相比，氨水吸收式制冷机对系统密封要求较低，没有结晶问题，除铜与铜合金以外对其他金属无腐蚀性，工质价格低廉。

氨水吸收式制冷机以氢氨为制冷剂，以氨水溶液为吸收剂。由于氨与水在相同压力下汽化温度比较接近（如在一个标准大气压下，两者的沸点仅差133.4℃），因而对氨水溶液加热时，所产生的蒸气中含有较多的水分，会影响整个装置的经济性。故氨水吸收式制冷机需采用精馏的方法，在精馏塔内提高氨蒸气的浓度。虽然工质对氨-水的组合有很多缺点，但综合的性能评价还是优越的，所以在低温领域内，氨水吸收式制冷机早就在欧洲被广泛应用。利用这种制冷机制取温度为－15℃的1kW的冷量，则在发生器中消耗了2kW的热量。用作发生器的热源有：90℃～100℃的高温水、蒸气以及工业中的高温废气等。

单级氨水吸收式制冷机所能制取的低温，与加热热源的温度及冷却水温度有关，一般不低于－25℃。如果热源温度较低、冷却水温度又较高时，若要制取较低温度，则可采取双级氨水吸收式制冷机，但一般也不低于－65℃。

氨水吸收式制冷机采用蒸气或热水作为热源，有利于废热的综合利用，特别适合于化工、冶金和轻工业中的制冷设备。

图2-5为单级氨水吸收式制冷机的循环流程。其中特别设有一个包含发生器的结构较为复杂的氨精馏塔。它通过溶液在塔内反复蒸发和冷凝，使气相和液相分别以饱和蒸气和饱和液体进行温度变化，即液相温度上升、气相温度逐渐下降，最后形成纯水和纯制冷剂氨蒸气。精馏塔以进料口为起始点，下部的热交换区称为提馏段，上方的热交换区称精馏段。提馏段下方设有发生段（再沸段），用于加热浓溶液，产生氨和水蒸气，供进一步提馏用。下面分析循环的整个过程。

浓度为ξ_r的$f$kg浓溶液（点1a）进入精馏塔，在精馏塔内的发生器中被加热吸收热量Q_h后，部分溶液被蒸发，产生的蒸气经过提馏段，得到浓度为ξ_d的氨蒸气（$1+R$）kg，然后经过精馏段和回流冷凝器，使上升的蒸气得到进一步的精馏和分凝，浓度提高到ξ_{R_a}（点5），由精馏塔塔顶排出，排出的氨蒸气质量为1kg，回流冷凝器中，因冷凝R kg回流液所放出的热量Q_r被冷却水排走，在发生器底部得到浓度为ξ_a的稀溶液（$f-1$）kg，用点2表示。

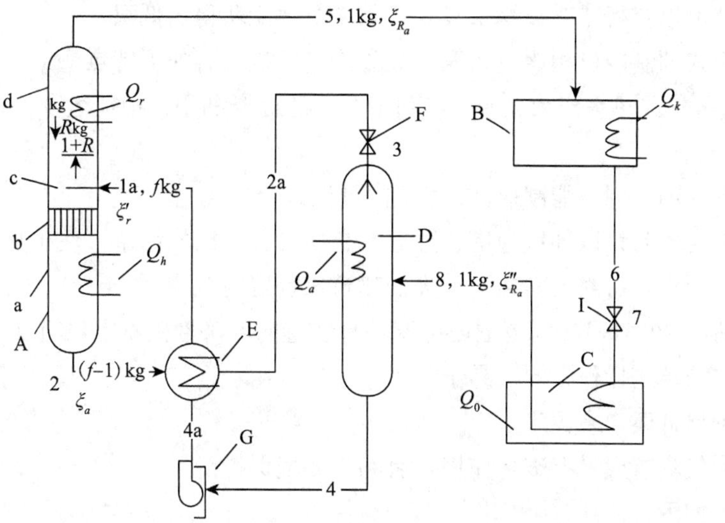

A—精馏塔；（a—发生器，b—提馏段，c—精馏段，d—回流冷凝器）；B—冷凝器；
C—蒸发器；D—吸收器；E—溶液热交换器；F，I—节流阀；G—溶液泵

图 2－5　单级氨水吸收式制冷机的循环流程

从精馏塔塔顶排出的 1kg 几乎是纯氨的蒸气进入到冷凝器中，在等压、等浓度下冷凝成液体（点 6），冷凝时放出的热量 Q_k 由冷却水带走。液氨经过节流阀，压力由 P_K 降到 P_0，形成湿蒸气（点 7），然后进入蒸发器中。在蒸发器内，液氨吸收被冷却物体的热量 Q_0 而汽化，由蒸发器排出（点 8）。点 8 的状态可以是湿蒸气，也可以是饱和蒸气，也可以是过热蒸气，它取决于被冷却物体要求的温度。

从发生器的底部排出浓度为 ξ_a、质量为（$f-1$）kg 的稀溶液，经过溶液热交换器后温度降低到点 2a，因为点 2a 状态的压力为 P_h，故溶液为过冷溶液。过冷溶液经过节流阀，压力由 P_h 降到 P_a（即 P_0），由点 3 表示，然后进入吸收器，吸收由蒸发器产生的 1kg 蒸气，形成了 $f$kg 浓度为 ξ'_r 的浓溶液（点 4），吸收过程中放出的热量 Q_a 被冷却水带走。状态点 4 的浓溶液经溶液泵升压，压力由 P_a 提高到 P_h（点 4a），再经溶液热交换器加热，温度升高到状态点 1a，最后从精馏塔 A 的进料口进入精馏塔，循环再重复进行，达到不断制冷的目的。

3. 氨水吸收式制冷机与蒸气压缩式制冷机性能的比较

氨水吸收式制冷循环的热力系数和蒸气压缩式制冷循环的制冷系数都是用来评价循环经济性的主要技术指标，但两者之间不能直接进行比较。因为压缩式制冷机消耗功，吸收式制冷机消耗热能，功比热能的品位高，产生功的成本也高。对这两个数值进行比较时，必须考虑电站内蒸气装置中的热交换情况及效率。即使如此，吸收式制冷机的热力系数仍然低于压缩式制冷机的当量热力系数，原因在于吸收式制冷机的运行过程存在更多的热力不可逆过程。

从运行费用来看，在较低的蒸发温度下，似乎采用氨水吸收式制冷机费用更低，特别是在有高温加热介质可以利用的情况下更是如此。因为这样有可能仅利用单级氨水吸

收式制冷机就可以获得需双级氨水吸收式制冷机才能获得的低温。

与其他形式的制冷机相比较，氨水吸收式制冷机具有如下特点。

(1) 采用蒸气或热水作为热源，有利于废热的综合利用，特别适合于化工业中的制冷设备。

(2) 氨作为制冷剂，能制取0℃以下的低温。

(3) 整个装置除泵以外均为塔、罐等热交换设备，结构简单，便于加工制造。

(4) 噪声较小，可露天安装，可降低建筑投资费用。

(5) 负荷在30%～100%范围内可调，且装置的经济性基本上没有变化。

(6) 维修简单，操作方便，易于管理。

(7) 氨价格低廉，来源广。

(8) 对大气臭氧层没有破坏作用，有利于环境保护。

它的缺点如下。

(1) 对铜及铜合金（磷青铜除外）有腐蚀。

(2) 钢材及冷却水消耗量大。

(3) 热力系数较低。

(4) 由于氨、水的沸点比较接近，为提高氨气浓度，必须增设精馏和回流冷凝器设备，故系统更为复杂。

三、蒸气喷射式制冷

蒸气喷射式制冷与吸收式制冷一样，是属于液体汽化制冷的一种，并都是靠热能驱动的制冷方法。

1. 蒸气喷射式制冷的工作原理

在蒸气喷射式制冷机中，蒸气喷射器相当于压缩式制冷机中的压缩机。锅炉产生的具有较高压力的工作蒸气，通过渐缩渐扩喷管管口进行绝热膨胀，在喷管管口出口达到很高的速度和很大的动能，并在吸入室造成很低的压力，因而能将蒸发器的低压（p_0）气态制冷剂抽吸到喷射器的吸入室，以维持蒸发器内的低压，达到持续制冷。此后，高速工作蒸气与吸入的低压蒸气在混合室内进行能量交换，流速逐渐均一。在扩压室内，随着流速的逐渐降低，气流动能转化为压力能，使压力逐渐升高，到出口达到冷凝压力 p_k。

由于工作蒸气与制冷剂是同一种物质（一般均为水），混合蒸气被冷凝为液体以后，其中一部分液体即作为制冷剂通过膨胀阀进入蒸发器；另一部分冷凝液则通过冷凝水泵送回锅炉。

在蒸气喷射式制冷机中，循环在蒸发器和冷用户之间的冷水被称为工作水。来自冷用户的工作水与来自膨胀阀的冷凝水在蒸发器中部分汽化，形成冷蒸气被蒸气喷射器引射排出；而其他部分在蒸发器中被冷却，靠冷冻水泵送到冷用户使用，升温后再返回蒸发器。

为了排出冷凝器中存在的不凝性气体，在冷凝器后设有第一、第二级辅助喷射器，可通过二次引射增压，将其中的不凝性气体排到大气中。

2. 蒸气喷射式制冷的实际工作过程

在实际的蒸气喷射式制冷机中，除蒸发器、主喷射器和主冷凝器、辅助喷射器外，还需配置一些其他设备。蒸气喷射式制冷机可分为大气式（混合式）蒸气喷射式制冷机和蒸发式蒸气喷射式制冷机两种，现将它们的工作过程分别介绍如下。

1）大气式（混合式）蒸气喷射式制冷机

图 2－6 为一个三效大气式（混合式）蒸气喷射式制冷机。它由蒸发器，第一效、第二效、第三效主喷射器，主冷凝器和第一级辅助、第二级辅助喷射器，第一级辅助、第二级辅助冷凝器，以及多个水泵等组成。

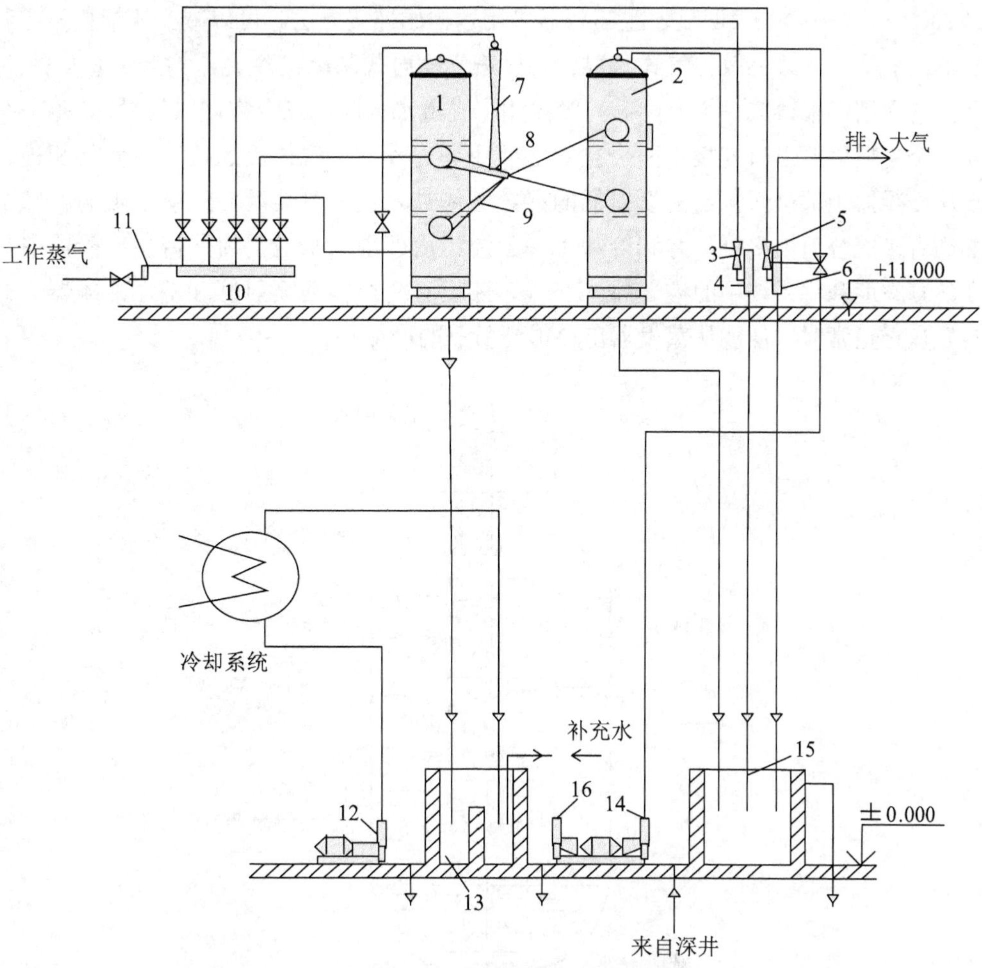

1—蒸发器；2—主冷凝器；3—第一级辅助喷射器；4—第一级辅助冷凝器；
5—第二级辅助喷射器；6—第二级辅助冷凝器；7—第一效主喷射器；
8—第二效主喷射器；9—第三效主喷射器；10—分气缸；11—水分离器；
12—冷冻水循环泵；13—冷冻水池；14—冷却水泵；15—冷却水排水池；
16—冷冻水回水泵

图 2－6　三效大气式（混合式）蒸气喷射式制冷机

立式三效大气式（混合式）蒸气喷射式制冷机蒸发器构造示意如图 2 - 7 所示，它的上部装有空调/工艺回水的回水管，蒸发器中装有三层隔板，将它分成四个空间，隔板中间开有一个较大的洞，洞的上部装有钻有许多小孔的淋水板，在隔板的下面装有一圈挡板。空调/工艺回水经淋水板三次淋洒和蒸发后，温度逐次降低，形成冷冻水，然后从蒸发器的下部流出供空调或生产使用。蒸发器的真空由三只主喷射器产生，抽吸蒸发器第一效容器中蒸气的主喷射器和主冷凝器第三效容器筒体连接；抽吸蒸发器第三效容器中蒸气的主喷射器和主冷凝器第一效容器筒体连接，这样连接的原因是：蒸发器中第一效容器中的压力大于第二、第三效容器中的压力，对应的水温比较结果为 $t_{01}>t_{02}>t_{03}$，而主冷凝器中第三效容器中的压力大于第二效和第一效容器中的压力（因为冷凝器中的水温是 $t_{K3}>t_{K2}>t_{K1}$）。很明显，主喷射器采用这样的连接方法，可以减少压缩比，有利于喷射器的工作。立式三效大气式（混合式）蒸气喷射式制冷机冷凝器构造示意如图 2 - 8 所示。它是用钢板铸成一个大圆筒，筒内用多孔淋水板隔成三个空间（三效），每一个空间和一个主喷射器出口连接，两个空间之间用旁通管（供气体流通用）在筒外相连，冷却水从冷凝器顶部进入。当主喷射器的混合气体进入主冷凝器后，经淋水板的冷却水三次淋洒直接混合而被冷凝，并和冷却水一起流出筒外进入水池。为保持主冷凝器中具有一定的真空度和将系统中的空气排入大气，还设有两级辅助喷射器和辅助冷凝器，如整个装置运行正常时，便能从蒸发器出口得到所需的冷却水。

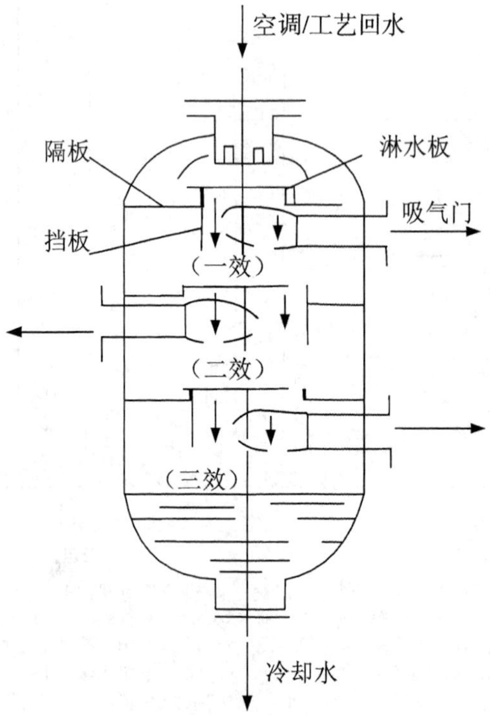

图 2 - 7　立式三效大气式（混合式）蒸气喷射式制冷机蒸发器构造示意

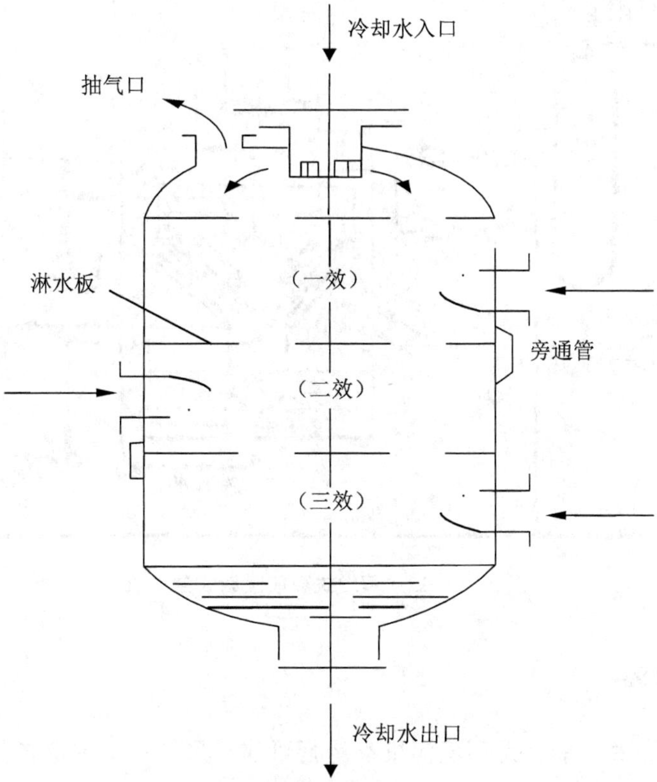

图 2－8 立式三效大气式（混合式）蒸气喷射式制冷机冷凝器构造示意

2）蒸发式蒸气喷射式制冷机

蒸发式蒸气喷射式制冷机和大气式（混合式）蒸气喷射式制冷机基本相同，不同的只是蒸发式蒸气喷射式制冷机采用的是冷凝器外淋冷却水的方式。图 2－9 为二效蒸发式蒸气喷射式制冷机。这种装置的主冷凝器，都只有一效，因此两只主喷射器喷出混合气体是并联后同时送入冷凝器的。在冷凝器内混合气体中的蒸气冷凝时所放出的热量，是依靠在冷凝器外喷淋冷却水的蒸发来吸收的，蒸发时所产生的水蒸气与其中的热空气，由顶部所设的轴流风机抽去排向大气，这样，循环冷却水的温度就不会升高。

喷淋后落至冷却水池的冷却水还能循环使用。在蒸发式蒸气喷射式制冷机中的空气和很少部分没有凝结的蒸气，同样是通过第一级辅助、第二级辅助喷射器和第一级辅助冷凝器将其连续抽出并压缩至高于大气压而排出的。

蒸发式蒸气喷射式制冷机适用于水量不足的地区，它的优点是冷却水的消耗量较小，一般只要补充所散失的水量就行了；缺点是对水质要求较高，设备比较复杂，消耗钢材较多。而大气式（混合式）蒸气喷射式制冷机适用于水量较多的地区，它的优点是结构简单，耗费钢材少，易于制造修理；其缺点是冷却水消耗量大。

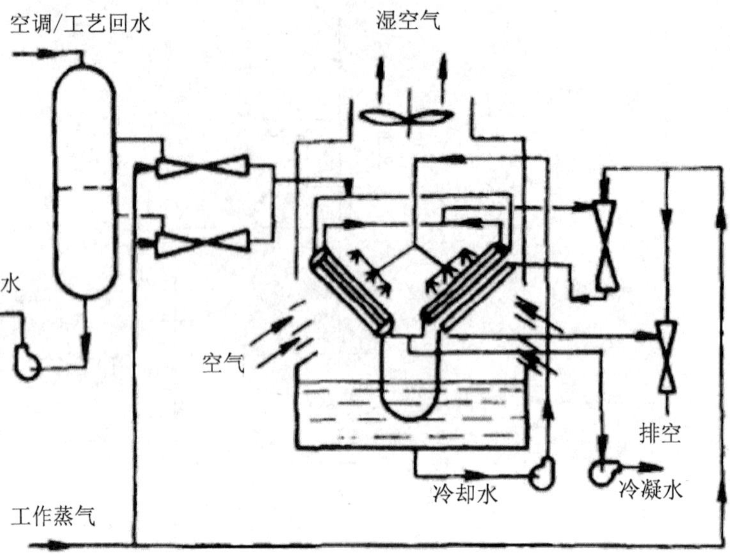

图 2-9　二效蒸发式蒸气喷射式制冷机

四、磁制冷

磁制冷以其高效节能、无环境污染、运行可靠、尺寸小、重量轻等优点备受关注。已开发出的磁制冷样机，循环效率最大可达卡诺循环的 60%，COP（制热能效比）高达 15，最大制冷量可达 600W。磁制冷将可能替代传统的蒸气压缩式制冷，是一种极具开发潜力的节能环保制冷技术。

1. 磁制冷的基本原理

由磁性粒子构成的固体磁性物质，在受到外磁场的作用被磁化时，系统的磁有序度上升（磁熵减小），对外放出热量；再将其退磁，则磁有序度下降（磁熵增大），又要从外界吸收热量，这种磁性粒子系统在磁场的施加与去除过程中所呈现的热现象称为磁热效应。磁热效应是所有磁性材料的固有本质。图 2-10 说明了磁制冷的原理。

常温下，磁熵 $S(T, H)$ 是磁场强度 H 和绝对温度 T 的函数，它由磁熵 $S_M(T, H)$、品格熵 $S_L(T)$ 和电子熵 $S_E(T)$ 三部分组成，如式（2-1）所示：

$$S(T, H)=S_M(T, H)+S_L(T)+S_E(T) \tag{2-1}$$

可以看出，S_M 是 T 和 H 的函数，而 S_L 和 S_E 仅是 T 的函数。因此当外加磁场发生变化时，只有磁熵随之变化，而 S_L 和 S_E 只随温度的变化而变化，所以 S_L 和 S_E 合起来称为温熵 S_T，于是上式可以改为式（2-2）：

$$S(T, H)=S_M(T, H)+S_T(T) \tag{2-2}$$

在绝热过程中，系统熵变为零，如式（2-3）所示：

$$\Delta S(T, H)=\Delta S_M(T, H)+\Delta S_T(T)=0 \tag{2-3}$$

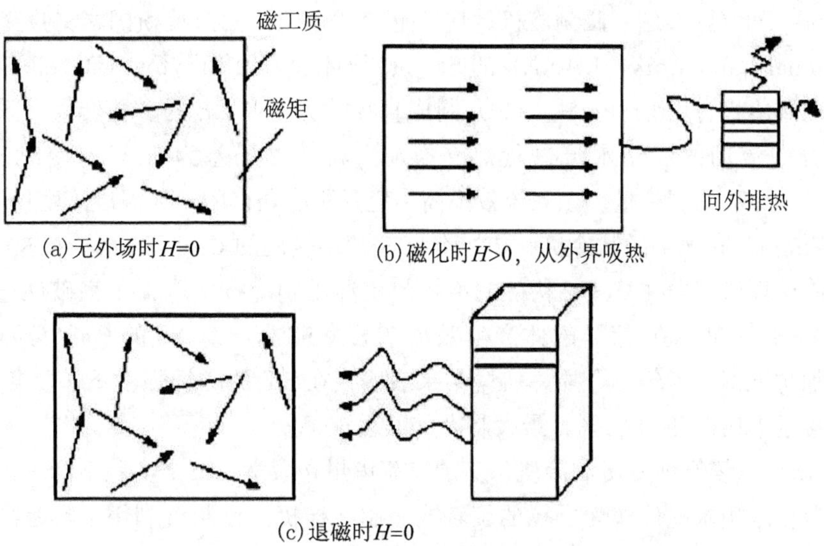

图 2-10 磁制冷的原理

当绝热磁化时，工质内的分子磁矩排列将由混乱无序趋于与外加磁场同向平行，根据系统论观点，度量无序度的磁熵减少了，即 $\Delta S_M < 0$，所以 $\Delta S_T > 0$，故工质温度升高；当绝热退磁时，情况刚好相反，工质温度降低，从而达到制冷目的。这种制冷方法就是绝热退磁制冷法，即磁制冷。

2. 磁制冷机研究

根据温度的不同，可将制冷温区划分为极低温区（趋于 0K）、低温区（<15K）、中温区（15～77K）和高温区（>77K 及室温区）。同样，磁制冷机的研究也分为这样 4 个区。

在低温区（<15K），由于磁制冷材料的品格熵可忽略不计。这方面的研究到 20 世纪 80 年代末已经非常成熟。低温区是具有极大应用前景的绿色能源液氢的重要温区，所以该温区的研究受到了广泛重视。

对于高温区，研究的重点在室温区。在室温范围内，磁制冷材料的品格熵很大，如果不采取措施排出品格熵，有效熵变将非常小；另外，在室温范围内强磁场的设计以及换热性能的加强都是很关键的。总之，目前室温磁制冷的研究水平远远低于低温范围的研究水平。

自 1976 年 Brown（布朗）首次在实验室实现室温磁制冷以来，科学家们在室温磁制冷的研究上进行了各种尝试，开发出了多种实验样机。

(1) Brown 磁制冷机。1976 年 NASA（美国国家航空航天局）的 Lewis 研究中心的 Brown 首次在实验室实现了室温磁制冷。水冷电磁体提供高达 7T 的磁场，磁工质为 1mol 的金属钆，放在等间距排列的圆筒形不锈钢蓄冷器中，做上下往复运动，采用近似 Ericsson（爱立信）循环，通过开关控制依次实现退磁吸热、等磁场（零磁场）、加磁放热和等磁场（强磁场）4 个过程。大概经过 50 次的循环，实现了冷端（272K）、热端（319K）47K 的温度跨度。

（2）Steyert（施泰尔）磁制冷机。1978年，美国洛斯阿拉莫斯国家实验室（Los Alamos National Laboratory，LANL）的Steyert设计了采用Brayton（布莱顿）循环的回转式结构磁制冷机。用213kg钆（Gd）制成直径约为150mm的多孔转盘，采用与转盘转向相反方向流动的强制水流进行热交换。当高低磁场差为112T、冷热温差为7K时，获得了500W的制冷量。该系统效率高，但是所能获得的最大温度跨度仅为9K。

（3）Zimm（齐姆）磁制冷机。1996年，美国宇航局的Carl Zimm（卡尔·齐姆）采用Brayton循环研制的往复式结构磁制冷机使室温磁制冷技术取得了突破性进展。该系统采用Nb-Ti（铌-钛）超导磁体产生磁场（最大5T），以3kg的Ga（镓）为制冷工质，水（加防冻剂）为传热介质。实验结果表明：在5T的磁场强度下，COP最大可达15，效率接近卡诺循环的60%，最大制冷量可达600W。

（4）Ames（埃姆斯）磁制冷机。美国爱荷华州立大学Ames实验室和美国宇航局联合研制出首台采用永磁体作为磁场的旋转式磁制冷样机。该装置利用了具有高磁熵变的Ga-Si-Ge（镓-硅-锗）合金的巨磁热效应，磁场强度是常规永磁体的2倍，粉末状的金属Ga填入环形蓄冷器中，蓄冷器在驱动器的作用下做回转运动，经历磁化、退磁和吸热放热过程。

3. 开发磁制冷技术需解决的问题

作为具有巨大潜力的制冷技术，磁制冷若想取代传统的蒸气压缩式制冷还有很多问题要解决，主要体现在以下几方面。

（1）高性能磁制冷材料。目前应用的磁性物质主要是钆、硅、锗合金以及类钙钛矿物质，其温度跨度比较小，磁热效应还不能达到室温制冷的要求。针对应用前景较好的室温磁制冷，大力开发具有巨磁热效应的磁制冷材料已成为当今磁制冷研究的主流。另外，可以依靠磁制冷这一“绿色”制冷技术得到绿色能源氢，所以氢液化温度范围内的磁制冷材料的研究也应得到重视。

（2）磁体及磁场结构的设计。目前普遍采用永磁体、电磁体及超导磁体为磁制冷供应磁场。永磁体结构简单、来源广泛、适用性强，但一般只能提供1.5T左右的磁场；超导磁体及电磁体可提供5～7T的磁场，但其结构复杂且成本高昂。另外，研究发现磁体极内表面的平整程度对磁场的影响很大，所以磁体的加工制造工艺也是很重要的。

（3）磁制冷循环。在极低温下，可以用卡诺循环及Ericsson循环达到较高的制冷效果，但对于室温来说，则应考虑采用Stirling（斯特林）循环，Ericsson，Brayton循环等。

（4）蓄冷及换热技术。在极低温区，可以不考虑蓄冷的问题，但在中温及高温区，磁制冷的品格熵的排出必须依靠蓄冷器，所以蓄冷材料的选择以及蓄冷器的设计就显得尤为重要。另外，由于整个磁制冷系统的实际效率主要取决于蓄冷器及换热器性能的优劣，若要使磁热效应产生的冷量尽快尽多地被带走，就需要对蓄冷器以及换热器进行优化设计。

总之，磁制冷在节能及环保方面的卓越表现，证明其为一种极具发展潜力的绿色制冷方式。但是要得到真正意义上的广泛应用，还有待各种相关学科的发展及技术的突破。

五、热声制冷

热声制冷是一种全新的制冷技术。在近几十年中，世界各地的许多物理学家和机械工程师们都致力于研究这种基于热声理论的新型热机和制冷机，并在理论及工程应用方面取得了突破性进展，许多研究还进入了实用的商业化阶段。

与传统的蒸气压缩式制冷机相比，热声制冷机具有无可比拟的优势：无须使用污染环境的制冷剂，而是使用惰性气体或其混合物作为工质，减小了因使用 CFCs（氯氟烃）和 HFCs（氢氟碳化物）对臭氧层的破坏以及所产生的温室效应对环境的危害；其基本结构非常简单、可靠，无须贵重材料，成本上具有很大优势；无须往复运动的活塞、汽缸密封和润滑部件，无运动部件，寿命长。热声制冷技术几乎克服了传统制冷技术的缺点，有望成为下一代制冷新技术的发展方向。长期以来，热声制冷技术的能源利用效率较低的问题一直成为热声产品实用化的瓶颈，前期的主要产品也仅限于应用在军事领域。由于各国学者的不懈努力，近年来，热声制冷机的效率获得大幅提高。尤其是经过美国 LANL 的潜心研究，效率上获得革命性的突破，其热声热机的效率为 0.2～0.4，可与现有传统的蒸气压缩过程的内燃机和制冷机相竞争。效率的大幅提高为热声制冷技术发展扫清了最后的障碍，这预示着热声装置商业化开发和应用的时代已经到来。

1. 热声制冷原理

所有的热声产品的工作原理都基于所谓的热声效应。热声效应原理可以简单描述为：在声波稠密时加入热量，在声波稀疏时排出热量，则声波得到加强；反之声波稠密时排出热量，在声波稀疏时吸入热量，则声波得到削弱。实际的热声理论远比这复杂得多。热声装置是指利用热声技术的各种能量转换功能制成的装置，包括各种制热机和制冷机，如利用热声技术开发的功率引擎、脉动燃烧、热泵、制冷机和混合物分离机等，是十分广泛的一类装置。总的来说，热声装置可以分为两个方向，一个是热能发动机，将热声转化为声能，通过自激振荡的方式实现；另一个是热声制冷机，利用声波泵热，实现制冷，其关键在于声场的相位匹配。热声制冷技术和热声制冷装置只是分别为热声技术和热声装置中一个重要的分支。

热声制冷机的主要结构包括声驱动器、谐振腔、热端和冷端换热器及板叠。声驱动器的作用是使谐振腔中产生高幅的声能，是能量源。声驱动器可以是喇叭、活塞振膜或线性电动机。谐振腔的作用是与声驱动器相匹配而产生谐振的声波。热端和冷端换热器将热量或冷量输出。板叠是热声制冷机的最重要的部件，它可以是平行叠加的板叠，也可以是其他多孔介质材料，热声效应就是在板叠内完成的。板叠内的气体微团在声波的作用下左右运动，同时被压缩或扩张，在合适的相位下，气体微团在压缩时向左运动并对板叠放热，在扩张时向右运动并从板叠吸热。大量气体微团微观上的协调一致的周期性运动不断将热量从冷端泵向热端，使板叠产生温度梯度，从而形成宏观的热声效应，同时也不断地消耗声能。相反，热声发动机是将热能转化为声能，其结构同热声制冷机的结构相同。在热端换热器加热下，板叠产生温度梯度，在温度梯度达到一定的阈值时，就会自激振荡而产生谐振的声波，此时板叠内气体微团的热力学循环是相反的，气体微团在压缩时向左运动并从板叠吸热，在扩张时向右运动并对板叠放热。从而使宏观上声波不断加强，热能被转化为声能。

2. 热声制冷机及其应用

世界上第一台热声制冷机是在 20 世纪 80 年代早期制造的，其后近 40 年的研究和发展，出现了各种结构形式的热声制冷装置，其设计水平及制造工艺也在不断地提高。目前美国在热声领域内的投入相对较大，研究机构也相对较多，取得了许多突破性进展，也一定程度反映了当今热声制冷技术的先进水平和发展趋势。

20 世纪 90 年代早期，美国海军研究生院的 Garrett（加勒特）教授，在美国海军工程部的资助下，带领他的热声研究组，建造了两台以喇叭为声驱动装置的制冷机系统。第一个是空间热声制冷机（STAR），其热声板叠两端温差设计达到 80K，4W 的制冷量，该制冷机在 1992 年用于“发现号”航天器上红外传感器的制冷。第二个装置是在 1995 年用于冷却军舰甲板上的雷达电子系统，其设计制冷功率是 400W，温差较小，与家用冰箱/冷冻系统类似。

2020 年，Garrett 教授得到了新的资助和合作项目，开发了一台热声制冷机样机，已成功用于冰激凌柜的制冷，该样机利用 CFIC－Q drive（公司名称）提供的高功率的线性电动机，制冷功率为 200W，在谐振腔中的声强可高达 196dB，高幅的声波对热声制冷是关键的。该制冷机在谐振腔频率 100Hz，使用 He（氦）气体工质，10 个大气压工作条件下能达到－120℃的制冷温度，其性能和效率与传统使用制冷剂的装置相当。

1）热声驱动的热声制冷机

美国海军研究生院的 Garrett 和 Holfer（霍尔夫）的热声研究小组在 2000 年左右，开发了太阳能驱动的热声制冷机，温差 18℃时制冷功率为 2.5W。虽然这只是一个初步的实验样机，在性能上还存在许多需要改进的地方，但它是第一次利用太阳能作为驱动能源实现了热声制冷，为后续利用环保节能的太阳能热声装置的研究和开发，奠定了一定的基础。

2）热声驱动的脉管制冷机

LANL 在美国能源部的财政资助下，主要研究的是开发大型的热声发动机，利用热能产生声能，用于发电或驱动制冷机来液化天然气。一个成功的应用是 LANL 与工业伙伴 Cryenco（克林科）的合作，他们在 1997 年开发了低温制冷技术——热声驱动的脉管制冷。该技术能达到 115K 的制冷温度，装置无运动部件，它是利用以天然气燃烧为热源的热声发动机来驱动脉管制冷机。已开发日制冷量为 2kW，相当于每天用 0.5m^3 液化天然气所产生的制冷量，该装置是驻波热声发动机驱动器，效率为卡诺效率的 23%。目前正在开发通过行波发动机驱动的脉管制冷机，行波装置的效率更高，该装置的设计制冷量是 140kW，相当于每天用 50m^3 液化天然气产生的制冷量。

高效率的行波热声发动机的开发，是 LANL 又一突破性的成果，无论是热声发动机还是热声制冷机，均需要大幅值声波的动力，即要消耗声能，声能是与机械能和电能同样有价值的可用能量，热声发动机的效率对整个装置的效率和性能系数有着重要的影响。在潜心研究和充分的财力支持下，世界上效率最高的行波热声-斯特林发动机于1999年被开发出来，其效率达到卡诺效率的41%，这可与传统内燃机的效率相媲美，对热声热发动机来说，是一个大的突破，为此，世界最权威的《自然》杂志报道了这一热声技术成果。2004年，LANL开发行波热声-斯特林发电机，旨在为火星探测器提供电源，该项目得到了美国国防部的财政支持，并取得了可巨大的进步。同时燃气行波热声-斯特林制冷机也进入开发研制阶段。

3）开式热声制冷机和空调

以上介绍的都是闭式循环的热声制冷装置。为提高热声转换效率、简化结构和适于小温差大冷量的空调应用，美国从1998年至今，一直在致力于开式热声制冷装置的研发。该装置的原理是耦合外部稳定的流体，使均流与振荡流体叠加，直接参与能量的交换和转换，减少了不可逆损失，提高了系统的性能，也可减少和省去换热器的使用。在原理上，开式比闭式的热声装置效率更高，结构更简单。

4）高频微型热声制冷机

随着微电子技术的进步，在单位面积上可集成的芯片和电路越来越多，因此在系统尺寸不断缩小的同时，单位面积的散热功率也在不断增大。因此微系统的散热问题已成为制约其发展的主要障碍。目前热声制冷因其具有环保、结构简单、无可动部件或可动部件（如压电品片）少、工作频率范围的可选择性使其易于高微型化且适于与微电子芯片和系统界面相结合等独特的优点，使其在芯片和微电子电路系统的热量管理中呈现大好前景。最近几年，国外正在开发微型的热声制冷装置，期望利用压电驱动器来驱动与微制造结合的热声元件和谐振腔，从而将其应用于微电子芯片和微电子电路系统的散热冷却。美国犹他州立大学进行了深入研究，2004年已开发了高频热声制冷机样机。该样机采用一个标准大气压的空气工质和压电喇叭作为声动器，制冷温差能达到11℃。当然，这仅仅是一个实验样机，还有许多改进的空间，如使用其他惰性气体，提高工质的均压，使用其他工质，以及改进谐振腔形状等均可进一步改善系统性能系数。

六、热管制冷

热管是一种在密闭管道中，使液体经二相变化的循环流动，将热量从一端高效地传送到另一端的高效传热性能元件。通过其很小的截面积，可将大量热量远距离传输而无须外加动力，其工作温区从－273℃一直到1000℃。热管具有其他传热技术所不具备的优点：卓越的传热效率、可靠性、隔离性，以及低阻力、体积小、可控制等。因此，热管技术已经在越来越广泛的领域得到卓有成效的应用。我国热管技术在化工、建材、冶金、动力工程、生物工程、航空、航天等方面的应用处于国际领先地位。由于制冷空调冷热流体间的温差小，热管技术更能体现其优越性，使之成为实现制冷空调低能耗、高效率、冷热源多样性、走绿色空调之路的现实技术基础之一，在实现人与自然和谐相处以及可持续发展方面，具有广阔的发展前景。

1. 热管的工作原理

热管是1963年美国LANL的Grover（格罗弗）发明的传热元件，它充分利用了热传导原理与制冷介质的快速热传递性质，透过热管将发热物体的热量迅速传递到热源外，其导热能力超过任何已知金属的导热能力。热管技术以前被广泛应用在宇航、军工等行业，自从被引入散热器制造行业，就改变了传统散热器的设计思路，摆脱了单纯依靠高风量电动机来获得更好散热效果的单一散热模式。

从热力学的角度看，为什么热管会具有如此良好的导热能力呢？物体的吸热、放热是相对的。凡是有温度差存在，就必然出现热量从高温处向低温处传递的现象。在热传递的三种方式（辐射、对流、传导）中，传导方式是最快速的。热管就是利用蒸发制冷，使得热管两端温度差很大，使热量快速传导。

热管一般由管壳、吸液芯和端盖组成。热管内部被抽成负压状态，充入适当的液体，这种液体沸点低，容易挥发。管壁有吸液芯，由毛细多孔材料构成。热管一端为蒸发端，另外一端为冷凝端，当热管一端受热时，毛细管中的液体迅速蒸发，蒸气在微小的压力差下流向另外一端，并且释放出热量，重新凝结成液体，液体再沿多孔材料靠毛细力的作用流回蒸发端，如此循环，实现了热量由热管一端传至另外一端。热管在实现这一热量转移的过程中，包含了以下六个相互关联的主要过程。

（1）热量从热源通过热管管壁和充满工作液体的吸液芯传递到（液—气）分界面。

（2）液体在蒸发端内的（液—气）分界面上蒸发。

（3）蒸气腔内的蒸气从蒸发端流到冷凝端。

（4）蒸气在冷凝端内的（气—液）分界面上凝结。

（5）热量从（气—液）分界面通过吸液芯、工作液体和管壁传给冷源。

（6）在吸液芯内由于毛细力作用使冷凝后的工作液体回流到蒸发端。

2. 热管的基本特性

热管是依靠自身内部工作液体相变来实现传热的传热元件，具有以下基本特性。

（1）很高的导热性。热管内部主要靠工作液体的气、液相变传热，热阻很小，因此具有很高的导热能力。与银、铜、铝等金属相比，单位重量的热管可多传递几个数量级的热量。当然，高导热性也是相对而言的，温差总是存在的，可能违反热力学第二定律，并且热管的传热能力受各种因素的限制，存在着一些传热极限；热管的轴向导热性很强，径向并无太大的改善（径向热管除外）。

（2）优良的等温性。热管内腔的蒸气处于饱和状态，饱和蒸气的压力决定于饱和温度，饱和蒸气从蒸发端流向冷凝端所产生的压降很小，根据热力学中的方程式可知，温降也很小，因而热管具有优良的等温性。

（3）热流密度可变。热管可以独立改变蒸发端或冷却端的加热面积，即以较小的加热面积输入热量，而以较大的冷却面积输出热量，或者热管以较大的传热面积输入热量，而以较小的冷却面积输出热量，这样可以改变热流密度，解决一些其他方法难以解决的传热难题。

(4) 热流方向可逆。一根水平放置的有芯热管，由于内部循环动力是毛细力，因此任何一端受热都可作为蒸发端，而另一端向外散热成为冷凝端。此特点可用于宇宙飞船和人造卫星在空间的温度展平，也可用于先放热后吸热的化学反应器及其他装置。

(5) 热二极管与热开关性能良好。热管可做成热二极管或热开关，所谓热二极管就是只允许热量向一个方向流动，而不允许向相反的方向流动；热开关则是当热源温度高于某一温度时，热管开始工作，当热源温度低于这一温度时，热管便不传热。

(6) 恒温特性（可控热管）。普通热管的各部分热阻基本不随加热量的变化而变化，因此当加热量变化时，热管各部分的温度亦随之变化。但人们发展了另一种热管——可控热管，使得冷凝端的热阻随加热量的增加而降低、随加热量的减少而增加，这样可使热管在加热量大幅变化的情况下，蒸气温度变化极小，实现温度的控制，这就是热管的恒温特性。

(7) 良好的环境适应性。热管的形状可随热源和冷源的条件而变化，热管可做成一体式的，如电动机转轴、燃气轮机叶片、钻头、手术刀等，热管也可做成分离式的，以适应长距离或冲热流体不能混合的情况下的换热；热管既可以应用于地面（重力场），也可用于空间（无重力场）。

第二节 制冷设备

一、活塞式制冷机组

1. 特点

蒸气压缩制冷机中以活塞式压缩机为主机的称为活塞式制冷机组，活塞式制冷机组的压缩机、蒸发器、冷凝器和节流装置等都组装在一起，安装在一个机座上，其连接管路已在制造厂完成了装配，因此用户只需要在现场连接电气线路及外接水管（包括冷却水管路和冷水管路），并进行必要的管道保温，即可投入运行，根据机组配用冷凝器的冷却介质的不同，活塞式冷水机组又可分为水冷和风冷两种。活塞式冷水机组具有结构紧凑、占地面积小、安装快、操作简单和管理方便等优点。对于想加装空气调节设备但已经落成的建筑物及比较分散的建筑群且制冷量较小时，采用活塞式冷水机组尤为方便。

2. 活塞式制冷压缩机及分类

活塞式制冷压缩机应用的是曲柄连杆机构，带动活塞在气缸内做往复运动而对气体进行压缩，它的应用最广，具有良好的使用性能和 COP 值。但是，由于活塞的往复运动，容易造成气流的振动，且其结构较为复杂，限制了它的最大制冷量，一般小于500kW。

活塞式制冷压缩机的分类方法很多，举例如下。

（1）按使用的制冷剂分类。可分为氨制冷压缩机、氟利昂制冷压缩机、二氧化碳制冷压缩机等。不同制冷剂对材料及结构的要求不同。如氨制冷对铜有腐蚀，故氨制冷压缩机中不允许使用铜质零件（磷青铜除外）；氟利昂渗透性较强，对有机物有膨胀作用，故对压缩机的材料及密封机构均有较高的要求。

（2）按气缸布置方式分类。可分为卧式、直立式和角度式三种。

（3）按压缩机的密封方式分类。可分为开启式和封闭式两大类，其中封闭式分为半封闭式和全封闭式。

（4）按制冷量的大小分类，如根据相关规定，配用电动机功率不小于0.37kW、气缸直径小于70mm的压缩机为小型活塞式制冷压缩机；气缸直径为70～170mm的压缩机为中型活塞式制冷压缩机。

（5）按气体压缩的级数分类，可分为单级制冷压缩机和多级（一般为两级）制冷压缩机，两级制冷压缩机可由两台压缩机来实现，也可由一台压缩机来实现，即单机双级制冷压缩机。

二、冷凝器

冷凝器是指制冷系统中用来排出制冷剂蒸气热量的换热设备。其作用是冷却气态制冷剂，并使其转变为液体；提供换热面，使热量从热的制冷剂蒸气传递给冷却介质。

制冷装置中的冷凝器，根据冷却介质的不同，冷却方式分为风冷式（空气冷却式）、水冷式和蒸发式三种类型，如表2-1所示。

表2-1　　冷凝器冷却方式根据冷却介质的不同进行分类及对应原理

冷却方式	分类	冷却介质	原理
风冷式（空气冷却式）	自然对流冷凝器	空气	制冷剂在管内冷凝，空气在管外流动，吸收管内制冷剂蒸气放出的热。商用和住宅用空调机组的冷凝器多采用风冷式
	强制对流冷凝器		
水冷式	立式壳管式冷凝器	水	制冷剂放出的热量被冷却水带走。冷却水可以是一次性的，也可以是可循环的。在水源充足、水质清洁的地区可采用水冷式。工业上使用的冷凝器多为水冷式
	卧式壳管式冷凝器		
	套管式冷凝器		
蒸发式	盘管式冷凝器	水和空气	依靠冷却水在传热管表面上的蒸发，靠冷却水降温以及水在空气中蒸发带走冷凝热量，同时用空气加快水的蒸发而带走水蒸气。蒸发式冷凝器的耗水量较少，可以应用于水量不充裕的地区
	淋水蒸发式冷凝器		

三、冷却塔

制冷机中产生的热量必须导出，常用水作为冷却的传热介质。出于经济和环保方面考虑，采用非蒸发式冷凝器时，常利用冷却塔将冷凝水的热量与空气进行交换，然后传输给大气。根据水和空气的换热方式不同，冷却塔可分为湿式冷却塔和干式冷却塔两种。通过空气与水直接接触换热的称为湿式冷却塔。湿式冷却塔的换热效率高，水被冷却的极限温度为空气的湿球温度。但水因蒸发而造成损耗，蒸发又使循环的冷却水含盐度增加，为了稳定水质，必须排掉部分含盐度较高的水；吹风也会造成水的飘散损失，必须有足够的新水持续补充。因此，湿式冷却塔需要丰富的水源。

干式冷却塔中空气与水是通过由金属管组成的散热器表面传热的，换热效率较低，冷却的极限温度为空气的干球温度，但设备的一次性投资大，耗能高。目前，各制冷设备厂开发了蒸发式冷凝器，集冷却塔、冷凝器于一体，可替代干式冷却塔，适宜在缺水地区应用。

按照冷却塔内空气的通风方式划分，冷却塔可以分为自然通风冷却塔和机械通风冷却塔两种。自然通风冷却塔体积庞大，高度一般为15～20m，这种冷却塔主要用于发电厂。在制冷装置和空调系统中通常使用的是机械通风冷却塔。

机械通风冷却塔根据空气与水的相对流动方向划分，可分为逆流式冷却塔和横流式冷却塔。制冷空调系统使用的冷却塔主要是逆流式冷却塔。横流式冷却塔主要用于热负荷比较大的工业冷却系统。

四、蒸发器

蒸发器是供制冷剂在低温下汽化吸热的热交换器，即制冷剂（或载冷剂）在管内或容器的壳侧，从空气或传热介质吸取热量后蒸发变为气体（或载冷剂温度上升），把热量带走。其特点是利用传热温差来实现换热。根据被冷却介质的不同，蒸发器可以分为冷却液体式蒸发器和冷却空气式蒸发器两大类。

1. 冷却液体式蒸发器

冷却液体式蒸发器主要用于大中型的制冷设备中，常见的有壳管式蒸发器、沉浸式蒸发器和板式蒸发器。下面简要介绍壳管式蒸发器和沉浸式蒸发器。

壳管式蒸发器有满液式和干式之分，满液式壳管式蒸发器的制冷剂充注量大，采用它时需要进行特别的回油设计，但可提高制冷机的性能系数。

沉浸式蒸发器又称水箱式蒸发器，它由水箱和蒸发盘管组成。制冷剂在蒸发器内吸收制冰池中的载冷剂——盐水溶液的热量，使盐水溶液降温并保持在－10℃左右。通过搅拌器的工作将盐水溶液循环于蒸发器和制冰池之间，使制冰池中的水冻结成冰。沉浸式蒸发器多用于氨制冷装置中。根据盘管的不同形式还可进一步分为立管式、螺旋管式或蛇形盘管式。

2. 冷却空气式蒸发器

冷却空气式蒸发器也称空气冷却器，这一类蒸发器的优点是能耗低、干耗少。缺点是传热慢、材料用量大、制冷剂充注量大。冷却空气式蒸发器具体可分为自然对流式蒸发器和强对流式蒸发器两种。

自然对流式蒸发器也称冷却排管，这种蒸发器传热系数低，主要用于冰箱、冷藏柜、冷藏车和冷库等处。

强对流式蒸发器又称直接蒸发式空气冷却器，在冷库空调系统中使用它时又将其称为冷风机，其结构与风冷式（空气冷却式）冷凝器相似。这种蒸发器具有传热效果好、结构紧凑等优点。

五、储液器

储液器即制冷剂储存设备，用于储存制冷剂液体，按其功能可分为高压储液器和低压储液器。

1. 高压储液器

高压储液器用于储存由冷凝器排出的高压制冷剂液体，以适应冷负荷变化，调节系统制冷剂的循环量，并减少系统内补充制冷剂的次数，在制冷系统中起到高低压之间液封的作用。高压储液器大多制成卧式结构，其上部有压力表、安全阀、进出液阀、气体压力平衡管，下部有放油阀等，最大储量不超过每小时制冷剂总循环量的1/3～1/2。考虑氨液有受热膨胀的风险，高压储液器的液位计指示储液量宜不超过总容积的70%～80%，可选用单个或几个相同型号的储液器并联。对于小型制冷系统，若选用卧式壳管式冷凝器，可利用冷凝器下部空间储存制冷剂，不再单独设置储液器。

2. 低压储液器

根据低压储液器在系统中的作用，可将其分为低压储液器、低压循环储液器和排液筒。低压储液器用于重力供氨的制冷系统，用来储存气液分离器分离出来的制冷剂液体。低压循环储液器在氨泵供液系统中，用以储存低压氨液，同时起气液分离作用。排液筒用于蒸发器融霜排液或检修时排液之用。

低压储液器的结构与高压储液器基本相同，只是连接管路有所区别。例如，进液管与气液分离器的排液管连接，平衡管与气液分离器的气相空间相连，加压管与高压气管接通，出液管与调节站进液管或排液筒进液管相接。

六、其他换热器

1. 回热器

回热器的作用是利用从蒸发器出来的制冷剂饱和蒸气需要过热时的冷量，使节流前的制冷剂液体进一步过冷，这样既保证了压缩机工作的安全性，同时提高了制冷装置的制冷量。它是一个气-液型换热器，多用于氟利昂制冷装置。

2. 中间冷却器

中间冷却器是两级压缩制冷循环中不可缺少的设备。中间冷却器在两级压缩制冷循环中主要起两个作用：一是冷却低压压缩机排出的过热的制冷剂蒸气，以保证高压压缩机吸入的制冷剂蒸气不致因为温度太高而影响高压压缩机的正常工作；二是过冷从冷凝器排出的制冷剂液体，以提高制冷装置的制冷系数，减少节流过程中产生的闪发气体。

第三节　制冷剂、载冷剂和润滑油

一、制冷剂

1. 制冷剂的分类

制冷剂是制冷机工作的介质，它在制冷系统中循环流动，通过其热力状态的变化与外界发生热量交换，从而实现制冷效应，习惯上又称为制冷工质。可以当作制冷剂的物质很多，目前用得较多的制冷剂如下。

（1）无机化合物，如 NH_3、CO_2、H_2O 等，其中，水和氨是最早使用的无机化合物制冷剂。目前氨主要用于大中型冷库、专业冷藏及制冰系统中，而水主要用于溴化锂吸收式制冷机中。氨和水作为制冷剂的代号分别为 R717 和 R718。

（2）氟利昂，如二氟二氯甲烷（作为制冷剂的代号为 R12）、二氟一氯甲烷（作为制冷剂的代号为 R22）、一氟三氯甲烷（作为制冷剂的代号为 R11）、四氟二氯乙烷（作为制冷剂的代号为 R114）等。

（3）碳氢化合物，如甲烷、乙烷、乙烯、丙烯等。

（4）共沸混合制冷剂，常用的有 R502（R22/R115）、R500（R12/R152a）等。

（5）非共沸混合制冷剂。

2. 制冷剂的要求

选为制冷剂的物质应具有较好的热力性能以及物理化学性质，且对环境无不良影响，具体要求如下。

（1）无毒、不燃烧、不爆炸、使用安全。

（2）在工作温度范围内具有适中的压力和压力比。蒸发压力应不低于大气压力，避免制冷系统内低压部分出现负压，以致外界空气渗入系统，影响制冷剂的性质，加剧对设备材料的腐蚀或引起其他一些不良效果（如燃烧、爆炸等）；冷凝压力不要过高，以免设备过分笨重；冷凝压力与蒸发压力之比也不宜过大，以免压缩终了温度过高，使压缩机输气系数过低。

（3）单位制冷量 q_0 和单位容积制冷量 q_v 宜较大。对一定制冷量的装置来说，q_0 大可减少制冷剂的循环量；q_v 大可减少压缩机容积输气量，从而缩小压缩机的尺寸和质量。这对大中型制冷装置是有意义的。可是，对于小型制冷设备，特别是离心式压缩机，尺寸过小会给制造带来困难，因此必须采用 q_0 和 q_v 较小的制冷剂。

（4）绝热指数要小，以减少压增过程功耗，且压缩终了时的排气温度不会过高，从而提高循环效率。

（5）等熵压缩终了温度 t_2 不能太高，以免润滑条件恶化或制冷剂在高温下分解。

（6）黏度、密度要小，以减少制冷剂在系统中的流动阻力。

（7）放热系数要大，这样可提高换热设备的传热系数，减少传热面积，使系统结构紧凑。

（8）具有环境可接受性。消耗臭氧潜能值（ODP）和全球变暖潜能值（GWP）宜为零或尽可能小。

3. 常用制冷剂的基本特性

1）氨（NH_3，R717）

氨的汽化潜热大于常用的几种氟利昂制冷剂，单位容积制冷量大，导热系数高，工作压力适中；标准大气压力下的蒸发温度为－33.4℃；标准工况下的蒸发压力为0.14MPa，冷凝压力为1.1MPa；临界温度为132℃；溶水性极强，制冷系统无“冰塞”之患；价廉，储取方便；微溶油，对润滑油无稀释作用。但压缩机排气带出的润滑油难以返回，冷凝器、储液器、蒸发器下部需设放油设备。

氨有强烈臭味和较大毒性，在260℃以上且空气中的含氨量为16%～25%时，有燃爆的危险。对天然橡胶、铜和大多数铜合金有腐蚀作用，所以氨装置中禁用铜和天然橡胶等。

2）二氟二氯甲烷（CCl_2F_2，R12）

在标准大气压下，R12的蒸发温度为－29.8℃，标准工况下的蒸发压力为0.086MPa，冷凝压力为0.6MPa，工作压力适中；不燃不爆，无色无臭，化学稳定性好，对金属腐蚀性小；汽化潜热和单位容积制冷量比R22小，对水的溶解度小，易使制冷系统（特别是膨胀阀的阀孔）发生“冰塞”；渗透性强，易泄漏；会侵蚀天然橡胶，极易与油互相溶解，价格昂贵。

3）二氟一氯甲烷（$CHClF_2$，R22）

R22的基本性质与R12相近，但单位容积制冷量比R12大40%～60%，与R717相当；标准大气压下的蒸发温度为－40.8℃，更适用于低温；标准工况下的蒸发压力为0.2MPa，冷凝压力为1.13MPa；溶水性稍强，系统发生“冰塞”的可能性较小；8℃以上能与油互溶，8℃以下（如蒸发器中）润滑油返回压缩机较困难；渗透性比R12更强。

4）四氟乙烷（CH_2FCF_3，R134a）

R134a被认为是代替R12的新工质。它的ODP值为0，GWP值为0.24～0.27，标准大气压下，蒸发温度为－26.2℃，凝固点（凝固温度）为－101.1℃。R134a分子量大，流动阻力比R12大，传热性比R12好。R134a采用不吸附R134a的合成泡沸石为干燥剂。R134a 对普通橡胶有更强的侵蚀性，所以密封材料采用氢化丁腈橡胶和氯化橡胶。R134a 对润滑油的要求更高，与常用润滑油不相溶，目前 R134a 系统中使用聚醚合成油（PAG）、酯基油（Ester）和氨基油（Amides）。R134a 与脂类油的混合物对锌有轻微化学反应。R134a 分子中不含 Cl，自身不具润滑性。

R12 曾是在船舶上应用十分广泛的制冷剂，常用制冷温度的范围为－40℃～10℃。由于 R12 已被禁用，新造船舶的制冷装置大多以 R22 取代 R12，但冰箱和小型制冷装置不希望单位容积制冷量太大，风冷方式选用 R22 则排温太高，因此 R22 也正在被新的环保制冷剂代替，如 R134a、R600a 用于小型空调的制冷装置，R502 则多用于采用封闭式压缩机的装置。除渔船和渔品加工厂外，运输船舶已很少采用 R717。制冷剂对天然橡胶有侵蚀作用，因此制冷装置中的密封件可采用氯丁橡胶或丁腈橡胶。

4. 绿色制冷剂

当前工业制冷剂有 30 多种。常用的有氨和氟利昂，但是氨具有毒性大、腐蚀有机配件的明显缺点。氟利昂曾被广泛用于冰箱生产中，但它是一种“温室效应气体”，会破坏大气层中的臭氧。20 世纪末，世界各国停止氟利昂的生产和排放。现在各国都在寻找氟利昂的替代产品，这些符合环保要求的制冷剂被称作“绿色制冷剂”。

目前已经有科研人员研发利用磁来制冷。磁制冷又被称作“顺磁盐绝热制冷”。顺磁盐中包含铁或稀土元素，利用这种性质发展的制冷技术具有制冷效率高、成本低、结构简单等特点，最诱人之处在于它不污染环境，因此很有发展前景。比如使用以硝酸镁铈为制冷剂的磁制冷机降温可接近绝对零度。这一新的制冷技术充分考虑制冷剂与环境的互容性以及可持续发展的要求，被形象地称为“绿色制冷”，是今后制冷技术发展的一大趋势。

二、载冷剂

载冷剂又称冷媒，它是用来把制冷装置中所产生的冷量传递给被冷却物体的媒介物质。常用的载冷剂有空气、水、盐水等。在冷库中，常用空气或盐水来冷却、储存食品；在空调中，采用冷冻水作为载冷剂，将冷冻水送入喷水室或水冷式表面冷却器，用来处理送入房间的空气。

1. 选择载冷剂的基本要求

在选择载冷剂时，应满足下列基本要求。

（1）在使用温度范围内呈液态，不凝固、不汽化。

（2）比热容要大，这样载冷剂的载冷量就大，载冷剂流量就小，管道的直径和泵的尺寸减小，循环泵功率减小。

（3）无毒、化学稳定性好、对金属不腐蚀，以延长系统的使用寿命。

（4）密度小、黏度小，以减少流动阻力。

（5）热导率大，可减少换热设备的传热面积。

（6）来源广泛、价格低廉。

2. 常用载冷剂的性质

1）空气

用空气做载冷剂的优点是容易取得，不需要用复杂的设备获取；其缺点是比热容小，所以只有利用空气直接冷却时才采用它。在冷库中，就是利用库内空气做载冷剂来冷却食品的。

2）水

水具有比热容大、无毒、不燃烧、不爆炸、化学稳定性好、容易获得等优点，因此，水是空调系统常用的载冷剂。制冷装置将水冷却到一定温度后，送入空调中，与通过空调的空气进行热、湿交热，将空气冷却至一定的温、湿度后送入房间。但是，水的凝固点高，因而只能用作制取0℃以上温度的载冷剂。

3）盐水

盐水有较低的凝固温度，可作为制取制冷温度低于0℃的载冷剂。常用的盐水有氯化钠（NaCl）水溶液和氯化钙（$CaCl_2$）水溶液。

选用盐水做载冷剂应注意以下3个问题。

（1）要合理选择盐水的浓度。盐水的浓度越大，其密度也越大，流动阻力也越大；同时，浓度增大，其比热容减小，输送一定冷量所需盐水的流量增加，同样增加泵的功率消耗。因此，只要保证蒸发器中盐水不会冻结即可，不要选择过低的凝固温度。

一般的选法是：所选择的盐水的浓度使凝固温度比制冷剂的蒸发温度低5℃～8℃即可（采用水箱式蒸发器时为5℃～6℃，采用壳管式蒸发器时为6℃～8℃）。而且盐水浓度不应大于冰盐合晶点浓度。

（2）盐水的腐蚀性。盐水对金属有腐蚀作用，腐蚀水的强弱与盐水中的含氧量有关，含氧量越大，腐蚀性越强。为了降低盐水对金属的腐蚀作用，必须采用防腐措施。

（3）盐水的吸水性。盐水在使用过程中会吸收空气中的水分，使其浓度降低，凝固温度升高，特别是在开式盐水系统中。所以，必须定期测定盐水的浓度并补充盐量，以保持要求的浓度。

4）有机物

在一些不允许使用有腐蚀性载冷剂的场合，可采用甲醇（CH_3OH）、乙醇（C_2H_6O）、乙二醇（$(CH_2OH)_2$）、丙二醇（$C_3H_8O_2$）、丙三醇（$C_3H_8O_3$）等水溶液。

（1）甲醇、乙醇水溶液。甲醇的凝固温度为－97℃，乙醇的凝固温度为－117℃。它们的纯液体密度和比热容都比盐水低，故可以在更低温度下载冷。甲醇比乙醇的水溶液黏度稍大一些，它们的流动性都比较好。甲醇和乙醇都有挥发性和可燃性，所以使用中要注意防火，特别是当机器停止运行、系统处于室温时，更需格外当心。

（2）乙二醇、丙二醇和丙三醇水溶液。丙三醇（甘油）是极稳定的化合物，其水溶液对金属无腐蚀作用、无毒，可以和食品直接接触，是良好的载冷剂。

乙二醇和丙二醇水溶液的特性相似，它们的合晶点温度为－60℃左右（对应的合晶点质量分数为0.6左右），其密度和比热容较大，溶液黏度高，略有毒性，但无危害。

三、润滑油

在制冷系统中，为了保证压缩机正常运转，能够可靠地调节制冷量，提高机组运行的可靠性，必须在制冷系统中充注一定量的润滑油，又称为冷冻机油。

1. 润滑油的作用

在制冷压缩机中，润滑油的功能主要如下。

（1）润滑相互摩擦的零件表面，使摩擦表面完全被油膜分隔开来，从而降低压缩机的摩擦功、摩擦热和零件的磨损，延长压缩机使用寿命。

（2）带走摩擦热量，使摩擦零件的温度保持在允许范围内，提高压缩机效率和使用的可靠性。

（3）使活塞环和气缸壁之间的间隙、轴封摩擦面等密封部分充满润滑油，以阻挡制冷剂的泄漏。

（4）利用油压作为控制卸载机构的动力。

2. 对润滑油的基本要求

（1）润滑油的凝固点要低。如果凝固点高，就会造成低温流动性差，在蒸发器等低温处失去流动能力，形成沉积，影响制冷效率和制冷能力。此外，当压缩机温度低时，会影响压缩机零件润滑度，造成磨损。一般家用电冰箱和家用空调采用凝固点低于－30℃的润滑油。

（2）要有适当的黏度。如果黏度太小，在摩擦面不易形成正常厚度的油膜，会加速机械磨损，甚至发生汽缸拉毛、抱轴等故障，机构密封性能也不好，制冷剂容易泄漏；如果黏度太大，润滑和密封性能虽好，但制冷压缩机单位制冷量消耗的功率会增大，耗电量会增加。润滑油的黏度过大或过小都会引起汽缸温度过度升高，从而造成排气温度过高，影响制冷压缩机的正常运行。

（3）有较好的黏温性能和较高的闪点。制冷压缩机在工作中，汽缸等处的温度为130℃～150℃，所以要求润滑油的黏度在温度变化时变化要小，闪点要高。这才能保证在各种不同温度条件下，具有良好的润滑性能，不会使润滑油在温度高的情况下炭化。

（4）要有良好的化学稳定性和抗氧化安定性。润滑油在制冷系统内与制冷剂经常接触，在全封闭式的制冷压缩机内，要求能够使用10年以上，长期不换油，所以必须要有良好的化学稳定性和抗氧化安定性。

（5）不含水及酸等的杂质，要有良好的电气绝缘性能。在半封闭和全封闭式制冷压缩机中，电动机绕组要与润滑油经常接触，所以要求润滑油为不能破坏电动机的绝缘物，并有良好的绝缘性能。

第四节 制冷空间设计

冷库是低温储藏物品的仓库。从广义说，冷库是对物品进行降温加工和储存的一类建筑物群。它既有储存物品的库房，又有为库房保持低温的机房设备间，还有对物品进行清洗、降温的加工间。

冷库设计包括制冷工艺设计、建筑设计、结构设计、电气设计、给排水设计和采吸通风设计等多个方面的专业设计。

一、冷库的总体布局

当冷库筹建批文生效后，设计者应根据冷库的类型、性质、规模、发展规划等具体情况，结合冷库的生产工艺流程，以获得尽可能高的单位成本的经济效益为目标，综合考虑环境卫生、能耗指标、三废处理、物流组织、劳动保护、消防安全等各种因素，力求使整个设计做到设备布置紧凑、生产流程组织合理、交通运输方便、工程管线短，有利于施工操作、便于生产管理，并符合有关标准及行业规范。

1. 一般原则

冷库的总体布局包括平面布置和立体布置两部分。平面布置首先要符合制冷工艺的要求并尽可能使物流进出库方便，尤其是冷却间、冻结间的布置一定要服从生产的流程，尽可能为生产流水线创造便利条件。对于有异味食品和残次食品，可为其设置专门库房，分开布置。对于同时有冷却物冷藏间和冻结物冷藏间的冷库平面布置，要明确划分冷热区，即在高温库区与低温库区温差较大的区域设置穿堂或于库门处设置回笼间，这样既方便制冷系统管道的布置、减少耗冷量和隔热工程量，又能避免热货进库时出现的起雾现象。分发间、穿堂、电梯等的布置，门口的大小、位置、数量和月台的连接要满足使用的需要并具备便利性。对于有少数民族的地区，应考虑少数民族的生活习惯，设计时应分别加工和储藏牛、羊肉和猪肉。

立体布置一般应考虑两个方面的问题。在多层冷库中，同一楼层内应尽量布置同一温度的库房，在以冷藏冻结物为主的冷库中，可把冷却物的冷藏间布置在地下室，这样做可以简化地墙隔热层施工。同温度库房的间隔墙及上下楼层间的楼板均可不设隔热层。但对于某些生产性冷库，如进出库频繁、库存量变化大、温度不易稳定的冷库，可考虑在某些层设置适宜的隔热层。在设计多层冷库时，另一个需要考虑的是垂直运输量的计算。冷库的最大垂直运输量，可以参考冷藏列车的容量来计算。一般冷藏列车的容量可按 400t 考虑。如果要求在 8h 将全部冷冻物品入库，则要求垂直运输量为 $400 \div 8 = 50t/h$，然后根据电梯的数量和承载力来进行造价估算和合理设置。

2. 设备、管线布置

设备与库房的相对布局应考虑将近期建设与长远发展相结合，冷冻机房、送配电站、锅炉房等建筑物应尽可能设置在负荷中心区附近，既要考虑在满足使用要求的前提下所铺设的管网、线网投资最经济，施工维护最方便，又必须与城市规划和周围环境相协调，管线布置应力求做到短捷，转弯数量少，工程管线宜直线铺设，一般与道路、建筑物的轴线平行或垂直布置，干线应布置在靠近主要用户和连接支干线较多的一侧。在管线施工放样时，应尽量符合下列要求。

（1）临时性的让永久性的。

（2）管径小的让管径大的。

（3）低压的让高压的。

（4）新设计的让已有的。

（5）软的让硬的。

（6）易燃的管路在其他管线的上侧。

（7）给水管在污水管的上侧。

（8）热力管在电缆、煤气、给排水管的上侧。

（9）管路外形相近的，应予以编号，以便维护管理。

互相干扰的管线（如热力管与易燃液体管、煤气管与电缆等）不应铺设在同一地沟或地内。地下铺设制冷剂或载冷剂管路时，最好设专用地沟。管线做架空布置时，应尽可能集中在一种支架上，支架的定位应考虑其承载能力和净空高度的要求。

二、冷库的隔热和防潮

为了减少外界热量侵入冷库，保证库内温度均衡，减少冷量损失，冷库外围的建筑结构必须铺设一定厚度的隔热材料。隔热保温是冷库建筑中一项十分重要的措施，冷库的外墙、屋面、地面等维护结构，以及有温差存在的相邻库房的隔墙、楼面等，均要做隔热处理。

实践证明，防潮层的有无与质量好坏对于围护结构的隔热性能起着决定性的作用，如果隔热防潮层设置得不合理，同样会对围护结构造成严重的影响。如果防潮层处理不当，那么不管隔热层采用什么材料、厚度是多少，都难以取得良好的隔热效果。若隔热层的性能差，还可以采取增加制冷装置容量的方式加以弥补；而若防潮层设计和施工不良，外界空气中的水蒸气就会不断侵入隔热层以至冷库内，最终将导致围护结构的损坏，严重时甚至会使整个冷库建筑报废。

（一）隔热防潮的方法

当冷库建筑结构中热导率较大的构件（如柱、梁、板、管道等）穿过或嵌入冷库围护结构的隔热层时会形成冷桥。冷桥在构造上破坏了隔热层和隔汽层的完整性与严密性，容易使隔热材料受潮。若墙、柱所形成的冷桥跑冷严重，还会引起墙基、内隔墙墙基冻胀，危及冷库建筑的安全。

有两种方法可以消除冷桥的影响：一种是将隔热防潮层设置在地坪、外墙及屋顶上，把能形成冷桥的结构包围在里面，称为外置式隔热防潮系统。其特点是隔热防潮性能最佳，造价较便宜。另一种是将隔热防潮层设置在地板、内墙、天花板上，称为内置式隔热防潮系统。当墙壁和天花板需要经常清洗时，常采用这种结构。

在布置隔热防潮层时，应注意以下因素。

(1) 合理布置围护结构的各层材料。把密实的、蒸气渗透系数小的材料层布置在高温侧，热阻和蒸气渗透系数大的材料布置在低温侧，使水蒸气“难进易出”。

(2) 合理布置隔汽层。对于需要常年保证库温均低于室外温度的冷库，将隔汽层布置在温度高的一侧；对于时停时开的高温库，则双面都设隔汽层。

(3) 要保持隔汽层的完整性，处理好接头。

(4) 做好相应的防水处理。

(二) 常用的隔热材料与防潮材料

通常对低温隔热材料有以下要求：热导率小；吸湿性和含湿量少；密度小，且含有均匀的微小气泡；不易腐烂变质；耐火性、耐冻性好；无臭、无毒；在一定的温度范围内具有良好的热稳定性；价格低廉、资源丰富。

低温隔热材料种类很多，按其组成可分为有机和无机两大类。表 2-2 列出了一些常见低温隔热材料的物性。选用时应根据使用要求、围护结构的构造、材料的技术性能及其来源和价格等具体情况，进行全面的分析比较后再做出抉择。

表 2-2　常见低温隔热材料的物理性质

材料名称	密度 ρ ($kg \cdot m^{-3}$)	热导率 λ [$W \cdot (m \cdot K)^{-1}$]	防火性能	蒸气渗透系数 [$g \cdot (m \cdot h \cdot Pa)^{-1}$]	抗压强度 (Pa)	设计计算时采用的热导率 λ' [$W \cdot (m \cdot K)^{-1}$]
聚苯乙烯泡沫塑料	20～50	0.029～0.046	易燃，耐热 70℃	0.00006	17.64×10^4	0.0465
聚氯乙烯泡沫塑料	45	0.043	离火即灭，耐热 80℃	—	17.64×10^4	0.0465
聚氨酯泡沫塑料	40～50	0.023～0.029	离火即灭，耐热 140℃	—	$1.96 \sim 14.7 \times 10^4$	—
沥青矿渣棉毡	＜120	0.044～0.047	可燃	0.00049	—	0.081
矿渣棉（一级）	100	0.44	可燃	0.00049	—	0.081
矿渣棉（二级）	150	0.47	可燃	0.00049	—	0.081
沥青膨胀珍珠岩块	300	0.081	难燃	0.00008	1.96×10^4	0.093
泡沫混凝土	＜400	0.151	不燃	0.0002	—	0.2444
加气混凝土	400	0.093	不燃	0.00023	147×10^4	0.163

(三) 冷库耗冷量计算

1. 冷库容量的确定

冷库容量的大小可根据冷藏储存食品的种类、数量及体积来确定。冷库容量包括冷藏量及冷加工量（冷却加工及冻结加工量）。

1）冷藏量的确定

冷库的冷藏量以冷藏间的公称容积为计算标准。公称容积为冷藏间的净面积（不扣除柱、门斗和制冷设备所占的面积）乘以冷藏间净高。但目前习惯上仍以吨位计算，冷库储藏吨位可按式（2-4）计算：

$$G=\frac{\sum V\rho\eta}{1000} \tag{2-4}$$

式中：G——冷库储藏吨位，t；

V——冷藏间的公称容积，m^3；

η——冷藏间的容积利用系数（见表2-3）；

ρ——食品的计算密度，kg/m^3（见表2-4）。

表2-3　容积利用系数

公称容积（m^3）	500～1000	1001～2000	2001～10000	10001～15000	>15000
容积利用系数	0.40	0.50	0.55	0.60	0.62

注：1. 对于仅储存冻结食品或冷却食品的冷库，其表内公称容积为全部冷藏间公称容积之和；对于同时储存冻结食品和冷却食品的冷库，其公称容积为冻结食品冷藏间或冷却食品冷藏间各自的公称容积之和。

2. 蔬菜冷库的容积利用系数，应按表中数值乘以0.8的修正系数计算。

表2-4　食品的计算密度

序号	食品类别	计算密度（kg/m^3）	序号	食品类别	计算密度（kg/m^3）
1	冻肉	400	5	鲜水果	230
2	冻鱼	470	6	冰蛋	600
3	鲜蛋	260	7	机制冰	750
4	鲜蔬菜	230	8	其他	按实际密度采用

注：同一冷库如同时存放猪、牛、羊肉、禽类、水产品等时，其密度均按400kg/m^3计算；当只存羊腔时，密度按250kg/m^3计算；当只存冻牛、羊肉时，密度按330kg/m^3计算。

2）冷加工量的确定

冷加工量与库房的大小、食品放置方式及周转次数有关。当冻结间及冷却间内装有吊轨时，冷加工量按式（2-5）计算：

$$m=\frac{24Lg_L}{\tau}\times n \tag{2-5}$$

式中：m——每日冷加工量，kg；

L——吊轨有效总长度，m；

n——每日冷却或冻结加工的循环次数，一般取1，1.5，2，…；

τ——单次冷加工的时间，h；

g_L——吊轨单位长度净载货量，kg/m。按下列规定取值。

肉类：猪胴体，人工推动，g_L 为 200～265kg/m，机械传动，g_L 为 175～250kg/m；

牛胴体，人工推动，1/2 胴体吊挂，g_L 为 195～400kg/m，1/4 胴体吊挂，g_L 为 130～265kg/m；

羊胴体，人工推动，g_L 为 170～240kg/m；

鱼类：用冻鱼车盘装，15kg 盘 g_L 为 405kg/m，20kg 盘 g_L 为 486kg/m；

虾类：用冻虾车盘装，2kg 盘 g_L 为 216kg/m。

当只有冻结间且其内部采用搁架式冷却排管时，其冷加工量按式（2－6）计算：

$$m=\frac{24\eta' g' A}{\tau A'} \tag{2-6}$$

式中：m——冻结间每日的冷加工量，kg；

g'——每件（盘、听或箱）食品净重，kg；

η'——搁架利用系数，冻盘装食品 η' 为 0.85～0.90，冻听装食品 η' 为 0.70～0.75；冻箱装食品 η' 为 0.70～0.85；

A——搁架各层水平面面积之和，m^2；

A'——每件食品所占面积，m^2；

24——每日小时数，h

对于大型冷库，当同时有冷却间及冻结间时，其冷加工量应分别进行计算。小型冷库无冷藏间与冷加工间之分，但在使用中也可能进入一些新鲜食品进行冷加工，其加工量与它们所配置的制冷机的制冷量有关，一般加工量都不大。因此，应通过计算确定其冷加工能力，使用中对进入的新鲜食品量要进行限制。

2. 冷库耗冷量计算

冷库耗冷量计算是计算组成冷库各房间的耗冷量，其目的在于正确合理地确定各库房的冷分配、设备负荷及制冷机机器负荷情况。冷库的耗冷量在一年四季中并不是恒定的，其大小受室外气温、冷冻或冷却货物的进货量、操作管理方式等因素的影响。因此，在一般条件下，先计算各种耗冷量的最大值，然后在确定库房冷分配、设备负荷及制冷机机器负荷时，再根据不同情况对某些耗冷量乘以不同的修正系数。

冷库耗冷量计算包括以下五个方面。

①围护结构耗冷量，用符号 φ_1 表示。

②货物耗冷量，用符号 φ_2 表示。

③通风换气耗冷量，用符号 φ_3 表示。

④电动机运转耗冷量，用符号 φ_4 表示。

⑤操作耗冷量，用符号 φ_5 表示。

1）围护结构耗冷量 φ_1

围护结构耗冷量主要包括三部分：通过墙壁、楼板及屋顶等，因空气对流而渗入的热量形成的耗冷量 φ_{1a} ；由于太阳辐射渗入的热量形成的耗冷量 φ_{1b} ；由于地坪传热而渗入的热量形成的耗冷量 φ_{1c} 。这三部分的耗冷量可简化成用一个公式来计算，如式（2－7）所示。

$$\varphi_1 = KA_1(t_w - t_n)a \tag{2-7}$$

式中：K——围护结构传热系数，W/（m^2·℃），直接铺设在土壤上的地面传热系数如表 2－5 所示，铺设在架空层上的地面传热系数如表 2－6 所示；

A_1——围护结构计算面积，m^2；

t_w、t_n——围护结构外侧、内侧计算温度，℃；

a——围护结构两侧温差修正系数。

式（2－7）中围护结构传热系数 K 可根据围护结构的材料和具体构造按照式（2－8）计算。

表 2－5　直接铺设在土壤上的地面传热系数

库房设计温度（℃）	－2～0	－10～－5	－20～－15	－28～－23	－35
K［W/（m^2·℃）］	0.58	0.39	0.31	0.26	0.21

表 2－6　铺设在架空层上的地面传热系数

冷间设计温度（℃）	－2～0	－10～－5	－20～－15	－28～－23	－35
K［W/（m^2·℃）］	0.47	0.37	0.29	0.24	0.21

$$K = \frac{1}{R_0} = \frac{1}{\frac{1}{a_n} + \sum \frac{\delta}{\lambda} + \frac{1}{a_w}} \tag{2-8}$$

式中：R_0——围护结构传热热阻，（m^2·℃）/W；

a_w——围护结构外表面的放热系数，W/（m^2·℃），如表 2－7 所示；

a_n——围护结构内表面的放热系数，W/（m^2·℃），如表 2－7 所示；

δ——围护结构各层材料的厚度，m；

λ——围护结构各层材料的导热系数，W/（m·℃）。

表 2－7　冷库围护结构的外表面和内表面放热系数

围护结构部位及环境条件	外表面放热系数 a_w[W/(m^2·℃)]	内表面放热系数 a_n［W/（m^2·℃）］
无防风设施的屋面、外墙的外表面	23	—
顶棚上为阁楼或有房屋和外墙外部紧邻其他建筑物的外表面	12	—

续 表

围护结构部位及环境条件		外表面放热系数 a_w[W/(m^2·℃)]	内表面放热系数 a_n[W/(m^2·℃)]
外墙和顶棚的内表面、内墙和楼板的表面、地面的上表面	1. 冻结间、冷却间设有强力鼓风装置时	—	29
	2. 冷却物冷藏间设有强力鼓风装置时	—	18
	3. 冻结物冷藏间设有强力鼓风设置时	—	12
	4. 冷间设有无机械鼓风装置时	—	8

注：地面下部的通风加热管道和直接铺设于土壤上的地面以及半地下室外墙埋入地下的部位的外表面传热系数均可不计。

围护结构的传热面积相关参数的计算标准如下。

(1) 地面、屋面的面积：内墙的中线到中线或外墙的外表面到内墙中线。

(2) 墙高度：①中间层的墙高度指的是由该层楼板面至上层楼板面之间的距离。②顶层的墙高度指的是由该层楼板面至外表面或阁楼绝热层的上表面之间的距离。③底层的墙高度则分四种情况：一是土壤上无绝热层的地坪，这时墙高度指由该层地坪表面至上层楼板面的距离。二是土壤上有绝热层的地坪，这时墙高度指由绝热层下表面至上层楼板面的距离。三是有架空通风的地坪，这时墙高度指由架空板的下表面至上层楼板面的距离。四是埋设通风管的地坪，这时墙高度指由通风管顶表面至上层楼板面的距离。

(3) 外墙长度：具体分为有拐角的外墙和无拐角的外墙两种情况，前者具体指的是由墙外表面至内隔墙中线的距离；后者是指由内墙的中线到中线的距离。

(4) 内墙长度：分为三种情况，一是两端连接外墙的情况下，内墙长度指的是两外墙内表面的距离；二是一端连接外墙的情况，内墙长度指的是由外墙内表面至内隔墙的距离；三是两端连接内墙的情况，则指的是由两墙中线到中线之间的距离。

在计算围护结构外侧和内侧计算温度时，应当分别注意两者的取值规定。

首先，围护结构外侧的计算温度 t_w 应按下列规定取值。

(1) 外墙、屋面、顶棚、地面下部无通风等加热装置或地面隔热层下为通风架空层时：t_w 应采用夏季空气调节室外计算日平均温度。

(2) 对于内墙和楼面，t_w 应取其邻室的室温。当邻室为冷却间或冷冻间时，应取该类空库保温温度。空库保温温度，冷却间应按 10℃计算，冷冻间应按－10℃计算。

(3) 冷间地面隔热层下设有通风加热装置时，t_w 按 1℃～2℃计算；如地面下部无通风等加热装置或地面隔热层下为通风架空层时，t_w 应采用夏季空气调节室外计算日平均温度。

其次，对于围护结构内侧计算温度 t_n，即冷库室内计算温度，一般由冷加工或储藏食品的性质、冷加工时间和储存期限以及技术经济分析结果而定。

库房设计温度和相对湿度及储藏食品种类如表 2-8 所示。

表 2-8　库房设计温度和相对湿度及储藏食品种类

序号	库房名称	设计温度（℃）	相对湿度（%）	储藏食品种类

续 表

序号	库房名称	设计温度（℃）	相对湿度（%）	储藏食品种类
1	冷却间	0	—	肉、蛋等
2	冻结间	−23～−18	—	肉、禽、兔、冰蛋、蔬菜等
		−30～−23	—	鱼、虾等
3	冷却物冷藏间	0	85～90	冷却后的肉、禽
		−2～0	80～85	鲜蛋
		−1～1	90～95	冰鲜鱼
		0～2	85～90	苹果、鸭梨等
		−1～1	90～95	大白菜、蒜薹、洋葱、菠菜、胡萝卜、甘蓝、芹菜、莴苣等
3	冷却物冷藏间	2～4	85～90	大豆、橘子、荔枝等
		3～7	85～95	青椒、菜豆、黄瓜、番茄、菠萝、柑等
		11～16	85～90	香蕉等
4	冻结物冷藏间	−20～−15	85～90	冻肉、禽、兔和副产品、冻蛋、冻菠菜等
		−23～−18	90～95	冻鱼、冻虾等
5	储冰间	−6～−4	—	盐水制冰的冰块

在计算出围护结构两侧的温度之后，通常还需要进行围护结构两侧温差的修正。围护结构两侧温差修正系数（α）如表 2－9 所示。

表 2－9　　围护结构两侧温差修正系数（α）

序号	围护结构部位		α
1	$D>4$ 的外墙	冻结间、冻结物冷藏间	1.05
		冷却间、冷却物冷藏间、储冰间	1.10
2	$D>4$，相邻有常温房间的外墙		1.00
3	$D>4$ 的冷间顶棚，其上为通风阁楼，屋面有隔热层或通风层	冻结间、冻结物冷藏间	1.05
		冷却间、冷却物冷藏间、储冰间	1.10
4	$D>4$ 的冷间顶棚，其上为不通风阁楼，屋面有隔热层或通风层	冻结间、冻结物冷藏间	1.20
		冷却间、冷却物冷藏间、储冰间	1.30
5	$D>4$ 的无阁楼屋面，屋面有通风层	冻结间、冻结物冷藏间	1.20
		冷却间、冷却物冷藏间、储冰间	1.30
6	$D\leqslant4$ 的外墙，冻结物冷藏间		1.30
7	$D\leqslant4$ 的无阁楼屋面，冻结物冷藏间		1.60
8	半地下室外墙，外侧为土壤		0.20
9	冷间地面下部无通风等加热设备		0.20

续 表

序号	围护结构部位	α
10	冷间地面隔热层下有通风等加热设备	0.60
11	冷间地面隔热层下为通风架空层	0.70
12	两侧均为冷间	1.00

注：1. D 为围护结构热惰性指标。

2. 负温穿堂可参照冻结物冷藏间选用 α 值。

3. 表内未列的其他温度等于或高于 0℃的库房可参照各项中冷却间选用 α 值。

2）货物耗冷量 φ_2

货物耗冷量 φ_2 是因为食品及其包装材料进库时的温度都高于库房温度，食品及其包装材料因为与冷库存在温差而向库内放热产生的。同时冷库中新鲜蔬菜、水果要不断地“呼吸”并向库内排出热量。因此，货物耗冷量主要包括三部分：食品冷加工时放出的热量；包装材料和运载工具放出的热量；鲜活食品在冷却或冷藏时因“呼吸”放出的热量。货物耗冷量 φ_2 可按式（2－9）计算：

$$\varphi_2 = \varphi_{2a} + \varphi_{2b} + \varphi_{2c} + \varphi_{2d} = \frac{m(h_1 + h_2)}{3.6\tau} + \frac{m_b c_b (t_1 - t_2)}{3.6\tau} + \frac{m(q_1 + q_2)}{2} + (m_z - m)q_2 \tag{2-9}$$

式中：φ_{2a}——食品冷加工时放出的热量，W；

φ_{2b}——包装材料和运载工具放出的热量，W：

φ_{2c}——货物冷却时的呼吸热量，kJ/（kg·h），仅鲜水果、蔬菜冷藏间计算；

φ_{2d}——货物冷藏时的呼吸热量，kJ/（kg·h），仅鲜水果、蔬菜冷藏间计算；

m——冷间的每日进货量，kg；

h_1——货物进入冷间时的焓值，KJ/kg，如表 2－10 所示；

h_2——货物离开冷间时的焓值，KJ/kg，如表 2－10 所示；

m_b——每次进货的包装物质量，kg；

c_b——包装材料或运载工具的比热容，KJ/（kg·℃），如表 2－11 所示；

t_1——包装材料或运载工具进入冷间时的温度，℃；

t_2——包装材料或运载工具在离开冷间时的温度，℃，一般取冷间的设计温度；

q_1——货物进入冷间时单位质量的呼吸热量，kJ/（kg·h），如表 2－12 所示；

q_2——货物离开冷间时单位质量的呼吸热量，kJ/（kg·h），如表 2－12 所示；

m_z——冷间的储藏量，kg。

表 2-10 食品的焓值

单位:kJ/kg

食品温度(℃)	牛肉禽类	羊肉	猪肉	肉类副产品	去骨牛肉	少脂鱼	多脂鱼	鱼片	鲜蛋	蛋黄	纯牛奶	奶油	炼制奶油	奶油冰激凌	牛奶冰激凌	葡萄 杏 樱桃	水果及其他浆果	水果及糖浆浆果	加糖的浆果
−25	−10.9	−10.9	−10.5	−11.7	−11.3	−12.2	−12.2	−12.2	−8.8	−9.6	−12.6	−9.2	−8.8	−16.3	−14.7	−17.2	−14.2	−17.6	−22.2
−20	0.0	0.0	0.0	0.0	0.0	0.0	0.0	0.0	0.0	0.0	0.0	0.0	0.0	0.0	0.0	0.0	0.0	0.0	0.0
−19	2.1	2.1	2.1	2.5	2.5	2.5	2.5	2.5	2.1	2.1	2.9	1.7	1.7	3.4	2.9	3.8	3.4	3.8	5.0
−18	4.6	4.6	4.6	5.0	5.0	5.0	5.0	5.0	4.2	4.6	5.4	3.8	3.4	7.1	6.3	7.5	6.7	8.0	10.0
−17	7.1	7.1	7.1	8.0	8.0	8.0	8.0	8.0	6.3	6.7	8.4	5.9	5.0	11.3	9.6	11.7	10.0	12.0	15.5
−16	10.0	9.6	9.6	10.9	10.9	10.9	10.9	10.9	8.4	8.8	11.3	8.0	7.1	15.5	13.4	15.9	13.4	16.8	21.0
−15	13	12.6	12.2	13.8	14.2	14.2	14.2	14.7	10.5	11.3	14.2	10.1	9.2	19.7	17.6	20.5	17.2	21.4	26.8
−14	15.9	15.5	15.1	17.2	16.8	17.6	17.2	18.0	12.6	13.8	17.6	12.6	11.3	24.3	22.2	25.6	21.0	26.4	33.1
−13	18.9	18.4	18.0	20.5	20.1	21.0	20.5	21.8	15.1	15.9	21.4	15.1	13.4	29.3	27.2	31.0	25.1	31.4	39.8
−12	22.2	21.8	21.4	24.3	23.5	24.7	24.3	25.6	17.6	18.4	25.1	17.6	15.9	34.8	33.1	36.5	29.7	36.9	46.9
−11	26	25.6	25.1	28.5	27.2	28.9	28.1	29.7	20.1	21.4	28.9	20.5	18.0	40.6	39.8	42.7	34.4	43.2	54.9
−10	30.2	29.7	28.9	33.1	31.4	33.5	32.7	34.8	22.6	24.3	32.7	23.5	20.5	46.9	47.3	49.9	39.4	49.4	63.7
−9	34.8	33.9	33.1	38.1	36.0	38.5	37.3	40.2	25.6	28.5	37.3	26.4	23.5	54.1	55.7	57.8	44.8	56.6	73.7
−8	39.4	38.5	37.3	43.2	41.1	43.6	42.3	45.7	28.5	31.0	42.3	29.3	26.0	62.4	65.4	66.6	51.1	64.9	85.9
−7	44.4	43.6	41.9	48.6	46.1	49.4	47.8	51.5	31.8	34.4	48.2	32.7	28.5	72.9	72.1	78.8	58.7	75.8	101.0
−6	50.7	49.4	47.3	55.3	52.4	56.6	54.5	58.7	36.0	39.0	54.9	36.5	31.4	86.7	92.2	93.3	68.7	89.7	120.3
−5	57.4	55.7	54.5	62.9	59.9	74.2	61.6	67.0	41.5	44.8	62.9	40.6	34.4	105.6	111.9	116.1	82.1	108.1	147.5
−4	66.2	64.5	62.0	72.9	69.1	80.9	71.2	77.5	47.8	52.0	73.7	44.8	36.9	132.0	138.7	150.0	104.3	135.3	169.7
−3	75.4	77.1	73.7	88.0	83.0	89.2	85.5	93.9	227.9/57.8*	63.3	88.8	50.7	39.8	178.9	181.4	202.8	139.1	180.6	173.5

续 表

食品温度(℃)	牛肉禽类	羊肉	猪肉	肉类副产品	去骨牛肉	少脂鱼	多脂鱼	鱼片	鲜蛋	蛋黄	纯牛奶	奶油	炼制奶油	奶油冰激凌	牛奶冰激凌	葡萄杏樱桃	水果及其他浆果	水果及糖浆浆果	加糖的浆果
—2	98.9	96	91.8	109.8	103.5	111.9	106.4	117.7	230.9/75.8*	83.4	11.5	60.3	43.2	221.2	230.0	229.2	211.2	240.1	176.4
—1	186	179.8	170.1	204.5	194.4	212.4	199.9	22.5	234.2/128.6*	142.0	184.4	91.8	49.0	224.6	233.4	233.0	268.2	234.9	179.8
0	232.5	224.2	212.0	261.5	243.0	266.0	249.3	282.0	273.6	264.4	319.3	95.1	52.0	227.9	236.7	236.6	271.9	247.2	182.7
1	235.9	227.5	214.9	246.8	246.4	269.8	253.1	285.8	240.5	267.7	323.0	98.0	55.3	231.3	240.1	240.1	275.7	251.0	186.0
2	238.8	230.5	217.9	268.8	249.7	273.2	256.4	289.1	243.9	271.1	326.8	101.4	58.2	234.6	243.4	243.4	279.5	254.3	189.0
3	242	233.8	221.2	271.9	253.1	277.0	259.8	292.9	246.8	274.4	331.0	104.8	61.2	238.0	247.2	249.7	283.2	258.1	192.3
4	245.5	236.7	221.2	275.3	256.4	280.3	263.1	296.7	250.1	277.8	334.8	107.7	64.1	241.3	250.1	250.6	287.0	261.5	195.3
5	248.5	240.1	227.1	279.1	259.8	287.4	266.5	300.4	253.1	281.6	339.0	111.5	67.5	244.7	253.9	254.3	290.8	266.5	198.6
6	251.8	243	230.0	282.4	263.1	288.7	269.8	303.8	256.4	284.9	324.7	114.4	70.8	248.0	257.3	257.7	294.6	268.6	201.5
7	255.2	246.4	233.4	258.8	266.5	290.8	273.2	307.5	259.4	288.3	346.5	117.7	74.2	251.4	260.6	260.6	298.3	272.4	204.9
8	258.5	249.3	236.3	289.5	269.4	295.4	277.0	311.3	262.7	291.6	350.7	121.5	77.5	254.8	264.0	264.8	302.1	275.7	207.8
9	261.5	252.6	239.2	292.9	272.8	297.9	280.3	315.1	256.6	295.0	354.5	125.7	81.3	258.1	267.3	268.6	305.9	279.5	211.2
10	264.8	255.6	242.2	296.2	276.1	301.3	283.7	318.4	269.0	298.7	358.7	129.9	85.5	261.5	270.7	271.9	309.6	282.8	214.1
11	268.2	258.9	245.5	300.0	279.5	305.0	287.0	322.2	271.9	302.1	362.4	134.1	90.1	264.8	274.4	275.7	313.4	286.6	217.5
12	271.1	261.9	248.5	303.4	282.8	308.4	290.4	326.0	275.3	305.5	366.6	138.7	95.1	268.2	277.8	279.1	317.2	289.9	230.4
13	274.4	265.2	251.4	306.7	286.2	312.2	293.7	329.3	278.6	308.8	370.4	144.1	100.6	271.5	281.1	282.8	321.0	293.7	223.7
14	277.8	268.2	254.3	310.5	289.5	315.5	297.1	333.1	281.6	312.2	374.6	149.6	106.4	274.9	284.5	286.2	324.7	297.1	226.8
15	280.7	271.5	257.3	313.8	292.9	318.9	300.8	336.9	284.9	315.9	378.8	155.4	112.3	278.2	287.9	289.9	328.5	300.8	230.0
16	284.1	174.4	260.6	317.2	296.2	322.6	304.2	340.6	287.9	319.3	382.5	161.3	118.6	281.6	291.2	293.3	332.3	304.2	233.0
17	287.4	277.8	263.6	321.0	299.6	326.0	307.5	344.0	291.2	322.6	386.7	166.8	124.9	284.9	294.6	297.1	336.5	308.0	236.3
18	290.4	280.7	266.5	324.3	302.9	329.8	310.9	347.8	294.1	326.0	390.9	171.2	130.3	288.3	297.9	300.4	339.8	313.4	239.2

续　表

食品温度（℃）	牛肉禽类	羊肉	猪肉	肉类副产品	去骨牛肉	少脂鱼	多脂鱼	鱼片	鲜蛋	蛋黄	纯牛奶	奶油	炼制奶油	奶油冰激凌	牛奶冰激凌	葡萄杏樱桃	水果及其他浆果	水果及糖浆浆果	加糖的浆果
19	293.7	284.1	269.4	327.7	306.3	331.1	314.3	351.5	297.5	329.3	394.7	177.7	136.2	291.6	301.3	304.2	343.6	315.1	242.6
20	297.1	287	272.8	331.4	309.6	336.5	317.6	355.3	300.4	333.1	398.9	182.7	141.2	295.0	304.6	307.5	347.4	318.4	245.5
21	300	290.4	275.7	334.8	313.0	340.2	321.4	358.7	303.8	336.5	402.7	187.7	146.2	298.3	308.0	311.3	351.1	322.2	248.9
22	303.4	293.3	278.6	338.1	315.9	343.6	324.7	362.4	307.1	339.8	406.8	192.3	150.8	301.7	311.3	315.1	345.9	325.6	251.8
23	306.7	296.7	281.6	341.9	319.3	346.0	328.1	366.2	310.1	343.2	410.6	196.5	155.4	305.0	314.7	318.4	358.7	329.3	255.2
24	310.1	299.6	284.9	345.3	322.6	350.7	331.4	369.6	313.4	346.5	414.8	200.7	159.6	308.4	318.0	321.8	362.4	332.7	258.1
25	313.0	302.9	287.9	349.0	326.0	354.1	334.8	373.3	316.3	350.3	418.6	204.9	163.8	311.4	321.4	325.6	366.2	336.5	261.5
26	316.4	305.9	290.8	352.4	329.3	357.8	338.1	377.1	319.7	—	422.8	208.7	167.6	315.1	325.1	328.9	370.0	339.8	264.4
27	319.7	309.2	293.7	356.2	332.7	361.2	341.5	380.9	322.6	—	426.5	212.4	171.0	318.4	328.5	332.7	373.8	343.6	267.3
28	322.6	312.3	297.1	359.5	336.0	365.0	345.3	384.2	326.0	—	430.7	215.8	174.3	321.8	331.9	336.0	377.5	344.4	270.7
29	326.0	315.5	300.0	362.9	339.4	368.3	348.6	388.0	328.9	—	434.5	219.1	177.7	325.1	335.2	339.8	381.3	350.7	273.6
30	329.3	318.4	302.9	366.6	342.7	371.7	352.0	391.8	332.3	—	438.7	222.9	181.4	328.5	338.6	343.2	385.1	354.1	277.0

注：* 斜线前为冷却鸡蛋的焓值，斜线后为冻蛋的焓值。

表 2－11　　包装材料或运载工具的比热容量

名称	c_b(kJ/kg·℃)	名称	c_b(kJ/kg·℃)
木板类	2.51	马粪纸、瓦纸类	1.47
黄铜	0.39	黄油纸类	1.51
铁皮类	0.42	布类	1.21
铝皮	0.88	竹器类	1.51
玻璃容器类	0.84	—	—

表 2－12　　水果与蔬菜的呼吸热　　单位：kJ/（kg·h）

品种	温度						
	0℃	2℃	5℃	10℃	15℃	20℃	25℃
杏	17	27	56	102	155	199	—
香蕉（青）	—	—	52	98	131	155	—
香蕉（熟）	—	—	58	116	14	242	—
成熟柠檬	9	13	20	33	47	58	78
甜樱桃	21	31	47	97	165	219	—
橙	10	13	19	35	56	69	96
西瓜	19	23	27	46	70	102	—
梨（早熟）	20	28	47	63	160	278	—
梨（晚熟）	10	22	41	56	126	219	—
苹果（早熟）	19	21	31	60	92	121	149
苹果（晚熟）	10	14	21	31	58	73	—
李子	21	35	65	126	184	233	—
葡萄	9	17	24	36	49	78	102
香瓜	20	23	28	43	76	102	—
桃	19	22	41	92	131	181	236
菠萝（熟）	—	—	45	70	80	87	—
酸樱桃	22	34	53	107	184	242	—
草莓	47	63	92	175	242	300	453
坚果	2	3	5	10	10	15	—
抱子甘蓝	67	78	135	228	295	520	—
菜花	63	17	88	138	259	402	—
甘蓝	33	36	51	78	121	194	—
结球甘蓝（冬天）	19	24	24	38	58	116	—
马铃薯	20	22	24	26	36	44	—
胡萝卜	28	34	38	44	97	135	—
黄瓜	20	24	34	60	121	174	—
甜菜	20	28	34	60	116	213	—

续 表

品种	温度						
	0℃	2℃	5℃	10℃	15℃	20℃	25℃
西红柿	17	20	28	41	87	102	—
大蒜	22	31	47	71	128	152	—
洋葱	20	21	26	34	46	58	—
青豆	70	82	121	206	412	577	721
莴苣	39	44	51	102	189	339	—
蘑菇	121	131	160	252	485	635	—
豌豆	104	143	189	267	460	645	872
芹菜	20	—	29	—	102	—	—
玉蜀黍	80	—	116	—	465	—	756
青椒	33	—	64	96	114	131	—
芦笋	65	—	85	160	279	363	—
菠菜	82	—	199	313	523	897	—

按《冷库设计规范》规定，使用式（2－9）应注意：第一，当冷库仅有鲜水果和鲜蔬菜的冷藏间时，只需计算 φ_{2c} 和 φ_{2d} 。第二，如冻结过程中需加水时，则应计算水的热量。第三，库房每日的进货量 m 应按规定取值，如表 2－13 所示。第四，货物进入冷间时的温度要按照相关规定取值，如表 2－13 所示。第五，包装材料或运载工具进出库房的温度取值规定可参见表 2－13。

表 2－13　　货物耗冷量计算中参数取值的相关规定

项目	规定
库房每日的进货量 m 取值规定	冷却间或冷冻间应按设计冷加工能力计算
	存放果蔬的冷却物冷藏间应按不大于该间冷藏吨位的 8%计算；存放鲜蛋的冷却物冷藏间应按不大于该间冷藏吨位的 5%计算
	有从外地调入货物的冷库，其冻结物冷藏间每间每日进货量应按该间冷藏吨位的 5%计算
	没有从外地调入货物的冷库，其冻结物冷藏间每间每日进货量一般宜按该间每日冻结量计算；如进货量大于按该冷藏间吨位 5%的进货量时，则应按该间冷藏吨位的 5%计算
货物进入冷间时的温度取值规定	未经冷却的鲜肉温度应按 35℃计算，已冷却的鲜肉温度按 4℃计算
	从外地调入的冻肉温度按－10℃～－8℃计算
	没有从外地调入货物的冷库，进入冻结物冷藏间的货物温度按该冷库冻结间终止降温时的货物温度计算
	鲜蛋、水果、蔬菜的进货温度按当地货物进入冷间生产旺月的月均温度计算
包装材料或运载工具进出库房的温度取值规定	包装材料或运载工具进入库房温度的取值应按夏季空调日平均温度乘以生产旺月的温度修正系数计算（见表 2－14）
	包装材料或运载工具在冷间内终止降温时的温度，一般为该冷间的设计温度

表 2-14　　包装材料或运载工具进入冷间的温度修正系数

进入冷间月份	1	2	3	4	5	6	7	8	9	10	11	12
温度修正系数	0.10	0.15	0.33	0.53	0.72	0.86	1.00	1.00	0.83	0.62	0.41	0.20

3）通风换气耗冷量 φ_3

对于储藏蔬菜、水果等鲜活食品的冷间，为适应其生命活动，排除二氧化碳和防止腐烂等，必须进行一定的通风换气。生产性的冷间，为了满足生产工人呼吸需要，也要补充新鲜空气。室外空气进入冷间将被冷却，同时空气的含湿量也将产生变化，导致一部分水蒸气凝结，也将消耗一定的冷量。因此，通风换气耗冷量包括冷却物换气耗冷量和操作人员需要的新鲜空气耗冷量两部分。

$$\varphi_3 = \varphi_{3a} + \varphi_{3b} = \frac{1}{3.6}\left[\frac{(h_w - h_n)nV_n\rho_n}{24}\right] + 30n_\tau\rho_n(h_w - h_n) \tag{2-10}$$

式中：φ_{3a} ——货物换气耗冷量，W；

φ_{3b} ——操作人员需要的新鲜空气耗冷量，W；

h_w ——冷间外空气的比焓，kJ/kg；

h_n —— 冷间内空气的比焓，kJ/kg；

V_n ——冷间内净体积，m^3；

ρ_n ——冷间内空气密度，kg/ m^3；

30——每个操作人员每小时需要的新鲜空气量，m^3/（h·人）；

n_τ ——操作人员数量；

1/3.6——1 kJ/h 换算成 W 的数值。

按《冷库设计规范》规定，采用上式计算耗冷量时，应注意以下几点。

第一，通风换气耗冷量只适用于储存有呼吸作用的食品的冷藏间。

第二，有操作人员长期停留的加工间、包装间等冷间，需计算操作人员需要的新鲜空气耗冷量 φ_{3b}，其余冷间可不计。

第三，室外空气的焓值应按夏季通风室外计算温度及夏季室外相对湿度取值；室内空气的焓值应按冷间设计温度和相对湿度取值。

4）电动机运转耗冷量 φ_4

电动机运转热量是由冷风机、运输设备、搬运设备（电瓶车等）内的电动机所产生的。其热量聚集在冷间里，靠制冷装置带走，这给制冷系统又增加了一部分耗冷量，电动机运转产生的热量与电动机的功率及安装位置有关，其计算公式如式（2-11）所示：

$$\varphi_4 = \sum \frac{P\xi\rho'}{\tau} \tag{2-11}$$

式中：P——电动机额定功率，W；

ξ ——热转化系数，电动机在库房内时应取 1，电动机在库房外时应取 0.75；

ρ'——电动机运转时间系数，对于冷风机配用的电动机可按实际情况取值，一般可按每日操作 8h 计算，即 $\rho'=1/3$。

5）操作耗冷量 φ_5

由于在冷库操作及加工的过程中，有照明及食品操作人员进出冷库开门的需要，使冷库耗冷量增加，将其称为操作耗冷量。这部分耗冷量的特点是：间歇性出现，既不稳定又不连续。操作耗冷量一般包括三部分：照明耗冷量 φ_{5a}；开门耗冷量 φ_{5b}；操作人员耗冷量 φ_{5c}，具体计算公式如式（2－12）所示。

$$\varphi_5=\varphi_{5a}+\varphi_{5b}+\varphi_{5c} \tag{2-12}$$

式中：φ_{5a}——照明耗冷量，W；

φ_{5b}——开门耗冷量，W；

φ_{5c}——操作人员耗冷量，W。

式（2－12）中照明耗冷量 φ_{5a} 的计算公式具体如式（2－13）所示：

$$\varphi_{5a}=q_dA_2 \tag{2-13}$$

式中：A_2——冷间地面面积，m^2；

q_d——每平方米冷间地板面积照明热量，W/m^2，按照冷库照明规定，对每平方米冷间地板面积的照明规定为：冷却间、冻结间、冷藏间、冰库和冷间内穿堂可取 $2.3W/m^2$；操作人员长时间停留的加工间、包装间等可取 $5.8W/m^2$。

式（2－12）中开门耗冷量 φ_{5b} 的计算公式如式（2－14）所示。

$$\varphi_{5b}=\frac{1}{3.6}\left[\frac{n_kn'_k(h_w-h_n)V_nM\rho_n}{24}\right] \tag{2-14}$$

式中：n_k——门樘数；

n'_k——每日每门开门换气次数；

M——效率修正系数，设空气幕时可取 0.5；如不设空气幕时，应取 1。

操作人员耗冷量 φ_{5c} 的计算公式如式（2－15）所示。

$$\varphi_{5c}=\frac{1}{8}n_\tau q_\tau \tag{2-15}$$

式中：$\frac{1}{8}$——每日操作时间系数，按每日操作 3h 计算；

q_τ——每个操作人员产生的热量，W/人，在冷间设计温度高于或等于－5℃时，宜取 280W/人；冷间设计温度低于－5℃时，宜取 410W/人。

计算操作耗冷量 φ_5 时，应注意：首先，冷却间、冷冻间不计算这项耗冷量；其次，操作人员数可按冷间的容积每满 $250m^3$ 增加一人。

三、小型冷库制冷工艺设计

(一) 负荷计算

本章第二节中计算的 φ_1、φ_2、φ_3、φ_4 和 φ_5 五部分热量的总和称为冷库的总耗冷量。但是，不能将这一总耗冷量直接作为选配制冷机和冷却设备的依据，因为没有考虑冷库各种热量的特性。例如，围护结构耗冷量和通风换气耗冷量应随季节和昼夜大气温湿度变化而变化；货物热则与货物进入量、季节、种类、冷加工方法等有关；各库电动机运转和人员操作也不是同时进行的；各个库房的耗冷量的最大值一般不同时出现。同时还要考虑管路冷损失等。所以，应对冷库的耗冷量进行适当修正，以作为冷库冷却设备负荷和冷库机械负荷，从而选配适合的制冷压缩机及其他辅助设备。

负荷的计算包括两个方面的内容，冷库冷却设备负荷 φ_s 和冷库机械负荷 φ_j 。

1. 冷库冷却设备负荷计算

冷库冷却设备的主要作用是及时、全部地带走各种热源产生的热量，使库温保持在冷加工工艺要求的范围内，以满足食品冷加工工艺要求，确保食品冷加工质量。

计算冷库冷却设备负荷时，要考虑食品在冻结或冷却加工过程中货物耗冷量是随时间变化的，有时大于整个冷加工过程的平均耗冷量，有时也小于其平均耗冷量。水果或蔬菜在冷却过程中，由于冷却初期呼吸热较大，使得冷却初期单位时间放出的热量大于整个冷却过程的平均小时耗冷量。因此，在确定冷却间和冻结间冷却设备负荷分配方案时，为了使冷库的冷却设备的能力满足冷却或冻结过程中某个阶段较平均耗冷量多的需要，应对货物耗冷量 φ_2 进行修正。

冷库冷却设备的配置是以冷库各自的冷负荷为依据的，因此，冷库冷却设备负荷的计算要逐一分开进行。冷库冷却设备负荷按式（2－16）计算。

$$\varphi_s = \varphi_1 + \alpha' \varphi_2 + \varphi_3 + \varphi_4 + \varphi_5 \tag{2-16}$$

式中：φ_s ——冷库冷却设备负荷，W；

φ_1—— 围护结构耗冷量，W；

φ_2——货物耗冷量，W：

φ_3——通风换气耗冷量，W；

φ_4——电动机运转耗冷量，W；

φ_5——操作耗冷量，W；

α ——货物负荷系数，冷却间、冻结间取 1.3，其他冷间取 1。

2. 冷库机械负荷计算

冷库机械负荷决定了冷库选用制冷压缩机时应考虑的制冷能力的参数。冷库制冷机的制冷能力必须满足冷库全年生产的需要，特别是应能满足冷库生产高峰负荷的需要，同时要充分考虑冷库运行的经济性、合理性。本章上节中介绍的负荷计算是基于最恶劣的工况条件下进行的。但冷库的生产并不一定是在最恶劣的条件下运行的，冷库的负荷与冷库的货物加工情况有关，带有明显的季节性，一般在秋天和初冬是冷库的生产旺季，而此时围护结构的耗冷量却不是最大值。因此，冷库机械负荷不是简单的负荷累加，而是应根据实际情况对各种计算耗冷量进行修正。冷库机械负荷的计算公式如式（2-17）所示。

$$\varphi_j=(n_1\sum\varphi_1+n_2\sum\varphi_2+n_3\sum\varphi_3+n_4\sum\varphi_4+n_5\sum\varphi_5)R \quad (2-17)$$

式中：φ_j ——冷库机械负荷，W。

n_1——围护结构耗冷量的季节修正系数，一般应根据生产旺季的出现月份查表得出，当全年生产无明显的淡旺季区别时，应取1。

n_2——货物耗冷量的机械负荷修正系数，与冷库的种类和性质有关，冷却物冷藏间按下列数值取值：公称容积为10000m^{3}以下时，修正系数取0.6；公称容积为10001～30000m^{3}时，修正系数取0.45；公称容积为30001m^{3}以上时，修正系数取0.3。冻结物冷藏间按下列数值取值：公称容积为7000m^{3}以下时，修正系数取0.5；公称容积为7001～20000m^{3}时，修正系数取0.65；公称容积为20001m^{3}以上时，修正系数取0.8；冷加工间和其他冷间应取1。

n_3——同期换气系数，一般取0.5～1.0，根据同时最大换气量和全库每日总换气量的比率选择，比率大时取大值。

n_4——冷库用电动机的同期运转系数。冷却间、冻结间、冷却物冷藏间中的冷风机，取值为1，其他冷间则需查表取值（具体表格可参考贺俊杰于2006年出版的《制冷技术与应用》一书中157页表9-12）。

n_5——冷库同期操作系数，取值需查表（具体表格可参考贺俊杰于2006年出版的《制冷技术与应用》一书中157页表9-13）。

R——制冷装置和管道等冷量损耗补偿系数，一般直接冷却系统取值1.07，间接冷却系统取值1.10 。

（二）冷库冷却设备的选型计算

冷却设备是冷库的重要吸热设备，应根据冷藏间性质、储藏食品种类、库温要求、供液方式以及冷加工工艺的特点进行选择，以满足冷库降温速度、食品冷加工速度及冷藏质量的要求。

1. 冷却设备选型原则

（1）冷却间、冻结间和冷却物冷藏间的冷却设备采用冷风机。

（2）冻结盘装、箱装或听装食品时，可采用搁架式排管或平板冻结器等冻结设备。

（3）冻结物冷藏间采用墙排管、顶排管等冷却设备；当食品有良好的包装时，可采用冷风机。

（4）储冰间采用分散均匀满布的方式设置顶排管。

（5）对于包装间，当室温低于－5℃时采用墙排管；室温高于－5℃时，宜选用冷风机。

(6) 冷却设备的温差计算应根据减少食品干耗、提高制冷效率以及节省能源等因素，通过技术经济比较确定，一般为10℃。

2. 冷库冷却设备的选择

1) 排管的设计计算

中、小型冷库冻结间，采用排管，特别是搁架式排管作为冷却设备的较多。搁架式排管对冻结加工鱼、禽、猪的副产品，有较好的冻结效果。如果为搁架式冻结管组配以风机，强制空气对流循环，则能有效地缩短冻结时间，提高冻结质量。

排管的设计主要是计算排管的冷却面积（蒸发器传热面积）和长度。

(1) 排管的冷却面积计算

排管的冷却面积按式（2-18）计算：

$$A_3 = \frac{\varphi_S}{K' \Delta \bar{t}} \tag{2-18}$$

式中：φ_S——排管的设计冷负荷，W；

K'——排管的传热系数，W/（m^2·℃），具体参见《冷库设计规范》；

$\Delta \bar{t}$——冷藏间温度与蒸发温度之差，℃，一般采用10℃。

(2) 排管用钢管总长度的确定

根据排管的冷却面积 A_3 和所采用的无缝钢管规格，可计算出排管用钢管的总长度 L，计算公式如下：

$$L = \frac{A_3}{f} \tag{2-19}$$

式中：A_3——排管的冷却面积，m^2；

f——每米无缝钢管的外表面积，m^2。

2) 冷风机的选型计算

冷风机的选型计算可按下列步骤和方法进行。

(1) 查有关手册确定冷风机类型。

(2) 根据库房相对湿度查表确定对数平均温差。

(3) 根据工况及平均温差，查表确定冷量修正系数 CF。

(4) 以经计算确定的冷库所需负荷 φ_j 乘以修正系数 CF 作为选定冷风机的冷量，从而确定冷风机的具体型号。

(三) 冷库制冷工艺设计

选择库房冷却方式进行冷却设备的布置时，应根据不同工艺要求，从温度、湿度、风速和气流组织等方面加以考虑。

1) 冻结间的冷却方式

冻结间的任务是在指定的加工时间内，完成食品的冻结加工工序，达到规定的质量指标。不但要求冻结食品降温速度快，而且要求同一批食品冻结速度均匀，因此，冻结间的冷却方式的选择应结合冻结加工工艺的特点，同时还要选择合理的气流组织。目前大多采用冷风机和搁架式排管两种。

所谓冷风机吹风式冻结间是指在冻结间内，将肉类吊悬在吊轨上、鱼类装盘后放在吊挂式或手推式的鱼笼上进行冻结。采用吊轨的冻结间，将整片肉挂起来冻结，吊轨的间距一般在750～850mm。冷风机的布置有两种形式：落地式和吊顶式。

小型冷库的冻结间一般采用搁架式排管为冷却设备兼货架，制冷剂在排管中直接蒸发，将装在盘内的冻结食品被直接放在搁架式排管上，与蒸发器直接接触，换热强度大，冻结速度快。根据生产能力的大小和冻结食品的工艺要求，可采用空气自然循环和空气强制循环两种空气冷却方式。如果冷库内搁架式排管的冷却面积不足时，还需增设顶排管。

搁架式排管容易制作，不需维修。由于进出货的搬运劳动强度大，冻结时间较长，所以搁架式排管冻结间只在冻结量较小的冷库中使用。

2）冷却间的冷却方式

对于储存果蔬、鲜蛋的冷却间，由于果蔬、鲜蛋不能出现冻结现象，因此应采用冷风机和风道两侧送风的冷却方式，以避免冷库内风量过大、引起食品干耗严重和耗电过大的问题，风速宜保持在0.75m/s为宜。

对于储存屠宰后的肉类的冷却间，视不同的品种和包装采用不同的气流组织和冷却设备。如屠宰后吊挂的猪、羊胴体，要在20h从35℃冷却到4℃，一般采用冷风机。冷风机常设于冷库的一端进行纵向吹风，喷口的边缘稍低于冷库的楼板板底或梁底。

3）冷藏间的冷却方式

冷藏间的冷却方式与冷藏间的功能以及冷藏物的种类有关，冷库的制冷系统大多采用直接蒸发的制冷方式。室内空气的循环方式则由冷库的种类而定。冷藏间可分为冻结物冷藏间和冷却物冷藏间两类。冻结物冷藏间是用于储存已冻结的食品，防止外界热量传入，影响冻结食品的贮存的冷库。冷却物冷藏间主要用于冷藏果蔬、鲜蛋等，由于果蔬等在冷藏期间吸进氧气放出二氧化碳，同时放出热量。若室内空气不流通，就可能使局部的冷藏条件恶化而引起食品变质。

对于有包装的货物，冷藏间可采用冷风机，冷空气在冷库内强制循环，使室内温度均匀，可及时将外界传入冷库的热量消除。冷风机吹出的气流应沿冷库的平顶及外墙形成贴附射流，使冷藏货物处于循环冷风的回流区内，这样也有利于减少食品干耗。其特点是安装、操作维修以及融霜十分方便，是目前冷库经常采用的形式。

对于无包装的货物，由于食品容易干耗，冷藏间内的空气流速不能太大。因此，冷藏间可采用墙排管和顶排管做蒸发器，冷库空气自然对流循环。特点是排管笨重，耗金属量大，冷库内温度不均匀，融霜劳动强度大。

冷却物冷藏间常使用冷风机为冷却设备，必要时也可增设墙排管，但应考虑其排水问题。这是因为若采用顶排管，其滴水较难处理。为了便于操作管理，节省制冷系统管道和融霜需用的给水排水管道，冷风机宜布置在库房进门的一侧，采用长风道圆喷嘴的送风形式，可取得均匀送风的效果，送风道的截面宜采用矩形，沿长度方向的高度相等，而宽度变化，布置在冷库顶部中央走道上方，喷口向上仰角为17°，冷空气射流贴着冷库平顶，沿货垛上部空间吹至墙面，流经货垛后从中央走道返回冷风机的回风口，经冷风机冷却后的空气，由送风管上的喷嘴送至顶部各处。风道表面即使产生凝结滴水也不会滴到货物上。在小型冷库中，冷却物冷藏间也可采用冷却排管为冷却设备。为了防止排管上的凝结水滴到食品上，通常设置墙排管而不采用顶排管，并在管组下设排放滴水的水沟。

为了防止冻坏食品，要求冷库温度均匀、通风又不使食品干耗严重，各区域的温差尽可能小于±0.5℃。在储藏无包装食品时，货垛间的平均风速不宜大于0.3m/s。

复习与思考

1. 吸收式制冷与蒸气压缩式制冷有何不同？
2. 试述溴化锂吸收式制冷机的工作原理。
3. 试述蒸气压缩式制冷机的工作原理。
4. 选择制冷剂时应考虑哪些因素？
5. 为什么制冷剂的临界温度要高，凝固温度要低？
6. 什么叫载冷剂？常用的载冷剂有哪些？选择载冷剂时有哪些要求？
7. 冷库的围护结构外侧为什么要设置防潮隔汽层？
8. 冷库的耗冷量有哪几项？

课后习题答案

第三章　冷链物流包装技术与装备

冷链物流包装
技术与装备

教学目标

重点掌握冷链物流包装的概念、功能等；掌握常见的冷链物流包装材料以及包装技术；理解传统物流包装和冷链物流包装的区别；了解本章所涉及的新型包装材料与冷链物流包装设备等。

第一节　冷链物流包装概述

包装是生产环节的最后一道工序，同时也是物流的起点。包装是把运输、储存、装卸等物流活动有机联系起来的重要手段。包装对保护产品、方便储运、促进销售起着重要作用。物流中的故障多由包装不当引起，因此，进行合理的包装设计是实现物流合理化的一个有效途径。

作为进出口大国，长久以来，新鲜水果、蔬菜等农产品是我国主要的出口产品，但由于其包装粗糙、保鲜技术落后，导致每年上万吨果蔬腐烂，造成严重的经济损失。一些国家进口我国的果蔬产品，重新包装后再投入我国市场，其售价远高于刚进口时的价格，这就造成了价格虚高，从而扰乱市场竞争。特别是我国加入世界贸易组织以后，关税下调，国外果蔬产品大量涌入我国市场，进一步削弱了我国果蔬产品的竞争力。

基于此现状，我们需要从包装材料、包装辅料、包装容器、包装装备及各种包装防护技术入手，对低温冷链环境重新考察，并采取相应措施增强冷链物流包装检验结果的可靠性，进而满足冷链物流体系的现状需求，提高自身的竞争力。

一、冷链物流包装的概念

《物流术语》（GB/T 18354—2006）中对包装的定义为：为在流通过程中保护产品、方便储运、促进销售，按一定技术方法而采用的容器、材料及辅助物等的总体名称。也指为了达到上述目的而在采用容器、材料和辅助物的过程中施加一定技术方法等的操作活动。

狭义的冷链物流包装，即农副产品的低温供应链包装，是指使农副产品从生产、加工、储藏、运输、销售到消费前的各个环节中始终处于规定的低温环境，以保证产品质量，防止产品腐烂变质的产品包装。广义的冷链物流包装，其针对的范围不仅是农副产品，还包括药品、化学制剂等对温度有特殊要求的产品。

总而言之，冷链物流包装就是指针对特殊产品，从生产出来到送到消费者手中，使产品始终处于特定的低温环境，以保证产品质量、降低环境温度对产品造成影响的包装技术。

二、冷链物流包装的目的

冷链物流包装旨在通过特定的技术和材料，保证产品在运输过程中不会有因包装问题而影响质量的问题出现。一般来说，冷链物流包装的目的包括以下3点。

(1) 保证质量。无论是冷链物流包装还是传统物流包装，都是为了保证产品质量，保护产品品质在运输过程中免受外界因素影响。冷链物流包装不仅要注重传统物流包装的关键点，而且要注重运输过程中的温度变化及其他相关辅助装置的变化，如能源装置和监控装置等。

(2) 增加价值。有效的、合理的冷链物流包装，可以最大限度地保证生鲜、药品等产品的新鲜度和感官度，增加产品本身的销售价值，从而增加收益。

(3) 优化流程。科学的、标准的冷链物流包装，不仅能给储藏、运输、装配、销售等流通环节带来方便。同时能够减轻盘点、堆码等相关登记记录环节的工作量，减少产品的损失，节约包装材料，节省包装费用，提高车船装载率，缩短运输时间，提高运输管理效率、装卸效率、仓储利用率，有利于仓库自动化管理，加快货物周转，减少资金占用等。

总的来说，冷链物流包装的目的就是以保证产品质量为大前提，最大限度地提升产品的商业价值和使用价值，增强产品本身的核心竞争力。

三、冷链物流包装的要求

冷链物流包装的要求是指产品包装能满足生产、储运、销售和消费整个生产流通过程的需要及其满足程度的属性。包装质量不仅影响包装的综合成本效益、产品质量，而且影响产品市场竞争能力及企业品牌的整体形象。因此，了解或建立包装质量标准体系是做好包装工作的重要内容。评价产品包装质量的标准体系主要包括以下几个方面。

(1) 对产品的保护程度。采用冷链运输的产品极易变质，包装能否在设定的产品保质期内保全产品质量是评价包装质量好坏的关键。包装对产品的保护性主要表现在三个方面。①物理保护性，包括防震耐冲击、隔热防尘、阻光阻氧、阻水蒸气及阻隔异味等；②化学保护性，包括防止产品氧化、变色，防止包装的老化、分解、锈蚀及有毒物质的迁移等；③生物保护性，主要是防止微生物的侵染及防虫、防鼠；④其他相关保护性，如防盗、防伪等。

(2) 卫生与安全。包装产品的卫生与安全直接关系到消费者的健康和安全，也是国际产品贸易的议论焦点。

(3) 方便与适销。包装应使用方便且具有良好的促销功能，以体现产品的价值和吸引力。

(4) 加工适应性。包装材料应易加工成型，包装操作应简单易行，包装工艺应与产品生产工艺相配套。

(5) 包装成本。包装成本指包装材料成本、包装操作成本和运输包装成本等在内的综合经济成本，其应处于合理水平。

同时，据了解，与普通包装相比，对冷链物流的包装有一些比较特殊的要求。

(1) 包装容器耐低温性能优越。很多产品要求在－18℃的环境下运输储存，更有一些肉制品和药品需要在－35℃的深冷库储存，普通材质无法耐受。

(2) 食品级材料要求。因为有些食品与药品需要与包装直接接触或者间接接触，所以对包装容器的材质要求也比较严格，一般要求达到食品级。

(3) 部分容器为网目型。以利于空气流通、生鲜呼吸作用顺利进行等。

近年来，我国在冷链物流包装方面虽然在不断改进，并取得长足的进步，但还存在不少问题。如包装破损的现象较严重，每年都会因此而造成巨大损失。同时，一些不法商贩的包装制假行为扰乱了市场，造成严重的不良影响。最后，我国传统的产品包装式样单调，只注重保护产品，忽视了宣传美化产品的作用。

四、冷链物流包装的功能

科学合理的包装不仅能保护产品，免受或减少其在储运、销售、消费等流通过程中受到各种不利条件及环境因素的破坏和影响，还能为生产、流通、消费等环节提供诸多方便。同时，包装也是提高产品竞争能力、促进销售的重要手段。

产品包装的功能与一般包装的功能一样，包括保护功能、方便功能和促销功能，但更主要的是体现在保护功能上。也就是说，产品包装功能首先主要在于最大限度地保护产品的货架寿命和品质，防止因天然（自然）因素遭到破坏，以保护产品形态、品质和特性。其次才是实现其方便功能和促销功能。有时产品包装只能实现保护功能，达到延长货架寿命或保质的目的；而方便功能与促销功能可通过其他包装来实现（如外包装或包装附件等）。

衡量冷链物流包装的功能的量化指标主要有形、质地、色、香、味、营养、污染残毒等。形指标就是产品到规定的保质期或保鲜期，其包装对象的外观形状与最初外观形状的差异，这种差异越小就说明其保鲜功能越强。质地指标则是包装对象（物质）内部的成分所具备的物理特性，如内部密度、硬度、脆度及组织的粗糙度等。质地与前面的形是刚好相反的性能特征，质地是内部，形是外部。色指标、香指标、味指标都是可由感官体会到的指标。营养指标则是指通过包装可以有效地锁住产品自身包含的营养成分，并且不会因为包装不当等因素发生产品营养成分流失的现象。污染残毒指标是指在进行保鲜包装之后，不能因包装材料或包装辅料造成产品污染或残留有毒物质。

包装在冷链物流中还应具有以下功能。

（1）具有良好的保温性能。外包装要具有良好的保温性能，这样才能防止冷链中的温度过度交换，造成局部温度变动过大，从而损害鲜活产品的品质。

（2）具有良好的防潮防水性能。“冷”环境往往与水和湿气伴生，因此冷链中的包装必须防潮防水。

（3）具有良好的透氧透气性能。果蔬类产品是“鲜活的”“需要呼吸的”，因此其包装还应当具有一定的透氧透气性能，以满足维持鲜活产品生命循环的氧气需要。这些特殊要求的包装在普通产品包装中显然是鲜见的，因此冷链物流包装应当属于一种特殊的包装物。

（4）具有良好的识别度。良好的识别度可以减少存取错误，节省提货和后续相应的处理时间，有效提升库存周转率。

五、冷链物流包装的分类

1. 按包装在流通中的作用分类

（1）运输包装。运输包装是指用于安全运输、保护产品的较大单元的包装形式，又称为外包装或大包装。

（2）销售包装。销售包装的特点一般是包装件小，对包装的技术要求为美观、安全、卫生、新颖、易于携带，对印刷要求也较高。

2. 按包装的材料分类

（1）纸质包装。

（2）木质包装。

（3）金属包装。

（4）塑料包装。

（5）玻璃与陶瓷包装。

（6）纤维织品包装。

（7）复合材料包装。

（8）其他材料包装。

六、冷链物流包装与传统物流包装的关系

1. 冷链物流包装与传统物流包装的区别

（1）存在目标不同。大部分需要流通运输的产品，基本都需要外包装的装饰和保护。如我们常见的快递，都会有泡沫箱、纸壳箱或者麻布袋作为外部保护工具。其旨在减少产品在运输过程中的磨损，并且方便管理和计数等。或者如贵重奢侈产品，通过华丽的包装来提升自身的价值，这是一种以保护、便利和促销为主要目标的包装模式。而冷链物流包装则是为了保证特定产品的品质而存在的，通过有效的、科学的包装方式，最大限度地减少产品在运输过程中的损耗，是一种在传统物流包装的基础上，对保护产品品

质这一性能要求更高的包装模式。

(2) 包装要求不同。传统物流包装的要求是以最低的成本创造最高的价值。对于不同类别的产品，传统物流包装模式则会在降低成本的基础上，对其进行粗略的包装以满足产品的需求，这就可能造成产品发生不必要的损耗。如运输螃蟹，供应商会通过在泡沫箱中加冰袋这种简单的方式进行运输，待到达目的地时，可能有螃蟹死亡的情况发生。而冷链物流包装则会依据不同种类产品对环境的不同要求进行包装。选取合适的包装材料和包装技术，从而减少产品在运输中的损耗，以保证产品的质量，提升客户的满意度，增强产品自身的竞争力。

(3) 功能展现不同。传统物流包装以保护、方便、促销三大基本功能为基础，主要通过运输、储存、配送、装卸、分拣等物流环节来展现。而冷链物流包装在具备传统物流包装功能的同时，对保护功能进行放大，将其细化至温度、湿度、透气性能等具体的节点上面，并且随着保护功能的加强，促销功能也得到明显的提升。

2. 冷链物流包装与传统物流包装的联系

冷链物流包装是随着当下冷链物流的兴起而提出来的包装理念，但冷链物流也“脱身于”传统物流，所以冷链物流包装与传统物流包装也有密不可分的联系。

从概念来看，传统物流包装是利用一定技术或手段，通过相关容器、材料和辅助物来实现对产品的保护、促销等。它是一个包含了包装技术、包装材料、包装装备等外部因素和产品本身内在的特性的集合。而冷链物流包装则是在满足传统物流包装要求的基础上，对特定的、特殊的产品，在其运输过程中需要的恒温恒湿等具体条件进行系统、科学的新规划，但还是脱离不开传统物流包装的基本功能。所以说冷链物流包装源于传统物流包装，却超出传统物流包装的范畴。

第二节 冷链物流包装材料

冷链物流作为新兴的物流，其主要服务对象为生鲜食品、果蔬产品、药品及化学药剂等对温度和湿度有特殊要求的产品。而以生鲜食品的运用最为广泛，且跟我们的生活息息相关，遂本节以生鲜食品为例，对冷链物流包装材料进行论述。

食品包装在我国包装行业中占有非常重要的地位，是包装业的支柱产业。传统物流包装材料主要包括纸、塑料、金属、玻璃、陶瓷、木头、竹子等，这值得国内包装材料生产厂家关注。其中，对于生鲜食品包装材料，其与传统物流包装材料一样，具有多种多样的类型，但其基材仍以传统物流包装材料的基材为主。而在创新与改进方面，复合材料与组合材料是生鲜食品包装材料的重点。

从材料的物理特性来划分，生鲜食品包装材料可以分为：①硬材类，包括塑料板材、瓦楞纸板、金属板材及复合板材等；②软材类，包括纸、塑料及金属等膜类与箔类柔性材料；③散材类，包括粉剂、水剂与气体等。故纸、塑料、金属、木材、玻璃、陶瓷及复合材料等主要的传统包装材料均包含在其中。典型的生鲜食品包装材料和容器类型如表 3-1 所示。

表 3-1　　典型的生鲜食品包装材料和容器类型

包装材料	容器类型
纸类	纸盒、纸箱、纸袋、纸罐、纸杯、纸质托盘、纸浆模塑制品等
塑料	塑料薄膜袋、中空包装容器、编织袋、周转箱、热收缩膜、软管、软塑箱、钙塑箱等
金属	马口铁、无锡钢板等制成的金属罐、桶等；铝、铝箔制成的罐、软管、软包装袋等
复合材料	纸、塑料薄膜、铝箔等组合而成的复合软包装材料制成的包装袋、复合软管等
玻璃、陶瓷	瓶、罐、坛、缸等
木材	木箱、板条箱、胶合板箱、花格木箱等
其他	麻袋、布袋、草或竹制包装容器等

作为食品保鲜包装材料，发展较快的主要是纸包装、塑料包装、金属包装、玻璃包装及陶瓷包装五大类。木材包装主要用于重型产品（如机电产品）包装。木材包装有逐渐被纸包装和塑料包装取代的趋势，再加上国际上强调环保与资源的问题，一般情况下不提倡使用木材包装，故木材包装用得越来越少，在此不做研究。陶瓷包装因制作工艺与速度等问题，用量也较少，在此亦不做研究。

现如今，人们对产品，尤其是食品的品质要求不断提高，从以前的吃得饱、吃得好，发展到吃得绿色、吃得健康。所以食品本身的安全与卫生就变得尤为重要。生鲜产品的安全与其包装有很大的联系，其包装材料的安全与卫生问题主要来自包装材料内部的有毒、有害成分对包装食品的迁移和溶入。这些有毒有害成分主要包括：材料中的有毒元素，如铅、砷等；合成树脂中的有毒单体、各种有毒添加剂及黏合剂；涂料等辅助包装材料中的有毒成分。

例如，塑料作为食品包装材料已有几十年历史，因具有优异的包装性能而得到广泛应用。但塑料本身亦具有缺点：用于食品包装时会带来诸如卫生安全等方面的问题。包装材料的安全与卫生直接影响包装食品的安全与卫生，为此，世界各国针对食品包装的安全与卫生制定了系统的标准和法规，用于解决相关问题。

一、传统物流包装材料及特性

（一）纸类包装材料

作为食品保鲜包装材料，纸类包装占有相当大的比重。包装容器的结构和形式多种多样，而且由于人们的求新心理，包装产品也在不断推陈出新，使得纸类包装的种类层出不穷。特别是用于食品包装的纸箱、纸袋、纸盘及纸托盘占了很大的比例，而且其比例正在逐渐扩大。

纸类具有许多优良的特性，这些特性在食品保鲜包装上发挥了重要作用，主要表现如下。

(1) 透气性。这是纸类包装最大的保鲜特性。在包装中，生鲜食品会进行呼吸作用，产生呼吸热。纸包装可以让热气透出，从而防止食品的腐烂。

(2) 吸湿性。这是纸包装的又一大保鲜优点，如超市中的鲜肉托盘包装，其可吸走鲜肉表面析出的少量水分，延缓鲜肉的变质进程。

(3) 韧性与保护性。纸包装表面具有退让性和韧性，同时有一定的厚度，对食品特别是生鲜食品会起到保护作用。

(二) 塑料包装材料

塑料是一种以高分子聚合物——树脂为基本成分，再加入一些用来改善其性能的各种添加剂制成的高分子材料，分子量通常在 104 以上，其大分子具有特殊结构，使其具有一系列特殊性能。如化学惰性、难溶、强韧性等。塑料因其原料来源丰富、成本低廉、性能优良，成为近几十年来世界上发展迅速、用量巨大的包装材料。塑料包装材料逐步取代了玻璃、金属、纸类等传统包装材料，是食品保鲜包装用得最多的材料。

某些品种的食品的塑料包装材料还存在着卫生安全以及环境污染等问题。我国用于食品包装的塑料多达十五六种，如 PE（聚乙烯）、PP（聚丙烯）、PS（聚苯乙烯）、PET（聚对苯二甲酸乙二醇酯）、PA（聚酰胺）、PVDC（聚偏二氯乙烯）、EVA（乙烯-醋酸乙烯共聚物）、PVA（聚乙烯醇）、EVOH（乙烯-乙烯醇共聚物）、PVC（聚氯乙烯）、离子键树脂等。其中高阻氧的有 PVA、EVOH，PVDC、PET，PA 等；高阻湿的有 PVDC、PP、PE 等；耐射线辐照的有 PS、PA 等；耐低温的有 PE、EVA、PET、PA 等；阻油性和机械性能好的有离子键树脂、PA、PET 等；既耐高温灭菌又耐低温的有 PET、PA 等。各种塑料的单体分子结构不同、聚合度不同、添加剂的种类和数量不同。其性能也不同，即使同种塑料但不同牌号，其性质也会有差别。

知识链接

PVC 作为食品包装材料的危险性

聚氯乙烯（PVC）是经常使用的一种塑料，它是由聚氯乙烯树脂、增塑剂和防老剂组成的树脂。据了解，聚氯乙烯塑料制品在较高温度下，会慢慢地分解出氯化氢气体，这种气体对人体有害。含铅盐防老剂的聚氯乙烯（PVC）制品和乙醇、乙醚及其他溶剂接触会析出铅。若聚氯乙烯包装容器盛装油条、炸糕、炸鱼、熟肉类制品、蛋糕点心类食品等，铅分子会慢慢扩散到油脂中去，这对人体健康会产生极大危害，且废旧后的聚氯乙烯塑料制品燃烧会产生大量的二噁英、氢卤酸、铅等有害物质，对空气、土壤、水质等均会造成不同程度污染。因此，聚氯乙烯制品不宜用作食品包装容器。

(三) 金属包装材料

金属包装材料是一种历史悠久的包装材料，用于制作食品包装已有近 200 年的历史。

目前，金属包装材料及制品多用于农产品包装。作为保鲜包装时，以罐头农产品的包装为主，也有农产品半成品使用金属材料包装。而最能体现金属材料包装的保鲜功能的是一些周转箱及活鲜动物（鱼类及禽类）的圈养容器（笼等）。另外，金属箔与纸结合的复合包装材料也被广泛用于农产品的保鲜包装，还有长途储运的农产品也离不开金属材料保鲜包装。

金属包装材料的优良特性如下。

（1）优良的阻隔性。金属材料具有阻气、隔光、保香等隔离性。对许多气体（氧气、二氧化碳及水蒸气等）有阻隔效果，还可对包括紫外光在内的许多光线予以阻隔。这些都是保鲜所必需的性能。

（2）良好的热传导性。良好的热传导性体现在加热与散热。作为加热所需的特性表现为加热灭菌，使所包装产品不受包装的污染。而散热可提高热处理工序效率，且合理的结构使鲜活食品得以在包装中散去热量。

（3）卫生安全性能。金属材质的包装不易变质腐烂，也不易产生细菌，同时还可通过加热对其表皮进行杀菌，最终使被包装的产品处于良好卫生条件中。

（4）保护性能。较高的强度和加工适应性是金属包装良好保护性能的体现。金属包装材料在外力作用下具有较好的抵抗变形和破坏的能力，其所具备的强度能够较好地保护包装物。加工适应性指可针对大部分产品的性能要求对金属包装进行设计、加工和处理，以适应其包装要求。同时还表现在为适应不同大小、结构等要求制成相应的结构和大小。这些对于易腐、怕挤压和重压的农产品包装储藏及运输是十分有意义的。

但是，由于金属包装材料的化学稳定性差、不耐酸碱，特别是用其包装高酸性食物时易被腐蚀。同时，由于金属离子易析出而影响食品口味，这在一定程度上限制了它的使用范围。

（四）玻璃包装材料

玻璃是以石英砂、纯碱、石灰石、稳定剂为主要原料，加入澄清剂、着色剂、脱色剂等，经调温熔炼再经冷凝制成的一种非晶体材料。玻璃是一种古老的包装材料，用于食品包装已有3000多年的历史。食品罐藏技术就是食品的保鲜包装技术。

由于玻璃自身的优点，使其作为包装材料时显示出显著的特点：高阻隔、光亮透明、化学稳定性好、易成型。但玻璃容器重量大且容易破碎，这一性能影响了它在食品包装上的使用与发展，再加上受到塑料和复合包装材料的冲击，其发展进一步受限。随着玻璃产业生产技术的发展，现在已研制出高强度、轻量化的玻璃材料及其制品。目前我国玻璃使用量占包装材料总量的10%左右，仍是食品包装中的重要材料之一。

（五）保鲜剂

为进一步提高保鲜效果，可将保鲜剂与其他包装材料一起使用于保鲜包装中，常见的保鲜剂主要如下。

（1）气体调节剂。其包括脱氧剂、二氧化碳发生剂、去乙烯剂等。脱氧剂多用于耐低氧环境的水果，如葡萄等；二氧化碳发生剂多用于柿子、草莓等；去乙烯剂（包括去乙醇剂）如多孔质凝灰岩、用于吸附高锰酸钾的泡沸石、用溴酸钠处理过的活性炭等。

（2）涂布保鲜剂。其包括天然多糖类、石蜡、脂肪酸盐等。

（3）抗菌抑菌剂。其包括日柏醇、二氧化氮、银、泡沸石等。

（4）植物激素。其包括赤霉素、细胞激动素、青鲜素、维生素 B_9 等，这些均可抑制呼吸、延缓衰老、推迟变色、保持果蔬的脆度和硬度等。

这些保鲜剂有些涂布于包装材料上，有些单独隔开放入包装袋中，有些则被制成被膜剂直接包覆于果蔬表面。这些方法均能起到保鲜作用。

果蔬保鲜包装主要是利用包装材料与容器所具有的简易气调效果，结合防雾、防结露、抗振、抗压等特性来进行包装。

目前，传统物流包装的材料主要分为塑料、纸类、金属、玻璃和保鲜剂等，具体应根据所需包装产品的特性、运输环境的限制和销售价值增益等方面进行考量，再结合成本分析和技术现状，选取最适合的包装材料，以达到自身利益最大化和客户满意度最大化的目的，实现双赢。

二、新型物流包装材料及特性

在经济和科技飞速发展的当下，人们对生活品质的要求也越来越高。以往不怎么注重的方面，例如，食品的营养、色、香、味等，现在也被重视了起来。同时，随着生活节奏的加快，快捷型和便捷型的食品也逐渐地融入人们的日常生活中，这就促使包装材料向简单、便捷、安全以及可食用的方向转变。

（一）纳米包装材料

可通过在包装材料（如塑料及其复合材料）中加入纳米微粒，使其成为具有除异味、杀菌消毒作用的纳米包装材料。现在一些企业就是利用这一技术特性，将纳米微粒加入用于制作冰箱的材料（塑料）中，生产出抗菌冰箱，大大延长了冰箱内食物的保存期。同样，也可将纳米微粒加入纸、塑料及复合材料中用于包装食品，从而延长包装食品的货架期。

（二）新型高阻隔性包装材料

新型高阻隔性包装材料是食品包装材料的发展趋势，主要有三种包装材料：非结晶性尼龙，阻气性为尼龙 6 倍；偏二氯乙烯共聚物，阻气性为聚偏二氯乙烯树脂膜的 10 倍；丙烯酸盐树醋金属化镀膜。

新型高阻隔性材料在国外已得到广泛使用，因为这种包装材料不仅可以提高对食品的保护程度，而且可以减少塑料的用量，还可以重复使用。对于要求高阻隔性保护的加工食品包装以及真空包装、充气包装等，一般都要用复合材料包装。而在多层复合材料中必须有一层以上高阻隔性材料。现在国内常用的高阻隔性材料有铝箔、尼龙、聚酯树脂等。随着食品对保护性要求的提高，阻隔性更好的 EVOH（乙烯-乙烯醇共聚物）、聚乙烯醇等也开始得到应用。EVOH是一种链状结构的结晶性聚合物，集乙烯聚合物良好的加工性和乙烯醇聚合物极高的气体阻隔性于一体，是一种新型的阻隔材料，其气体阻隔性比PA高100倍。比PE、PP高10000倍，比目前常用的高阻隔性材料PVDC高数十倍。在食品包装方面，用EVOH制成的塑料容器可以完全替代玻璃和金属容器。

目前发达国家开发并有少量应用的PEN（聚萘二甲酸乙二醇酯）将会给食品包装带来巨大的变化。PEN的化学结构与PET（聚对苯二甲酸乙二醇酯）相似，但刚性大大提高，阻氧性、阻水性比PET的高数倍，而且紫外线吸收性好、耐水解性好、气体吸附性低，装过食品后不残留异味，可重复使用。

无机高阻隔微波食品包装材料已成为新宠。由于目前用铝箔和某些塑料的复合材料制成的包装具有不透明、不易回收，且不能用微波加热的缺点，近几年研发的镀有SiO_x的材料可以作为替代品，其是在PET、PA、PP等材料上镀一层薄的硅氧化物，它不仅有更好的阻隔性，而且有极好的大气环境适应性，它的阻隔性几乎不受环境温度和湿度变化的影响。SiO_x镀膜有高阻隔性、高微波透过性、透明性，可制成用于高温蒸煮、微波加热等的软包装，也可制成饮料和食用油等的包装容器。

（三）可食性包装薄膜

可食性包装薄膜是由多糖类物质合成的，无毒副作用，既可食用又不影响口感。主要成分是葡甘露聚糖，其吸水后可膨胀100倍，具有高弹性、高黏度、耐热、防水、防潮等特点。食后即可消除饥饿感，且不被人体吸收。可食性包装薄膜既可制成溶于水的薄膜，也可制成溶于温水而不溶于冷水的薄膜，还可制成耐热、可塑封的薄膜，可与食品一块煮烧，方便又卫生，保鲜作用极好。

目前已研制的可食性包装薄膜有：可食性淀粉包装膜，以玉米淀粉、马铃薯淀粉为主料，辅以可食性添加剂制成的食用薄膜，用于糖果、果脯、蜜饯的内包装，产品的抗机械拉力、韧性、透明度、速溶性都优于目前食品厂使用的糯米纸；可食性蛋白质包装膜，以动物或植物蛋白为原料制成的蛋白质薄膜可减少抗氧化剂和防腐剂的用量，延长产品货架期。另外，魔芋精粉及其改性产物膜、纤维素及其改性产物膜、甲壳素可食膜都是新型的可食性包装薄膜。

总之，食品包装材料今后的主流发展趋势是功能化、环保化、简便化。无菌包装将采用高科技和分子材料，保鲜功能将成为食品包装技术开发重点，无毒包装材料更趋安全，塑料包装将逐步取代玻璃制品；采用纸、铝箔、塑料薄膜等包装材料制造的复合柔性包装袋，将呈现高档化和多功能的发展趋势。

三、冷链物流包装材料及特性

冷链物流作为一个新兴的物流方向，其主要针对的是对温度和湿度等条件有特定要求的产品，遂其外部包装材料则需对温度和湿度等有特殊的耐受性，但主要体现在低温对包装材料本身性能的影响，即包装材料的低温适应性。不同材料的低温适应性也有所不同。

（一）冷链物流包装材料的要求

由于冷冻条件下，包装材料的性能同常温下的性能有很大的不同，因而正确选用合适的包装材料就成为冷藏和冷冻包装取得良好包装效果的重要一环。用于冷冻食品的包装材料需要耐低温、气密性好、耐油、耐水、方便印刷等。因冷冻产品一般要经过强冷、冻结、冻藏、解冻等程序，所以包装材料必须具备以下特点。

(1) 耐温性。最能耐低温的纸、铝箔在－30℃还能维持其柔软性。塑料一般在－30℃还能维持柔软性，但遇超低温，如液氮（－196℃），则会脆化。

(2) 气密性。商品包装有充气包装和真空包装两类。这两类包装必须采用透气性低的材料，因为低透气性材料能保持产品的特殊香气及防止干燥。包装材料经长期储藏或流通后，会发生老化。为防止老化，可在材料中添加防氧化剂或紫外线吸收剂，一般仅加防氧化剂。

(3) 耐水性。包装材料需能防止水分渗透，但不透水的包装材料容易因环境温度的改变在表面凝结雾珠，使透明度降低，故使用这种材料还须环境温度相配合。

(4) 耐光性。放在冷藏陈列柜内的包装食品受荧光灯照射后，材料的色彩会变化，从而使商品价值下降，故包装材料及印刷颜料必须耐光。

（二）材料的低温适应性

1. 聚乙烯泡沫塑料的低温缓冲特性

相关研究表明，低温条件下，聚乙烯泡沫塑料（EPE）内的发泡材料会发生硬化现象，其动态载荷能力有所提升，静应力的耐受程度较常温也随着增强。同样处于低温环境下，该材料动态载荷能力增加，其最小加速度值低于常温条件下相同受力状态下的数值。所以，在缓冲包装设计中，若盲目将常温试验中得到的数据应用于低温环境的包装设计中，会造成包装设计不当现象的发生。

2. 金属材料低温特性

选取45＃、40Cr和ZL201铝合金三种常见金属做讨论。研究表明：a. 随着温度的降低，三种材料的抗拉强度和屈服强度都有提高。b. 随着温度的降低，三种材料的断面收缩率和延伸率都有所降低，说明当温度降低时，三种材料的塑性都会变小。c. 随着温度的降低，三种材料的硬度都会提升，但韧性的变化不一样。

3. 纸类材料低温特性

以常见的纸浆模塑材料为例，根据相关研究表明：当纸浆模塑材料的含水率处于0～20％时，随着温度的变化，脱木素的纸浆模塑材料会产生较大幅度的变化，而未脱木素的纸浆模塑材料的变化幅度则较小。当纸浆模塑材料的含水率为0时，温度从－20℃变化到20℃，脱木素的纸浆模塑材料拉伸强度提高约22 MPa，未脱木素的纸浆模塑材料拉伸强度上升约7 MPa，说明脱木素的纸浆模塑材料更易受温度的影响。

4. 木材低温特性

相关研究表明，温度是影响木材力学性质的一个重要因素，随着温度的降低，气干材的抗弯弹性模量、抗弯强度和顺纹抗压强度均以近似线性的趋势增大。饱湿材各力学参数变化曲线则存在拐点，在 20℃～－5℃，随着温度降低，各力学参数增大较慢；在－5℃～－20℃，随着温度降低，各力学参数增大较快。与气干材相比，饱湿材的各力学参数对低温更敏感。

针对生鲜食品，冷却与冷藏包装的目的是减缓其生命代谢的速率，使其生物反应速度降低，以保持其新鲜度。使用这种包装时，储藏时间不宜太长，其不像冷却和冻藏包装那样可以用于长时间的保存。但在现存于市面的包装中，这种包装已能满足市场流通的需要。

根据上述不同材料的低温适应性与本身价值性的综合考量，主要选取以下几种材料作为冷链物流包装的材料。

1. 纸类包装材料

考虑冷却与冷藏低温的影响，要求包装材料高强度，胶黏剂要求在低温条件下不失黏。同时考虑到在印刷时会降低包装强度，因此印刷面积不宜过大。粘箱或钉箱也要求牢固。

2. 塑料类包装材料

一般用于冷却与冷藏的小包装多为塑料包装。

(1) 聚乙烯 (PE)，可制成袋或直接用其软材制品对生鲜食品进行捆扎、裹包。

(2) 玻璃纸 (PT)，可制成包装袋或直接用其软材制品裹包。

(3) PT 加聚苯乙烯 (PS)，可制作成浅盘，主要用于超市中肉和蔬菜的包装。

(4) PT 加纸板，可制作成浅盘，主要用于新鲜净菜类的超市冷藏包装。

(5) 收缩膜，主要用于中小包装的纽结或热封裹包。

冷链物流包装主要适用于果蔬产品、肉类鲜产品和鲜奶及鲜蛋等生鲜食品。应用冷链物流包装后，其保鲜期延长，且品质也得到提高，从而大大提高了产品的价值。

第三节　冷链物流包装技术

物流包装旨在满足保护产品、方便储运、促进销售等目标，需要通过专业的物流包装技术来实现。物流包装技术是指包装操作时所采用的技术。通过包装技术才能使销售包装件和运输包装体成为一个整体。包装技术往往与包装设备联系在一起，有时还需要一些辅助材料，如衬垫材料、防潮材料、防锈材料和包扎材料等。在对产品进行包装时，要从产品本身、自适条件、储运环境和经济水平等角度考虑，选择最适合的包装材料、包装工艺、包装环境等。而将这一切结合到一起的，就是现代物流包装技术。本节以生鲜食品为例，介绍相关的冷链物流包装技术。

一、传统物流包装技术概述

（一）泡罩包装技术

泡罩包装技术是指将产品封合在用透明塑料薄片形成的泡罩与衬底之间的一种包装技术。其泡罩是用刚性或半刚性的透明塑料片材制成的，如纤维素、苯乙烯和乙烯树脂等，这些材料的特点为透明、热塑性好、抗油脂性强等；衬底（盖片）为铝箔、白纸板（0.35～0.75mm）、B或E型涂布瓦楞纸板、塑料薄片、喷铝材料或多种复合材料。泡罩包装技术的优点是质量轻、运输方便、密封性能好及防潮、防灰尘、防污染、防偷窃、防破损。此外，还具有可包装异形品，装箱不需要缓冲材料等优点。

泡罩包装技术主要用于医药、食品、化妆品、文具、机械零件、玩具等的销售包装。

（二）贴体包装技术

贴体包装技术将单件产品或多件产品置于带有微孔的衬底上，覆上经加热的软质透明塑料薄膜，在衬底下抽气使塑料薄膜与产品外表紧贴，同时以热熔或胶黏的方式使塑料薄膜与衬底黏合，使产品紧紧地固定在其中。其塑料薄膜是塑料薄片，如离子聚合物薄片或聚乙烯薄片；衬底是白板纸、经涂布的瓦楞纸板。贴体包装技术的优点是透明性好、保护性好，适合货架陈列销售。贴体包装技术主要用于磁盘、灯具、玩具等形状复杂、易碎、怕挤压的产品。

（三）收缩包装技术

收缩包装技术是将经过预拉伸的塑料薄膜、薄膜套或袋，考虑其收缩率的前提下，将其裹包在产品的外表面，并以适当的温度加热，薄膜在其长度和宽度方向产生急剧收缩而紧紧地包裹住产品的一种包装技术。其塑料薄膜经过特殊拉伸和冷却处理，如PVC、PE、PP、PVDC、PET、PS、EVOH和氯化橡胶等，收缩包装技术的优点是透明、紧贴、展示性好，并能保鲜及延长产品的放置时间。收缩包装技术适合于加工工艺与设备相对简单的场所，利于降低包装成本。

（四）拉伸包装技术

拉伸包装技术是用具有弹性（可拉伸）的塑料薄膜，在常温和张力下，包装单件或多件产品时，在各个方向拉伸薄膜，使产品紧裹并密封起来的包装技术。常见的拉伸薄膜材料是乙烯-醋酸乙烯共聚物和线性低密度聚乙烯。

拉伸包装技术的优点是可以准确控制包裹力，防止产品被挤碎。拉伸包装技术适用于鲜肉、菠菜和冷冻食品等。

（五）防氧包装技术

防氧包装技术是指在产品密封前抽真空、充惰性气体或放置适量的除氧剂与氧的指示剂，将包装内的氧气浓度降为0.1%以下，从而防止产品长霉、锈蚀或氧化的一种包装技术。其所使用的包装材料应具备气密性好、透湿度低、透氧率低的特点。

根据方法和性质不同，防氧包装技术可分为真空包装技术、充气包装技术与脱氧包装技术等。

防氧包装技术适用于食品、贵重材料、橡胶制品、精加工零件和无线电通信整机等的包装。

（六）其他包装技术

1. 防虫包装技术

防虫包装技术是指在包装中放入有一定毒性和臭味的药物，利用药物在包装中挥发的气体杀灭和驱除各种害虫。常见的驱虫剂有萘、对位二氯化苯、樟脑精等。也可采用真空包装技术、充气包装技术、脱氧包装技术等技术破坏害虫生存环境，从而防止虫害。

2. 防震包装技术

防震包装技术是指为减缓内装物受到冲击和震动，保护其免受损坏所采取的具有一定防护功能的包装。

3. 防潮包装技术

防潮包装技术是指采用具有一定隔绝水蒸气功能的防潮包装材料对产品进行包封，隔绝外界湿度对产品的影响，同时使包装内的相对湿度满足产品需求的包装技术。

4. 防锈包装技术

防锈包装技术是指为了减轻金属制品因金属锈蚀带来的损失，对金属制品采用适宜的防锈材料和包装方法，以防止其在储运过程中发生锈蚀而对其进行处理的技术。

5. 防霉包装技术

防霉包装技术是为了防止包装和内置物霉变而采取的包装技术。

二、冷链物流包装技术概述

（一）物理包装技术

物理包装技术的原理主要通过调整物理参数对生鲜食品进行作用，使之对环境反应迟缓，改变其原来的生物规律，最终实现保鲜。这里重点介绍基于高压放电的臭氧保鲜包装技术和减压保鲜包装技术。

1. 臭氧保鲜包装技术

臭氧（O_3）保鲜包装技术是当前在冷藏生鲜食品中应用得较多的一种物理包装技术。臭氧于1840年被发现，是氧气的一种同素异型体，性质极为活泼。臭氧的生物学特征表现为强烈的氧化性和消毒效果，能消灭空气中的病菌和酵母菌等，对果蔬农产品表面病原微生物生长也有一定抑制作用。但是臭氧无穿透作用，无选择特异性。臭氧的保鲜包装特性是利用它极强的氧化能力。臭氧极不稳定，易分解为初生态的氧原子和氧分子，即 $O_3 \rightarrow [O] + O_2$，[O] 称为初生态氧原子，它氧化能力极强。当初生态的氧原子和霉菌等微生物接触时，就会使微生物的细胞氧化并被破坏，导致微生物死亡。有人认为，臭氧能抑制酶的活性和乙烯的形成，降低乙烯的释放率，并可使储藏环境中的乙烯氧化失活，从而延缓果蔬产品的衰老，降低腐烂率。臭氧对果蔬采摘后的影响还有待研究。

1）臭氧保鲜包装技术的应用效果

臭氧可作为净化空气和生鲜食品的消毒剂，其可以降低空气中的霉菌孢子数量，减轻墙壁和包装物表面的霉菌生长，减少储藏库内的异味，但它对防止腐烂无效。真菌潜伏的位置存在的大量的还原性物质使得臭氧在损伤组织处迅速失去活性，因此其不可能抑制损伤组织处病原菌的浸染以及阻止病原建立寄生浸染关系，更无法抑制潜藏在表皮下的病菌的浸染。因此，实际上臭氧对控制水果和蔬菜腐烂的作用不大，甚至无效。而且，空气中0.5%的臭氧浓度就能引起莴苣和草莓损伤。

2）应用中应注意的问题

①臭氧结合低温，在生鲜食品的保鲜上具有较好的效果。②臭氧可对冷库中储藏的生鲜食品进行杀菌，并可把某些腐败的有机物氧化，去除臭味和异味。试验表明，当臭氧浓度为4～5 mg/cm^{3}时，环境中的霉菌可减少一半。③臭氧难溶于水，且穿透力弱。因此，在对生鲜食品进行包装时，应将生鲜食品均匀地摊放后，再进行臭氧处理。同时，对包装材料与容器的内外进行臭氧处理后，应马上进行包装。④最好对生鲜食品的储藏环境或货架表面进行定期臭氧处理。⑤将臭氧、酶制剂、低温三者相结合会更有效果。

2. 减压保鲜包装技术

减压保鲜包装技术就是将生鲜食品置于低大气压环境中储藏保鲜，也可简称减压储藏，属气调保鲜的进一步发展。具体方法就是将储藏环境（如储藏库）中的气压降低，造成一定的真空度，一般是降为10 kPa以下。这种减压方法最先在番茄、香蕉等上进行试验，取得成效后已被用于其他生鲜食品的保鲜储藏。经减压保鲜处理后，可使果蔬的保鲜期比常规冷藏的保鲜期延长几倍，是一种具有广阔前景的保鲜包装技术。

1）减压保鲜包装技术的作用

减压保鲜的原理是使包装储藏环境中的气压降低，便于生鲜食品（果蔬）组织中的气体成分向外扩散，使食品组织或环境中气体更新，抑制微生物生长，最终达到保鲜的目的，具体如下。

（1）降低气压。减压保鲜包装技术的原理是降低气压，使空气中的各种气体组成成分的浓度都相应地降低。例如，气压降至正常的1/10，空气中的各种气体组成成分也降为原来的1/10，此时氧浓度仅为2.1%，这就创造了一个低氧条件，从而可起到类似气调保鲜的作用。

（2）使食品组织内气体向外扩散。减压处理能促使植物组织内气体成分向外扩散，这是减压保鲜包装技术更重要的作用，其能使乙烯这类有害气体向外扩散。组织内气体向外扩散的速度，与该气体在组织内外的分压差及其扩散系数成正比；扩散系数又与外部的压力成反比，所以减压处理能够大大提升组织内乙烯向外扩散的速度，减少内部乙烯的含量。据测定，当气压从 100 kPa 降至 26.7 kPa 时，苹果内部的乙烯含量减少约 80%。在减压条件下，植物组织中其他挥发性代谢产物，如乙醛、乙醇、芳香物质等也都加速向外扩散，这些对防止果蔬的后熟衰老都是极为有利的，并且一般是减压越多，作用越明显，减压保鲜包装技术还可从根本上消除二氧化碳中毒的可能性。

(3) 消除气味物质在组织中的积累。减压保鲜包装技术使空气不断更新，各种气味物质不会在空气中积累。低压还可以抑制微生物的生长发育和孢子的形成，从而减轻某些浸染性病害。在 13.60 kPa 的气压下，真菌孢子的形成被抑制，气压越低，抑制真菌生长和孢子形成的效果就越明显。经减压处理的产品移入正常的空气中，后熟进程仍然较缓慢，因此可以有较长的货架期。减压储藏比冷藏更能够延长产品的储藏期，如表 3－2 所示。

表 3－2　几种蔬菜在冷藏和减压储藏的储藏期

种类	储藏期（d）	
	冷藏	减压储藏
青椒	16～18	50
番茄（绿熟）	14～21	60～100
番茄（红熟）	10～12	28～42
葱（青）	2～3	15
结球莴苣	14	40～50
黄瓜	10～14	41
菜豆（蔓生）	10～13	30

2）减压保鲜包装技术中存在的问题

目前，减压保鲜包装技术也存在着一些不足之处。对生物体来说，减压是一种反常的逆境条件，会因此引发新的生理病害。产品对环境压力的急剧改变也会产生反应，如急剧减压时，青椒等果实会开裂，且在减压条件下储藏的产品，有的不利于后熟，有的味道和香气较差。由于减压储藏要求储藏室气压要比大气压低，这就要求储藏室或储藏库是耐压建筑，且密闭程度要高，否则无法达到减压目的，因此减压库的造价比较高。

（二）气调包装技术

1. 气调包装定义

气调包装（Modified Atmosphere Packaging，MAP）的定义有各种表达形式。国际上通用的气调包装定义为：通过改变包装内气氛，使食品处于不同于空气组分（78.8% N_2，20.96% O_2，0.03% CO_2）的气氛环境中来延长储藏期的包装。

根据上述定义，有很多种包装都可被认为是气调包装，如真空包装、充气包装、气体气味吸收包装等。但随着技术的深入和演变，这些包装已独立成体系。目前人们所认为的气调包装，则是先将包装内空气抽出后再充入所需要的气体的包装。

MAP 的英文含义是改善气氛的包装，它比较确切地表达了气调包装的定义。CAP 指的是控制气氛的包装，由于软包装材料的透气性以及食品与包装内气体的相互作用使包装内气氛不可控制，因而被认为是误称。虽然国际上 MAP 与 CAP 只是有时通用，但包装业界已逐步将气调包装统一称为 MAP。MAP 有时也称为气体包装（Gas Packaging），包装内充入单一气体（如 N_2、CO_2），也可充入两种气体（如 CO_2、N_2）或两种以上的气体（如 O_2、CO_2、N_2），气体的种类和组分可根据各类食品防腐保鲜要求确定。这种通过充入单一气体或多种混合气体来改变包装内气氛的气调包装是食品气调包装的主要包装形式。

2. 气调包装技术原理

气调包装技术就是通过对包装中的气体进行置换，使食品得以在改性的气体环境中达到保质保鲜目的的包装技术。该包装技术从产生至今已有几十年的历史。20 世纪 70 年代西欧、日本的生鲜食品已经普遍采用此包装技术。20 世纪 80 年代以来，由于消费者希望得到少用防腐剂等化学物质的无污染食品，因此在保质的前提下应尽可能保鲜（颜色、味道、质地），而且生产者、经营者也期望食品能有较长的货架期，故这一技术得到进一步发展。

气调包装防腐保鲜的基本原理是用保护性气体（单一或混合气体）置换包装内的空气，抑制腐败微生物繁殖、降低生物活性、保持产品鲜亮的色泽以及减缓新鲜果蔬的新陈代谢活动，从而延长产品的货架期或保鲜期。气调包装内保护气体的种类要根据不同产品的防腐保鲜要求来确定，才能取得最佳的防腐保鲜效果。

气调包装技术原理的核心就是利用气体对微生物细菌病菌进行抑制，减缓生物反应速度，从而延长产品货架寿命。

3. 气调包装方法

气调包装方法主要是根据包装产品特性、所用包装材料和包装后储运条件进行包装。具体方法是先清洁包装和产品，再配制气调，同时抽出包装容器内空气，紧接着充入配制气调，封口密封，成型，最终装箱储运。其关键在于根据产品特性选择包装材料和包装气体。如果包装已定，则关键就在于选择和配制气体。

4. 气调包装常用材料

气调包装常用材料有以下三大类。

（1）纸箱类。一般配合冷库，多用瓦楞纸箱包装，主要用五层瓦楞纸板所制的纸箱。同时箱内单个实体用纸或聚乙烯塑料薄膜进行裹包。

（2）塑料类。多用单质的聚乙烯、聚氯乙烯制成的包装袋进行包装，聚氯乙烯主要用于制作大袋。

（3）复合材料。以聚乙烯、聚氯乙烯薄膜为基材与纸箱进行复合，制成纸塑包装材料，也有用聚丙烯作为基材进行复合制成的包装。另外，还有多层聚合物共挤的复合塑料类包装材料，这类复合塑料类包装材料已成为应用最多的气调包装材料。其中，聚乙烯复合包装材料在小袋气调包装中应用最广。

为了保持包装内混合气体给定的浓度，对食品气调包装，包括新鲜果蔬的包装材料有以下几点要求。

(1) 包装材料的机械强度。包装材料要有一定的抗撕裂和抗戳破强度，尤其是用于包装新鲜的鱼和带骨的肉的材料。

(2) 包装材料的气体阻隔性。由于大多数塑料包装材料对 CO_2 的透气率比对 O_2 的透气率高 3～5 倍，所以要求采用气体阻隔性高的多层塑料复合包装材料。高阻隔性的 PVDC 和 EVOH 是塑料复合包装材料的最佳选择。

(3) 包装材料的水汽阻隔性。为了避免产品因失水而损失重量，食品气调包装的包装材料要有一定的水汽阻隔性，推荐采用透湿量为 0.1g/（m^2 · 24h · 38℃）的包装材料。

(4) 包装材料的抗雾性。大多数的气调包装食品都要求冷藏储藏，包装内外温差使水分在包装膜内产生雾滴而影响产品外观。因此必须采用抗雾性塑料包装材料，使包装内水分不形成雾滴。

(5) 包装材料的热封性。为了保持包装内的混合气体，包装袋或盒的封口要求有一定强度，完全密封，无微小的泄漏。在这方面，聚乙烯的热封性最可靠。

新鲜果蔬的塑料包装膜应为包装内外的气体交换膜，便于从大气中吸入包装内被果蔬呼吸所消耗的 O_2 和从包装内排出果蔬呼吸所产生的过多的 CO_2，因此要求采用透气性的塑料包装材料，而不是阻气性的包装材料。

(三) 生物保鲜包装技术

生物技术包括传统生物技术和现代生物技术两部分。传统生物技术指已有的制造酱、醋、酒、面包、奶酪、酸奶及其他食品的传统工艺；而现代生物技术则指以现代生物学研究成果为基础，以基因工程为核心的新兴技术。当前学者们谈论的生物技术均指现代生物技术。现代生物技术主要包括基因工程、细胞工程、酶工程、发酵工程、蛋白质工程。这五项工程中，最有希望用于食品包装领域的是酶工程。

生物酶是一种催化剂，可用于食品包装，对产品产生特殊的保护作用。研究表明，食品（包括很多生鲜食品和农副产品）都是由于生物酶的作用而产生变质霉烂的。将现代生物技术用于食品包装，即通过“以酶治酶、以酶攻酶”来实现其包装作用。生物酶用于农产品包装是生物技术在食品包装上的典型应用。生物酶在农产品包装上的应用主要是制造一种有利于农产品保质的环境。它主要根据不同农产品所含酶的种类而选用不同的生物酶，使农产品所含不利于农产品保质的酶受到抑制或降低其反应速度，最终延长农产品的货架期。

生鲜食品的生物酶保鲜包装技术就是将某些生物酶制剂用于生鲜食品的保鲜包装。其技术工艺体现在三个方面：酶钝化处理；生物酶制剂处理；包装装料密封处理。酶钝化处理是利用空气放电产生臭氧和负离子，使生鲜食品表面的酶产生钝化。其作用是使生鲜食品表面酶的活性降低，使之对周围环境失去灵敏性，降低其呼吸强度，以提高其保鲜效果。生物酶制剂处理是配制酶为主要原料的组合体，将这种酶组合体与所要进行保鲜包装的农产品一道装入包装中。包装装料密封处理就是将经过多道工序处理后的生鲜食品（如食物、物料）进行包装，利用包装材料（如包装膜及包装片材、软材等）或包装容器按一定的量包装后再进行密封。其容器由多种材料制成，如聚酯瓶、玻璃瓶、陶瓷瓶等。有关包装处理工序中所用到的包装薄膜，可根据密封性要求和材料本身性能加以选择。一般来说，应选择透气性和密封性较好的塑料薄膜或复合薄膜。但还需要有一定的透气性，否则会导致包装成品膨胀得太大而影响包装成型且会占用较多空间。

第四节 传统物流与冷链物流包装容器及设备

由于目前冷链包装仍处于起步阶段，且如前文所述，冷链包装是基于传统包装而来，主要是引入了保温及保鲜相关技术。故本章以介绍传统物流包装容器与设备为主，并在文中适当的位置辅以介绍冷链专用包装容器及设备。

一、传统物流与冷链物流包装容器

1. 包装袋及其种类

包装袋属于软包装技术，其所采用的挠性材料具有较高的韧性、拉伸强度和耐磨性。包装袋能够分别适用于多种产品的运输包装、商业包装、内包装和外包装，用途较为广泛。下面简要介绍以下 3 种包装袋。

(1) 集装袋。其是一种大容积的运输包装袋，盛装重量在 1t 以上。集装袋的顶部一般装有金属吊架或吊环等，便于铲车或起重机的吊装、搬运。卸货时可打开袋底的卸货孔，即可卸货，非常方便。适于装运颗粒状、粉状的产品。集装袋一般多用聚丙烯、聚乙烯等聚酯纤维纺织而成。由于集装袋装卸产品、搬运都很方便，使得装卸效率明显提高，近年来发展很快。

(2) 一般运输包装袋。其是指盛装重量在 0.5～100 kg 的包装袋，大部分是由植物纤维或合成树脂纤维纺织而成的织物袋，或者由几层挠性材料构成的多层材料包装袋。

(3) 普通包装袋。其是指盛装重量较少的包装袋，通常用单层材料或双层材料制成。对于某些具有特殊要求的包装袋，也有用多层不同材料复合而成的。普通包装袋适用范围较广，液体、粉状、块状和异型物等都可采用这种包装。

上述几种包装袋中，集装袋适用于运输包装，一般运输包装袋适用于外包装及运输包装，普通型包装袋适于内包装、个性包装及商业包装。

2. 包装盒、罐

包装盒、罐是介于刚性包装和柔性包装之间的包装，其包装材料具有一定的挠性和抗压强度。

（1）纸盒、罐。纸盒、罐结构造型多变，是纸包装容器中重要的一种。

（2）金属盒、罐。金属盒、罐类容器容量较小，刚性一般，外观多样，多用于食品、药品和香烟的包装。

（3）塑料盒、罐。塑料盒、罐类容器是指塑料材质的销售包装，有塑料盒、杯、盘、罐等。

3. 包装箱

包装箱是刚性包装技术中重要的一类，其包装材料为刚性或半刚性材料，强度较高且不易变形。包装箱容装量较大，适合做运输包装和外包装。

（1）瓦楞纸箱。瓦楞纸箱是用瓦楞纸板制成的刚性纸质容器，由于其具有优越的使用性能和良好的加工性能，其被普遍地应用于运输包装。

（2）塑料周转箱。塑料周转箱是一种适合长期重复使用的运输包装，有矩形、方形、梯形和其他形状，一般为敞开式，另设箱盖，可根据需要向内设置隔板，箱壁采用加强筋加强。塑料周转箱主要用于食品、饮料、啤酒和药剂等瓶装和袋装产品以及车间内半成品和零部件的短途周转，如图 3-1 所示。

冷链物流中使用的包装箱主要有恒温箱及保温箱两大类。其中恒温箱主要由钣金箱体、制冷系统、加热系统、加湿系统、空气循环系统以及控制系统组成。最初主要应用在工业与医药等领域，但随着现在冷链物流的兴起与发展，恒温箱逐渐出现在大众的视野中，如图 3-2 所示。

图 3-1　塑料周转箱

图 3-2　恒温箱

（3）包装桶。包装桶是一种强度高、整体抗变能力强、容量较大的刚性包装容器，在物流过程中常被用作运输包装或外包装。

二、传统物流与冷链物流包装设备概述

（一）包装设备的概念

包装设备指完成全部或部分包装过程的一类机器。包装过程包括充填、裹包、封口等主要包装工序，以及与其相关的前后工序。例如，清洗、干燥、杀菌、计量、成型、

标记、紧固、多件集合、集装组装、拆卸及其他辅助工序。

（二）包装设备的特点

包装设备多为自动设备，主要特点如下。

（1）包装设备一般被设计成自动包装设备，以进行连续自动的包装。

（2）进行包装作业时的工艺力一般都较小，所以包装机的电机功率较小。

（3）包装机一般都采用无级变速装置，以便灵活调整包装速度、调节包装机的生产能力。

（4）包装设备是特殊的专业机械，种类繁多，生产数量有限。

（三）包装设备的作用

在社会再生产过程中，产品包装处于生产过程的末尾和物流过程的开头，既是生产的终点，又是物流的起点，而包装设备是使产品包装实现机械化、自动化的根本保证，因此包装设备在物流中起着相当重要的作用。

（1）机械包装要比人工包装生产效率高得多。例如，啤酒灌装机的生产率可高达36000瓶/h，这是人工灌装无法比拟的；糖果包装机每分钟包糖数可达百块甚至上千块，是人工包糖速度的数十倍。

（2）改善劳动条件，降低劳动强度。采用包装机械设备代替人工包装，不仅可以大大改善工人的劳动条件和环境，避免有毒产品以及有刺激性、放射性产品危害工人身体健康，而且能使包装工人从繁重的劳动中解放出来。

（3）节约原材料，降低产品成本。在包装液体产品或粉状产品时，液体的飞溅、粉尘的飞扬，不仅污染了环境，而且浪费了原材料。采用机械包装能防止产品的散失，既保护了环境，又节约了原材料。

（4）保证产品卫生，提高包装质量。有些产品的卫生要求很严格，如食品、药品等采用机械包装，可以避免人手直接接触食品和药品，而且由于包装速度快，食品和药品在空气中停留时间缩短，减少了污染机会，有利于保证产品卫生质量。机械包装易于实现包装的规格化、标准化。

（5）降低包装成本，节约储运费用。对于松散产品，例如，烟叶、丝、麻、棉花等产品，采用压缩包装机压缩包装，可大大缩小体积，降低包装成本，节省仓容，减少保管费，且有利于运输。

（6）延长保质期，方便产品流通。采用真空、无菌等包装机对产品进行包装，可以延长产品的保质期，使产品的流通范围更加广泛。

（7）减少包装场地面积，节约基建投资。采用手工包装时，包装工人多，工序不紧凑，包装作业占地面积大，基建投资多。若采用机械包装，则产品和包装材料的供给比较集中，各包装工序安排紧凑，可减少包装占地面积，节约基建投资。

（四）包装设备的组成

不论包装设备何等复杂，其大都主要由七个部分构成：进给机构、计量装置、传动机构、输送装置、动力部件、控制系统和机身，如表 3-3 所示。

表 3-3　　包装设备各组成部分说明

组成部分	说　明
进给机构	进给机构包括被包装产品的进给和包装材料或容器的进给
计量装置	在物料供送前或供送过程中，必须用计量装置来计量供给
传动机构	主要起动力传递的作用，直接驱动各执行机构运动完成包装作业，在包装设备中占有重要地位
输送装置	输送装置是包装设备上的主要部件，其任务是将待包装产品或已包装好的产品，从一个工位运输到另一个工位上，直至最后把包装制品输送入库
动力部件	动力部件有电动机、液压泵、压缩机以及做原动力的气缸、液压缸等，其中以电机应用最为普遍
控制系统	按被控制对象的状态不同，分为流动自动化控制和机械自动化控制。流动自动化控制主要是以连续进行的液体或粉状物等为控制对象，对其进行长期的连续定量控制；机械自动化控制主要以固体作为控制对象，进行定性的间断性控制
机身	即用于安装、固定、支撑包装设备所有的零部件，并能够满足其相互运动和相互位置要求的部分。机身必须具有足够的强度、刚度和稳定性

（五）包装设备的分类

包装设备的种类繁多，分类方法很多，从不同的方面考虑可有不同的分类方法。

（1）按包装设备的自动化程度分类如表 3-4 所示。

表 3-4　　按包装设备的自动化程度分类

类型	说　明
全自动包装机	自动进给包装材料和内装物，并能自动完成其他包装工序的设备
半自动包装机	由人工进给包装材料和内装物，但能自动完成其他包装工序的设备

（2）按包装产品的类型分类如表 3-5 所示。

表 3-5　　按包装产品的类型分类

类型	说　明
专用包装机	专门用于包装某一种产品的设备
多用包装机	通过调整或更换有关工作部件，可以包装两种或两种以上产品的设备
通用包装机	在指定范围内适用于包装两种或两种以上不同类型产品的设备

（3）按包装设备功能分类如表 3-6 所示。

表 3-6　　按包装设备功能分类

类型	说　明
充填机	将精确数量的产品装入各种包装内的设备
灌装机	将液体产品按预定的量充填到包装内的设备
包装封口机	将包装的开口部分封闭起来的设备

续 表

类型	说 明
贴标机	在产品或包装件上加贴标签的设备
喷码机	在各种材质的产品或包装表面喷印标签的设备
装箱机	将罐、瓶、袋、盒等装进包装箱的设备
捆扎机	通过捆扎或结扎封闭包装的设备
裹包机	用挠性材料全部或局部裹包产品的设备
清洗机	清洗包装材料、包装件等，使其达到预期清洗程度的设备
干燥机	减少包装材料、包装件的水分，使其达到预期干燥程度的设备
杀菌机	清除或消灭包装材料、产品或包装件上的微生物，使其降到允许范围内的设备
集装机	将若干个产品或包装件集合包装形成一个销售或搬运单元的机器设备
多功能包装机	具有两种或两种以上功能的包装设备

三、常见的传统物流与冷链物流包装设备

1. 充填机

充填机一般由物料进给装置、计量装置、输送装置等组成。它可以作为一种单机单独使用，也可以与各种包装机组成机组联合工作。由于产品的性质、状态以及要求的计量精确度和充填方式等因素不尽相同，因而对于不同的物料，采用的计量充填方式也不尽相同，也就出现了各式各样的计量充填机。

1）容积式充填机

容积式充填机是把精确容积的物料装进每一个容器，而不考虑物料密度或重量。常用于那些密度相对不变的物料，或用于那些体积要求比质量要求更重要的物料。主要分为定量容积式充填机和可调容积式充填机两种，定量容积式充填机主要由料斗、回转圆盘、（圆筒状）计量容杯及活门底盖等组成，其结构及原理如图 3－3 所示。回转圆盘平面上装有粉罩及刮板，粉料从料斗进入粉罩内，物料靠自重装入计量容杯内，回转圆盘运转时，刮板刮去多余的粉料。已装好粉料的计量容杯，随回转圆盘回转到卸料工位时，顶杆推开计量容杯底部的活门底盖，粉料在重力作用下，从计量容杯下面落入漏斗，进入瓶罐内。

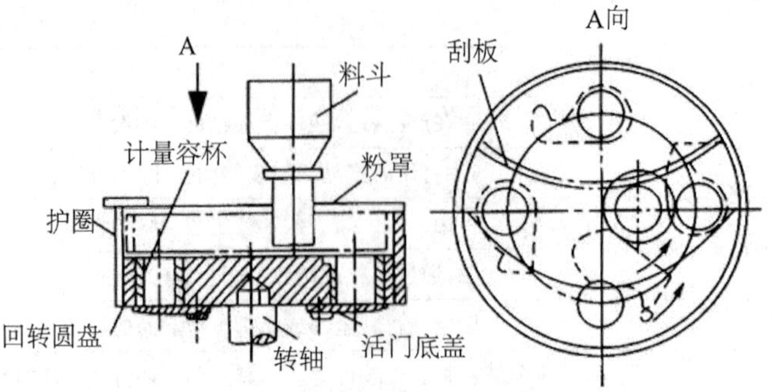

图 3-3　定量容积式充填机结构及原理示意

可调容积式充填机的可调容杯由直径不同的上、下容杯相叠而成，通过调整上、下容杯的轴向相对位置，可改变容积，从而改变定量的目的。这种容杯调整幅度不大，主要用于同批物料的视密度随生产或环境条件发生变化时的调整。调整方法有手动及自动两种。手动调整方法是指根据装罐过程检测其重量波动情况，人工转动调节容杯调节机构，使下（或上）容杯发生升（或降）来实现。自动调整方法是指利用物料的在线检测电讯号作为容杯调节系统的输入信号，自动调节机构根据此信号完成相应的调整动作，可调容积式充填机结构与原理示意如图 3-4 所示。

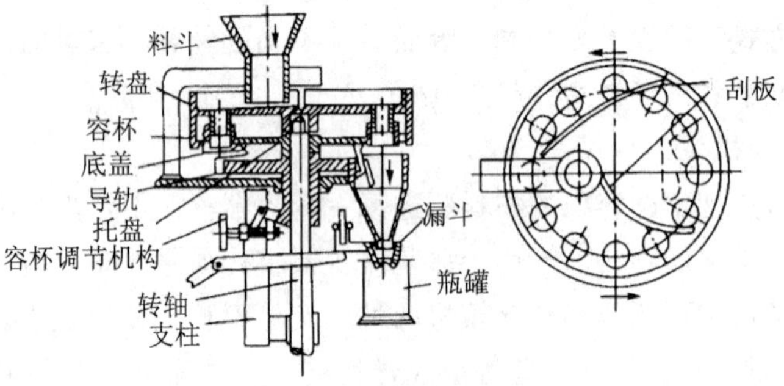

图 3-4　可调容积式充填机结构及原理示意

2）螺杆式称量充填机

螺杆式称量充填机利用螺杆螺旋槽的容腔来计量物料。由于每一个螺距中都有一定的理论容积，因此，只要准确地控制螺杆的转速和转数，就能获得较为精确的计量值。螺杆式称量充填机主要应用于粉料或小颗粒状物料。其主要优点是结构紧凑、无粉尘飞扬，还可通过改变螺杆的参数来扩大计量范围。尽管螺杆式称量充填机适用的物料范围很广，但是它特别适用于在出料口容易起粉而不易落下的物料，如咖啡粉、蛋糕混合料、面粉等物料。流动性能不同的物料要使用不同形状的螺杆，有的螺杆式称量充填机带有搅拌器或搅动片，它们使物料在料斗内不断转动以免结块。搅拌器形状要与被充填物料相适应。对于不许破碎的颗粒状物料不能选用该机器（如种子等），其示意如图 3-5 所示。

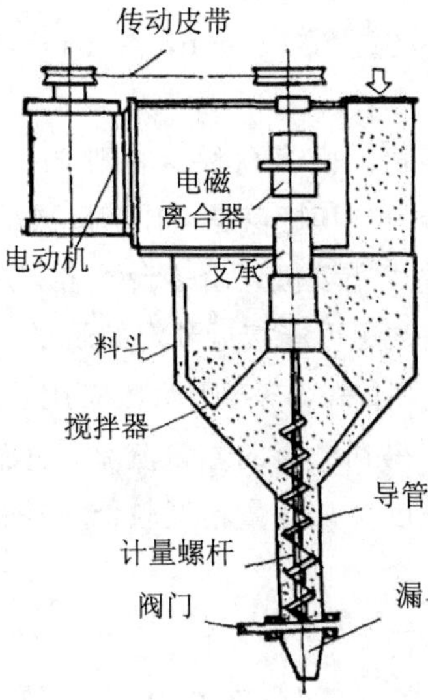

图 3-5　螺杆式称量充填机结构示意

3）计量泵式充填机

根据计量腔种类的不同，可将计量泵式充填机分为柱塞式充填机和转鼓式充填机两种。其中柱塞式充填机是通过柱塞的往复运动进行物料的测量，测量容量为柱塞两极限位置间形成的空间。机器运作时，柱塞的往复运动可由连杆机构、凸轮机构或柱塞缸实现，并通过调节柱塞行程改变单行程的取料量。柱塞式充填机的应用较为广泛，一般颗粒状、流动性好、无结块的粉状物料，如茶叶末、精盐均适用。柱塞式充填机结构示意如图 3-6 所示。

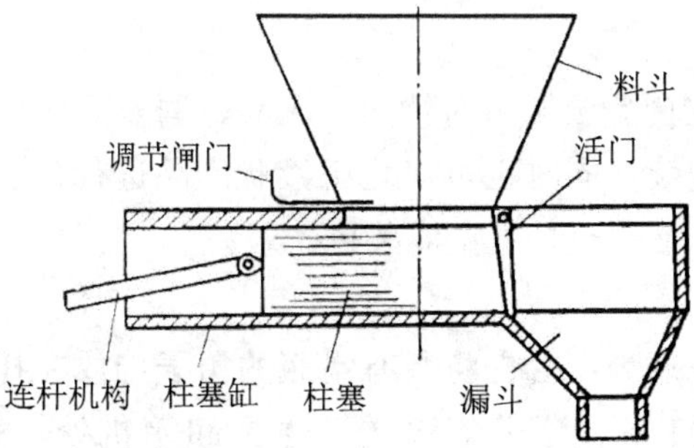

图 3-6　柱塞式充填机结构示意

4）称重式充填机

称重式充填机由供料机构、称量机构、开斗机构构成。常用称重式充填机的形式和特点如下。

（1）无秤斗称重式充填机。在充填过程中，物料连同包装容器一起称重。其特点是结构简单、易于在生产线上布置，单台工作速度可达 40 次/min。

（2）单秤斗称重式充填机。由单台秤称出预定产品的质量，并将其充填到包装内。其特点是工作速度较低，一般不超过 25 次/min，当物料粒度变化大或物料粘秤斗时，称重精度不高。

（3）多秤斗电子称重式充填机。由多台秤（一般 2～4 台）各自称出预定产品的质量，并将其分别充填到包装容器内。其特点是工作速度成倍于单秤斗称重式充填机。

（4）多秤斗电子组合式称重式充填机。由多台秤各自称出一定的质量后，通过微处理机将某几个秤斗组合起来，使之尽可能接近预定的质量，并将其充填到包装容器内。

（5）连续式称重式充填机。如图 3 - 7 所示，应用连续式称重检测和自动调节技术，确保在连续运转的输送机上得到稳定的质量流率，然后进行等分截取，以得到各自相同的定量值。其特点是计量速度高，计量精度较低，在粮食、化肥等散货的计量和充填作业中得到广泛的应用。

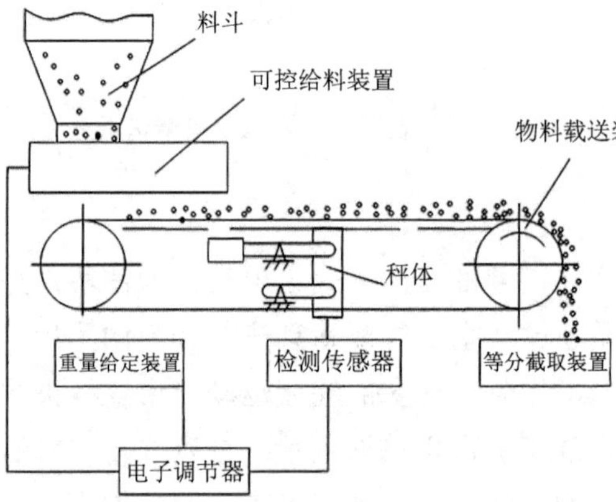

图 3 - 7　连续式称重式充填机结构示意

2. 灌装机

灌装机械主要用于在食品领域中对饮料、乳品、酒类等液体产品的包装，还包括药剂、糖浆等液状药品的包装，同时也可对化工液状产品进行包装。按照灌装产品的工艺可分为液体灌装机、常压灌装机、真空灌装机。

1）液体灌装机

液体灌装机的工作原理为：首先将装有空瓶的箱子堆放在托盘上，由输送带送到卸托盘机处，将托盘逐个卸下。箱子随输送带送到卸箱机处，然后将空瓶从箱子中取出，空箱经输送带送到洗箱机，清洗干净，再输送到装箱机旁，以便将盛有饮料的瓶子装入其中。从卸箱机取出的空瓶，由另一条输送带送入洗瓶机消毒和清洗，经瓶子检验机检验符合清洁标准后，进入灌装机和封盖机。饮料由灌装机装入瓶中。装好饮料的瓶子经封盖机加盖封住并输送到贴标机贴标，贴好标签后送至装箱机装入箱中，再送到托盘上，而后送入仓库。

2）常压灌装机

常压灌装机是一种简单、直接的灌装机械，也是应用最广泛的灌装方式之一，适用于大量不含气类果汁饮料、矿泉水或药剂等液体产品的灌装。常压灌装利用的是重力灌装原理，液料箱和计量装置处于高位，包装容器置于下方，在大气压力下，液体依靠自重自动流进包装容器内，整个灌装系统在敞开状态下工作。灌装速度只取决于注液头的流通截面积及灌装缸的液位高度，如图 3-8 所示。

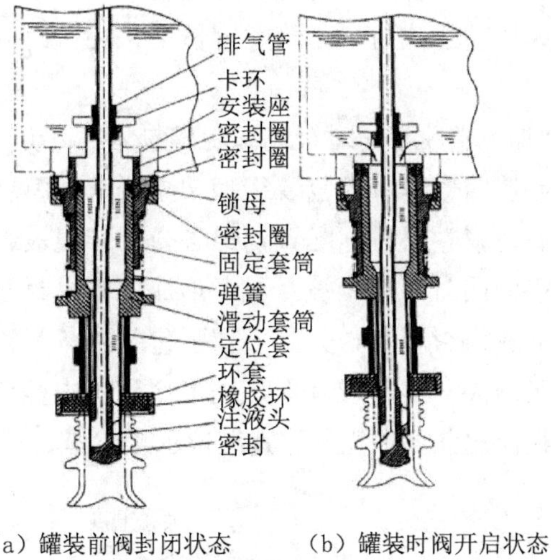

图 3-8 常压灌装机结构示意

3）真空灌装机

真空灌装机是利用灌装机中的真空系统，使包装容器处于具有一定真空度的环境中，从而使储液箱的液料在一定的压差或真空状态下注入包装容器。这种灌装法分为两种形式：一是包装容器与储液箱处于同一真空度，液料实际是在真空等压状态下以重力流动方式完成灌装；二是包装容器与储液箱真空度不相同，前者真空度较大，液料在压差状态下完成灌装。后一种形式可大大提高灌装效率，如图 3-9 所示。

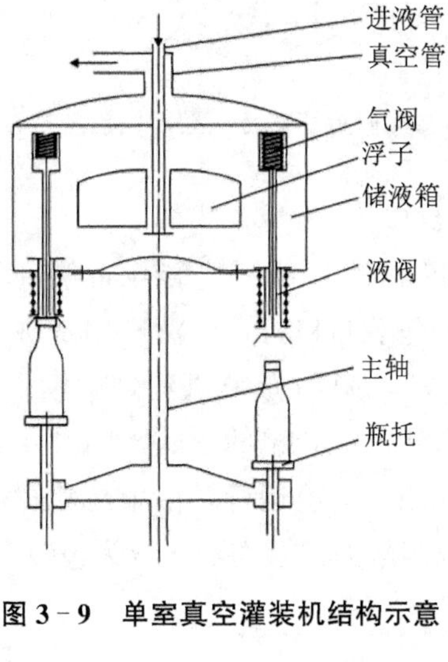

图 3-9 单室真空灌装机结构示意

3. 包装封口机

包装封口机是指在包装容器内盛装产品后对容器进行封口的机器。不同的包装容器有不同的封口方式，如包装袋中的塑料袋多采用接触式加热加压封口或非接触式的超声波熔焊封口，麻袋、布袋、编织袋多采用缝合的方式封口；瓶类容器多采用压盖或旋盖方式封口；罐类容器多采用卷边式封口；箱类容器多采用钉封或胶带粘封。常见的包装封口机如下。

1）立式双卷膜制袋和单卷膜等切对合成型制袋包装封口机

此类包装封口机可制造四边封口的包装袋型。立式双卷膜制袋包装封口机采用两卷薄膜进行连续制袋，左右薄膜卷料对称配置，经各自的导辊被纵封滚轮牵引，进入引导管处汇合。薄膜在被牵引的同时两边缘被封合，形成两条纵封缝。在横封辊闭合后，物料由加料器进入，随后完成横封切断，分离上、下包装袋。单卷膜等切对合成型制袋包装封口机只采用一卷薄膜制袋，其制袋过程是先将薄膜对中等切分离，然后两半材料复合成型。其成型原理及性能比前者更优异。其结构示意如图 3－10 所示。

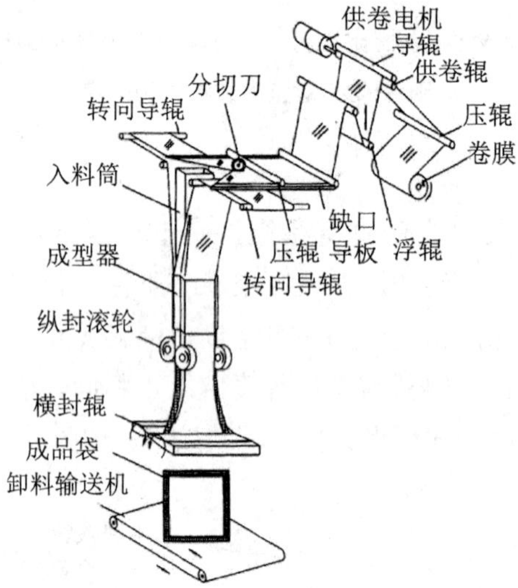

图 3－10　单卷膜等切对合成型制袋包装封口机结构示意

2）横枕式自动包装封口机

横枕式自动包装封口机如图 3－11 所示，该设备集自动裹包产品、封口、切断于一体，是一种高效率的连续式的包装封口机，广泛应用于饼干、速食面等的自动包装。其包装材料为塑料或其复合材料，采用卷膜供料，由牵引辊送卷，经牵引辊进入成型器，薄膜受成型器的作用，自然形成卷包的形式。同时，待包产品由供料传送链送至薄膜卷包处。卷膜在牵引辊的作用下向前运行并由中封轮进行中缝热熔封合。产品随薄膜同步移动。包装产品最后经横封辊刀封合切断，成为包装成品，由卸料传送带输出。

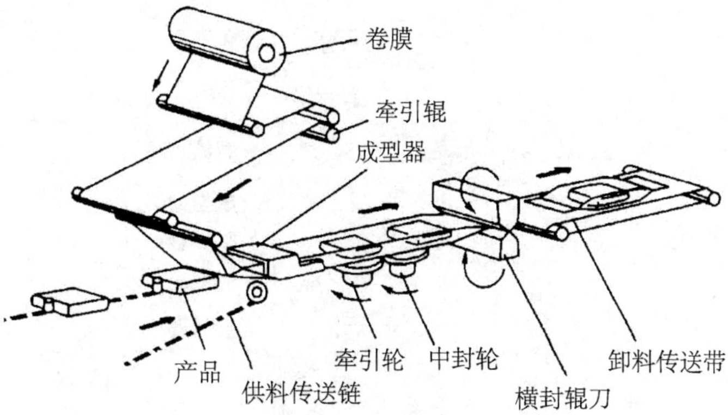

图 3-11　横枕式自动包装封口机结构示意

3）卧式三边包装封口机

卧式三边包装封口机结构示意如图 3-12 所示。卷筒塑料薄膜经导辊引入成型器，在成型器及导杆的作用下形成 U 形并由张口器撑开。当加料器下行到达加料位置时，横封器闭合，同时充填物料；随后，横封器和加料器复位；紧接着，纵封器闭合热封并牵引薄膜移动一个袋位；最后由分切刀把包装袋切断。

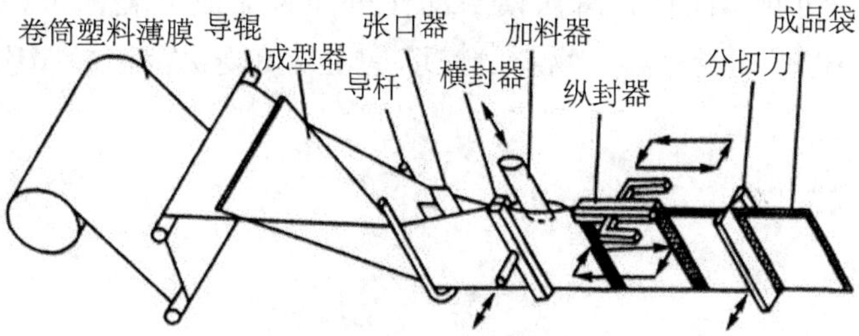

图 3-12　卧式三边包装封口机结构示意

4）立式间歇式包装封口机

卷筒塑料薄膜经导辊被引入成型器，通过成型器和加料器以及成型筒的作用，形成中缝搭接的圆筒形。其中加料器的作用为：外作制袋管，内为输料管。封合时，纵封器垂直压合在套于加料器外壁的薄膜搭接处，加热形成牢固的纵封。其后，纵封器回退复位，由横封器闭合对薄膜进行横封，同时向下牵引一个袋位的距离，并在最终位置加压切断。可见，每一次横封可以同时完成上袋的下口和下袋的上口封合。而物料的充填是在薄膜受牵引下移时完成的。立式间歇式包装封口机结构示意如图 3-13 所示。

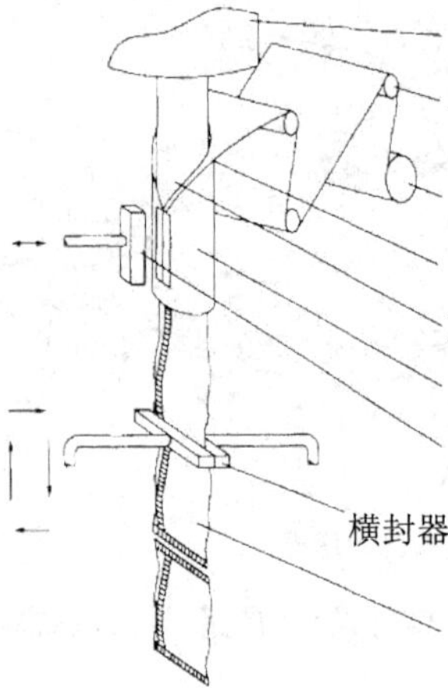

图 3－13 立式间歇式包装封口机结构示意

5）立式三边包装封口机

立式三边包装封口机结构示意如图 3－14 所示。卷筒塑料薄膜在纵封滚轮的牵引下，经导辊进入成型器形成管状。纵封滚轮在牵引袋筒的同时对其进行封合。随后由横封辊闭合实行横封切断。同样，每次横封动作可同时完成上袋的下口和下袋的上口封合，并对上、下袋进行切断分离。物料的充填是在袋筒受纵封滚轮牵引下行至横封辊闭合前完成的。

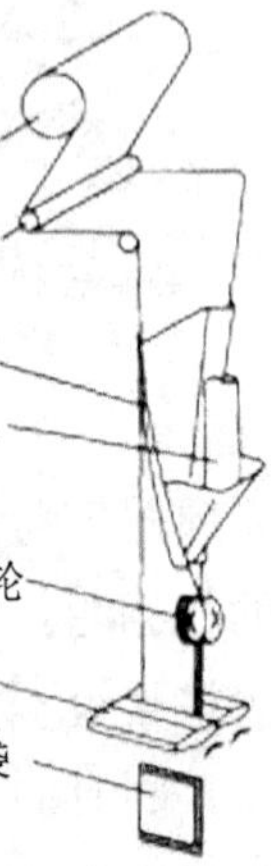

图 3－14 立式三边包装封口机结构示意

6）间歇式真空充气包装封口机

此类机器最低绝对气压为 1～2kPa，机器生产能力根据热封杆数和长度及操作时间而定，每分钟操作次数为 2～4 次。根据外观不同大致分为台式、单室式、双室双盖式、双室单盖式、输送带式，如图 3－15 所示。

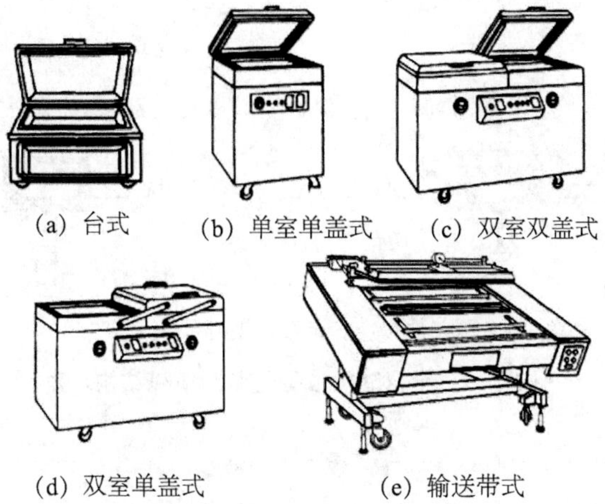

图 3-15 间歇式真空充气包装封口机

7）旋转式真空包装封口机

该类型包装封口机由充填和抽真空两个转台组成，两转台之间的机械手将已充填物料的包装袋转移至抽真空转台的真空室。国外机型中的配套定量杯式充填装置，预先将固体物料称量放入定量杯中，然后送至充填转台的充填工位装入包装袋内。其充填转台可自动完成供袋、打印、张袋、充填固体物料、注射汤汁 5 个动作。并且抽真空转台有多个单独的真空室，每一包装袋沿转台转一周即可完成抽真空、热封、冷却以及卸袋的动作。旋转式真空包装封口机如图 3-16 所示。

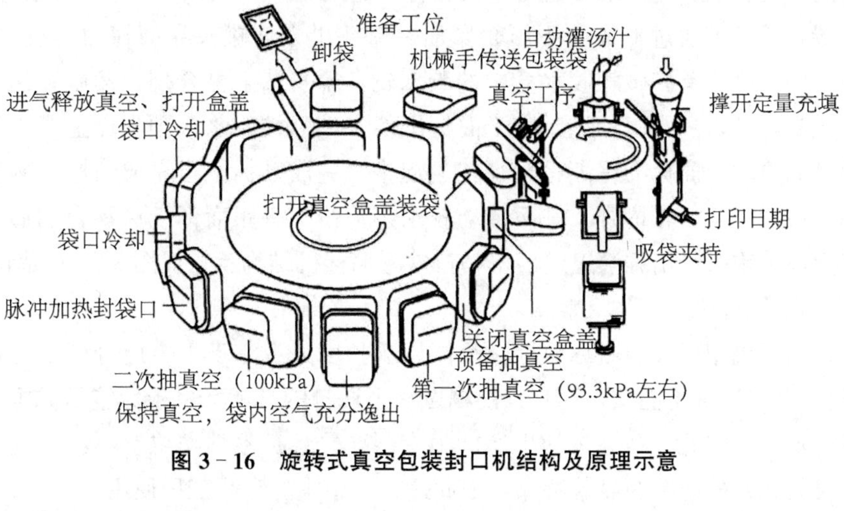

图 3-16 旋转式真空包装封口机结构及原理示意

8）全自动热成型包装封口机

全自动热成型包装封口机可在同一机上完成热成型、装填及热封，主要采用卷筒式热塑膜，由底膜成型，上膜封合。对于食品生产等使用厂家来说，无须事先制盒或向制盒厂订购包装盒，而是把多个工序集中在一起一次完成。这类机型的性能强、适用性广，包装形式多，可广泛应用于各种食品包装，如图 3-17 所示。

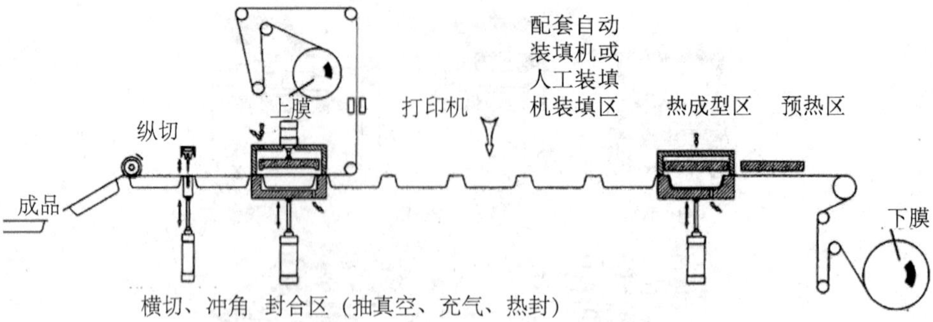

图 3-17　全自动热成型包装封口机结构示意

4. 贴标机

贴标机是将印有商标图案的标签粘贴在产品内包装特定部位的机器。由于包装目的、所用包装的种类和贴标黏合剂种类等方面的差异，贴标机有多种类型。按操作自动化程度可分为半自动贴标机和自动贴标机。按包装种类可分为镀锡薄钢板圆罐贴标机和玻璃瓶罐贴标机等。按包装运动方向可分为横型贴标机和竖型贴标机。按包装运动形式可分为直通式贴标机和转盘式贴标机等。常见的贴标机如下。

1）马口铁罐贴标机

该贴标机利用温度系统使胶水盒维持在 80～100℃，保证了黏合剂良好的黏合性能。利用贴标与不贴标金属罐在导电性上的差异，该贴标机设置了一个保证不使无商标罐头出机的控制系统。圆罐连续地沿进罐滚道滚进，经分罐器分隔并成一定间距，随后进入输送带下端，输送带通过上面若干压轮紧压在罐头上，使罐头靠摩擦力继续向前滚动。在输送过程中，罐头首先碰触胶水盒中的胶水轮，罐身沾上黏合剂，然后到达商标纸托架上方，罐身即黏取一张商标纸，由于商标纸的末端已被胶水泵预先涂上了黏合剂，所以随着罐身的滚动，商标纸逐渐将罐身包裹起来，完成贴标。当完成贴标的罐头滚至输送带右端，最后一个压轮抬升，进而牵动胶水泵为给下一张商标纸涂黏合剂做准备。最后，贴有商标的罐头经出罐滚道送出，马口铁罐贴标机结构示意如图 3-18 所示。

2）龙门式贴标机

龙门式贴标机用于玻璃瓶罐贴标，只能用于长度大致等于半个瓶身周长的标签（商标纸），过长和过短都不能贴，而且只能贴圆柱形瓶身的身标。由于标签是靠本身的自重下落至贴标位置，因此该贴标机的生产能力有限，并且标签粘贴位置不够准确。但由于这类贴标机具有结构简单的显著特点，因此适合于中小型食品工厂使用。

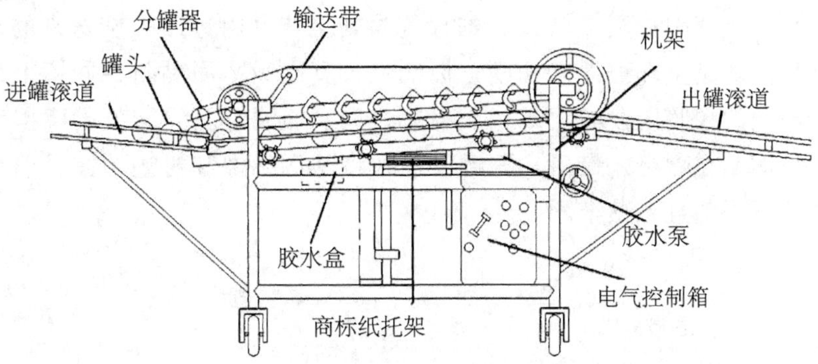

图 3-18　马口铁罐贴标机结构示意

龙门式贴标机结构示意如图 3-19 所示。商标纸储放在标盒中，标盒前的取标辊不停地转动。从标盒中一张张地取出标签，之后商标纸先后通过拉标辊和涂抹辊，在其背面两侧涂上胶水。然后，商标纸被送入龙门架，沿商标纸下落导轨自由下落，在导轨的底部保持直立状态。需要贴标的玻璃瓶经输送带送入导轨时，即由推抓板将玻璃瓶等距推进，瓶子通过龙门架时，将标签粘取带走，然后经过两排毛刷之间的通道，商标纸被刷子抚平，完好地贴在瓶子上。

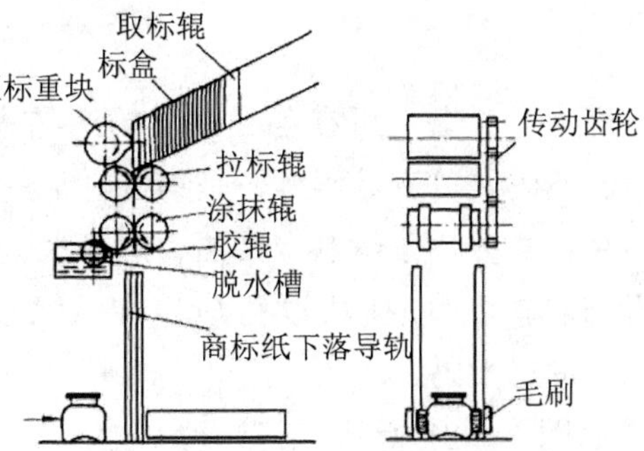

图 3-19　龙门式贴标机结构示意

3）真空转鼓式贴标机

真空转鼓式贴标机结构示意如图 3-20 所示，它主要由输送带、进瓶螺旋、涂胶装置、印码装置、标盒、真空转鼓、搓滚输送皮带和海绵橡胶等构成。其原理为由输送带送入的玻璃罐经进瓶螺旋被分隔成一定间距，并送往做逆时针旋转的真空转鼓处，真空转鼓圆柱面上间隔均布有若干取标区段和橡胶区段。在每个取标区段设有一组真空孔眼，其真空的接通或切断靠真空转鼓中的滑阀运动来实现。标盒在连杆凸轮组合机构的带动下做移动和摆动的复合运动。当有瓶罐送来时，标盒即向真空转鼓靠近，标盒支架上的滚轮则碰触相应取标区段的滑阀，接通真空并吸取一张标纸。其后，标盒再跟随真空转鼓摆动一段距离，待标签全部被真空转鼓吸附后再离开。带标纸的真空转鼓取标区段转经印码装置、涂胶装置时，标纸分别被打印上出厂日期和涂上适量黏合剂。当依附在真空转鼓上的标签再转至与（由进瓶螺旋送来的）瓶罐相遇时，该取标区段的真空即被滑阀切断，标纸失去真空吸力而黏附在瓶罐上。随后瓶罐楔入真空转鼓上的橡胶区段与海绵橡胶衬垫之间，瓶罐在真空转鼓的摩擦带动下开始自转，标纸被滚贴在罐身。最后，瓶罐经输送带与海绵橡胶衬垫的搓动前移，罐身上的商标纸被滚压平整且粘贴牢固。

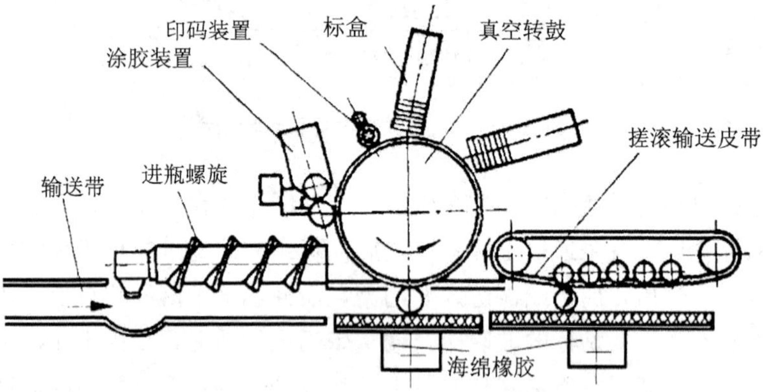

图 3-20　真空转鼓式贴标机结构示意

5. 喷码机

喷码机是一种工业专用生产设备，可在各种材质的产品表面上喷印上图案、文字、即时日期、时间、流水号、条码及可变数码等，是集机电于一体的高科技产品。其在食品行业已有较为广泛的应用，主要用于饮料、啤酒、矿泉水、乳制品等生产线。并且在副食品、香烟生产中也得到应用。喷码机既可应用在流水线生产中个体包装物的喷码，也可用于外包装的标记信息喷码。

喷码机一般结构示意如图 3-21 所示。其原理一般为安装在生产输送带上的喷码机，根据预定指令，周期性地以一定方式将墨水微滴（或激光束）喷射到以恒定速度通过喷码头前方的包装（或不包装）产品上面，从而在产品表面留下文字或图案印记。

1）连续喷射式墨水喷码机

连续喷射式墨水喷码机由于只有一个墨水喷孔，喷印字体较小，因此被称为小字体喷码机，其结构示意如图 3-22 所示。高压力作用下，油墨进入喷枪，喷枪内装有晶振器，其振动频率约为 62.5kHz，通过振动，使油墨喷出后形成固定间隔点，同时在充电极被充电。带电墨点经过高压电极偏转后飞出并落在被喷印表面形成点阵。不造字的墨点则不充电，故不会发生偏转，直接射入回收槽，被回收使用。喷印在承印材料（喷印介质）表面的墨点一列一列地排列，它们可以为满列、空列或介于两者之间。垂直于墨点偏转方向的物件（或喷头）的移动则可使各列形成间隔。

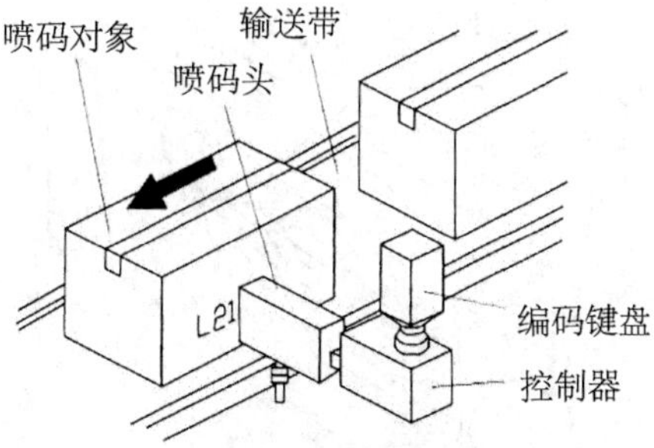

图 3 - 21 喷码机一般结构示意

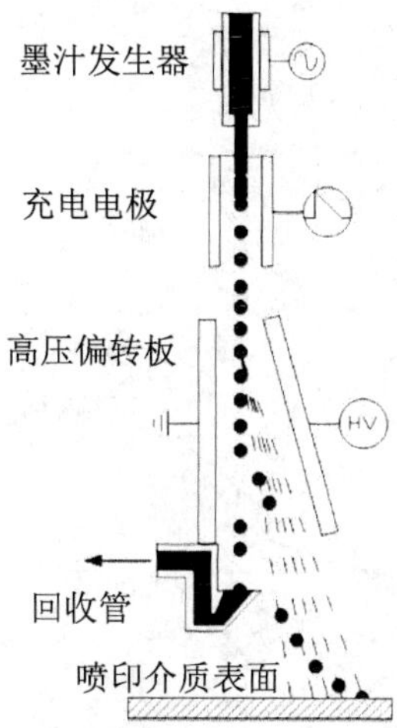

图 3 - 22 连续喷射式墨水喷码机结构示意

2）按需供墨式喷码机

按需供墨式喷码机也称为 DOD（Drop on Demand）式喷码机。DOD 式喷码头结构示意如图 3 - 23 所示。喷码头内装有 7 只能高速打开和关闭的微形电磁阀而非晶振器，要打印的文字或图形等经过电脑处理，给 7 只微形电磁阀发出一连串的指令，使墨点喷印在物件表面形成点阵文字或图形。由于喷射板上每个喷孔由一个相对应的阀控制，这种喷码机在同一时刻喷出的墨滴数量和所能达到的范围理论上没有什么限制。因此，这种喷码机通常也称为大字体喷码机。

3）划线式激光喷码机

划线式激光喷码机结构示意如图 3 - 24 所示，运用的是镜片偏转连续激光束的原理，镜片由高速旋转的微电机控制。从激光源产生的激光束，先通过两个折光镜片（可转动折光器）折射，再经过聚光镜，最后射到待喷码物体表面产生烧灼伤效果。由于有两个折光镜片，并且镜片的转动很快，因此，可以得到连续线条的字迹，使得这种形式的喷码机既可在运动的物体表面，也可在静止的物体表面进行高速标刻。

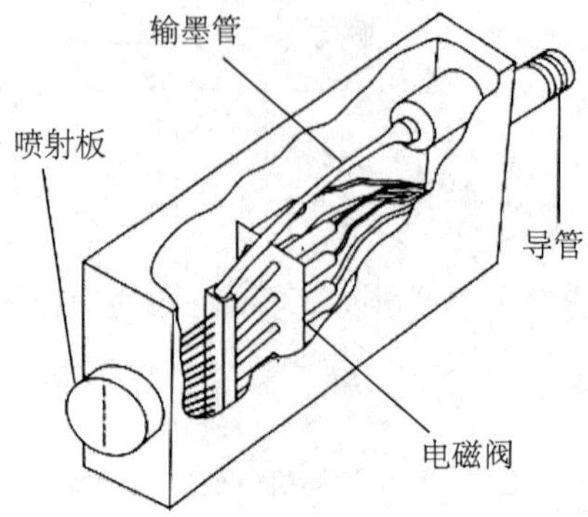

图 3－23 DOD 式喷码头结构示意

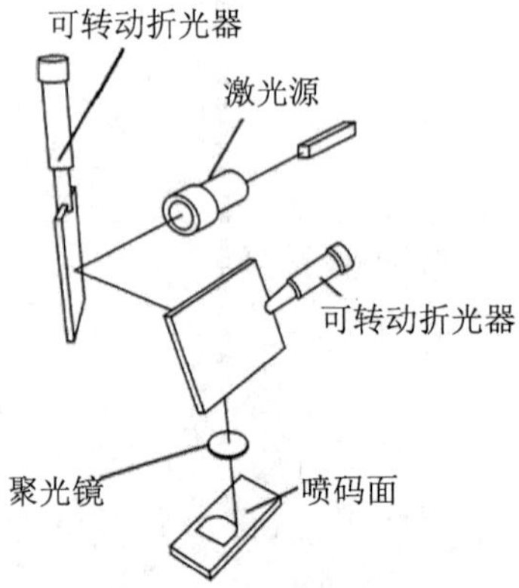

图 3－24 划线式激光喷码机结构示意

4）多棱镜扫描式激光喷码机

多棱镜扫描式激光喷码机结构示意如图 3－25 所示。由激光源产生的激光束与高速转动的多棱镜相遇（激光光束与多棱镜的轴相垂直），多棱镜上各面相互作用使激光束只在物体表面的一定位置做直线扫描。因此这种形式的喷码机必须有物体运动的配合才能得到所需要的字迹或图案效果。

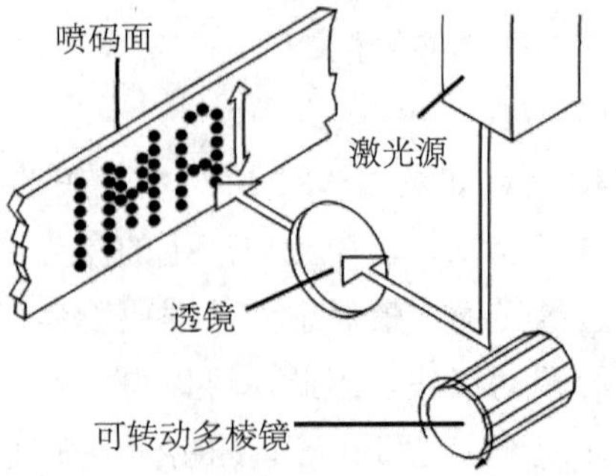

图 3－25 多棱镜扫描式激光喷码机结构示意

6. 装箱机

装箱机用于将罐、瓶、袋、盒等装进瓦楞纸箱。装箱机的型式因产品形状和要求不同而异。可分为充填式装箱机与包裹式装箱机两大类型。其中充填式装箱机的工作原理为由人工或机器自动将折叠的平面瓦楞纸箱坯张开构成开口的空箱，并使空箱竖立或卧放。然后将被包装食品送入箱中。竖立的箱子用推送方式装箱，卧放的箱子利用夹持器或真空吸盘方式装箱。包裹式装箱机的工作原理为将堆积于架上的单张划有折线的瓦楞纸板一张张地送出，将被包装食品推置于纸板的一定部位上，然后再按纸板的折线制箱，并进行胶封，封箱后排出，从而完成作业。

1）圆罐装箱机

圆罐装箱机由进罐门、推罐器、插衬纸板机构、折桌、传动系统和气动系统组成。其中，来自贴标机的罐头沿可调轨道滚至进罐入口，分成 3 路或 4 路落入贮罐部分。被分档成几路后的罐头，先后通过存仓和定量仓，最后贮存于主仓。主仓的大小可根据装箱规格（如每箱 24 罐或 12 罐，对应 6×4 或 4×3 的排列方式）进行调节。推罐入箱由人工将空瓦楞纸箱坯张开并套在箱套上，再用托箱板托住。通过脚踏开关给出装箱指令，机器随即将主仓所贮罐头分批推入箱中。插衬纸板是为了避免多层装箱的罐头碰撞受损，当装完一层罐头后，机器自动输送下一张（成叠竖立存放在主仓上方的）衬纸板，以备推罐时同时将其推入箱中，使每层罐头之间隔开。待罐头按装箱规格分路分层装满纸箱后，满箱信号自动发出，箱子被托箱板放下，落于出箱滚道上，再输入下道工序。圆罐装箱机结构示意如图 3 - 26 所示。

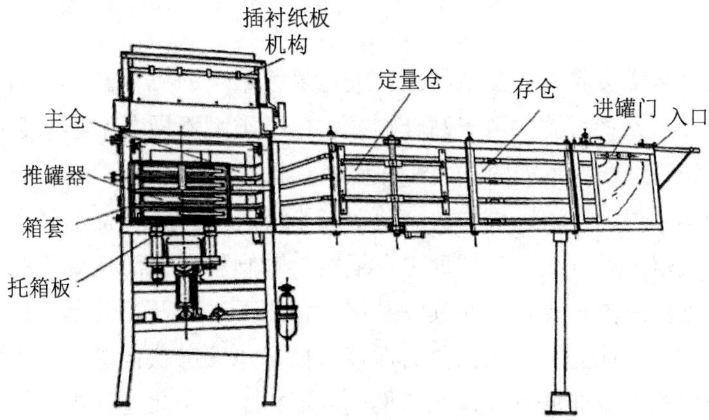

图 3 - 26 圆罐装箱机结构示意

2）成型式装箱机

该机器预先把瓦楞纸板折成筒状双层瓦楞纸板，黏封好并送上机器，在机器上再把纸板打开形成纸箱，然后再进行装箱、封箱等工序。如图 3 - 27 所示，存放在机架上折扁的瓦楞纸箱，被吸盘逐块取出后，被张开成为空箱，而后被送到装箱工位。同时，刮板式输送带将（塑料薄膜包装好的）枕形食品送到装箱机的聚集推进机上，经人工辅助，以数十包为一批，送到装箱机的刮板式输送带上；当包装袋被送到填装工位时，由（压缩空气驱动的）填装推进器将其推入预置好的空箱中。装箱后的瓦楞纸箱沿送出输送带往前移动，在移动过程中，热熔化树脂涂敷器的喷头即往箱子的里折页上喷涂树脂，同时折页器分别将里折页折弯。箱子到达加压部位时，加压器在短暂时间内对已成形的箱子折页加压，到此箱子即封好送出。上述过程全由设在机身内部的电动机和控制计数器进行驱动和控制。

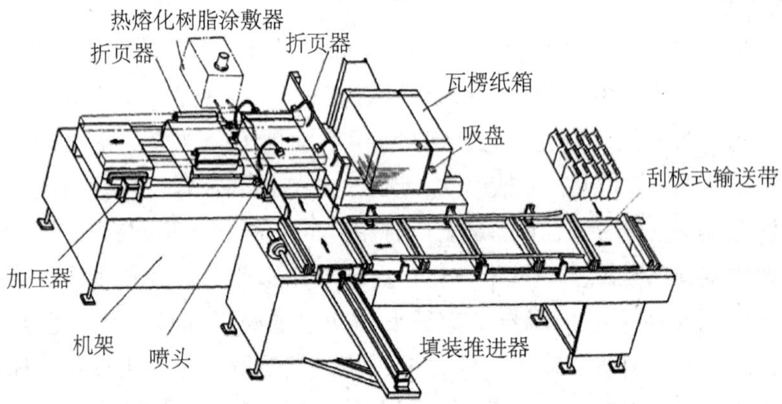

图 3 - 27　成型式装箱机结构示意

7. 封箱机

封箱机是对已装罐头或其他食品的纸箱进行封箱贴条的机器。根据黏结方式可将封箱机分为胶黏式和贴条式两类。由于黏合剂或贴条纸类型不同，上述两类机型还存在结构上的差异。封箱机结构示意如图 3 - 28 所示，主要由辊道、提升套缸、步伐式输送器、折舌钩、上纸盘架、压辊、切纸机构、气动系统等组成。前道装箱工序送来的已装箱的开口纸箱进入本机辊道后，在人工辅助下，纸箱沿着倾斜辊道滑送到前端，并触动行程开关，这时辊道下部的提升套缸（在气动系统的作用下）便开始升起，把纸箱托装到装有步伐式输送器的圈梁顶上，纸箱到位后即接通信号，发出动作指令，步伐式输送器即开始运作。步伐式输送器推爪将开口纸箱推进拱形机架。在此过程中，折舌钩首先以摆动方式将箱子后部的小折舌合上，随后由固定折舌器将纸箱前部的折舌合上，此后再由两侧折舌板将箱子的大折舌合上并经尾部的挡板压平服①。完成折舌的纸箱被推入压辊下，并被推至下一道贴封条工序。用作封条的纸带装在上纸盘架上。纸带通过支架引出后，经过涂水装置使骨胶纸带润湿，再引到纸箱上部（纸箱下部也有同样的贴封条装

① 压平服指压平整服帖。

置)，由上压辊压贴在箱子上。箱子随着步伐式输送器推爪往前输送的过程中，逐步将纸带从前往后粘贴到箱子上，步伐式输送器的推爪再将纸箱往前推送到切纸机构，待箱停稳后切刀向下运动（下部切刀向上运动）将纸带切断。装于切刀两侧的滚轮，随即将前一箱子的后端和后一箱子的前端的纸带滚贴到箱子上，使上、下封条封住箱子。封箱完毕的纸箱再由推爪输送到下一工序。若使用不干胶封条，则涂水装置可以不用。

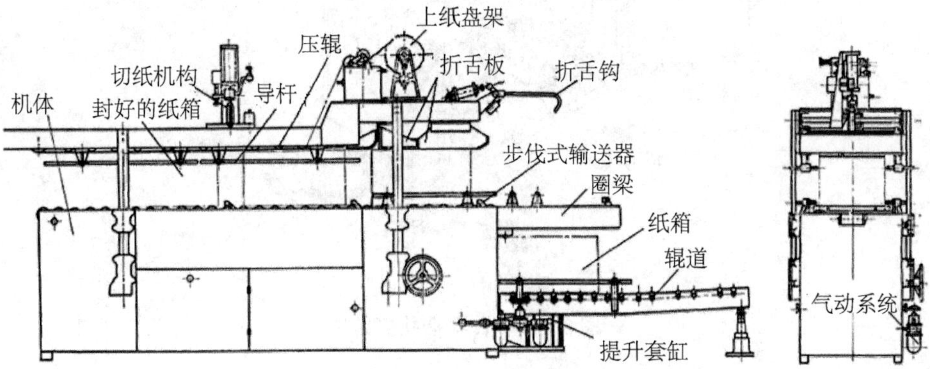

图 3－28 封箱机结构示意

8. 捆扎机

捆扎机是使用捆扎带或绳捆扎产品或包装件，然后收紧并将捆扎带两端通过热效应熔融或使用包扣等材料连接的机器。捆扎机属于外包装设备，捆扎可以将包装物捆紧、扎牢并压缩，既增加外包装强度，减少散包所造成的损失，又便于提高装卸效率，节省运输时间、空间和成本，也便于销售，因此成为了包装机中的一个重要分支。

目前，我国生产的捆扎机基本上采用聚丙烯带作为捆扎材料，利用热熔搭接的方法使得紧贴包件表面的塑料带两端加压黏合，从而达到捆紧包件的目的。

自动捆扎机结构如图 3－29 所示。其工作原理大致为插上电源插头、按下启动按钮，将需要捆扎的包装箱放在装有一系列可转动的辊道的工作台面上，送至拱形导轨下面等待捆扎。踩动脚踏开关后，捆扎机的执行机构开始动作，穿过拱形导轨的聚丙烯带绕被捆扎物一周，带子随即被抽紧机构抽紧，这时封结器、加热器工作，使其压紧带子端头并熔接、切断，捆扎完毕后推出被捆扎物。捆扎机内的聚丙烯带又被抽拉并送进拱形导轨，绕一周后进入封结器，准备进行下次捆扎作业。

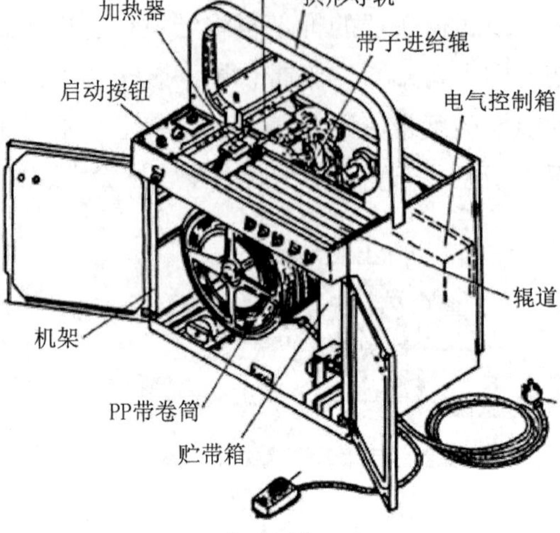

图 3-29　自动捆扎机结构

复习与思考

1. 请简要论述包装在冷链物流中应具有的功能。

2. 简要论述冷链物流包装与传统物流包装的区别与关联。

3. 冷链物流包装材料的要求与特性是什么？

4. 冷链物流包装技术主要包括哪几类？请依次进行简要概括。

5. 包装设备的主要作用体现在哪些方面？

6. 按照功能的不同，包装设备可以分为哪几大类？请依次列举出每类中具有代表性的设备。

课后习题答案

第四章　温度传感测试技术与装备

温度传感测试
技术与装备

教学目标

掌握易腐食品在冷链物流加工、储藏、运输、销售各环节及环节间的环境空气温度、食品或其包装的表面温度和食品中心温度的检测要求和方法。

第一节　温度测试仪器要求

近年来，由于各国对食品质量与安全的要求越来越高，为了最大限度地保持生鲜易腐食品的品质，各国越来越重视食品冷链的温度管理问题。发达国家对食品冷链的建设和完善十分重视，美国从 20 世纪 90 年代中后期开始，欧洲从 2002 年开始，围绕着“从农田到餐桌”整个流程的食品安全进行了大量工作。目前，在易腐食品的生产、储藏、运输、销售等方面均有严格的法规相配套，对生产设备、生产工艺、与外部环境的协调、食品原料追溯、接口管理等方面均进行了全面而细致的规范，取得了较大进展。

国际上，食品法典委员会于 1976 年发布了《速冻食品加工和处理的国际推荐操作规范》(CAC/RCP 8—1976)，1978 年、1983 年和 2008 年先后对其进行了增补，其中近半篇幅用于详述产品温度的测量方法和操作规范。该标准在多个国家被借鉴，如新加坡《速冻食品加工操作规范》（CP46—1989）就参考了该标准。

联合国欧洲经济委员会内陆运输委员会早在 1970 年就起草了《易腐食品国际运输公约》，以保证易腐食品安全，并于 2003 年修订为《易腐食品国际运输及其设备公约》，其附录 2 专门对冷冻食品的运输，包括冷冻食品的运输设备、温度测量等具体内容进行了详细的规定。

美国冷冻食品工业的主要协会——冷冻食品圆桌委员会在 1987 年起草了《冷冻食品运输和市场营销——推荐的操作规范》，并先后于 1992 年、1999 年进行修订，提供了冷冻食品运输操作良好规范，随后出版为《冷冻食品处理手册》。此外，美国农业部于 1995 年制定了《易腐食品在汽车运输过程中的保护》。上述文件对易腐食品在运输、储藏和销售过程中的规范性操作进行了指导。

日本冷冻食品协会 1971 年制定了《冷冻食品自主处理标准》，并于 1975 年进行修订，其中第六部分专门对冷冻食品温度测量问题进行了具体规定。

我国近年来在食品冷链技术、流程、管理等方面出台了如《食品安全管理体系——食品链中各类组织的要求》《冷库设计规范》《黄瓜贮藏和冷链运输》等一系列相关国家及行业标准，并提出应对冷链的温度进行检测，但目前还没有相应的温度检测方面的国家标准，亟待规范。

针对上述问题，我国也制定了行业标准，对易腐食品冷链各环节中环境空气温度和食品温度的检测要求和方法进行指导和规定。

一、温度检测通用要求

温度检测指使用适当的仪器设备获得特定测点上的精确温度值，需选择一些具有代表性的位置进行测量以提供某一区域的温度特性。温度检测包括环境空气温度、食品或其包装的表面温度（以下简称“表面温度”）和食品中心温度（以下简称“中心温度”）。所选取的温度测点应具有普遍代表性或表征最不利条件。

所使用的测温仪器应满足，测量表面温度和中心温度所使用的传感器时间常数 t_{90}（时间常数 t_{90} 指的是温度传感器测量值达到最终读数 90%处所需的时间）不大于 2min，测量环境空气温度所使用的传感器时间常数 t_{90} 不大于 10min。测温范围内最大误差不超过 0.5℃，分辨率不大于 0.5℃，应定期校准或检定，并在有效期内使用。用于测量表面温度和中心温度的检测仪器感温部件应与测量物品接触良好。

二、温度检测仪器的要求与选择

1. 数字温度计

数字温度计是利用温度传感器将温度模拟信号转换成数字信号，然后通过显示器（如液晶、数码管、LED 矩阵等）以数字形式显示温度，可以用来准确地判断和测量温度。使用电池的数字温度计应具有检查、提示电池电压的装置，应避免水分凝结造成的不良影响。

2. 玻璃温度计

在检测食品温度时不推荐使用玻璃温度计。确需使用应慎重，优先选用酒精温度计，禁止使用水银温度计，宜采用圆柱形尖端的玻璃温度计测量中心温度，选用椭圆杆尖端的玻璃温度计测量食品表面温度。

3. 测温钻孔设备

在测量食品温度时，若需钻孔测温，应使用可以方便清洗的锐利金属工具，如冰锥或手钻等。包装和产品上的孔洞直径仅需稍大于温度检测仪器所使用的感温元件直径。

三、温度检测仪器的期间核查

期间核查（Intermediate Check）是指为保证检测结果的有效性和可靠性，在两次周期检定（校准）之间对温度检测仪器进行的自行核查。温度检测仪器应进行期间核查，当温度检测仪器长期不用或测温范围大幅波动时应适当加大期间核查密度。

1. 0℃条件下温度检测仪器的期间核查

核查应通过将温度检测仪器传感元件浸入冰水混合物的方式进行。将容积 1L 的容器填满碎冰并装满冷水，搅拌 2min 以上，将传感元件插入混合物中心且不接触容器，在示数稳定 3min 后记录温度检测仪器显示的数值。浸入冰水中的温度检测仪器的读数应当为 0±0.5℃。

2. －21℃～－18℃条件下温度检测仪器的期间核查

核查应通过将温度检测仪器传感元件浸入盐水混合物（由食盐与三倍于其重量的碎冰组成）的方式进行。将待测温度检测仪器与一个已知精度的温度检测仪器相邻地插入盐水混合物中且不接触容器，在示数稳定 3min 后记录温度检测仪器显示的数值，二者之间的差值应在±0.5℃之间。若无可供参考的温度检测仪器，可采用分析级氯化钠和冰的共晶混合物进行标定，它的温度为－21.4℃。

3. 其他情况的期间核查

在不具备上述条件时，可将需核查的温度检测仪器与一个已校正、已知精度的温度检测仪器一起置于相同的外部环境中，通过读数进行对比检查，但该种方法所得数据仅能作为参考。若结果显示误差仍大于 0.5℃，应对温度检测仪器进行校准；调整后，应复查温度检测仪器的精度。若玻璃温度计的误差仍大于 0.5℃，则不能继续使用。

第二节　温度测试要求

一、环境空气温度的测量要求

1. 基本要求

（1）冷链各环节中的易腐食品应按 SB/T 10728、SB/T 10729、SB/T 10730、SB/T 10731 的相关规定进行操作，环境温度测量宜采用空气温度自动记录仪，以实时监测和记录环境温度。

（2）温度检测仪器应置于空气流通处且传感元件不得与其他物体接触。

（3）应定期记录环境空气温度值，温度记录时间间隔最大不应超过 2h。

2. 各环节测量要求

（1）应分别在冷藏加工工作区空气温度的高、低点布置传感器；并根据温度分布选取代表性区域布置温度传感器。

（2）应在冷库库房内最不利温度条件处（如回风口附近、最远端、大门开启处、死角等）布置温度传感器。

（3）应在冷链运输装备内最不利温度条件处（如送风口、回风口、大门开启处等）设置温度传感器；对多温运输装备，每一空间内应单独设置温度传感器。

（4）冷藏陈列柜应按国家标准《制冷陈列柜 第 2 部分：分类、要求和试验条件》（GB/T 21001.2—2015）要求布置温度传感器。

二、食品温度的测量要求

测量易腐食品时，优先采用非破坏性的测量方式（测量表面温度）；当非破坏性测量的结果无法满足要求时，才能采取破坏性的测量方式（测量中心温度）。

对于有包装的食品，检查后应及时密封，注上时间、地点、检查方式、温度等信息并由当事方确认。

1）加工环节

食品温度测量应对易腐食品加工开始时的原料至结束时的食品的温度进行抽检。

2）储存环节

（1）在易腐食品进出库时，应对易腐食品温度进行抽检。

（2）储存期间，主要对库房内空气温度进行检测，不得随意对易腐食品本身的温度进行检测。

（3）有合理理由怀疑食物温度失控时，应测量食品温度并满足相关国家标准中相关要求。

（4）易腐食品抽样时应选取最不利温度条件区域的食品进行测试，同时可抽取货物堆垛区最外侧和最中心处的货物，测试其温度梯度。

3）运输环节

（1）在装卸货时，应对易腐食品温度进行抽检。

（2）在运输过程中，主要对运输装备内空气温度进行检测，不得随意对易腐食品本身进行温度检测。

（3）有合理理由怀疑运输温度不符合相关食品规定时应测量食品温度，不同食品温度要求参照国家标准《易腐食品控温运输技术要求》（GB/T 22918—2008）进行。

（4）对于冷却食品，应从最冷和最热处进行抽样，对于冷冻食品，应从最热处进行抽样，确保其在运输过程中未发生冷害、冻害或高温腐烂。

（5）对易腐食品进行温度抽样检测时应选取最不利点，如临近每扇门或双开门开启边缘的货物的顶部与底部、最后方角落中货物的顶部、货物中心、货物表面中心、货物表面的顶部角落、离蒸发器最近和最远点等。

（6）如果冷链运输装备正处于除霜周期中，应在报告中记录。

4）销售环节

（1）在冷藏陈列柜进行温度测量时，参照相应标准在柜顶前方区域、柜中心区域和柜底后部区域各选取 1 个测点进行食品温度测量。

（2）如果冷藏陈列柜正处于除霜周期中，应在报告中记录。

三、食品温度的测量方法

1. 测量前的准备

用于测温的探针、手钻和传感元件等应进行预冷，其温度应接近被测食品。未预冷的探针、手钻和传感元件不能用于食品温度的测量。

2. 表面温度测量方法

（1）表面温度的测量应在相应的冷链环境下进行。

（2）表面温度的测量宜采用非破坏性测量方式。

（3）测量时，传感元件应与食品或其包装之间有良好的接触，通过测量表面温度获得中心温度的一个合理近似值。

（4）若易腐食品在包装内，应将传感元件与包装壁面紧密接触，同时将相同地点的其他易腐食品包装放在测试品的上方和侧面，以获得良好的热接触并保持温度的稳定性，在示值达到稳定后记录相关数据。

（5）若易腐食品没有包装，可采用辅助手段使传感元件紧贴食品表面，以获得良好的热接触，同时在测试食品周围堆放足够多的易腐食品，以保持温度的稳定性，在示值达到稳定后记录相关数据。

（6）若有多个样品需要测试，可采用同一温度检测仪器逐一测量的方式完成。

3. 中心温度测量方法

（1）易腐食品中心温度至少应在其最大表面中心下方 25mm 处的测点测得，若易腐食品尺寸小于 50mm，测点应在其中间位置。

（2）应使用经预冷处理的探针或手钻对测量样品打孔，洞的直径应与传感元件相符，传感元件插入的深度取决于食品类型；若食品尺寸允许，孔深可为 50mm。

（3）预冷后的传感元件应立即插入测试食品中。

（4）在食品允许的情况下，应将传感元件尽可能多地置于食品内部。

（5）在尺寸小于 50mm 的情况下，应尽量使插入的传感元件接近测试品的中间位置。

（6）某些食物（如部分叶菜类食品等）由于尺寸或者结构的原因，使得在其内部打洞不可行时，应插入一根合适的探头到该包装的中心，来测量食物的温度，从而确定该食物包装内的温度。

（7）在温度测量装置示值稳定后记录所测温度值。

（8）在记录完成后，可将传感元件停留在食品中直到后续测试开始，以免对仪器重复进行预冷。

（9）测试环境应尽可能接近相应的冷链环境温度或在相应的冷链环境下进行。

蔬菜感官质量及冷链技术参数以及果品感官质量及冷链技术参数可参见《易腐食品冷藏链技术要求　果蔬类》（SB/T 10728—2012）。

第三节　温度场数值模拟

一、温度场数值模拟的方法

温度的测试耗时耗力，因此，在测试和分析温度时，常采用数值模拟的方式（计算机辅助设计法）进行，原因有以下几个方面。

（1）时间短。采用实验的方法将需要数月甚至数年的时间；采用计算机辅助设计法，则能在相对较短的时间内对这些方案进行比对，并选出最优方案。

（2）资料完备。采用计算机辅助设计法，除温度外，能够得到计算区域内风速、压力等参数的动态、直观和全方位的分布规律；而单纯的实验研究仅能采用探测仪器得到某些固定点相关参数，可操作性相对较差，因此，通过计算机辅助设计弥补实验资料较少的不足是很有意义的。

（3）灵活性强。首先，计算机辅助设计不需要放大或缩小模型，具有模拟真实条件的能力；其次，在研究各种基本物理现象时，计算机辅助设计能很方便地给定各种参数以及忽略或着重探讨某类现象，而不论多精确的实验都很难安排这种理想化的条件，因此，该方法具有模拟理想条件的能力；最后，计算机辅助设计能通过修改边界层条件、模型尺寸等简单方法，解决一系列相似性问题，使研究具有较强的灵活性。

鉴于上述优点，越来越多的国内外大型企业将计算机辅助设计的方法应用于产品的设计和优化。

结合计算机辅助设计方法设计的某款蓄冷冷藏车结构示意如图 4－1 所示。

以某款蓄冷冷藏车设计为例，其目的在于实现车内风速及温度的均匀分布，最终达到保证车内食品品质最优化的同时，合理降低能耗。在对冷藏车内的气流分布进行计算时，车厢、风道形状接近于规则（矩形）布置，故笛卡尔直角坐标系下的通用运输方程可直接用于求解气流分布。在推导模型方程前，先做如下假设。

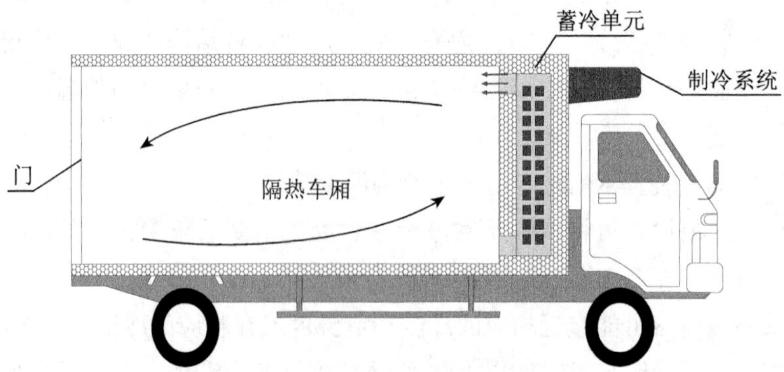

图 4－1　某款蓄冷冷藏车结构示意

（1）冷藏车内空气不可压缩且符合 Boussinesq（布辛尼斯克）假设，即认为流体密度变化仅对浮升力产生影响。

（2）流体的流态为稳态紊流。

（3）忽略固体壁面间的热辐射，车内空气为辐射透明介质。

（4）假设流场具有高紊流 Re（雷诺数），流体的紊流黏性具有各向同性。

（5）气流为低速不可压缩流体，可忽略由流体黏性所引起的耗散热。

（6）不考虑漏风的影响，认为冷藏车内气密性良好。

采用带浮升修正的标准 $k-\varepsilon$ 湍流模型方程，与连续性方程、运动方程、湍流流动能量方程一起构成控制方程组。在笛卡尔直角坐标系下，B_{10} 型铁路冷藏车内空气流动与传热数学模型以张量形式可描述如下。

（1）连续性方程如下：

$$\frac{\partial u_i}{\partial x_i}=0\ ,i=1,\ 2,\ 3 \tag{4-1}$$

（2）运动方程如下：

$$\frac{\partial}{\partial u_i}(\rho u_i u_j)=-\frac{\partial}{\partial x_i}\left(p+\frac{2}{3}\rho k\right)+\frac{\partial}{\partial x_i}\left[(\mu+\mu_i)\left(\frac{\partial u_i}{\partial x_j}+\frac{\partial u_j}{\partial x_i}\right)+\beta(T_0-T)\rho g\right] \tag{4-2}$$

（3）湍流流动能量方程如下：

$$\frac{\partial}{\partial x_i}(\rho u_i T)=\frac{\partial}{\partial x_i}\left[\left(\frac{\mu}{P_r}+\frac{\mu_i}{\sigma_T}\right)\frac{\partial T}{\partial x_i}\right]+\frac{q_T}{C_p}\ ,i=1,\ 2,\ 3 \tag{4-3}$$

（4）湍流脉动动能方程（k 方程）如下：

$$\frac{\partial}{\partial x_i}(\rho u_i k)=\frac{\partial}{\partial x_i}\left(\frac{\mu_i}{\sigma_k}\frac{\partial k}{\partial x_i}\right)+G-\rho\varepsilon+\beta g\frac{\mu_i}{P_r}\frac{\partial T}{\partial x_i}\ ,i=1,\ 2,\ 3 \tag{4-4}$$

（5）湍流脉动动能耗散率方程（ε 方程）如下：

$$\frac{\partial}{\partial x_i}(\rho u_i\varepsilon)=\frac{\partial}{\partial x_i}\left(\frac{\mu_i}{\sigma_\varepsilon}\frac{\partial\varepsilon}{\partial x_i}\right)+(c_1G-c_2\rho\,\varepsilon)+c_3\beta g\frac{\varepsilon}{k}\frac{\mu_i}{P_r}\frac{\partial T}{\partial x_i}\ ,i=1,\ 2,\ 3 \tag{4-5}$$

式中：G —— 湍流脉动动能产生项，$G=\mu_i(\partial u_i/\partial x_j+\partial u_j/\partial x_i)\partial u_i/\partial x_j$，其中 $i,\ j=1,\ 2,\ 3$；

μ_i —— 湍流黏性系数，$\mu_i=C_\mu\rho k^2/\varepsilon$；

C_p —— 空气定压比热，kJ/kg·K；

g —— 重力加速度，m/s^2；

k —— 流体紊流脉动动能，m^2/s；

σ_k——k 的普朗特数；

σ_T——T 的普朗特数；

p —— 时均压力，Pa；

P_r —— 紊流时的普朗特数；

q_T —— 热源强度，W/m^3；

T —— 流体温度，K；

T_0 —— 参考温度，K；

x_i —— i 方向距离分量，m；

u_i —— i 方向速度分量；

u_j —— j 方向速度分量；

ε —— 紊流能量耗散率，m^2 · s；

σ_ε——ε 的普朗特数；

μ —— 层流动力黏性系数，m^2/s；

ρ —— 流体密度，kg/m^3；

β —— 流体体积膨胀系数，1/K。

c_1，c_2，c_3——湍流 $k-\varepsilon$ 模型方程常数。

二、温度场数值模拟的计算

1. 温度传感器布置

蓄冷冷藏车试验过程中，为了科学合理地反映车厢内各点温度的变化情况，在参考国内外冷链运输装备测试标准要求的基础上布置温度传感器，如图 4－2 所示。在布置上，将冷藏车沿车厢长度方向等距划分出 3 个纵截面（分别位于距车厢 2 个端部 0.1m 处和车厢正中部），每个截面分别布置 5 个测点，数值 1～15 分别代表车厢内 8 个顶角、6 个表面中心及车厢正中心温度测点位置；车厢外车顶及 4 个侧壁面的几何中心各布置 1 个测点，共 20 个测点。温度传感器距离车壁 0.1m，每 1min 采集 1 次数据，并通过无线网络与温度监控系统相连接，可实时动态地观察车厢内温度随时间的变化规律。

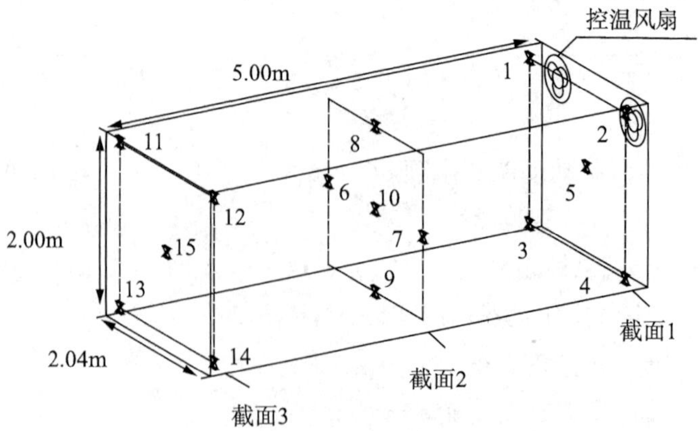

图 4－2　车厢内部温度测点布置

2. 车内温度场试验与仿真结果

首先进行车厢温度场测试，以蓄冷冷藏车为试验对象，车厢内保持空载状态。开启制冷机组进行充冷，PCM 蓄冷充分后关闭制冷机组（PCM 温度最低降为－35℃左右），然后启动温控风机，将冷气导入车厢并控温。控温试验持续 10h，温度传感器每 1min 记录 1 次数据。将试验数据进行整理，得到车厢设定温度为 0℃和－18℃时的平均温度、截面 1～截面 3 的平均温度随时间变化的趋势，如图 4－3 和图 4－4 所示。

由于车厢内所布置的温度传感器数量有限，仅能反映温度场的典型分布，为了更直观地反映车厢温度分布，需对车厢温度分布进行仿真。仿真同样进行 10h，车厢为空载状态。计算时设初始温度为－35℃，冷藏车车厢内初始温度为 25℃，外界温度为 30℃；车内温度设定为 0℃和－18℃。计算采用标准 $k-\varepsilon$ 方程模型，非稳态求解方法，控制微分方程离散采用一阶迎风格式，压力速度耦合采用 SIMPLE 算法。外界热空气通过与厢体外壁的对流换热、车厢围护结构的热传导以及车厢内空气的对流将热量传入，从而影响车厢内的温度分布情况。设截面 1～截面 3 与车厢送风端面距离分别为 $x_1=0.10$m、$x_2=2.50$m 和 $x_3=4.90$m，则蓄冷运输 10h 后，各截面温度云图如图 4－5 和图 4－6 所示。其中，图 4－5 为设定温度为 0℃时各截面温度云图，而图 4－6 为设定温度为－18℃时各截面温度云图。

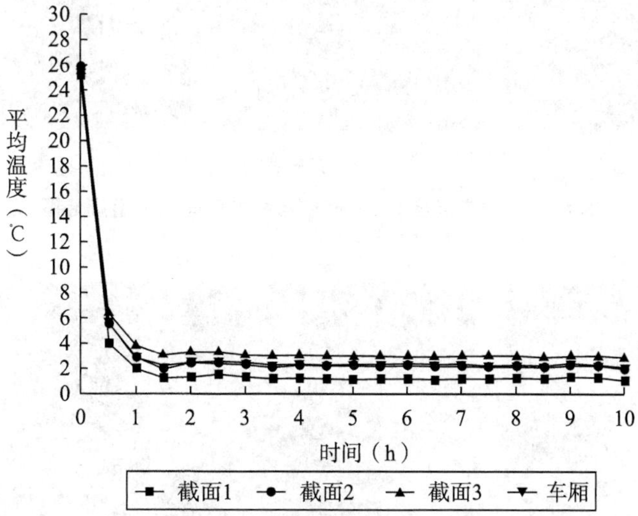

图 4－3　温度为 0℃时车厢内温度统计与分析

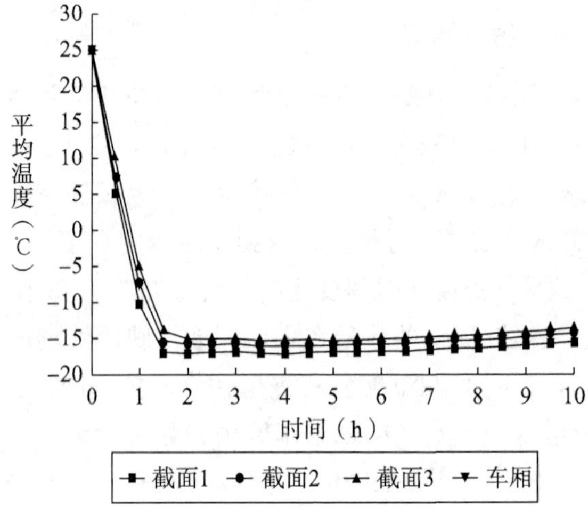

图 4-4　温度为−18℃时车厢内温度统计与分析

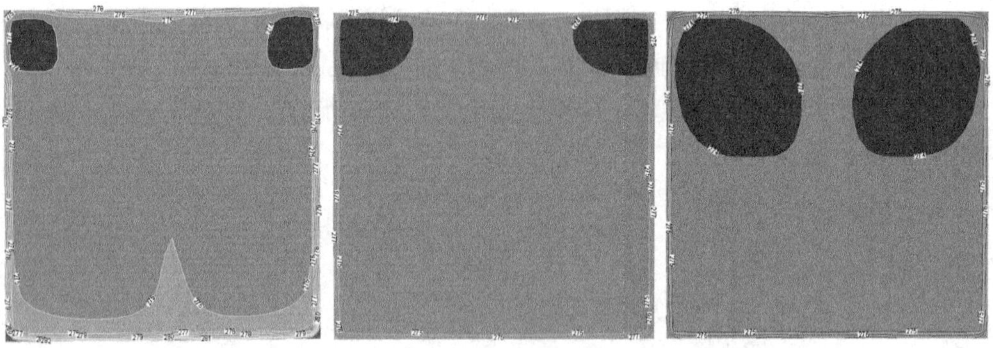

（a）x_1=0.10m　（b）x_2=2.50m　（c）x_3=4.90m

图 4-5　设定温度为 0℃时车厢内各截面空气温度云图

（a）x_1=0.10m　（b）x_2=2.50m　（c）x_3=4.90m

图 4-6　设定温度为−18℃时车厢内各截面空气温度云图

由试验和仿真结果可见，虽 PCM 初始温度为−35℃，相变温度为−30℃，但蓄冷车内空气温度按设定要求得到了较好的控制。设定温度为 0℃时，在货物装载区内，车内不同区域温度主要介于1℃～3℃；空气温度最低点接近1℃，处于各截面上方的左右两侧（送风口位置），高温区则位于车厢顶部正中和回风口附近区域，温度介于2℃～3℃。设定温度为－18℃时，车厢内温度分布趋势与0℃时类似，其中，最低温度出现在送风口处，约为－17℃，最高温度同样位于车厢顶部正中和回风口附近区域，温度为－16℃～－15℃。之所以出现上述状况，是由于PCM温度较低，当蓄冷条全部冻结后，蓄冷条温度在－30℃以下。当温控风机启动后，较大的温差造成剧烈换热，相变蓄冷单元冷气由车厢前端送风口导入隔热车厢进行强对流换热，因此送风口附近的温度梯度较大。冷空气进入车厢后，由于送风系统加强了热交换效率，进而与区域其他空气进行对流换热。因本系统采用上送下回的送风循环模式，在气流循环的过程中，车厢贴壁极小区域风速较低且受到车厢围护结构传入热量的影响，因此温度相对较高。

复习与思考

1. 简述温度检测标准的基本内容。
2. 温度场仿真有何优劣？请阐述。
3. 什么叫CFD？常用的温度场仿真软件有哪些。
4. 在冷链物流过程中，相变蓄冷有哪些优势？

课后习题答案

第五章　低温储藏加工技术与装备

低温储藏加工
技术与装备

教学目标

重点掌握食品发生腐败变质的作用机理以及低温如何抑制腐败的发生；掌握几种冻藏的常见技术；了解冻藏食品的解冻方法和发展方向。

第一节　低温储藏概述

食品的质量与人民生活息息相关。但是由于食品本身的呼吸特性以及微生物的作用，会使其发生腐败、变质等情况。由此可见，食品储藏的意义尤为重要。使用低温来储藏食品是人们在长期生活实践中得出的经验方法。比如说用冰块运输南方水果，建立冰窖来延长易腐食品的存放期等。但是这些方法的缺陷是：冰的相对温度是 0℃，并不足以达到一些食品的冷冻储藏要求。同时在没有恒温装置的条件下，冰块的融化也会给微生物的滋生创造条件。而低温储藏加工技术能够最大限度地保持食品的新鲜度和原有风味品质，对食品的品质影响小，安全性高。由此可见，低温储藏加工技术在冷链物流运输中发挥着举足轻重的作用。

一、低温储藏的原理

食品一般可以分为动物性食品和植物性食品，不同类型的食品，其变质机理也不相同。动物性食品在进行屠宰、分割等处理之后，处于无生命体的状态，自身基本无呼吸消耗。变质主要是由外界微生物进行入侵繁殖，破坏食品肌体组织，在食品内部累积毒素，并产生反应热导致的。对于动物性食品，低温环境能有效抑制微生物的繁殖，达到降低食品腐败率、保持食品新鲜度的目的。

以生鲜食品为例，生鲜食品的温度降为－18℃以下时，生鲜食品中 90％以上的水分都会变成冰，所形成的冰晶还会以机械的方式破坏微生物细胞，使细胞或失去养料，或因部分原生质凝固，或因脱水等造成微生物死亡。因此，冻结的生鲜食品可以更长期地储藏。

鱼、禽、畜等动物性食品在储藏时，因其细胞都已死亡，其自身不能抑制引起食品变质的酶的作用，也无法抵抗微生物的侵袭。因此，储藏动物性食品时，要求其在冻结点以下的温度储藏，以抑制酶的作用、微生物的繁殖以及减慢食品内的化学变化，从而较长时间地维持食品的品质。

对于植物性食品，即便是采摘过后，植物性食品还是“有呼吸的生命体”，是有生命力的有机体，其呼吸作用主导了植物性食品腐败变质的发生。在室温环境下，呼吸作用加剧，食品内的营养物质在呼吸作用下被消耗，释放出反应热，食品内部的水分被消耗，逐渐失去了食品的商品价值。

低温储藏对于植物性食品而言，一方面能够减少呼吸作用，另一方面还能较好地减缓食品内营养物质的流失速度，从而延长储藏期。但是，储藏温度也不能降得过低，否则会引起果蔬活体的生理病害，甚至冻伤。所以，果蔬食品应放在不使其发生冷害的低温环境下储藏。此外，如鲜蛋是活体食品，当温度低于冻结点，其生命活动也会停止。因此，活体食品一般都是在冷却状态下进行低温储藏。

二、低温储藏的定义

低温储藏就是借助人工制冷的方式，通过对食品进行一定的加工，降低食品温度，使其维持在低温水平或者冻结状态，从而让食品中的微生物在低温逆境条件下失活、死亡或者不能繁殖。酶活性降低，酶促反应受到抑制，化学反应速率降低，即减弱有机物的呼吸作用，减缓食品内部的营养流失速度，从而达到延缓食品腐败变质速度和延长货架期的目的。

根据储藏温度不同，可将低温储藏分为冷藏、冰温储藏、微冻储藏和冷冻储藏（以下简称“冻藏”）四个类别，低温储藏温度范围如表 5-1 所示。

表 5-1　低温储藏温度范围

类别	冷藏	冰温储藏	微冻储藏	冷冻储藏
温度范围	0℃～15℃	0℃±1℃	−5℃～−2℃	−50℃～−12℃

低温储藏可以抑制蔬果的呼吸强度，实现保鲜的目的。美国希悦尔公司（Sealed Air Corporation）食品包装部将各种蔬果的呼吸强度分成几个等级，如表 5-2 所示。

表 5-2　5℃下，不同类别的蔬果的呼吸强度等级

呼吸强度等级	呼吸率范围（5℃）/［$mgCO_2$/（kg·h）］	主要蔬果品种
极低	<5	花生、枣、剥皮马铃薯
低	5～10	苹果、柑橘、洋葱、马铃薯
中	10～20	杏、梨、甘蓝、胡萝卜、莴苣、番茄
高	20～40	草莓、花椰菜
极高	40～60	豆芽、洋蓟
超高	>60	芦荟、西兰花

第二节　低温预冷技术与装备

低温储藏加工工艺主要是指对产品进行预冷、冷藏、冰温储藏、微冻储藏、冷冻储藏和解冻的加工方法，是储藏冷链产品的最佳方法。

动物性食品和植物性食品，在进行冷冻处理之前，需要进行预冷处理，预冷的目的是使食品温度达到一个适合冻藏的范围，不仅能加快食品冷冻时的冷却速度，同时还能避免因温度突变发生冻伤、龟裂等情况。同时，由于动物性食品多数有外皮组织包裹或者已经进行分割处理，故预冷处理步骤较为简单。植物性食品由于在销售时必须保持较新鲜的外观，而本身植物性食品含水量较多，在低温情况下容易发生冻害，所以预冷步骤尤为重要。

一、低温预冷的概念

低温预冷是指将产品的温度降低到某一指定的温度，但不低于产品相关液体的冻结点。以生鲜食品为例，生鲜食品的预冷温度通常在10℃以下，其下限为－2℃。进行预冷处理可以延长冷链产品的储藏期，并能使其在相对更长的时间内保持新鲜状态。但在预冷温度下，细菌、霉菌等微生物仍能生长繁殖，尤其是通过预冷处理的动物性食品只能进行短期储藏。

二、低温预冷的目的

预冷是对水果、蔬菜等植物性食品进行冷加工的常用方法。采收后的水果、蔬菜等植物性食品仍是有生命的有机体，在储藏过程中还在进行呼吸作用，放出的呼吸热如果不能及时排出会使其温度升高，进而加快衰老过程。因此，水果、蔬菜自采收起就应及时进行预冷，以除去田间热和呼吸热，降低其呼吸作用，从而延长其储藏期。例如，对于草莓、葡萄、樱桃、生菜、胡萝卜等品种，采收后尽早进行预冷处理，往往可以延长储藏期半个月至一个月。但是，马铃薯、洋葱等品种由于采收前生长在地下，采收时容易出现破皮、碰伤等情况，因此需要在常温下进行愈伤呼吸，养好伤后再进行冷却储藏。值得注意的是，水果、蔬菜这类植物性食品的预冷温度不能低于发生冷害的临界温度，否则会破坏水果、蔬菜正常的生理机能，致其出现冷害。

预冷是短期保存肉类的有效手段。目前受到国内外广泛关注的冷鲜肉，又叫冷却肉、排酸肉、冰鲜肉，准确地说应该叫冷却排酸肉，就是严格执行兽医检疫制度，对屠宰后的畜胴体迅速进行预冷处理，使胴体温度（以后腿中心为测点）在24h内降为0℃～4℃，并在后续加工、流通和销售过程中始终保持0℃～4℃内的生鲜肉。由于始终处于低温控制下，酶的活性和大多数微生物的生长繁殖被抑制，肉毒梭菌和金黄色葡萄球菌等病原菌分泌毒素的速度大大降低。另外，冷鲜肉经历了较为充分的成熟过程，质地柔软有弹性，汁液流失少，口感好，滋味鲜美。同时，在预冷环境下，冷鲜肉表面形成了一层干油膜，不仅能够减少肉体内部水分的蒸发，使柔软多汁，而且可阻止微生物的侵入和繁殖，延长肉的保质期。冷鲜肉的保质期可为一星期以上，而一般热鲜肉的保质期只有1～2天。再者，经过预冷“后熟”以后，冷鲜肉肌肉中肌原纤维的连接结构会变得脆弱，并断裂成小片断，使肉的嫩度增加，肉质得到改善。如果想长期储藏，必须把肉类冻结，使温度降为－18℃或以下，才能有效地抑制酶、非酶及微生物的作用。另外，冷却肉与冻结肉相比，由于没有经过冻结过程中水变成冰晶的过程和解冻过程中冰晶融化成水的过程。因此，在品质各方面更接近于热鲜肉，因而更受消费者的欢迎。发达国家的超级市场里基本上都是冷鲜肉，甚至提出不吃冻结肉的观念。随着消费者对食品安全和质量的重视，我国肉类行业也存在着由低温肉制品和冷鲜肉取代传统热鲜肉的消费趋势。中国少数大型肉类加工企业已经觉醒，如双汇、金锣等已经开设肉类连锁店，大批量生产销售冷鲜肉，冷鲜肉经济实惠，深受消费者的欢迎，有“放心肉”之称，市场反应强烈，发展势头迅猛。

三、低温预冷的技术与装备

冷链产品的的预冷方法有空气预冷、水预冷、真空预冷、流态冰预冷等。根据相应产品种类及预冷要求的不同，可以选择合适的预冷方式，预冷方法及其适用对象如表5-3所示。

表5-3　预冷方法及其适用对象

预冷方法	肉	禽	蛋	鱼	水果	蔬菜
空气预冷	可	可	可	—	可	可
真空预冷	—	—	—	可	可	可
水预冷	—	可	—	可	可	可
流态冰预冷	—	可	—	可	可	可

1. 空气预冷

空气预冷主要针对水分难以蒸发的苹果、胡萝卜等水果、根菜以及禽、蛋等食品，空气预冷的方式主要有以下三种。

1）冷库预冷

将需预冷食品放在冷库内预冷却，称为冷库预冷。这种预冷主要以冷藏为目的，库内有自然对流或小风量风机送风。它的优点是操作简单，但存在预冷速度慢、预冷对象有限的缺点。一般只限于苹果、梨等产品。对易腐和成分变化快的水果、蔬菜不适用。冷库预冷生鲜食品时预冷与冷藏同时进行。

2）通风预冷

通风预冷又称空气加压式预冷。它与自然预冷的区别是配置了较大风量、风压的风机。这种预冷方式的冷却速率比冷藏间预冷快，但不及压差预冷。

3）压差预冷

压差预冷，或称为强制通风预冷，是一个普遍应用在水果、蔬菜或切花上的新技术，如图5-1所示。将食品放在吸风口两侧，并铺上盖布，使高低压段形成2～4kPa压差，利用这个压差，使−5℃～10℃的冷风以0.3～0.5m/s的速度通过箱体上开设的出风孔，顺利地在箱体内流动，用此冷风进行预冷。根据食品种类不同，压差预冷一般需要4～6h，有的可在2h左右完成。一般最大冷却能力为70m³货物的占地空间，若大于该值，可对储藏空间进行分隔，在每个小空间设出风口，如图5-2所示。

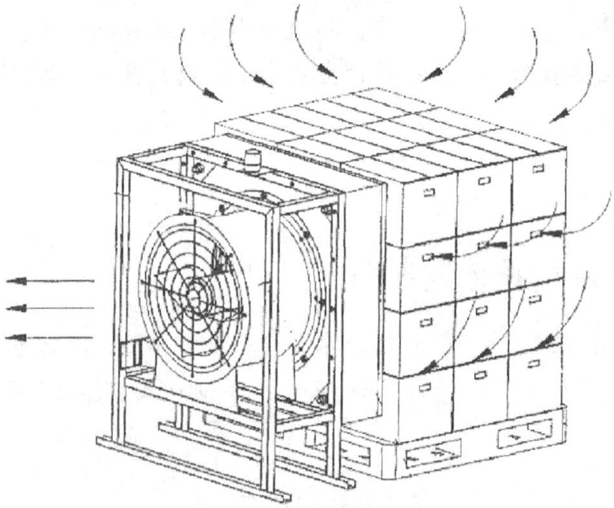

图5-1　压差预冷机外观

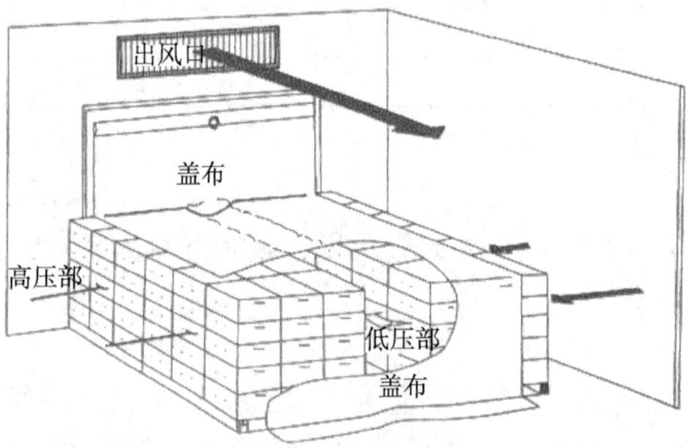

图5-2　压差预冷原理

压差预冷的优缺点如下。

(1) 优点：压差预冷技术具有冷却时间短、预冷均匀、操作便捷、费用低、库容利用更合理等优点，成为国内外最早使用的一种冷却方式。

(2) 缺点：压差预冷不可避免地会造成果蔬干耗大、预冷速度慢、冷却不均匀等现象。尤其对于带有包装箱的产品，产品堆码时局部冷空气流通死角造成的热点、冷害以及预冷效率低下等问题，始终没能得到根本性的解决。

2. 水预冷

水预冷是将冷水作为冷介质直接与食品表面接触，使其迅速降温的方法。预冷用冷水带走了食品表层热量，冷却水经过冷却、过滤、杀菌后循环使用。由于水的换热系数远大于空气的换热系数，相同条件下水预冷比空气预冷的冷却速度更快。水预冷装置示意如图 5-3 所示。

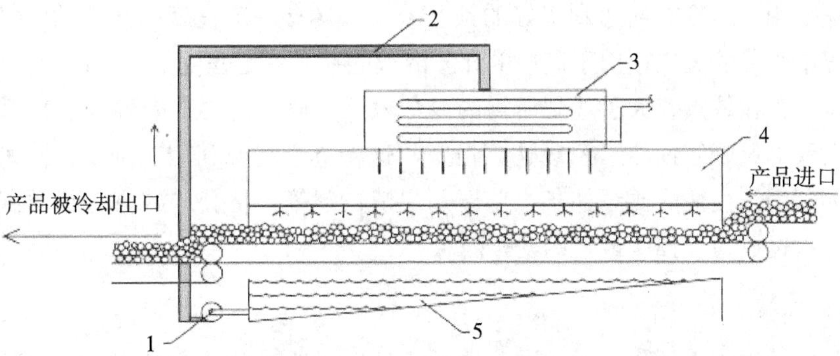

1—水泵；2—循环水系统；3—制冷系统蒸发器；4—喷淋系统；5—水箱

图 5-3　水预冷装置示意

根据食品与冷介质不同的接触方式，水预冷装置可分为喷水式（见图 5-4）、喷淋式、浸泡式和混合式。不同形式的水预冷装置特点如表 5-4 所示。

表 5-4　不同形式的水预冷装置特点

水预冷具体方式	优点	缺点
喷水式 喷淋式	动力能耗小	易出现预冷“热点”，导致预冷不均匀
浸泡式 混合式（浸泡+喷淋）	预冷均匀，效率高，具有清洗功能	需要在水中添加防腐剂，水质易污染

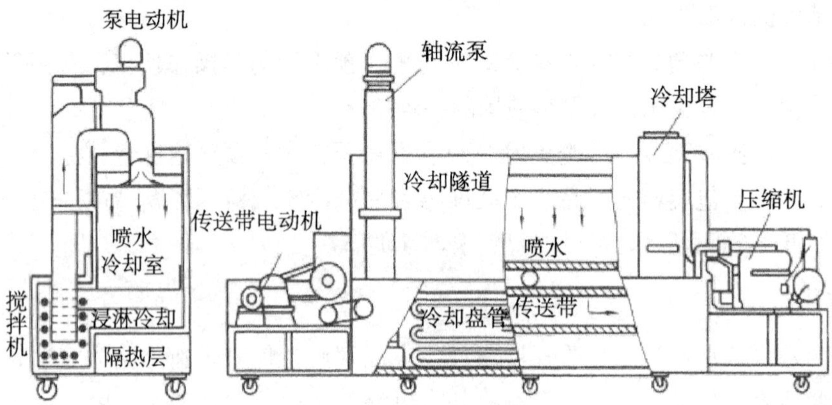

图 5-4 喷水式预冷装置

水预冷的优点是预冷速度快，许多农产品如甜玉米、芹菜、芦笋、荔枝等沾水不易腐烂型果蔬采用水预冷能到达到很好的预冷效果；具有一定程度的清洗功能，可有效防止预冷过程中水分的流失；用于制冷的介质溶液能够在一定程度上循环使用。

水预冷也存在缺点。为了达到所需的冷却效果，通常需要一套独立制冷系统在短时间内提供大量冷量以使预冷水温度达到恒定，这将造成能源利用率降低。同时，由于冷却水的循环利用，往往需要添加各类防腐剂、消毒剂等，将会导致有害物质沉积以及冷却水污染，这也成为水预冷最大的安全隐患。

3. 真空预冷

真空预冷又称减压预冷，是通过制造低压环境强迫水分从食品表面和内部快速蒸发以获取冷量的一种快速制冷技术。它的原理是水在不同压力下有不同的沸点，如在 101.3kPa 压力下，水在 100℃沸腾。当压力为 0.66kPa 时，水在 1℃就沸腾。生鲜食品中的水在沸腾汽化时会吸收热量，从而达到预冷的目的。标准的真空预冷过程为：①把食品放进真空室，关上真空室开关并开启真空泵。②当压力达到与食品初始温度对应的饱和压力（“闪点”）时，水分开始快速蒸发，并吸收大量热量使得食品迅速被冷却。到达“闪点”前的制冷量很小，通常被忽略。③当真空室压力降到最终负压并维持一段时间之后，食品的最高温部分达到目标温度，真空预冷过程结束。

真空预冷不仅仅适用于生菜、蘑菇、甘蓝、菠菜等蔬菜，也适用于切花、烘烤食品、米饭、小块熟肉、水产品等。近年来，茶叶蛋、豆腐、草莓、水果切片、面制品、水煮汤圆等生产商也都尝试着将真空预冷技术作为已有预冷替代技术之一。其主要过程为对采收后的蔬菜进行挑选、整理，将其装入打孔的塑料箱内，然后推入真空槽，关闭槽门，开动真空泵和制冷机进行预冷。当真空槽内压力下降至 0.66kPa 时，水在 1℃下沸腾，需吸收约 2496 kJ/kg 的热量。大量的汽化热使蔬菜本身的温度迅速下降到 1℃。因预冷速度快，水分汽化量仅为 2%～4%，不会影响蔬菜的外观。真空预冷是各种蔬菜预冷方式中预冷速度最快的一种。预冷时间虽然因蔬菜的种类不同稍有差异，但一般真空预冷需 20～30min，压差预冷需 4～6h，通风预冷约需 12h，冷库预冷需 15～24h。

真空预冷设备的核心部件是真空室和真空泵。真空预冷设备需要冷冻机，不是用它直接冷却蔬菜的，而是因为1ml的常温水，在压力变为599.5Pa，温度变为0℃时，体积要增大近21万倍，此时就要使用二级真空泵来抽。用了制冷设备，就可以使大量的水蒸气重新凝结成水，保持真空槽内稳定的真空度。必要时，也会在真空室上安装喷水装置和渗气装置。对于鱼香肉丝等熟食快餐的快速预冷，必须安装油过滤装置和易更换的快速清洗装置，必要时可以考虑安装紫外线杀菌装置。

真空预冷有许多优点。其冷却时间短，一般为20～30min，因品种不同而异。同一品种，因部位不同而不同。由于真空预冷降温时间短，呼吸速度下降迅速，故储藏时间长，营养成分不易受损失，并且包装形式不会影响冷却速度。

真空冷却也有其局限性。这种方法的冷却速率在很大程度上取决于食品的表面积与体积之比，以及产品失水的难易程度；真空冷却时，由于水分在短时间内蒸发，食品表面气孔开放，其鲜度下降，品质降低；真空预冷装置造价高、耗电量大，只适用于一些易腐和成分变化较快的高档果品。

4. 流态冰预冷

流态冰也称流体冰，作为一种全新的冷却（制冷）介质，其制冰技术与传统的制冰技术完全不同。它不是直接使水结成冰块，而是将无机物的水溶液（如海水）冷却到一定的温度，使水从溶液结晶中析出，从而形成细小的球状冰晶（直径通常只有0.2～0.8mm），其特点是冰体可流动，冰晶细小圆滑，无尖棱。流态冰预冷时，其冰晶迅速全方位包裹蔬菜，从而达到快速均匀降温的效果，其预冷速率是普通冰预冷的3～5倍；同时，由于其冰晶结构特性，填充至蔬菜时可保护蔬菜免受机械损伤。目前流态冰预冷技术在海产品中应用广泛，如鱼类的冰藏法，如图5-5所示。

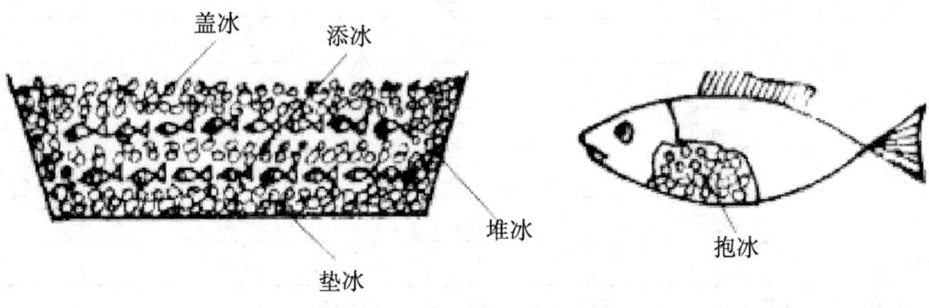

图5-5 鱼类的冰藏法示意

流态冰预冷的优点是流态冰在形态上可以包裹食品，降温速度快，且在食品表面形成一层“冰衣”，有良好的控温效果。食品的中心与表层温差小，不易发生龟裂。

流态冰预冷的缺点是为析出质量好的流态冰，需要消耗大量能源。现有阶段研发制作流态冰的流化床技术多数还停留在实验室阶段，制冰过程中发生的冰堵塞以及制冷剂消耗等问题亟待解决。

四、低温预冷产品的变化

1. 水分蒸发（干耗）

食品在预冷时，不仅食品的温度下降，而且食品中汁液的浓度会有所增加，食品表面水分蒸发，出现干燥现象。当食品中的水分减少后，不但造成质量损失（俗称干耗），而且影响植物性食品的外观。当减重达到5%时，水果、蔬菜会出现明显的凋萎现象。肉类食品在冷却储藏中也会因水分蒸发而发生干耗，同时肉的表面会收缩、硬化，形成干燥皮膜，肉色也会发生变化。鸡蛋在预冷储藏时，因水分蒸发而造成气室增大，使蛋内组织挤压在一起而造成质量下降。

为了减少水果、蔬菜类食品在遇冷时的水分蒸发量，要根据它们各自的水分蒸发特性，控制其温度、湿度及风速，水果、蔬菜的水分蒸发特性如表5-5所示。

表5-5　水果、蔬菜的水分蒸发特性

水分蒸发特性	水果、蔬菜种类
蒸发程度小	苹果、梨、橘子、柿子、西瓜、葡萄（欧洲种）、马铃薯、洋葱
蒸发程度中等	白桃、李子、无花果、番茄、甜瓜、莴苣、萝卜
蒸发程度大	樱桃、杨梅、葡萄（美国种）、叶菜类、蘑菇、龙须菜

动物性食品，如肉类在预冷中因水分蒸发造成干耗情况，如表5-6所示。肉类水分蒸发量与冷却室内的温度、湿度及冷风流速有密切关系，还与肉的种类、单位质量表面积的大小、表面形状以及脂肪含量有关。

表5-6　预冷中肉类胴体的干耗质量分数　单位：%

时间	牛	小牛	羊	猪
12h	2.0	2.0	2.0	1.0
24h	2.5	2.5	2.5	2.0
36h	3.0	3.0	3.0	2.5
48h	3.5	3.5	3.5	3.0
8d	4.0	4.0	4.5	4.0
14d	4.5	4.6	5.0	5.0

注：环境参数为环境温度=0℃，相对湿度80%～90%，冷风流速=0.2m/s。

2. 冷害

在预冷储藏时，有些水果、蔬菜的品温虽然在冻结线以上，但当储藏温度低于某一界限温度时，果蔬正常的生理机能受到影响，失去平衡，称为冷害。冷害症状随品种的不同而各不相同，最明显的症状是表皮出现软化斑点和核周围肉质变色，如西瓜表面凹斑、鸭梨的黑心、马铃薯的发甜等。水果、蔬菜发生冷害的界限温度与症状如表5-7所示。

表 5－7 水果、蔬菜发生冷害的界限温度与症状

水果、蔬菜种类	界限温度（℃）	症状
香蕉	11.7～13.8	果皮发黑，成熟不良
西瓜	4.4	凹斑，风味异常
黄瓜	7.2	凹斑，水浸状斑点，腐败
茄子	7.2	表皮变色，腐败
马铃薯	4.4	发甜，褐变
番茄（熟）	7.2～10	软化，腐烂
番茄（生）	12.3～13.9	催熟果颜色不好，腐烂

另外一些水果、蔬菜在外观上看不出冷害的症状，但冷藏后再放到常温中，就丧失了正常的促进成熟作用的能力，这也是冷害的一种。例如，香蕉放入低于 11.7℃的冷库内一段时间，拿出冷库后表皮变黑呈腐烂状，俗称“见风黑”，而生香蕉促进成熟作用的能力则已完全失去。一般来说，产地在热带、亚热带的果蔬容易发生冷害。必须强调的是，水果、蔬菜需要在低于界限温度的环境中放置一段时间，才能显现冷害症状，最快出现症状的品种是香蕉，而黄瓜、茄子一般则需要 10～14 天的时间。

3. 移臭（串味）

有强烈香味和臭味的食品与其他食品放在一起预冷储藏，这种香味或臭味就会传给其他食品。这样，食品原有的风味儿就会发生变化，使品质下降。有时，一间冷库内放过具有强烈气味的物质后，在库内留下的强烈气味会串给接下来放入的食品。要避免上述两种情况，就要求在管理上做到专库专用，或在一种食品出库后严格进行消毒和除臭。另外，冷库自身还具有一些特殊的臭味，俗称冷臭，这种冷臭也会串给冷却食品。

4. 后熟

水果、蔬菜在收获后仍是有生命的活体，为了运输和储藏的便利，一般在尚未完全成熟时采收，因此采收后有一个后熟过程。在预冷储藏过程中，如果条件合适，水果、蔬菜的呼吸作用使后熟作用仍继续进行，体内所含的成分也不断发生变化，如淀粉和糖的比例、糖和酸的比例、果胶物质的变化、维生素 C 的变化等，还可以看到香味、颜色、硬度的变化。

5. 成熟

刚屠宰的动物的肉是柔软的，并具有很高的持水性，放置一段时间后，就会进入僵硬阶段，此时肉质变得粗硬，持水性也大大降低。继续延长放置时间，肉就会进入解僵阶段，此时肉质又变软，持水性也有所恢复。进一步放置，肉质就进一步柔软，口味、风味也有极大改善，从而达到最佳食用状态。这一系列变化是食品体内一系列生物变化、化学变化和物理变化的结果。由于这一系列的变化，使肉质变得柔嫩，并具有特殊的鲜、香风味。肉的这种变化过程称为肉的成熟，是一种受人欢迎的变化。由于动物种类的不

同，成熟作用的效果也不同，对猪、家禽等肉质原本就较柔嫩的品种来讲，成熟作用不十分重要，但对牛、绵羊、野禽等，成熟作用就十分重要，它对肉质的软化与风味的增加有显著的效果，提高了它们的商品价值。但是必须指出的是，成熟作用如果进行得过分的话，肉质就会进入腐败阶段。一旦进入腐败阶段，肉类的商品价值就会下降甚至丧失。

6. 脂类的变化

预冷储藏过程中，食品中所含的油脂会发生水解、脂肪酸的氧化等复杂的变化，其反应生成的低级醛、酮类物质会使食品的风味变差、味道恶化，使食品出现变色、酸败、发黏等现象，这种变化非常严重时，就被人们称为“油烧”。

7. 淀粉老化

普通淀粉大致由20%的直链淀粉和80%的支链淀粉构成，这两种成分会形成微小的结晶，这种结晶的淀粉称为β淀粉。在适当温度下，淀粉在水中溶胀分裂，形成均匀的糊状溶液，这种作用称为糊化作用。糊化作用实质上是把淀粉分子间的氢键断开，水分子与淀粉形成氢键，形成胶体溶液。糊化的淀粉，又被称为α淀粉。食品中的淀粉是以α淀粉的形式存在的，但是在接近0℃的低温下，糊化了的α淀粉分子又自动排列成序，形成致密的高度晶化的不溶性淀粉分子，迅速出现淀粉的老化。老化的淀粉不易被淀粉酶作用，所以也不容易被人体消化吸收，水分含量在30%～60%的淀粉最易老化，含水量在10%以下的及在大量水中的淀粉都不易老化。

淀粉老化作用的最适宜温度是2℃～4℃。例如，面包在预冷储藏时淀粉迅速老化，味道就会变得很不好。又如土豆放在冷藏陈列柜中储藏时，也会有淀粉老化的现象发生。当储藏温度低于－22℃或高于60℃时，均不会发生淀粉老化现象，因为低于－22℃时，淀粉分子间的水分急速冻结，形成冰晶，阻碍了淀粉分子间的相互靠近，因而不能形成氢键，所以不会发生淀粉老化的现象。

8. 微生物增殖

食品中的微生物按温度划分可分为低温细菌、中温细菌和高温细菌，如表5-8所示。在冷却冷藏状态下，微生物，特别是低温微生物的繁殖和分解作用并没有被充分抑制，只是速度变得缓慢了一些，其整体还是增加的，如时间较长就会使食品发生腐败。

表5-8 细菌增殖的温度范围 单位:℃

类别	最低温度	最适宜温度	最高温度
低温细菌	－5～5	20～30	35～45
中温细菌	10～15	35～40	40～50
高温细菌	35～40	55～60	65～75

低温细菌的繁殖在0℃以下变得缓慢，但如果要他们停止繁殖，一般温度要降到－10℃以下。对于个别低温细菌，在－40℃的低温下仍有繁殖现象。

9. 寒冷收缩

屠宰后的牛肉在短时间内快速冷却，肌肉会发生显著收缩，以后即使经过成熟过程，肉质也不会十分软化，这种现象称为寒冷收缩。快速冷却容易发生寒冷收缩，以牛、羊肉最为明显。一般来说，宰杀后 10h 内，肉温降到 8℃以下，容易发生寒冷收缩现象，但并不绝对，成牛与小牛或者同一头牛的不同部位的肉都有差异。例如，成牛的肉温低于 8℃便会发生寒冷收缩，而小牛的肉温低于 4℃才会发生寒冷收缩。按照过去的概念，肉类宰杀后要迅速冷却，但近年来，由于冷却肉的销售量不断扩大，为了避免寒冷收缩现象的发生，国际上正研究不引起寒冷收缩的冷却办法。

第三节　低温冻结技术与装备

防止微生物繁殖的临界温度是－12℃。低温可以起到抑制微生物生长和加速部分微生物死亡的作用。一般认为，低温只是抑制微生物繁殖，并不能彻底杀死微生物，一旦温度升高，微生物重新获得活性，也会逐渐进行繁殖。所以保持稳定的低温状态才是食品低温储藏的关键。

一、低温冻结的概念

冷链食品的冻结是指将冷链食品的温度降低到其汁液的冻结点以下，使冷链食品中的大部分水分冻结成冰，国际上推荐的冻结温度为－18℃以下。冻结生鲜食品中微生物的生命活动及酶的生化作用均受到抑制，水分活度下降，因此可进行长期储藏，其中，几种常见食品的冻结点及对应含水率如表 5－9 所示。

表 5－9　几种常见食品的冻结点及对应含水率

品种	冻结点（℃）	含水率（%）
牛肉	－1.7～－0.6	71.6
猪肉	－2.8	80
鱼肉	－2～－0.6	70～85
牛奶	－0.5	88.6
蛋白	－0.45	89
蛋黄	－0.65	49.5
葡萄	－2.2	81.5
苹果	－2	87.9
青豆	－1.1	73.4
橘子	－2.2	88.1
香蕉	－3.4	75.5

近年来，食品速冻技术的应用越来越广泛，其运用现代冻结技术，在尽可能短的时间内，将食品温度降低到冻结点以下的预期低温，使食品所含的全部或大部分水分随着食品内部热量的外散而形成合理的微小冰晶体，最大限度地减少生命活动和生化变化所必需的液态水分，最大限度地保留食品原有的天然品质，为低温冷藏提供一个良好的基础。

尽管目前世界上对速冻食品尚无一个统一、确定的概念，但专家认为速冻食品一般应具备下述五个要素：①冻结要在－30℃～－18℃的温度下进行，并在 20min 内完成。②速冻后的食品中心温度要在－18℃以下。③速冻食品内水分形成无数针状小冰晶，其直径应小于 100μm。④冰晶分布与原料中液态水的分布相近，不损伤细胞组织。⑤当食品解冻时，冰晶融化的水分能迅速被细胞吸收而不产生汁液流失。

显然满足上述条件的速冻食品能最大限度地保持天然食品原有的新鲜度、色泽、风味和营养成分。也就是说，在冻结过程中必须保证使食品所发生的物理变化（体积、导热性、比热容、干耗等）、化学变化（蛋白质、色泽等）、细胞组织变化以及生物生理变化等达到最大的可逆性。

二、低温冻结的目的

冻结冷链食品的目的是移去冷链食品中的显热和潜热，在规定的时间内将冷链食品的温度降低为冻结点以下，使冷链食品中的可冻水分全部冻结成冰。达到冻结成冰温度后，送往冻结物冷藏间储藏，因为冷链食品可近似看作溶液，而溶液在冻结的过程中，随着固相冰不断析出，剩余液相溶液的浓度不断提高，冰点不断下降，其完全冻结温度远低于 0℃。

对于冷链食品，因含有许多成分，冻结过程从最高冻结温度（或称初始冻结温度）开始，在较宽的温度范围内不断进行，一般至－40℃才完全冻结（个别食品在－95℃还没有完全冻结）。

冷链食品在冻结过程中所含水分会结冰，鱼、肉、禽等动物性食品若不经预冷处理，直接冻结，解冻的感官品质变化不大，但水果、蔬菜类植物性食品若不经预冷处理直接冻结，解冻后的感官品质就会明显恶化。所以蔬菜冻结前需进行预冷，水果冻结前要进行加糖或糖液等处理后再冻结。如何把食品冻结过程中的水变成冰晶及将低温造成的影响减少到最小，是冻结工序中必须考虑的关键。

三、低温冻结速度与冰晶分布

（一）冻结速度

对冻结速度快或慢的划分，即是否达到速冻，目前还未统一，现在通用的方法有定量法和定性法两类。在定量法中，有以时间划分和以推进距离划分两种划分方法。在定性法中，有从低温生物学观点出发的划分方法等。

1. 定量法

（1）以时间划分。食品中心温度从−1℃降到−5℃所需的时间为3～20min的称为快速冻结（速冻）；20～120min的称为中速冻结；超过120min的即为慢速冻结。速冻时间之所以定在20min内，是因为在这样的冻速条件下冰晶对食品组织结构的影响最小。但由于食品的抗冻性依其种类、鲜度、预处理程度而不同，所以把各种食品速冻时间定为20min的说法尚未得到公认。

（2）以推进距离划分。以单位时间内把−5℃的冻结层从食品表面向内部延伸的距离作为标准。时间以h为单位，距离以cm为单位。目前一般把冻结速度分成四类：①v大于16cm/h为超速冻结（一般指在液氮或液态二氧化碳中冻结）；②v为5～15cm/h为快速冻结；③v为1～5cm/h为中速冻结；④v为0.1～1cm/h为缓慢冻结。

根据上述划分，对厚度或直径为10cm的食品来说，若其中心温度降到−5℃的耗时最多为1h则为速冻。

1972年国际制冷学会对冻结速度的定义为：某个食品的冻结速度是指食品表面与中心温度点间的最短距离与食品表面达到0℃以后食品中心温度降到比食品冻结点低10℃所需时间之比。如某食品的中心与其表面的最短距离为10cm，食品冻结点为−2℃，其中心温度降到比冻结点低10℃即−12℃时所需时间为15h，其冻结速度即为$v=10/15=0.66$cm/h。

根据这一定义，食品中心温度的计算值随食品冻结点的不同而改变。如冻结点为−1℃时，食品中心温度的计算值需达到−11℃，冻结点为−3℃时，其值为−13℃。这和以时间划分的分类方式中冻结速度的温度下限为−5℃相比要低得多，所以冻结条件也要苛刻得多。1990年国际制冷学会的《热带发展中国家冷藏手册》中对快速冻结的定义是：被冻结的食品的冻结面向中心的推进速度需达到0.5～2cm/h。

目前使用的各种冻结器由于性能不同其冻结速度是不等的，一般为0.2～100cm/h。如通风的冷库中为0.2cm/h，送风冻结器中为0.5～3cm/h，流态液化冻结器中为5～10cm/h，液氨冻结器中则为10～100cm/h。

2. 定性法

定性法有基于低温生物学观点划分的定性法。低温生物学认为，速冻是指外界的温度降与细胞组织内的温度降是持续变化的，并有较大的温差，而慢冻是指外界的温度降与细胞组织内的温度降基本上保持等速。低温生物学还认为，速冻是指以最快冻结速度通过食品的最大冰晶生成区（一般为−5℃～−1℃）的冻结过程。

（二）结晶条件

当食品中液体温度降到冻结点时，液相与结晶相处于平衡状态。而要使液体变为结晶体就必须破坏这种平衡状态，也就是说必须使液相温度降至稍低于冻结点，以使液体达到过冷状态。因此过冷现象是产生冰晶的先决条件，当液体处于过冷状态时，由于某种刺激作用而产生结晶中心。在稳定的结晶中心形成后，如果继续散失热量，那么冰的晶体将不断增大。结晶时相变所放出的热量使水或水溶液的温度由过冷温度升至冻结点温度。各种含液体的食品均有不同的过冷临界温度，如畜、禽、鱼平均为－5℃～－4℃，乳类约为－6℃～－5℃，蛋类约为－11℃～13℃。

一般食品在冻结过程中不会有稳定的过冷状态产生，因为冻结时食品表面层温度很快降低，使其表面层的过冷状态不能持久，但在奶油中有很显著的过冷状态。

（三）冻结速度与冰晶分布的关系

冻结速度的快、慢与冻结过程中另一大危害——冰晶大颗粒的尺寸直接相关。采用速冻是控制冰晶大颗粒产生的有效方法。

当冻结速度快到使食品组织内冰层推进速度大于水移动速度时，冰晶分布便接近天然食品中液态水的分布情况，且冰晶呈无数针状结晶体。当慢冻时，由于细胞外溶液浓度较低，因此首先在细胞外产生冰晶，而此时细胞内的水分还以液相形式残留着。同温度下，水的蒸气压总大于冰的蒸气压，在蒸气压差作用下，细胞内的水向冰晶移动，形成较大的冰晶，且分布不均匀。除蒸气压差外，还因动物死后蛋白质的保水能力降低以及细胞膜的透水性增强，而使水分转移作用加强，从而产生更多、更大的冰晶大颗粒。

实际上被冻结的物质总是有一定的厚度和体积，从表面到中心，冻结速度明显变慢。因此，要保持同一冻结速度是困难的。由于冻结速度的差别会引起大多数食品的质量变化，从提高食品质量的角度来看，只有把食品温度迅速地降低到－18℃才能抑制微生物的活动，延缓生化反应，得到较高质量的食品。所以冻结速度不能太慢。

大部分食品在－5℃～－1℃温度范围内时，几乎80%的水分会结成冰，此温度范围即所谓的最大冰晶生成区。研究表明，对保证速冻产品的品质来说，这是最重要的温度区间。为保证食品的冻结质量，应以最快的冻结速度通过最大冰晶生成区。冻结过程中生成冰晶的数量和大小对于冻结过程的可逆性程度具有很大的意义。

冻结速度越快，形成的冰晶就越细小、均匀，而不会刺伤细胞造成机械损伤。因为有机体内的汁液都是非饱和的有机溶液。温度低于冰点时，首先是自由水冻结，随着温度的下降，非饱和的有机溶液继续浓缩，然后剩余的部分以低共溶混合物的形式均匀冻结。因为速冻时食品细胞组织未被破坏，所以解冻后能保持原有食品的营养价值和色、香、味。相反，缓慢冻结形成的较大冰晶会刺伤细胞，破坏组织结构，解冻后食品汁液流失严重以致不能食用。

四、低温冻结的技术及装置

根据食品与冷冻介质的接触方式，通常将低温冻结方式分为两类。一类是间接冻结法，另一类是直接冻结法。间接冻结法多使用冷空气或者低温金属板对食品进行冻结处理；直接冻结法多使用液氮浸渍冷冻的方式，液氮是低沸点的液体，相变潜热大，能够迅速带走食品的热量，同时氮气是惰性气体，不会与食品发生反应，不污染环境，如表5-10所示。

表 5-10　低温冻结方式对比

冻结方式	优点	缺点
间接冻结	1. 设备成本较低。 2. 冷冻过程不产生污染。 3. 适用于运输环节	1. 冷冻速率慢，不均匀，且冰晶较大。 2. 对食品货架堆码有要求，以防止局部热点的出现
直接冻结	1. 冷冻速率快，食品内冰晶小。 2. 食品经过冷冻后干耗小。 3. 液化气常是惰性介质，不会与食品发生化学反应，食品几乎不发生氧化变色和脂肪酸败	1. 冻结成本较高。 2. 因为冻结速度极快，食品表面与中心之间会产生极大的瞬时温差，膨胀压力大，造成食品龟裂

(一) 间接冻结

1. 鼓风式冻结

鼓风式冻结是将空气作为冷却介质，使其强制循环以冻结冷链食品的方法，鼓风式冻结是目前应用十分广泛的一种冻结方法，由于空气的表面传热系数较小，食品在静止空气中冻结的冷速度很慢，故工业生产中已不太采用该方式。增大风速能使食品表面传热系数增大，这样可以加快冻结速度。

鼓风式冻结装置发展很快、应用很广，有间歇式、半连续式、连续式三种基本形式。在气流组织、冻品的输送传递方式上，均有不同的特点与要求，因此有不同形式的冻结装置。下面介绍几种连续式鼓风冻结装置。

1）钢带连续式冻结装置

这种冻结装置是在连续式隧道冻结装置的基础上发展起来的，如图 5-6 所示。钢带（不锈钢传送带）连续式冻结装置换热效果好，被冻食品的下部与钢带直接接触，进行导热换热，上部强制让空气进行对流换热，故冻结速度快。在空气温度为－35℃～－30℃时，冻结时间随冻品的种类、厚度不同而异，一般在 8～40min。为了提高冻结速度，会在钢带的下面加设一块铝合金平板蒸发器，其换热效果比只有钢带的换热效果要好，但安装时必须注意钢带与平板蒸发器的接触情况。

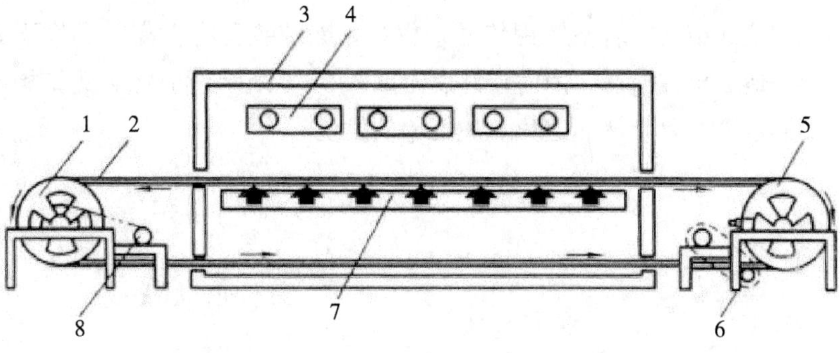

1—主动轮；2—不锈钢传送带；3—隔热外壳；4—空气冷却器；5—从动轮；6—钢带清洗器；7— 平板蒸发器；8—变频调速装置

图 5-6　钢带连续式冻结装置

另一种结构形式是用不冻液在钢带下面喷淋冷却，代替平板蒸发器。虽然可起到接触式导热的效果，但是对于以盐水为不冻液的装置，需增加盐水蒸发器、盐水泵、管道、喷嘴等设备，同时还会存在盐水对设备造成腐蚀的问题。

由于钢带传动的连续式冻结装置占地面积大，故多层传送带的螺旋式冻结装置被开发出来，这种传送带的运动方向不是水平的，而是沿圆周方向做螺旋式旋转运动，这就避免了因水平方向传动长度太长而造成占地面积大现象的发生。

单螺旋式冻结装置如图 5－7 所示，主要由传统不锈钢传送带、空气冷却器（蒸发器）、传送带清洗器、变频调速装置、隔热外壳等部件组成。不锈钢传送带的一侧紧靠在转筒上，靠摩擦力和转筒的传送力，使传送带随着转筒一起运动。传送带需专门设计，它既可直线运行，也可缠绕在转筒上，在转筒的带动下做圆周运动。当传送带脱离转筒后，依靠链轮带动。因此即使传送带很长，传送带的张力却很小，动力消耗不大，传送带的速度由变频调速装置进行无级调速，冻结时间可在 20min～2.5h 范围内变化，故可适应多种冻品的要求，从食品原料到各种调理食品，都可在螺旋式冻结装置中进行冻结，这是一种发展前景很好的连续冻结装置。

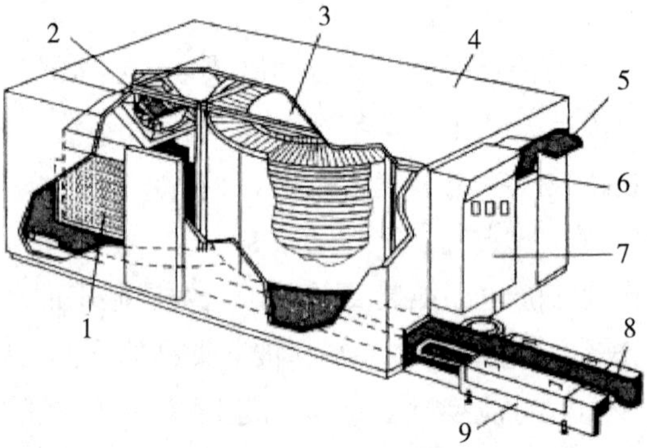

1—蒸发器；2—轴流式风机；3—转筒；4—隔热外壳；5—出冻口；6—变频调速装置；
7—电器控制箱；8—进冻口；9—传送带清洗器

图 5－7　单螺旋式冻结装置

上述为单螺旋式结构，若不锈钢传送带很长，冻结装置将很高，操作不方便，并且冻品出冻时容易造成机械损伤。因而，开发出如图 5－8 所示的双螺旋式结构，使冻品进出时均处于相同水平位置，从而避免上述现象的发生。

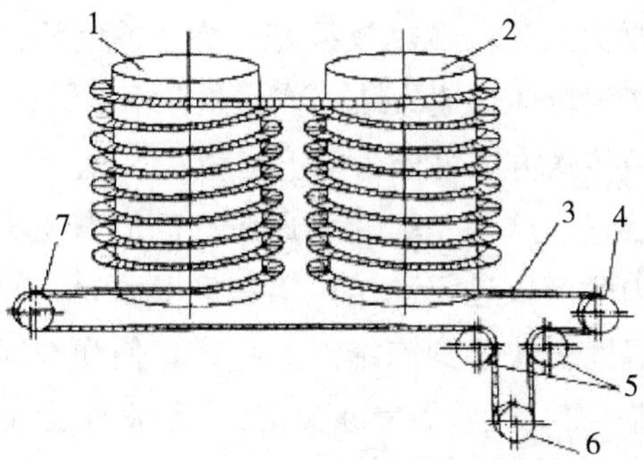

1—上升转筒；2—下降转筒；3—不锈钢传送带；4,7—出冻链轮；5—固定轮；6—张紧轮

图 5-8 双螺旋式冻结装置

2）气流上下冲击式冻结装置

气流上下冲击式冻结装置如图 5-9 所示。它是连续式隧道冻结装置的一种新形式，因其在气流组织上的特点而得名。在这种冻结装置中，由空气冷却器吹出高速冷空气，分别进入上、下两个静压箱。在静压箱内，气流速度降低，由动压转变为静压。在出口处装有许多喷嘴，气流经喷嘴后，又产生高速气流。此高速气流垂直吹向不锈钢传送带上的被冻食品，使其表层很快冷却，被冻食品的上部和下部都能均匀降温，快速冻结。这种冻结装置是在 20 世纪 90 年代，由美国约克公司开发出来的，我国目前也有类似产品，该产品在美国已有产品的基础上，去掉喷嘴，将静压箱出口处设计为条形风道，风道出口处的风速可达 15m/s。

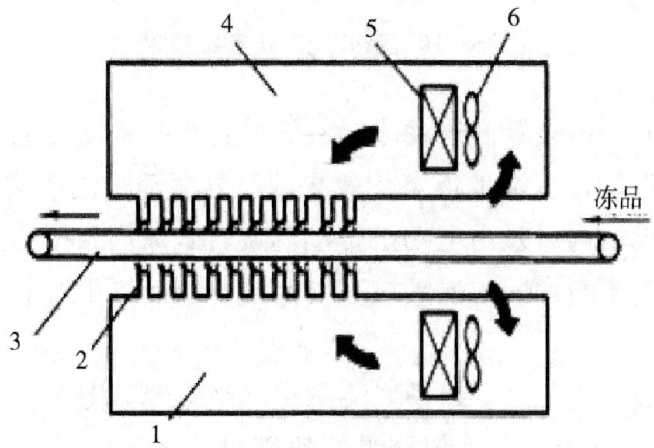

1,4—静压箱；2—喷嘴；3—不锈钢传送带；
5—蒸发器；6—轴流式风机

图 5-9 气流上下冲击式冻结装置

3）流态化冻结装置

流态化冻结装置的主要特点是将被冻食品放在开孔率较小的传送带或多孔槽板上，高速冷空气流自上而下通过传送带或槽板，将被冻食品吹起，使其呈悬浮状态，具有类似于流体的某些表现特征，在这样的条件下进行冻结，称为流态化冻结。

流态化冻结装置的主要优点为：换热效果好；冻结速度快；冻结时间短；冻品脱水损失少；冻品质量高；可实现单体快速冻结；冻品相互不黏结；可进行连续冻结。

流态化冻结装置按机械传送方式可分为以下三种基本形式。

（1）带式流态化冻结装置。这是一种使用最广泛的流态化冻结装置，大多采用两段式结构，即将被冻食品分为两区段进行冻结。第一区段主要为食品表层冻结，使被冻食品进行快速冷却，将表层温度很快降到冻结点并冻结，使颗粒间以及颗粒与传送带间成离散状态，彼此互不黏结；第二区段为冻结段，将被冻食品冻结至热中心温度为－18℃～－15℃，带式流态化冻结装置具有变频调速装置，可对传送带的传递速度进行无级调节，蒸发器多为铝合金管与铝翅片组成的变片距结构，风机为离心式或轴流式。带式流态化冻结装置如图 5－10 所示。

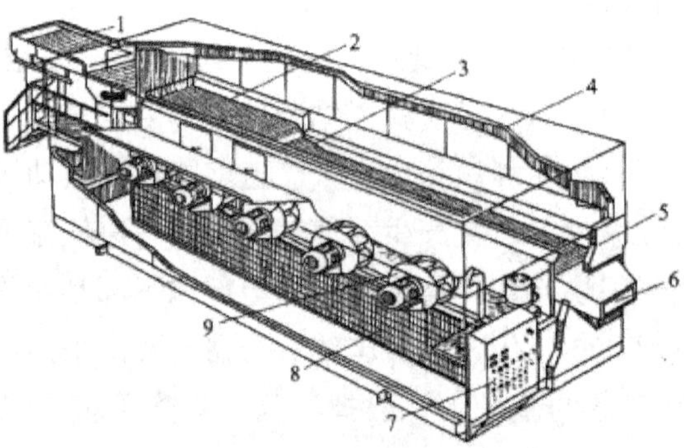

1—振动布料进冻口；2—表层冻结段；3—冻结段；4—隔热箱体；5—网带传动电动机；6—出冻口；7—电控柜及显示器；8—蒸发器；9—离心式风机

图 5－10　带式流态化冻结装置

（2）振动式流态化冻结装置。这种冻结装置的特点是被动食品在冻品槽内，由连杆机构带动做水平往复振动，以增加流态化效果。往复振动式流态化冻结装置如图 5－11 所示。它具有气流脉动机构以及由电动机带动的旋转式风门。按一定的速度旋转，使通过机器内部的气流流量不断增减，搅动被冻食品层，从而可更有效地冻结各种软嫩和易碎食品。

（3）斜槽式流态化冻结装置。斜槽式流态化冻结装置如图 5－12 所示。其特点是无传送带和振动筛等传动机构，主体部分为一块固定的多孔底板，斜槽的进口稍高于出口，被冻食品在斜槽内依靠上吹的高速冷气流，使其得到充分流态化，并借助于具有一定倾斜角的槽体，向出料口流动。料层高度可由出料口的导流板进行调节，以控制冻结时间和冻结能力，这种冻结装置具有构造简单、成本低、冻结速度快、流态化质量好、冻结温度均匀等特点。在蒸发温度为－40℃以上，垂直向上风速为 6～8m/s，冻品间风速为 1.5～5m/s 时，冻结时间为 5～10min。这种冻结装置的主要缺点是：风机功率大，风压高，空间冻结能力较小。

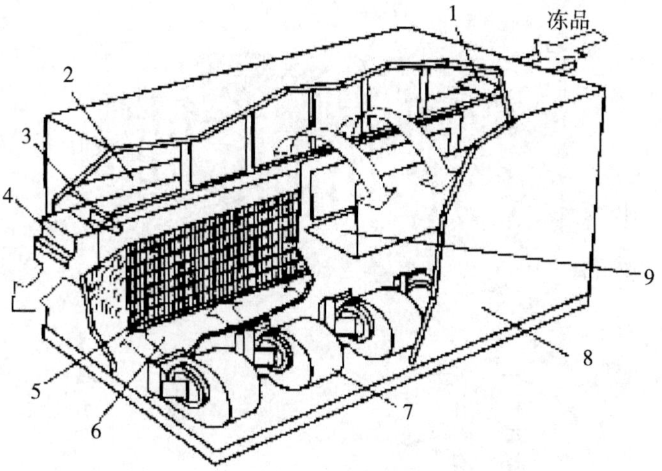

1—布料振动器；2—冻品槽；3—出料挡板；4—出冻口；5—蒸发器；
6—静压箱；7—离心式风机；8—隔热箱体；9—观察台

图 5-11 往复振动式流态化冻结装置

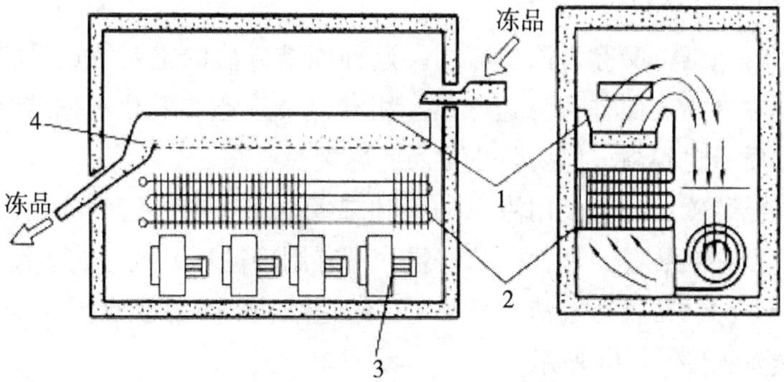

1—斜槽；2—蒸发器；3—离心式风机；4—出料挡板

图 5-12 斜槽式流态化冻结装置

2. 接触式冻结

接触式冻结的特点是将被冻食品放置在两块金属平板之间，依靠导热来传递热量。因为金属的热导率比空气的表面传热系数大数十倍，所以接触式冻结法的冻结速度快，它主要适用于冻结块状或规则形状的食品。其中的半接触式冻结主要是指被冻食品的下部与金属板直接接触，靠导热传递热量。上部通过空气强制循环，进行对流换热，加快食品冻结速度。

平板冻结装置是接触式冻结装置中最典型的一种，它由多块以铝合金为材料的平板蒸发器组成，平板内有制冷剂循环通道，平板进出口接头由耐压不锈钢软管连接。平板间距的变化由油压系统驱动进行调节，将被冻食品压紧。由于食品与平板间紧密接触，且铝合金平板具有良好的导热性能，故其传热系数高。图 5-13 为立式平板冻结装置。

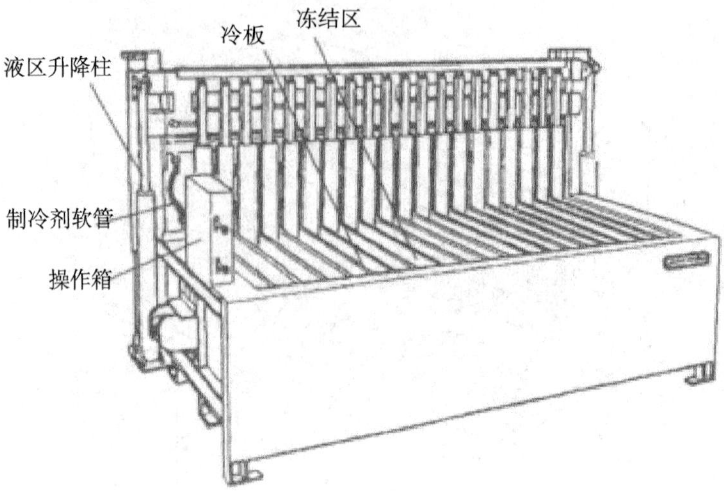

图 5-13　立式平板冻结装置

（二）直接冻结

1. 液化气体喷淋冻结

液化气体喷淋冻结，又称为深冷冻结。这种冻结方法的主要特点是将液态的氮和二氧化碳直接喷淋在食品表面进行急速冻结，用液氮和液态二氧化碳冻结食品时，其冻结速度很快，冻品质量也很高，但要防止食品的冻裂。

与一般的冻结装置相比，使用液态的氮和二氧化碳冻结装置的冻结温度更低，所以常称为低温或深冷冻结装置。这种冻结装置，没有制冷循环系统，构造简单、操作方便、维修保养费用低，冻结装置功率消耗很小，冻结速度快，冻品脱水损失少，冻品质量高。液氮喷淋冻结装置如图 5 - 14 所示。

还有一种液氮喷淋与空气鼓风相结合的冻结装置。被冻食品先经液氮喷淋，使其表层很快冻结，这样可减少脱水损耗；然后再进入鼓风式冻结装置，完成产品冻结过程，这样的冻结装置既增强了冻结能力，也减少了液氮的消耗量。

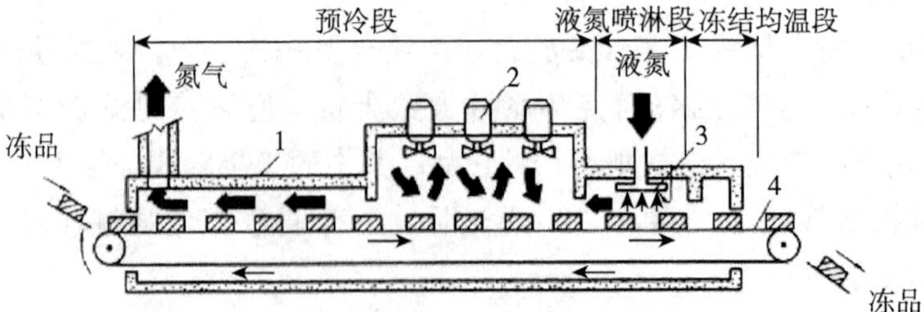

1—隔热箱体；2—轴流风机；3—液氮喷嘴；4—传送带

图 5-14　液氮喷淋冻结装置

2. 沉浸式冻结

沉浸式冻结的主要特点是将被冻食品直接沉浸在不冻液（盐水、乙二醇、丙二醇、酒精溶液或糖溶液）中进行冻结，由于液体的表面传热系数比空气大几十倍，故沉浸式冻结法的冻结速度快。需要注意的是不冻液要满足食品卫生要求。

五、低温冻结产品的变化

1. 物理变化

1）体积

水在4℃时体积最小，因而密度最大，约为1000kg/m。0℃时水结成冰，食品冻结时，体积约增加9%。冰的温度每下降1℃，体积收缩0.005%～0.01%。两者相比，膨胀比收缩大得多，所以含水分多的食品冻结时体积会膨胀。食品冻结时，首先是表面水分结冰，然后冰层逐渐向内部延伸，产生的内压成为冻结膨胀压，纯理论计算，其数值可高达8.7MPa。食品越厚，食品的含水量越多，冻结膨胀压越大。当外层无法承受这样的压力时，就会破裂，逐渐使内压消失，如采用−196℃液氮冻结金枪鱼时，由于厚度较大，含水率高，表面温度下降极快时易产生龟裂。另外，在压力作用下，可能使内脏的酶类挤出、红细胞崩溃、脂肪向表层移动等。血红蛋白因红细胞膜破坏流出，从而加速肉的变色。日本为了防止因冻结而引起冻品表面的龟裂，采用均温处理的二段冻结方式，即先将鱼体中心温度降低至接近冻结点，再将其放入−15℃的空气或盐水中，使鱼体各部分温度趋于均匀，然后再用−40℃的氯化钙盐水浸泡和喷淋冻结至目标温度，可防止鱼体表面龟裂现象的发生。此外，冻结过程中水变成冰后，体积膨胀，体液中溶解的气体从液相中游离出来，加大了食品内部的压力，冻结鳕鱼肉中的海绵化就是由于鳕鱼肉的体液中含量较多的氮气，随着水分冻结，成为游离的氮气，使鳕鱼体积迅速膨胀，产生的压力将未冻结的水分挤出细胞外，在细胞外形成冰晶所致。这种细胞外的冻结，使细胞内的蛋白质变性而失去保水能力，解冻后不能复原，成为富含水分并有很多小孔的海绵状肉质。严重时，其肉的断面像蜂巢，食味变淡。

2）比热容

比热容是单位质量的物体温度升高或降低1K（℃）所吸收或放出的热量。食品的冻结过程是内部水分转化为冰晶的过程。构成食品的主要物质的物理性质如表5-11所示，可以看出，水的比热容是最大的，而食品的比热容大小与食品的含水量有关，因此含水量多的食品比热容大，含脂量多的食品则比热容小。另外，对于一定含水量的食品，冰点以上的比热容比冰点以下的比热容大。比热容大的食品冷却和冻结时需要的冷量大，解冻时需要的热量亦多。

3）热导率

水在食品中的含量很高。冰的热导率约为水的四倍，其他成分的热导率基本上是一定的，如表5-11所示。所以当温度下降时，随着冰晶向食品内部的移动，食品的热导率增大，从而加快了冻结速度。解冻时，随着冰晶由内向外逐渐融化成水，热导率减小，从而减慢了解冻速度。此外，食品的热导率还受含脂量的影响。含脂量高，则热导率小。热导率还与热流方向有关，当热的移动方向与肌肉组织垂直时，热导率小，平行时则大。

表 5-11 构成食品的主要物质的物理性质

物质	密度（kg/m）	比热容［kJ/（kg·℃）］	热导率［W/（m·℃）］
水	1000	4.182	0.60
冰	917	2.11	2.21
蛋白质	1380	2.02	0.20
脂肪	930	2.43	0.18
糖类	1550	1.57	0.25
无机物	2400	1.11	0.33
空气	1.24	1.00	0.025

4）最大冰晶生成带

食品细胞在冷冻降温时会有变化，当食品温度降为−5℃～−1℃时，细胞内的水会结冰成冰晶，这个温度带称为“最大冰晶生成带”。食品冷冻速度的快慢使冰晶生成的大小不同。时间越短冰晶越小；冷冻速度越慢，所需时间越长，生成的冰晶越大，便会刺破细胞膜。一旦解冻，细胞液就会流失，使食品没有味道，丧失营养。因此，为了保持食品的新鲜度和营养度，就采用快速冷冻方式，用最短的时间通过最大冰晶生成带，最大限度地锁住食物营养，保持口感新鲜。

5）干耗

食品冻结过程中，食品中的水分从表面蒸发，造成食品的质量减少，俗称“干耗”，干耗不仅会给企业造成很大的经济损失，还给冻品的品质和外观带来影响。影响干耗的因素有：冻结室中空气与食品表面的蒸气压差、食品表面积、冻结时间、冻结室中的温度与风速等。

2. 组织变化

植物组织解冻时一般比动物组织解冻时损伤大。产生的原因为：①植物组织有大的液泡，液泡使植物细胞保持高的含水量，使得结冰时损伤大；②植物细胞有细胞壁，动物细胞只有细胞膜，壁比膜厚且又缺乏弹性，冻结时容易胀破；③两者细胞内成分不同，特别是高分子蛋白质、碳水化合物含量不同，二者有机物组成不同。由于这些差异，在同样冻结条件下，冰晶的生成量、位置、形状不同，造成的机械损伤及胶体的损伤程度亦不同。

植物组织缓慢冻结时，最初在细胞间隙及微管束处生成冰晶。同温度下细胞液的蒸气压大于冰的蒸气压，于是细胞内的水向细胞间隙的冰晶上移动，在细胞外冻结起来。这种在细胞外结冰引起的细胞脱水，植物组织还能继续生存。如果冷却速度快，在细胞内形成冰晶，则植物组织将无法生存。故植物细胞死亡与冰晶是否在细胞内形成有关，而与冻结温度和冻结时间无关。植物因冻结死亡后氧化酶活性增强，出现褐变。故植物性食品如蔬菜在冻结前还须进行烫漂工序以破坏酶的活性，防止褐变。动物性食品内的非活性细胞则不需要此工序。

3. 化学变化

1）蛋白质变性

食品冻结后的蛋白质变化是造成质量、风味下降的原因，这是蛋白质变性所致。造成蛋白质变性的原因有以下几点。

（1）盐类、糖类的作用。冰晶生成时无机盐浓缩，使蛋白质变性。盐类中钙、镁等水溶性盐类能促进蛋白质变性。而磷酸盐等则能减缓蛋白质变性。按此原理，将鱼肉绞碎、水洗以除去水溶性的钙、镁等盐类，然后再加5%磷酸盐（焦磷酸盐和多聚磷酸钠等量混合）和5%葡萄糖，调节pH值为6.5～7.2进行冻结，效果较好。

（2）脱水作用。冰晶生成后使蛋白质分子失去结合水，蛋白质分子受压集中，相互凝集，从而变性。

（3）脂肪分解氧化产物的作用。脂肪对肌肉蛋白质的变性也有影响。脂肪水解产生游离脂肪酸，很不稳定，氧化效果产生的低级醛、酸等产物，促使蛋白质变性。脂肪的氧化水解是在脂肪酶的作用下进行的，这些酶在低温下活性仍很强。

2）食物变色

食品在冻结时的变色主要是指水产品的褐变、黑变、褪色等。水产品变色的原因包括自然色泽的分解和产生新的变色物质两方面。自然色泽被破坏，如红色鱼皮的褪色等。产生新的变色物质，如虾类的黑变、鳕鱼肉的褐变等。变色不但使水产品的外观变差，有时还会产生异味，影响冻品质量。

4. 生物和微生物的变化

生物变化是指寄生虫和昆虫之类的小生物，经过冻结都会死亡。牛肉、猪肉中寄生的钩绦虫的包囊在冻结时会死亡，猪肉中旋毛虫的幼虫在－15℃下5天后死亡。因此，冻结能杀死肉类所带的寄生虫。有些国家对肉的冻结状态有规定，如美国对冻结杀死猪肉中旋毛虫规定温度和时间条件，如表5-12所示，联合国粮食及农业组织（FAO）和世界卫生组织（WHO）共同建议，肉类寄生虫污染不严重时在－10℃温度下至少储存10天。

表5-12　冻结杀死猪肉旋毛虫的温度和时间

冻结温度（℃）		－15	－23.3	－29
肉的厚度	15cm以内	20天	10天	6天
	15～68cm	30天	20天	16天

微生物包括细菌、霉菌、酵母菌。对食品腐败影响最大的是细菌，引起食物中毒的一般是中温菌，他们在10℃以下繁殖减慢，4.5℃以下不繁殖。鱼类的腐败菌一般是低温菌。它们在0℃以下繁殖减缓，－10℃以下则停止繁殖。

冰晶阻止了细菌的发育、繁殖，但有些细菌产生的酶还有活性，尽管活性很小，但还有作用，它使生化过程仍在缓慢进行，使得食品品质降低，所以冻结食品的储藏期仍有一定期限。

冻结食品在冻结状态下储藏，其在冻结前感染的微生物数会随着储藏时间的延长而减少，直至全部消失。但各种食品差别很大，有的几个月，有的要一年。细菌对冻结的抵抗力比霉菌、酵母菌强，因此不能期待利用冻结低温来杀死污染的细菌，所以要求在冻结前尽可能减少污染或杀灭细菌，然后再进行冻结。

食品在－10℃时大部分水已经冻结成冰，剩下溶液浓度增高，水分活性降低，细菌不能繁殖。所以－10℃对冻结食品是一个温度界限。国际制冷学会建议，为防止微生物繁殖，必须在－12℃以下储藏，为防止酶的作用及物理变化必须在－18℃以下储藏。

六、新冷冻技术在食品中的应用

1. 被膜包裹冻结技术

被膜包裹冻结技术，也称冰壳冻结技术，包括被膜形成、缓慢冷却、快速冷却、冷却保存四个步骤。该方法具有较多的优点：食品冻结时形成的被膜可以抑制食品膨胀变形，限制冷却速度，形成的冰晶细微，可防止细胞被破坏；产品可以自然解冻，食用食品时口感好，没有老化现象。

2. 超声冷冻技术

超声冷冻技术是利用超声波改善食品冷冻过程。其优势在于超声可以强化冷冻传热过程、促进食品冷冻过程的冰晶的形成、改善冷冻食品品质等。超声波引发的各种效应，可以使边界层减薄、接触面积增大、传热阻滞减弱，有利于提高传热速率、强化传热过程。

3. 高压冷冻技术

高压冷冻技术通过改变压力控制食品中水的相变行为，在高压条件下，将食品冷却到一定温度，但不致使水结冰，然后迅速解除压力，在食品内部形成颗粒小而均匀的冰晶，而且冰晶体积不会膨胀，能够减少对食品组织内部的损伤，能在保持原有食品品质的基础上冷冻食品。

4. 冰核活性细菌冻结技术

对生物冰核的研究正不断拓展和深入，已从冰核细菌发展到冰核真菌，利用冰核活性细菌辅助冷冻的优势在于：可以提高食品中水的冻结点、缩短冷冻时间、节省能源；促进冰晶的生长，形成较大尺寸的冰晶，在降低冷冻操作成本的同时，使后续的冰晶与浓缩物料的分离变得容易；使食品在冰晶上的夹带损失降低，提高冰晶纯度，减少固形物损失。在待冷冻食品中添加冰核活性细菌的冷冻技术已在食品冷冻干燥和果汁冷冻浓缩中应用。

5. 生物冷冻蛋白技术

生物冷冻蛋白技术是在食品中直接添加胞外生物冷冻蛋白聚体。细菌胞外冷冻蛋白的活性比整个冰核细胞的还要高，可获得有序的纤维状薄片结构的冰晶体，有效改善了冷冻食品的质量，提高了冷冻效率。

6. 即时冻结技术

即时冻结技术是将动磁场与静磁场组合，从壁面释放出微小的能量，使食品中的水分子呈细小且均一化状态，然后将食品从过冷却状态立刻降温为－23℃以下而被冻结。由于是最大限度地抑制冻晶膨胀，食品的细胞组织没有被破坏，解冻后能恢复到食品刚制作时的色、香、味和鲜度，且无汁液流失现象，因此口感和持水性都得到了较好保持。

7. 减压冷冻技术

减压冷冻技术包括真空冷却、低温保存和气体储藏，它具有低温和低氧的特点，能够抑制微生物生长和呼吸，减少氧气和二氧化碳对食品的影响。因此减压冷冻储藏不仅有快速冷却、延长储藏时间和提高储藏质量的优点，也延长了食品的货架期。

第四节　产品解冻加工技术与装备

冻结食品在加工前必须经过解冻过程，解冻可分为半解冻（－5℃）和完全解冻（室温），具体依据解冻后的用途而定。冻结食品的解冻是将冻品中的冰晶融化成水，力求恢复到未冻结前的状态。作为食品加工原料的冻结品，通常只需要升温至半解冻状态。

一、产品解冻的概念

解冻是指将冻结时食品中形成的冰晶融化成水，可视之为冻结的逆过程。在0℃时水的传热系数仅是冰的热传导率的1/4左右，因此，在解冻过程中，热量不能充分地通过已解冻层传入食品内部。同时，为避免食品表面发生微生物污染和变质，解冻的时间应尽可能地短。有种观点认为快速解冻虽然可以减轻微生物反应及生化反应，但如果时间太短，食品内部的汁液没有充足的时间重新进入细胞内，一些营养物质就会随着汁液流失。

此外，在冻结过程中，人们可以将库温降得很低，通过增大与食品的温差来加强传热，提高冻结效率。但在融化过程中，外界温度会受到食品的限制，所以解冻过程的热控制要比冻结过程更困难。

二、产品解冻的方法

解冻是食品冷却加工后不可缺少的环节。由于冻品在自然条件下也会解冻，所以解冻这一环节往往不被人们重视。然而，要使冷冻食品经冻结、冷藏以后，尽可能地保持其原有的品质，就必须重视解冻这一环节，这对于需要对大量解冻后的冻品进行深加工的企业尤为重要。

解冻后，食品的品质主要受两方面的影响：一是食品冻结前的质量对食品品质的影响；二是冷藏和解冻过程中对食品品质的影响。即使冷藏过程相同，也会因解冻方法不同有较大的差异。好的解冻方法不仅解冻时间短，而且应解冻均匀，以使食品汁液流失量、脂肪氧化率、鲜度、质地特性、细菌总数等指标均较好。不同食品应考虑选用适合其本身特性的解冻方法，至今还没有一种适用于所有食品的解冻方法，解冻方法的分类如表 5－13 所示。

表 5－13　　　解冻方法的分类

序号	空气解冻法	水解冻法	电解冻法	其他解冻法
1	静止空气解冻	浸渍解冻	远红外辐射解冻	接触传热解冻
2	流动空气解冻	喷淋解冻	高频解冻	超高压解冻
3	高湿度空气解冻	浸渍和喷淋相结合解冻	微波解冻	喷射声空化场解冻
4	加压空气解冻	水蒸气减压解冻	低频解冻	超声波解冻
5	—	—	高压静电解冻	射频解冻

1. 空气解冻法

空气解冻是一种最简便的方法，通常都在专用的解冻室内进行，通过控制空气的温湿度、流速和风向而达到不同的解冻工艺要求。空气温度一般保持在 15℃～20℃，相对湿度为 90%～95%。冷冻产品在解冻室与热空气之间进行热交换，经加热器或空气调理器加热后的空气不断在冻制品周围循环流动，使其均匀受热、温度升高，促使冰晶融化。采用空气解冻法，由于空气的导热性较差，比热容又小，因此解冻时间长，无法满足产品解冻后的质量要求。虽然加快空气流动可以缩短解冻时间，但水分蒸发和汁液流失又会加重产品的质量损失。同时，空气解冻占地面积大，投资费用高。

（1）静止空气解冻。静止空气解冻，也称低温微风型空气解冻，是将冷冻食品放置在冷库内，利用低温空气的自然对流来解冻，一般冻牛胴体在这样的库内，4～5 天可以完全解冻。

（2）流动空气解冻。流动空气解冻法是通过加快低温空气的流速来缩短解冻时间的方法。解冻一般也在冷库内进行，用 0℃～5℃、相对湿度 90%左右的湿空气，利用冷风机使气体以 1m/s 左右的速度流过冻品，解冻时间一般为 14～24h。

（3）高湿度空气解冻。高湿度空气解冻法是利用高速、高湿度的空气进行解冻的方法，该方法采用空气与水接触装置，让循环空气通过多层水膜，水温与室内空气温度相近，充分加湿，空气湿度可为98%以上，空气温度可在－3℃～20℃范围调节，并以2.5～3.0m/s的风速在室内循环。这种解冻方法使解冻过程中的干耗大大减少，而且可以防止解冻后冻品色泽变差。

(4) 加压空气解冻。该方法通过在铁质的筒状容器内通入压缩空气实现。压缩空气压力一般为0.2M～0.3Mpa，容器内温度为15℃～20℃，空气流速为1～1.5m/s。这种解冻方法的原理是：由于压力升高，使冻品的冰点降低，冰的熔解热和比热容减小，而热导率增加。这样，在同样解冻介质温度条件下，就易于融化。同时使空气在容器内槽以上流动，可以将压缩空气和流动空气组合起来。因压力和风速，热交换表面的传热状态得到改善，从而使解冻速度得以提高。如对冷冻鱼糜，其解冻速度为室温25℃时解冻速度的5倍。

2. 水解冻法

水解冻是在常压下进行的解冻，速度快，而且避免了质量损失。但是在水中解冻时，食品中的可溶性物质容易流失，并且易发生微生物污染。有实验采用冻结鱼块进行解冻比较，常温静止空气解冻的相对质量损失要比水解冻的小。这是因为水解冻方式中，食品内的营养成分从表面和纵切面渗出溶于水中，造成较大的质量损失。因此，对于没有良好的薄膜包裹的冻结鱼块，不宜采用水解冻。对于青鱼这类含水量较高的切块样品，虽然静止空气解冻方法引起的相对质量损失要小于水解冻，但解冻时间长，不利于保证冻品品质。采用水解冻相对质量损失较大，且切断面易被水污染，除非有良好的薄膜包装，否则也不宜采用水解冻。常见的水解冻法如下。

(1) 浸渍解冻。一种是低温流水解冻，是将解冻品浸没于流动的低温水中，使其解冻，解冻时间由水温、水的流速决定。另一种是静水解冻，是将解冻品浸渍于静水中进行解冻，解冻速度与水温、解冻品量和水量有关。

(2) 喷淋解冻。此方法利用喷淋水所具有的冲击力来提高解冻速度。应选择冲击力适宜的喷淋，而不是越猛烈越好，影响解冻速度的因素除喷淋冲击力外，还有喷淋水量、喷淋水温。喷淋解冻具有解冻快、解冻后品质较好、节水等优点，但对于鱼类来说，这种方法只适用于小型鱼类，不适用于大型鱼类的解冻。

(3) 浸渍和喷淋相结合解冻。该方法将浸渍和喷淋两种解冻形式结合在一起，以提高解冻速度和解冻品的质量。

(4) 水蒸气减压解冻。水蒸气减压解冻，又称为真空解冻。在低压下，水在低温即可沸腾，产生的水蒸气遇到更低温度的冻品时，就会在其表面凝结成水珠，这个过程会放出凝结潜热。该热量被解冻品吸收，使其温度升高而解冻，这种解冻方法适用的品种多、解冻快、无解冻过热现象。

3. 电解冻法

该方法以空气或水为传热介质进行解冻，热量通过传导、对流或辐射的方法使食品升温，热量是从冷冻食品表面导入的，而电解冻属于内部加热，电解冻适用的种类很多，具有解冻速度快、解冻后品质下降少等优点。

(1) 远红外辐射解冻。这种解冻方法目前在肉制品解冻中有一定的应用，目前多应用于家用远红外烤箱。构成物质的分子总以自己的固有频率运动，当投射的远红外辐射频率与分子固有频率相等时，物质就具有最大的吸收红外辐射的能力，要增大红外辐射穿透力，辐射能谱必须偏离冻品主吸收带，以非共振方式吸收辐射能。对冻品深层的加热主要靠热传导方式。

(2) 高频解冻。高频解冻是利用食品的介电特性来进行加热解冻的。原来食品中做杂乱无章运动的极性分子（如水），在电场作用下将会重新排列，带正电的一端朝向负极，带负电的一端朝向正极。若改变电场的方向，极性分子的朝向也随之发生变化。若电场交替地改变方向，则极性分子的运动将随着电场方向的改变而改变。这时，由于极性分子受到分子热运动的影响，加之相邻分子间的相互作用（产生了类似摩擦的作用），使分子获得能量，并以热的形式表现出来，从而使食品的温度升高。因此，食品温度的升高与高频波频率有很大的关系，同时也与食品的电特性有关。高频解冻(10kHz～300MHz) 能用于较厚的冻结肉，解冻后的品质也较好，汁液损失率较低。

(3) 微波解冻。微波解冻 (915MHz 或 2450MHz) 是在交变电场作用下，利用物质本身的电特性来发热，从而使冻结品解冻。微波解冻的优点是速度快、效率高、解冻后肉的品质较好、营养流失少、色泽好、操作简单、耗能少、可连续生产。此外，微波解冻还可以防止采用传统方法而在长时间解冻过程中造成的表层污染与破坏，提高了场地与设备的利用率，也使肉品营养物质的损失尽可能降到最低。因此，冻肉的微波解冻技术普及得相当快，同时也为肉品工业带来了极大的方便和经济利益。微波解冻也有缺点，由于微波对水和冰的穿透和吸收效果有差别（微波在冰中的穿透深度比水大，但水吸收微波的速度比冰快，并且对于受热而言，吸收的影响大于穿透的影响），因此已融化的区域吸收的能量多，容易在已融化区域造成过热效应。现代微波解冻工艺常从冷库中引出低于 0℃ 的循环空气从冻肉表面吹过，以免过热，但这增加了工艺的难度。除此之外，肉品中蛋白质、脂肪的水分含量不同，吸收的热量也不相同，会造成加热不均匀现象。

(4) 低频解冻。低频解冻即欧姆加热解冻，也称电阻加热解冻。低频解冻的原理是将食品作为电路中的电阻，电能转变成热能。其加热的穿透深度不受冻品度影响，这一点与高频及微波解冻不同，加热量是由冻品的电导率和解冻时间来决定的。因此，不会在冻品内外形成较大的温度梯度，且无加热表面。所用电源为 50～60Hz 的交流电，故称为低频解冻。

目前常用的有两种方法：一种是接触式加热解冻；另一种是利用水作为介质的浸泡式加热解冻。接触式加热解冻是将所要解冻的食品物料放在通电的极板之间，然后通电加热解冻。目前，此种方法最大的难题是极板与食品之间如何良好地接触。食品要求接触面平整，否则食品会受热不均匀，产生烧焦现象；而浸泡式加热解冻则避免了这个问题，但是在浸泡式加热解冻中介质对解冻过程会产生影响。

(5) 高压静电解冻。高压静电解冻是将冷冻食品放置于高压静电场中，电场设于－3℃～0℃的低温环境中，利用高压静电场微能源产生的各种效应使食品解冻。目前，日本已将高压静电技术应用于肉类解冻上。该技术在解冻质量和时间上都优于空气解冻和水解冻。解冻后，肉的温度较低（约－3℃），而且适宜的高压静电场能够加速食品的解冻速率，还能较好地维持果蔬的含水量、硬度以及较高的有机酸、可溶性糖和维生素C含量。但是需要注意控制解冻时间。时间短，解冻不充分，达不到解冻效果；时间过长，会造成汁液大量流失及品质下降等问题。

4. 其他解冻法

（1）接触传热解冻。该方法将冷冻食品与传热性能优良的中空铝板紧密接触，中空铝板中流动着温水，冻品被夹在上下水平的中空铝板间解冻，接触传热解冻装置的结构与接触解冻装置的结构相似，中空铝板与冻品接触的另一侧带有肋片，以增大传热面积，装置中还设有风机。

（2）超高压解冻。高压解冻具有解冻速度快的优点，而且不会因加热解冻造成食品热变性，高压还有杀菌作用，且解冻后液汁流失少，色泽、硬度等指标均较好。超高压解冻过程中，影响因素主要是压力大小和处理时间，压力越大，冻肉制品中心部位温度越低，但当温度低于－24℃时，冻肉制品也无法解冻。因此从节省能源的角度考虑，完全没必要使用大于280MPa的压力，在解冻的过程中，合理的加热是有必要的，能够用于促进冰的融化，并且防止减压时发生重结晶。

（3）喷射声空化场解冻。用喷射声空化场对冻结肉解冻比用19℃空气解冻、18℃ 水解冻要快。喷射声空化场功率为34.98W时，通过冰晶融化带所用时间最短，解冻肉的肉汁损失率最低，但比19℃空气解冻和18℃水解冻的肉质损失率大。喷射声空化场功率为33.88 W时解冻的色差变化值最低，色泽保持得最好。

（4）超声波解冻。超声波解冻是利用超声波在冻肉内的衰减而产生的热量来进行解冻。超声波在冷冻肉中的衰减要高于在未经冷冻的肉中的衰减，因此与微波解冻相比，冷冻肉表面温度更低。超声波解冻后局部最高温度与超声波的加载方向、超声频率和超声强度有关。超声波解冻可以与其他解冻技术组合在一起，为冷冻食品的快速解冻提供新的手段。要实现快速而高效的解冻，就需要选择合适的频率和强度的超声波。

（5）射频解冻。射频即Radio Frequency。在电子学理论中，电流流过导体，导体周围会形成交变的电磁场，称为电磁波。在电磁波频率低于100kHz时，电磁波会被地表吸收，不能有效地传输，但电磁频率高于100kHz时，电磁波可以在空气中传播。射频技术是指具有远距离传输能力的高频电磁波，其在很多领域被广泛应用。近年来，法国、美国等公司的解冻设备开始使用27.12MHz的射频解冻系统，以解决微波解冻、高频解冻、远红外辐射解冻、超声波解冻等存在的解冻不均匀、时间长和其他解冻质量问题。但是由于射频功率较大，故需要采用合理的密封屏蔽结构。但目前的屏蔽效果不是很理想，近场干扰相对较大，需要进一步改进完善。

复习与思考

1. 试述食品腐败变质的机理，并列举几种防止措施。
2. 什么是低温储藏加工技术？

3. 如何理解预冷处理食品的必要性？

4. 食品冷冻技术有哪些？并分别举例说明适合这些冷冻方式的食品。

5. 食品解冻的定义是什么？请列出三种解冻方法的原理和具体应用条件。

课后习题答案

第六章　冷链物流运输技术与装备

冷链物流运输
技术与装备

教学目标

掌握冷链运输装备的基本要求及分类、冷链运输装备的技术参数及测试方法和要求、冷链运输装备的基本结构；了解冷链运输装备的研究现状，发展趋势等；掌握冷链运输的节能方法及配送。

第一节　冷链运输概述

一、冷链运输方式及其选择

（一）冷链运输方式

目前，普通货物的运输有五种基本的运输方式，即公路运输、铁路运输、水路运输、航空运输和管道运输。对于冷藏货物来说，除管道冷链运输外，公路冷链运输、铁路冷链运输、水路冷链运输、航空冷链运输都有广泛的应用。

1. 公路冷链运输

（1）公路运输的特点。公路运输的主要特点是机动、灵活，可实现“门到门”运输，较适合中短途运输，并且公路运输有速度较快、可靠性高和对货物损伤较小的特点。汽车承运人具有灵活性，他们能够在各种类型的公路上进行运输，不像铁路，受到铁轨和站点的限制，所以公路运输比其他运输方式的市场覆盖面都要广。

（2）公路运输的应用。公路运输的特点使得它特别适合于配送中短距离、高价值的货物。公路运输不仅可进行直达运输，而且可作为其他运输方式的接运工具，并可减少运输过程中的中转环节及装卸次数。由于递送的灵活性，公路运输在中间产品和轻工产品的运输方面也有较大的竞争优势。总的来说，公路运输在物流作业中起着骨干作用。

（3）公路冷链运输装备。公路运输是目前冷链运输中最普遍、最常见的方式。公路冷链运输通常采用两种运输设备：一种是装有小型制冷设备的冷藏汽车，另一种是仅用隔热材料使车厢保温的保冷车。在长途运输中，机械制冷是最常用的方法，因为从重量、所占空间和所需要费用来说都是有利的。冷藏汽车不采用干冰或液氮制冷的原因是操作费用较高，沿途再补充所需制冷剂有一定困难。

对于长距离运输，热量平衡取决于渗透进车内壁的热量以及由路面反射渗透进地板的热量。如果车壁气密性良好，则空气渗透的影响很小。在短距离运输和冻结食品的配送中，一般采用小型车辆，市区配送常用2～5t/辆。这种车辆的热负荷主要来自经常开门造成的空气渗漏。对距离较短的运输来说，如果中途不开门，则可以采用无制冷装置的隔热保冷车，在这种情况下，应根据室外温度、隔热层的隔热效果和运输距离等因素对货物进行预冷，使温度在运输途中保持在安全范围内。运输冷冻食品的冷藏汽车必须使食品的温度保持在－18℃以下，所以应采用有制冷设备的冷藏汽车。国内因条件限制，目前还有相当数量的冷藏食品采用保冷车运输，很难维持－18℃的温度。尤其是高温季节时，对于不需要储藏、消费迅速的货物，温度管理目标也可规定在3个小时内不高于－15℃。

2. 铁路冷链运输

（1）铁路运输的特点。铁路运输的一个主要优势是以相对较低的运价，长距离运输大批量货物。因此，它在城市之间有巨大的运量和收入。尤其在我国，幅员辽阔，铁路运输是货物运输的主要方式。现在世界上几乎所有大都市都通铁路，铁路在国际运输中也占有相当大的市场份额。除此之外，铁路运输覆盖面广，适应性强，可全天候不停运营，具有较高的连续性、可靠性和安全性。但是因受到铁轨、站点等的限制，铁路运输的灵活性不高。铁路一般按照规定的时间表运营，发货的频率比公路运输低。

（2）铁路冷链运输装备。由铁路运输冻结食品时都采用良好隔热的冷藏车。目前我国使用的冷藏车主要是机械保温车。机械保温车在车厢上装有小型制冷设备，车厢温度可保持在－24℃～－18℃。国外还有采用干冰、液氮等制冷的冷藏列车。利用平板车可将拖车和冷藏集装箱从发货地点直接送到收货地点，中途可避免多次装卸，不仅降低了成本，而且保证了货物的质量，越来越多地被广泛采用。

3. 水路冷链运输

（1）水路运输的特点。水路运输是最古老的运输方式。其主要优点是能够运输数量巨大的货物，适合于进行长距离、低价值、高密度、便于机械设备搬运的货物运输。例如，谷物、钢铁矿石、煤炭、石油等。水路运输的主要缺点是运营范围和运输速度有限。另外，水路运输的可靠性与可接近性较差，除非其起始地和目的地都接近水道，否则必须由铁路运输和公路运输进行补充。水运的最大优势是成本低。因此，水路运输是大宗货物长距离运输的理想选择。

（2）水路运输的应用：水路运输方式中的远洋运输是目前国际贸易的主要运输方式，国际运输中80％的货物是通过水路运输方式来完成的。尤其是国际集装箱运输，以其高效、方便的特点在水路运输中占了重要的地位。

（3）水路冷链运输装备。水路冷链运输的主要装备为冷藏船和冷藏集装箱。冷藏船上都装有制冷设备，船舱隔热保温，常用冷藏货物运输舱来装运放在托盘上或集装箱的货物。在许多航线上，常规的冷藏货物运输舱已大部分被冷藏集装箱取代。冷藏集装箱一律采用机械制冷，隔热保温要求严格，能在一定的时间内适度地保护预冷货物而不用制冷。但对较长时间暴露在大气温度下的集装箱则设有快捷式制冷机组，由内燃机驱动或采用液氮制冷。在等待装货时，可由固定的制冷装置提供冷风，使之在箱内循环，这种供冷方式可由一台或几台机械制冷机组完成，也可向空气循环系统不断地注入少量液氮，还可一次性注入液体二氧化碳或液氮。

4. 航空冷链运输

（1）航空运输的特点。航空运输的最大优点在于运输速度快，对于高价货物，易腐烂、变质货物等是一种必要的运输方式。但高成本使得空运并不适用于大众化的货物。通常航空运输用来运输高价值货物或时间要求比成本要求更为重要的货物。另外，航空运输由于受天气影响较大，使得可靠性降低。

（2）航空运输的应用。航空运输在近年来得到了飞速发展，尤其是在国际运输领域，航空运输的发展速度是最快的。目前，一些重量较轻的样品、包裹、文件一般都是通过航空运输来完成的。

（3）航空冷链运输装备。飞机作为现代速度最快的交通工具，是冷链运输中的理想选择，特别适用于远距离的快速运输。随着国民经济的发展和人民生活水平的提高，航空冷链运输得到了快速的发展。随着冷链运输装备、冷藏技术的发展和普及程度的提高，冷藏集装箱联运组织系统逐渐完善，运输时间大大缩短。在时间和食物的鲜度就是金钱的今天，人们对航空冷链运输的需求量越来越大。如高级餐厅的山珍海味、特种水产养殖的苗种、跨国的花卉以及观赏鱼等，经常采用航空冷链运输的方式。因此，航空冷链运输无疑是一种很有发展前途的行业。航空冷链运输的发展为虾蟹类和高档水产品的长距离运输提供了条件，这种运输速度快、时间短、食品损伤极小。国内餐厅中的一些高档“生猛海鲜”大多利用航空冷链运输。然而飞机往往只能运行于机场与机场之间，冷藏货物进出机场还要有其他的冷链运输方式来配合。

航空冷链运输是通过装载冷藏集装箱进行的，除使用标准的集装箱外，小尺寸集装箱和一些专门行业非国际标准的小型冷藏集装箱更适合于航空冷链运输。因为它们既可以减少起重装卸的困难，又可以提高机舱的利用率，为航空运输的前后衔接带来方便。

由于飞机上供电困难、制冷能力有限，不能向冷藏集装箱提供电源或冷源，因此航空运输集装箱的冷却方式一般是采用液氮和干冰。在航程不太远，飞行时间不太长的情况下，可以采取对货物适当预冷后，进行保冷运输的方法。

（二）冷链运输方式的选择

以上介绍了冷链运输的四种基本运输方式。在某一个具体的冷链运输项目中，采用哪一种运输方式，需要综合考虑运输货物的种类、运输量、运输距离和运输费用进行决定。

在运输货物属性方面，货物的形状、单件重量容积、危险性、变质性等都成为选择运输方式的制约因素。比如冷冻肉、冷冻禽类，既可采用公路冷链运输，也可采用铁路冷链运输，但液体奶一般只能采用公路冷链运输，水产品多采用水路冷链运输。

在运输量方面，一次运输的批量不同，选择的运输方式也不同。一般来说，原材料等大批量的货物运输适合铁路运输或水路运输，如南方某低温食品生产企业，在四川采购了大量的猪肉，就采用了铁路冷链运输方式。

货物运输距离的长短直接影响运输方式的选择，一般来说，中短距离的运输比较适合于公路运输。长距离运输则根据需要，采用水路或铁路运输。

运输费用的高低是选择运输方式时要重点考虑的内容，但在考虑运输费用时，不能仅从运输费用本身出发，还必须结合物流总成本及其他费用综合考虑。如包装费用、保管费用、库存费用、装卸费用以及保险费用等。选择最为适宜的运输方式时，在成本方面应该保证总成本较低。货物价格的高低关系运费的可支出金额，也成为选择运输方式的重要考虑因素。

当然，具体选择运输方式时，往往要受到当时特定的运输环境的制约，因而必须根据货物的各种条件，通过综合判断来加以确定。

二、冷链运输的要求

冷藏货物由于受地理分布、气候条件以及其他许多因素的影响，其原料产地、加工基地与消费中心往往相距很远。为了满足各地消费需要，维持市场供应均衡，必须进行调度运输。尤其对于易腐食品来说，在自然条件下很快就会腐烂变质，失去食用价值，其运输必须处在最适合的温度和相对湿度条件下，这对运输装备及其运输管理提出了一定的要求，即在运输组织过程中，要使各个环节都合理化。

（一）冷链运输的环境要求

不同的冷藏货物都有一定的温、湿度储藏条件的要求。在冷链运输中应满足这些条件的要求，并保持其稳定性，具体如下。

（1）温度要求。易腐食品在低温运输前应将食品预冷到适宜的储藏温度。如果将生鲜易腐食品在冷链运输装备上进行预冷，则存在许多缺点。一方面预冷成本成倍上升，另一方面运输工具上所提供的制冷能力有限，不能用来降低货物的温度，只能有效地平衡环境传入的热负荷，维持货物的温度不超过所要求保持的最高温度。因而在多数情况下不能保证冷却均匀，而且冷却时间长、品质损耗大。因此，易腐食品在运输前应当采用专门的冷却设备和冻结设备，将温度降低到最佳储存温度以下，然后再进行冷链运输，这样更有利于保持储运食品的质量。

（2）湿度要求。运输过程中，冷藏食品的水分持续蒸发，特别是使用能透过蒸气的保护膜包装的或表面上并无任何保护包装的食品，其表面不但有热量散发出来，还有水分向外蒸发，造成失水干燥。水果、蔬菜中水分的蒸发会导致其失去新鲜的外观，当减重达到5%时，会出现明显的凋萎现象，影响其柔嫩度和抗病性。对于肉类食品除导致重量减轻外，其表面还会出现收缩、硬化，形成干燥皮膜，肉色也会发生变化。对于鸡蛋，则会出现水分蒸发的情况，从而造成气室增大、重量减轻、蛋品品质下降。因此，只有控制车厢内的相对湿度大于食品的水分活度，才是合理的。但是各种食品都有一定的环境相对湿度要求，过高或者过低对食品的质量及其稳定性都是不利的。在运输过程中，含水量充足，水分活度高的新鲜食品应在相对湿度较大的车厢环境中储运，以防止水分散失；含水量少，水分活度低的干燥食品可在相对湿度低的车厢环境中储运，以防止吸附水分。

（二）运输装备的要求

运输装备是冷链运输环节中最重要的设施，运输装备的质量直接影响运输质量，也就直接影响冷藏货物的质量。不同的运输方式，应使用不同的运输装备，它们都应该满足以下几个方面的要求。

（1）冷源。运输装备上应当具有冷源，如干冰、冰盐混合物、碎冰、液氮或机械制冷系统等，利用其产生的冷量来平衡外界传入的热量和货物本身散出的热量，从而保持食品的品温。例如，果蔬类在运输过程中，为防止车内温度上升，应及时排除呼吸热，而且要有合理的空气循环，使得冷量分布均匀，保证各点的温度均匀一致并保持稳定，最大温差不超过 3℃。有些冷藏货物对温度要求较高，如速冻食品，在冷链运输中运输装备必须由机械制冷系统提供冷源。

（2）隔热性能。冷链运输装备应当具有良好的隔热性能，总的传热系数 K 要小于 0.4W/（m^2·K），甚至小于 0.2W/（m^2·K），才能够有效地减少外界传入的热量，同时保持机械制冷系统所产生的冷量，避免车内温度的波动、防止设备过早老化。一般来说，K 值平均每年要递增 5%左右。车辆或集装箱的隔热板外侧应采用反射性材料，并且保持其表面清洁，以降低对辐射热的吸收。在车辆或集装箱的整个使用期间应避免箱体结构部分的损坏，特别是箱体的边和角，以保持隔热层的气密性，并且应该定期对冷藏门的密封条、跨式制冷机组的排水洞和其他孔洞等进行检查，以防止因空气渗透而影响隔热性能。

（3）温度检测和控制设备。运输装备的储藏间必须具有温度检测和控制设备，温度检测仪必须能准确连续地记录储藏间内的温度。温度控制器的精度要求较高，为±0.25℃，以满足易腐食品在运输过程中的冷藏工艺要求，防止食品温度过分波动。

（4）车厢卫生与安全。车厢内有可能接触食品的内壁，必须采用对食品味道和气味无影响的安全材料。车厢内壁（包括顶板和地板）必须光滑、防腐蚀、不受清洁剂影响、不渗透、不腐烂，便于清洁和消毒。除内部设备和固定货物的设施外，车厢内壁不应有凸出部分，车厢设备不应有使进出困难、脏物和水分不易清除的尖角和褶皱。在使用中，车辆和集装箱内碎渣屑应及时清扫干净，以防止产生异味污染货物并阻碍空气循环。对冷板所采用的低温共熔液的成分及其在渗透时的毒性程度应予以足够的重视。对于公路运输来说，应保持较高的冷藏汽车清洗频率，每一个运次回场后都应该清洗冷藏车厢。

三、冷链运输的现状

目前我国每年有 10 亿 t 以上的易腐食品，但实际采用冷链运输的尚达不到 1/10。从国际农产品流通产业发展的经验看，当人均 GDP 大于 4000 美元时，对冷链的需求将急剧增加，可见，目前我国已进入冷链物流的高速发展期，对冷链运输的需求也必然会急剧增加。冷链运输的方式包括陆路（铁路和公路）运输、水路运输及航空运输。随着近些年市场的发展，我国冷链运输的多元化竞争格局已经基本形成。冷链运输装备的选择因运输方式的不同也有较大不同，在发展速度和规模化程度上的差异较大。

随着可支配收入的迅速增长，中国人已逐渐脱离“温饱”阶段，进入“品质”需求层次。近些年食品安全问题频出，安全可靠的食品是未来的发展趋势。富裕起来的人们对跨地、跨季节的农产品需求日益增加，更注重食品的质量、新鲜程度和安全性，这都标志着中国人农产品消费结构的转变。然而，从消费能力上看，据2020年相关数据显示，我国人年均肉类消费量为44.4kg，约为美国的40%，奶类消费量虽然由2000年左右的年人均7kg增长到年人均12kg左右，但与欧美的年人均消费150～250kg相比差距显著。因此，我国易腐食品仍有较大的发展空间。加快易腐食品冷链运输的发展已成为提升人民生活品质的重要保障。

我国易腐食品产销量巨大，而且仍处在快速增长期。但由于农产品生产的固有特征以及城乡、地域人口分布差异，使得大量易腐食品需要通过短途或长途运输才能到达最终客户的手中。此外全球化进程的加快还使得国际贸易量激增。因此，运输在易腐食品的供应问题上有着举足轻重的作用。

对近年来全国统计年鉴和各省统计年鉴的数据进行整理后发现，我国易腐食品的产区较为集中，包括山东、河南、浙江、江苏、河北、广东、广西、四川、湖北、湖南在内的10个省份和自治区的易腐食品产量占全国易腐食品产量的66%以上，在地理位置上主要集中在我国东部和南部地区。

在消费上，人口的聚集度和经济收入水平成了易腐食品消费量的重要指标，据统计，广东、山东、四川、河南、江苏、河北、湖南、安徽、浙江、湖北10省易腐食品购买量接近全国购买量的60%。同时，城市集聚效应不可忽视，以北京、上海为代表的20个大中型城市易腐食品的总消费量达7000余万t，占全国的22.61%。可见，由于产区与消费地相分离，易腐食品的运输需求相当大。此外，我国农产品的国际贸易近年来发展迅速，2018年进出口农产品近3500万t。

（一）航空冷链运输

在冷链中，时间是一个非常重要的因素，因此航空冷链运输因其快捷性而在运输方式中占有重要的一席之地。虽然航空冷链运输的运输容量小、成本高、温控效果不尽如人意，但因其运送速度快、运输距离远、安全性高的特点，用来运输附加值高、需要长距离运输或进出口的易腐货物，例如花卉、某些水产品、药品等。

目前，我国航空冷链运输的发展程度整体偏低。在航空冷链运输服务设施上，我国各地都在兴建机场及其配套的冷链物流中心等。在我国的一些大型机场，例如，广州白云国际机场，有近2000m^{2}的冷库，能满足年处理9000t货物的要求；上海浦东机场四个冷库面积也达2000m^2，能处理−18～10℃不同温度要求的冷冻冷藏货物。北京、深圳、杭州、昆明等地机场都有不同大小的冷库。但在一些中小型机场，冷链服务设施则相对不足。

在腐损程度上，我国航空冷链中的温敏性货物运输索赔情况较多。据统计，空中货物腐坏占比约22.2%，包装损坏占比约21.7%，温度、包装、货物相容性、设备等造成的损坏占比将近一半。

为了规范航空冷链物流各环节市场主体行为相关标准的出台，在一定程度上改善了冷链空中运输与地面运输的衔接顺畅度，提高了民航高端货物运输市场占有量。

随着全球经济一体化、消费结构转型、跨境电商的发展，我国航空货运迎来了巨大商机，不仅促进了我国航空货运业务的增长，也刺激了航空冷链货运的需求。面对快速崛起的冷链物流市场，国内各大航空公司对冷链物流业务进行了新的开拓。其中，中国国际货运航空有限公司与京东物流合作，推出了“大闸蟹头等舱”服务，为其开辟绿色通道，缩短将近50%的运输时间。此外，在这次合作中，首次使用机坪恒温车，确保了大闸蟹全程都处于冷链环境中。这一次的合作是航空冷链行业首次解决生鲜航空货运的断链问题，全面提升了运输时效和冷链服务品质，也为其他公司提供了经验。

（二）水路冷链运输

水路冷链运输主要有两大类，一类是冷藏集装箱运输，另一类是冷藏船运输。冷藏集装箱的电力由船上的发电机或者便携式发电机提供。当集装箱到达码头后，可以转移到拖车底盘上。装在底盘上的冷藏集装箱可以像拖车一样，在陆路继续运输。冷藏船的货舱为冷藏货物运输舱，常分为若干个舱室。每个舱室都是一个独立的封闭装货空间，舱壁、舱门均为气密，并覆盖泡沫塑料、铝板聚合物等隔热材料，使相邻舱室互不导热，以满足不同货物对温度的要求。其制冷机组安装在专门舱室内，要求船舶在发生倾斜、摇摆、振动和高温高湿条件下仍能正常工作。随着装载自动化水平不断提高，冷藏船已越来越少，冷藏集装箱逐步占据了大部分市场。

由于水路冷链运输运载能力大，成本低、能耗少且投资省，适宜长途运输，但是水路冷链运输通常需要其他货运方式的补充来完成整个运输过程。目前，我国拥有冷藏船吨位约 10 万 t。

（三）铁路冷链运输

在中华人民共和国成立初期，我国已开始使用加冰冷藏车运输易腐食品，1952—2000 年通过进口、引进国外技术自主生产等方式，拥有各类冷藏车 8000 余辆。在 20 世纪 90 年代初期，铁路冷链运量达到高峰 1669 万 t，占全国冷链总运量的 70% ，对物资流通发挥了积极的作用。

在机械冷藏车方面，早在 1956 年，我国就开始从德国进口相关车辆，曾拥有 B10、B16、B17、B18、B19、B20、B21、B22、B23 等多个型号的车辆。由于大多车辆的使用年限为三四十年，因此，现阶段的铁路机械冷藏车大多已退出市场，仍在运营及使用的机械冷藏车型号有 B10、B22 等，仅 1000 余辆。之所以出现这种情况，不仅是因为其运输体制以及装备老化，还由于高速公路的快速发展、国家对公路的扶持政策、免收部分货物的过路费用等，使铁路冷链物流在运价、时效性、灵活性方面的竞争力明显下降，使得铁路冷链运输总量逐年下滑。

为改变铁路冷链物流低迷的局势，2016 年 2 月《铁路冷链物流网络布局“十三五”发展规划》正式向社会公布，全面阐述了对铁路冷链物流运输的战略思考和定位，描述了铁路冷链运输的发展蓝图，标志着铁路冷链运输发展进入新的时代。通过对冷链形式的新探索，截至 2020 年年底，铁路货物发送量超 250 万 t。目前，新造铁路冷藏车进展迅速，即将投产。此外，中欧班列发展快速，开行质量不断提升，货源品种不断丰富，不仅有效促进了沿线各国间的经贸往来，还极大推动了我国铁路冷链物流的发展。

冷藏集装箱可用于多种交通运输装备的联运，实现从产地到销售点的“国到国”直达运输，并可在一定条件下当作活动式冷库使用，使用中可以整箱吊装，装卸效率高，运输费用相对较低。另外，冷藏集装箱装载具有容积利用率高、营运调度灵活、使用经济性强的特点，也成了铁路冷链运输的主要方式之一。其中，中铁铁龙集装箱物流股份有限公司在铁路集装箱和多式联运方面的实践，实现了农副产品从田间到市场的冷链集装化运输，开启了冷链物流的公铁联运模式，也开启了国家“一带一路”冷链运输的先河。

（四）公路冷链运输

从20世纪50年代起，我国开始采用保温车运送易腐货物，20世纪60～70年代，从苏联和东欧等国采购了少量冷藏汽车用于国内运输。从20世纪80年代起，随着国内汽车工业的迅速发展，冷藏汽车制造业也逐步发展起来。在20世纪80年代初，我国拥有的各类冷藏汽车制造厂家数量不超过10家，到20世纪末激增到70余家。随着竞争的日渐激烈和市场的逐步开放，部分规模小、质量差的小型冷藏汽车制造厂逐渐被兼并、收购或淘汰。在品种上，公路冷链运输车以卡车、拖车为主，制冷方式多样，包括冰、干冰、蓄冷板、低温制冷剂系统、机械制冷系统等，其中机械制冷已经成为公路冷链运输的主要制冷方式。公路冷链运输机动灵活、可靠性高，不仅可以实现直达运输，同时可以作为其他运输方式的转运方式。在陆路运输方面，冷藏汽车在数量上已占据主导地位。

统计数据显示，2011—2018年我国公路冷藏汽车保有量由32100台增至180000台，2018年年均增速超28%，远超同期公路营运载货汽车保有量增速，如图6-1所示。由于公路冷藏汽车保有量快速增长，其占公路营运载货汽车保有量的比重已经由2011年的0.25%上升至2018年的1.32%。

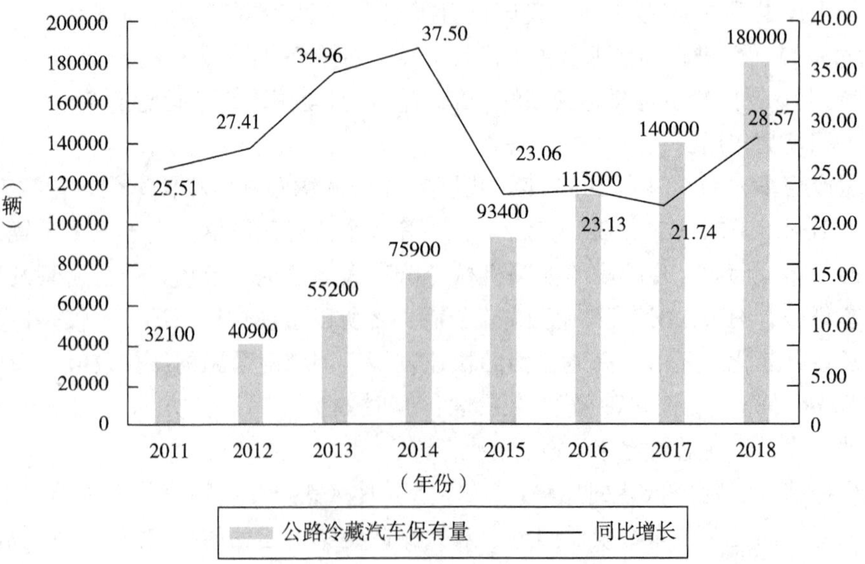

图6-1 2011—2018年公路冷藏汽车保有量及同比增长情况

从区域分布来看，我国目前冷藏汽车保有量区域发展极不平衡，图 6 - 2 为 2017 年中国冷藏汽车保有量区域增长情况，图 6 - 3 为 2017 年中国冷藏汽车保有量增长量排名前十省市。可以看出，经济较为发达、居民消费需求高、气温较高、水产资源丰富、生鲜贸易活跃，促使其对冷藏汽车的需求持续增长。由此可看出，经济发展不平衡和区域气候差异是导致我国冷藏汽车保有量区域发展不平衡的两大原因。

我国冷藏汽车车型以中型和轻型为主，这与我国冷链运输中冷藏汽车主要担负中短途冷链运输任务相关。轻型冷藏汽车主要用于短途及市区配送，而中型冷藏汽车则为中短途冷链运输的主要工具。重型冷藏汽车通常用来进行点对点的长途运输，可以尽量地减少装卸。近些年来，VAN（厢式货车）型冷藏汽车逐渐增多，2017 年的新增量为 2600 台左右，这种车型主要用于医药冷链城市配送，受到 GSP、疫苗等政策影响，管理部门对于医药冷链的管理越来越严格，药品冷藏汽车的增速明显提升。图 6 - 4 为 2017 年中国冷藏汽车保有量增长量车型分布情况。

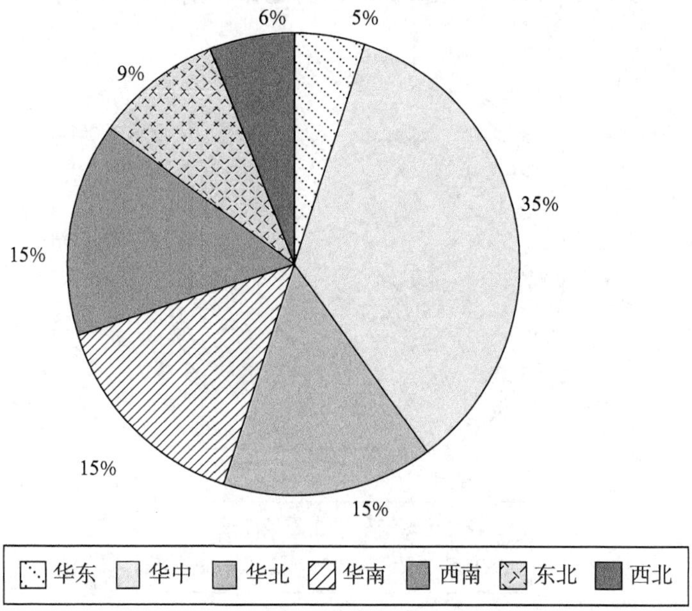

图 6 - 2　2017 年中国冷藏汽车保有量区域增长情况

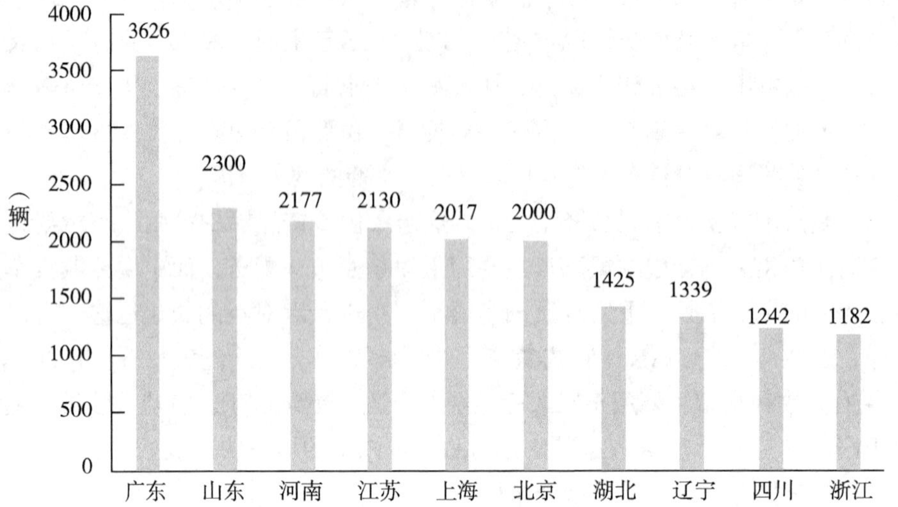

图 6－3　2017 年中国冷藏汽车保有量增长量排名前十省市

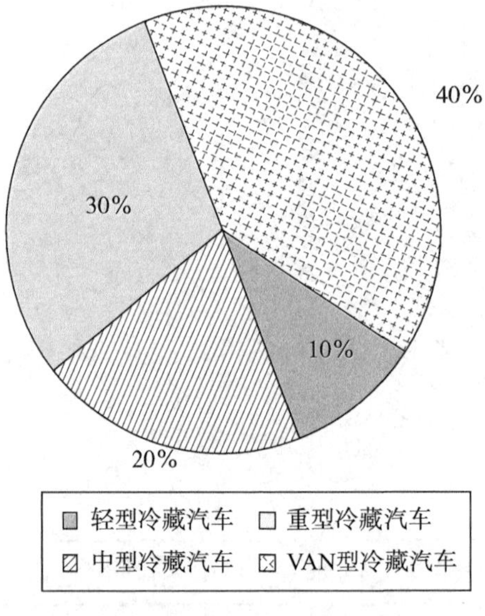

图 6－4　2017 年中国冷藏汽车保有量增长量车型分布情况

第二节　冷链物流运输主要技术与装备

一、冷链运输装备技术要求

冷链中的运输装备，主要是指铁路冷藏（保温）车、公路冷藏汽车、冷藏船（舱）、冷藏集装箱以及相应的转运、储存、换装等设施。在技术上，应满足以下基本要求。

（1）具有良好的制冷、通风及必要的加热设备，以保证食品运输条件。

（2）运输冷冻、冷却食品的车、厢体具有良好的隔热性能，以减少外界环境对运输过程条件的“干扰”。

（3）冷链运输的车、船、厢等，应具有一定的通风换气设备，并配备一定的装卸器具，以实现合理装卸，保证良好的储运环境。

（4）冷链运输设备应配有可靠、准确且方便操作的检测、监视、记录设备，并进行故障预报和事故报警。

（5）冷链运输装备应具有承重大、有效容积大、自重小的特点及良好的适用性。

二、公路冷链运输技术及装备

公路冷藏汽车具有使用灵活、建造投资少、操作管理与调度方便等特点。它是食品冷链中不可缺少的运输工具之一。它既可以单独进行易腐食品的短途运输，也可以配合铁路冷藏车、水路冷藏船进行短途转运。

1. 公路冷藏汽车的类型

公路冷藏汽车实际上称作冷藏保温汽车，它分为保温汽车和冷藏汽车两大类。保温汽车是指具有隔热车厢，适用于食品短途保温运输的汽车；冷藏汽车是指具有隔热车厢，并设有制冷装置的汽车。公路冷藏汽车可以按以下方式分类。

（1）按制冷装置的制冷方式分类，可分为机械式冷藏汽车、冷板冷藏汽车、液氮冷藏汽车、干冰冷藏汽车和冰冷冷藏汽车等。其中机械式冷藏汽车是公路冷藏汽车中的主车型。

（2）按专用设备的功能分类，根据ATP，冷藏汽车分类如下。

①按隔热汽车车体传热系数分，分为普通隔热型：$0.4\ W/(m^2\cdot K) < K \leqslant 0.7\ W/(m^2\cdot K)$；强化隔热型：$K \leqslant 0.4 W/(m^2\cdot K)$。

按我国标准，分为A类：$K \leqslant 0.4\ W/(m^2\cdot K)$；B类：$0.4\ W/(m^2\cdot K) < K \leqslant 0.6\ W/(m^2\cdot K)$。

②机械式冷藏汽车按外温（t_w）为30℃时，车内温度（t_n）可持续保持的温度范围可分为A级：t_n 为0℃～12℃任意给定；B级：t_n 为−10℃～12℃任意给定；C级：t_n 为−20℃～12℃任意给定；D级：$t_n \leqslant 2$℃；E级：$t_n \leqslant -10$℃；F级：$t_n \leqslant -20$℃。

③非机械式冷藏汽车按外温为30℃时，车内温度可持续保持的温度范围可分为A级：$t_n \leqslant 7$℃；B级：$t_n \leqslant -10$℃；C级：$t_n \leqslant -20$℃。

④装有加热装置的冷藏汽车，按车内温度升为12℃以上，维持某一温度12h，其允许的外部条件可分为A级：允许外界平均温度为−10℃；B级：允许外界平均温度为−20℃。

2. 公路冷藏汽车的使用要求

作为冷链的一个中间环节，公路冷藏汽车的任务是：当不能采取铁路进行长途运输时，采用公路冷藏汽车作为分配性交通工具进行短途运输。

虽然公路冷藏汽车可采用不同的制冷方法，但设计时应考虑如下因素：车厢内应保持的温度及允许的偏差；运输过程所需要的最长时间；历时最长的环境的温度；运输的食品种类；开门次数。

(一) 机械式冷藏汽车及机械式冷藏挂车

机械式冷藏汽车车内装有蒸气压缩式制冷机组，采用直接吹风冷却，车内温度可实现自动控制，很适合短、中、长途或特殊冷藏货物的运输。

机械式冷藏汽车基本结构及制冷系统示意如图 6-5 所示。该冷藏汽车由汽车发动机通过传动带带动制冷压缩机，通过制冷管路与车顶的风冷冷凝器和车内的蒸发器，以及有关阀件组成制冷循环系统，向车内供冷。车厢内的温度由驾驶员直接通过控制盒操作。这种由发动机直接驱动的汽车制冷装置，适用于中、小型冷藏汽车，其结构比较简单，使用灵活。

由于此种分装式制冷机组管路长、接头多，在振动条件下容易松动，制冷剂泄漏的可能性大，设备故障较多，所以大、中型冷藏汽车更适合采用机组式制冷装置。

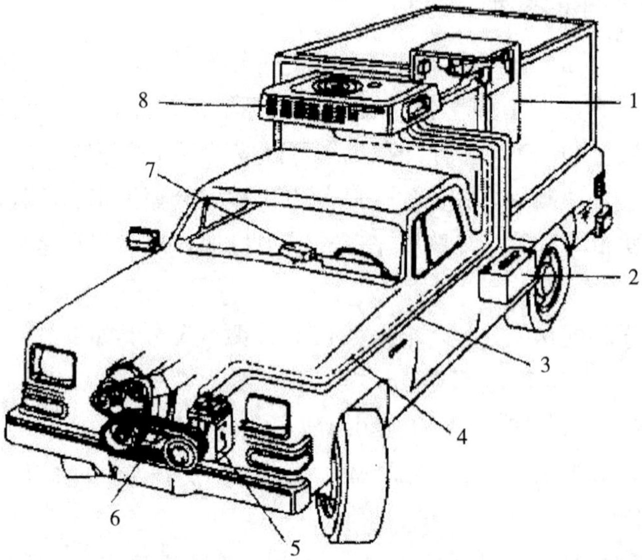

1—冷风机(蒸发器+风机)； 2—蓄电池箱；3—制冷管路；4—电器线路；
5—制冷压缩机；6—传动带；7—控制盒；8—风冷冷凝器

图 6-5 机械式冷藏汽车基本结构及制冷系统示意

机械式冷藏挂车又称机械式冷藏拖车。它具有如同机械式冷藏汽车的隔热厢体、制冷机组，有较大承载能力的后轮和有一定支承力的小前轮。机械式冷藏挂车的制冷设备由车下电源供电，通常采用机组式制冷系统，并整体安装。

机械式冷藏挂车使用灵活，往往一个动力牵引车可以为多台机械式冷藏挂车服务，进行短途调运。图 6-6 为典型机械式冷藏挂车的结构和冷风吹送循环原理示意。

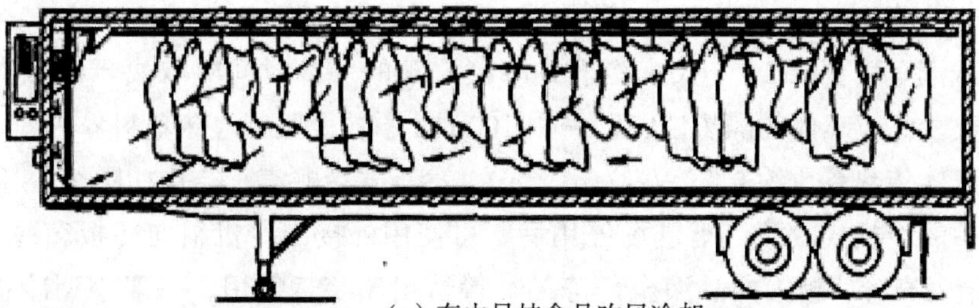

(a) 车内吊挂食品吹风冷却

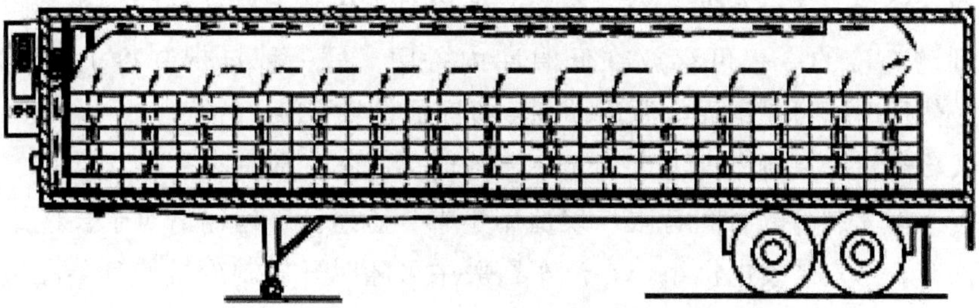

(b) 车内箱装食品吹风冷却

图 6-6　典型机械式冷藏挂车的结构和冷风吹送循环原理示意

此外，制冷机组可以以单独机组控制多温间机械式冷藏挂车或冷藏汽车的不同温度，使一辆多温间机械式冷藏挂车装载数种不同温度要求的货物，制冷机组多温间机械式冷藏挂车结构布置及工作原理如图 6-7 所示。

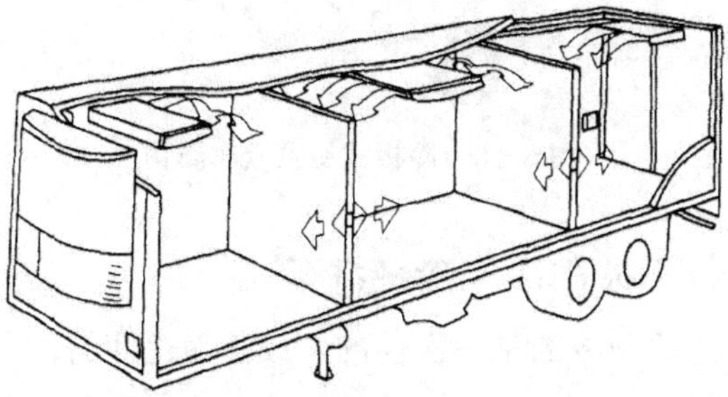

图 6-7　制冷机组多温间机械式冷藏挂车结构布置及工作原理

(二) 冷板式冷藏汽车

冷板式冷藏汽车简称冷板冷藏汽车。它利用有一定蓄冷能力的冷板进行制冷。冷板式冷藏汽车已在一些短途公路运输中被采用。

冷藏汽车用的冷板为 100～150mm 厚的钢板壳体，壳体内充注特殊的溶液——共晶液，并放置制冷蒸发盘管。它通过制冷机与冷板相连，且向冷板充冷，使板内的共晶液在一定温度下冻结。冷板依靠冻结的共晶液溶解时向周围吸热的原理，对汽车车厢起制冷降温作用，实现制冷。选用不同性质的共晶液体就会有不同的冻结温度，进而可以得到不同的汽车制冷温度。通常冷板冷藏汽车使用的共晶液的冻结温度为－40～－25℃。冷板式蓄冷器不仅可用于冷藏汽车，还可以用于铁路冷藏车、冷藏集装箱、小型冷库等。

冷板式冷藏汽车在外温 35℃，货物温度－20℃时，蓄冷时间为 8～12h。特殊要求的冷板式冷藏汽车可蓄冷 2～3 天。冷板式冷藏汽车的保冷时间除取决于冷板共晶液容量外，还取决于汽车车体的隔热性能。采用 100mm 厚的聚氨酯泡沫塑料隔热的冷板式冷藏汽车，其车体传热系数约 0.29W/（m^2·K）。冷板式冷藏汽车结构如图 6－8 所示。

运转中的冷板式冷藏汽车进场停用后，可使用外接制冷机组向冷板充冷。一般 8～12h 即可结束充冷，板内共晶液全部冻结，等待出车装货使用。一般小型冷板式冷藏汽车可直接取下冷板，送至车外充冷站充冷，使用时重新装上已冻结的冷板即可。若暂时不出车，则已充冷的冷板可存放在低温库内备用。另一种自带制冷机的冷板冷藏汽车，在进场停用时，可借地面电源启动制冷机完成自身充冷。

冷板式冷藏汽车具有车内温度稳定、制冷时无噪声、故障少、结构简单、投资费用较低等特点。但其制冷的时间有限，仅适用于中、短途公路运输。对于长途运输用的冷板式冷藏汽车，可安装发电机组，在汽车行驶中可随时开启制冷机使其共晶液冻结，进行自动蓄冷。冷藏汽车用的冷板，还用于航空集装箱等，以运送参贵水果、新鲜海参等各类保鲜食品。

图 6－8 冷板式冷藏汽车结构

（三）液氮制冷式/干冰制冷式冷藏汽车

这类冷藏汽车所采用的制冷剂是一次性的，或称消耗性的，具体如下。

1）液氮制冷式冷藏汽车

液氮制冷式冷藏汽车主要由汽车底盘、隔热车厢和液氮制冷装置构成。液氮制冷式冷藏汽车是利用液氮汽化吸热的原理，使液氮从－196℃汽化升温为－20℃左右，吸收车厢内的热量，实现制冷并达到给定的低温。

图 6－9 为一种液氮制冷式冷藏汽车基本结构。安装在驾驶室内的温度控制器用来调节车内温度。液氮制冷式冷藏汽车可通过专有调节装置接受温度控制器的信号，控制液氮喷淋系统的开关。紧急关闭阀的作用是在车厢开门时，关闭喷淋系统，停止喷淋，该操作可自动，也可手动。

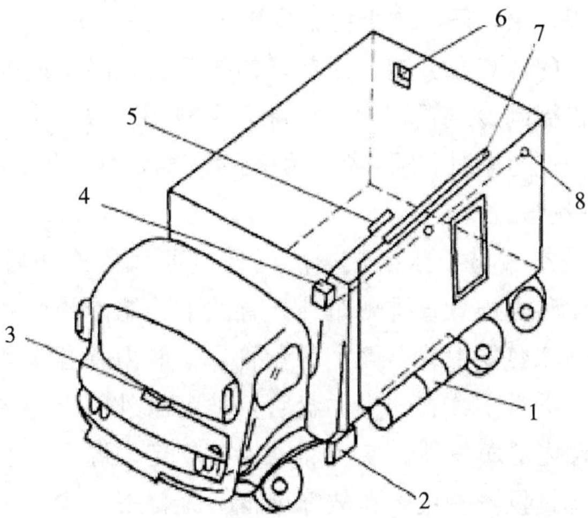

1—液氮罐；2—气体控制箱；3—温度控制器；4—温度控制箱；5—温度传感元件；
6—安全通气窗；7—液氮喷淋管；8—紧急关闭阀

图 6－9 一种液氮制冷式冷藏汽车基本结构

图 6－10 为另一种液氮制冷式冷藏汽车基本结构。它主要由液氮罐、液氮喷嘴等结构组成。冷藏汽车装好货物后，通过温度控制器设定车厢内要保持的温度，而感温器则把测得的实际温度传回温度控制器。当实际温度高于设定温度时，则自动打开液氮管道上的电磁阀，液氮从喷嘴喷出降温；当实际温度降到设定温度后，电磁阀自动关闭，液氮由喷嘴喷出后，立即吸热汽化，体积膨胀高达 650 倍。即使货堆密实，没有通风设施，氮气也能进入货堆内。冷的氮气下沉时，在车厢内形成自然对流，使温度更加均匀。为了防止液氮汽化时引起车厢内压力过高，车厢上部装有安全开关，有的还装有安全通气窗。

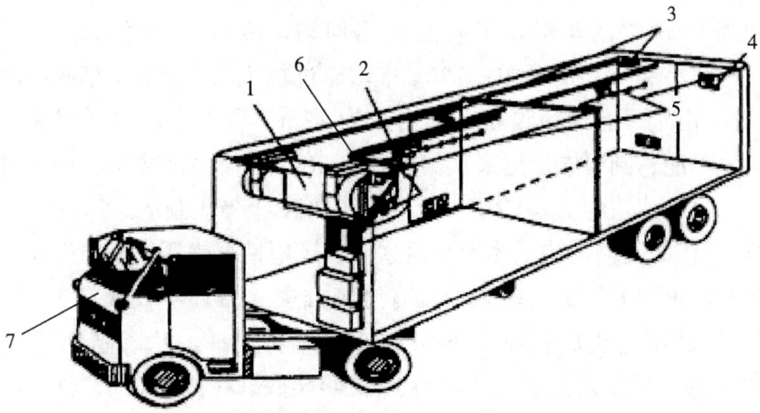

1—液氮罐；2—液氮喷嘴；3—门开关；4—安全开关；5—安全通气窗；
6—感温器；7—温度控制器

图 6－10 另一种液氮制冷式冷藏汽车基本结构

液氮制冷时，车厢内的空气被氮气置换。氮气是一种惰性气体，长途运输果蔬类食品时，不但可减缓其呼吸作用，还可防止食品被氧化。

液氮制冷式冷藏汽车的优点是：装置简单，初投资少；降温速度快，可较好地保持食品质量；无噪声；与机械制冷装置相比，重量大大减小。缺点是：液氮成本较高；运输途中液氮补给困难，长途运输时必须装备大的液氮容器，减少了有效载货量。

2）干冰制冷式冷藏汽车

用干冰制冷时，先使空气与干冰换热，然后通过通风使冷却后的空气在车厢内循环，吸热升华后的二氧化碳由排气管排出车外。有的干冰制冷式冷藏汽车在车厢中装有四壁隔热的干冰容器。干冰容器中装有氟利昂盘管，车厢内装有氟利昂换热器。在车厢内吸热汽化的氟利昂蒸气进入干冰容器中的盘管，被盘管外的干冰冷却，重新凝结为氟利昂液体后，再进入车厢内的蒸发器，使车厢内保持规定的温度。干冰制冷式冷藏汽车的优点是：设备结构简单，投资费用低；故障率低，维修费用少；无噪声。缺点是：车厢内温度不够均匀；冷却速度慢，时间长；干冰的成本高。

三、铁路冷链运输技术与装备

铁路冷链运输是铁路货物运输的重要组成部分。铁路冷藏车是冷链运输的重要装备，是保证和提高易腐货物运输质量的必要前提。经过多年发展，我国形成了以加冰冷藏车（以下简称“冰冷车”）、机械冷藏车（以下简称“机冷车”）为主，少量冷板冷藏车、隔热车为辅的基本格局。但随着 2006 年铁道部（2013 年已撤销）做出冰冷车退出市场的决定后，新的冷链运输装备发展问题已提上日程，铁路冷链运输市场必将有大的变动。

（一）加冰冷藏车

中华人民共和国成立前我国基本上没有保温车，中华人民共和国成立后于 1952 年开始设计制造 B_3、B_4 型冰冷车。B_4 型冰冷车是中华人民共和国成立前设计的车辆，中华人民共和国成立初期武昌工厂（现在的中车长江车辆有限公司）生产了一批，后来发现这种冰笼装在车体两端的车辆，车内温度不均匀，冷藏货物经常软化，冰笼容量又小，不能满足运输易腐货物的要求。1954 年，通过加大 B_4 型冰冷车两端的冰笼，生产出 B_3 型冰冷车，由于没有通风设备，车内长为 12m，所以车内温差很大。运用情况显示，这种车辆也不能达到要求。后来从德国进口 200 辆 B_8 型冰冷车。1956 年，武昌工厂又设计制造了车顶式冰箱的 B_{11} 型冰冷车，直到 1961 年停止制造。1963 年，武昌工厂曾将一辆 B_4 型冰冷车的两端式冰笼改为车顶冰箱，运用情况表明，其温度均匀性有较大改善，但因改造工作量太大、费用较高而没有继续推进。1961 年，武昌工厂设计了 B_{12} 型冰冷车，1965 年试制完成后就停了下来。1980 年，武昌工厂试制生产 B_6 型冰冷车，1981 年通过部级鉴定后投入批量生产，到 1992 年年底，生产了 3500 辆左右。B_6 型冰冷车成为我国铁路冷链运输的主要工具之一。我国铁路还试制过两辆 B_7 型冰冷车，因无批量生产能力没有继续投产。目前，我国铁路冰冷车已全部被淘汰。

（二）机械冷藏车

我国铁路机械冷藏车（简称机冷车）是中华人民共和国成立以后逐步发展起来的。

1956年和1961年我国分别从德国进口了B_{16}型机冷车（1组为23辆）和B_{17}型机冷车（1组为12辆），其中B_{16}型机冷车共进口10组（230辆），B_{17}型机冷车共进口30组（360辆）。现在铁路上使用的有从德国进口的B_{18}型机冷车20组（共200辆）、1976年进口的B_{20}型机冷车9组（共300辆）、1984年进口的B_{21}型机冷车5组（共200辆）和1987年陆续进口的B_{22}型机冷车5组（共1000辆）。我国最早的国产机冷车是于1958年试制的JB_5型机冷车5组。1973年，武昌工厂设计试制了B_{19}型机冷车5组（共370辆，已于1988年停产），于1993年试制了B_{23}型机冷车5组（共25辆）。国产车全部由武昌工厂承造。上述车辆，目前部分已被淘汰或改造。

（三）冷板冷藏车

冷板冷藏车作为新型冷链运输工具，从20世纪80年代初期投入使用，至今已有40多年，其车型已经从依靠地面充冷站充冷的第一代冷板冷藏车发展到自带制冷机组、依靠地面电源驱动制冷机组充冷的第二代冷板车。目前第一代冷板冷藏车仅有18辆，第二代冷板冷藏车在铁路上运用的有4辆。2002年，为适应铁路货运全面提速的需要，将广州铁道车辆厂、四方车辆研究所、同济大学、铁道科学研究院机车车辆研究所、武昌工厂共同研制成功速度高达120km/h的快速机械冷板冷藏车称为第三代冷板车。2019年起，中车长江车辆有限公司正在研制新型蓄冷冷板冷藏车。

（四）隔热车

我国铁路部门曾在“七五”期间将B_{17}型机冷车改造成隔热车进行运输试验。但直到目前，铁路易腐货物运输仍无真正意义上的隔热车，也未进行研制与生产，现有的隔热车也只是用淘汰下来的B_{16}型、B_{17}型、B_{18}型机冷车部分改成隔热车使用，其运用效果并不能达到新造隔热车的水平。

四、船舶冷链运输技术及装备

（一）船舶冷链运输的分类及特点

1. 船舶冷链运输的分类

船舶冷链运输可分为三种：冷链母船运输、冷链渔船运输和冷链运输船运输。冷链母船是万吨以上的大型船，它配备冷却、冻结装置，可进行冷链运输。冷链渔船一般是指备有低温装置的远洋捕鱼船或船队中较大型的船。冷链运输船包括集装箱船，它的隔热保温要求很严格，温度波动不超过±5℃。

冷链运输船又有四种基本类型。

（1）专业冷链运输船。其主要用于城市之间或城市所属区域范围内冷链易腐食品运输。渔船船队、收集和储运渔获物的冷藏船及渔品加工母船也属于此类。

（2）商业冷藏运输船。冷藏运输船主要用于运输冷藏货，但也可用于运输非冷藏货。

（3）冷藏集装箱运输船。这类船上设有专门的制冷装置与送、回风设备，为外置式冷藏集装箱供冷。

（4）特殊货物冷链运输船。典型的货物冷链运输船有液化天然气运输船、化学品运输船或危险品运输船等。

2. 水路冷链运输的特点

（1）保温绝热。隔热性能良好且气密性良好的冷舱船体结构，必须通过隔热性能试验鉴定或满足平均传热系数不超过规定值的要求。其传热系数一般为0.4～0.7W/（m^2·K），具有足够的制冷量，且有运行可靠的制冷装置与设备，以在各种条件下为货物的冷却或冷冻提供制冷量。

（2）结构灵活。冷链运输船冷舱结构上应适应货物装卸及堆码要求，设有舱高2.0～2.5m的冷舱2～3层，并在保证气密或启、闭灵活的条件下，设置大舱口及舱口盖。

（3）可自动控制。自动控制功能可保证制冷装置的正常工作，为冷藏货物提供一定的温度、湿度和通风换气条件。水路冷藏对制冷系统及其自动控制器、阀件等的要求比陆用的更高，如性能稳定性、使用可靠性、运行安全性及工作抗震性和抗倾斜性等。

3. 水路冷链运输使用制冷装置的注意事项

冷链运输船上一般都装有制冷装置，船舱隔热保温。船用与陆用制冷设备的工作条件大不相同，因此船用制冷装置的设计、制造和安装，需要具有专门的实际经验的人来执行。在设计过程中，一般应注意以下几个方面的问题。

（1）船上的机房较狭小，所以制冷装置的布置要尽可能紧凑，但又要为修理留足空间。考虑到生产的经济性和安装的快速性问题，已越来越多地采用系列化组装部件，其中包括若干特殊结构。

（2）设计船用制冷装置时，要注意船舶的摆动问题。在长时间横倾15°和纵倾5°的情况下，制冷装置必须能保持正常工作。

（3）与海水接触的部件（如冷凝器、泵及水管等）必须由耐海水腐蚀的材料制成。

（4）船下水后，环境温度变化较大，对于高速行驶的冷链船，水温可能每几个小时就发生较大变化，而冷凝温度也会相应地改变，船用制冷装置须按最高冷凝温度设计。

（5）环境温度的变化会引起渗入冷却货舱内的热量的变化，因此必须控制制冷装置的负荷波动，所以，船用制冷装置上一般都装有能量自动调节器，以保持货舱温度恒定不变。

运输过程中，为了确保制冷装置连续工作，必须装备备用机器和机组。船用制冷压缩机的结构形式与陆用的并无多大差别，但由于负荷波动强烈，压缩机必须具有良好的可调性能。因此，螺杆式制冷压缩机特别适于船上使用。

4. 船舶冷藏制冷设备与陆用冷藏制冷设备的区别

船舶冷藏制冷设备应具有更高的使用安全可靠性，较高的耐压、抗湿、抗震性能及耐冲击性；具有一定的抗倾性能，在航行时能抗风浪及在一定的倾斜条件下保证压缩机正常、安全工作；船用制冷装置的用材应有较好的耐蚀性能；船用制冷装置的安装、连接应具有更高的气密性及运行可靠性；船用制冷装置选用的制冷剂应不燃、不爆、无毒，对人体无刺激，不影响健康；船用制冷装置应具有更好的适应性，安全控制、运行调节及监视、记录系统应更加完备。船用制冷设备及备用机的主要要求应以我国《钢质海船入级与建造规范》为依据，渔船应以我国《钢质海洋渔船建造规范》为依据，所有设备配套件均应经船舶检验部门检验并认可后才能装船。

（二）船舶冷藏货舱及其制冷方式

我国水路冷链运输任务主要由冷链运输船承担。为了适应运输的要求、提高船舶的通用性，水路冷链运输大部分由设置冷藏货舱的一般杂货船完成，其吨位从几百吨到千吨以上不等。

冷链运输船既可用于装冷藏货，也可用于装载杂货。冷链运输船所采用的制冷装置有氨制冷装置和氟利昂制冷装置。专业冷藏船和渔船以氨制冷机为主，而一般冷藏船或冷藏货舱多采用氟利昂制冷机。制冷压缩机目前仍以活塞式为主。冷却方式有盘管冷却和吹风冷却两种。采用氟利昂做制冷剂时，较多选用吹风冷却。冷链运输船的供冷方式有干式直接供液、重力供液、氨泵供液及满液式直接供液等。

如图 6-11 所示为典型船舶冷藏货舱的布局。该船及冷藏货舱均符合我国《国内航行海船建造规范》及国际造船通用技术要求。该船的冷藏货舱分 A、B、C、D 四层，划分成 A、B 和 C/D 三个冷藏分货舱，总容积为 2400m³。

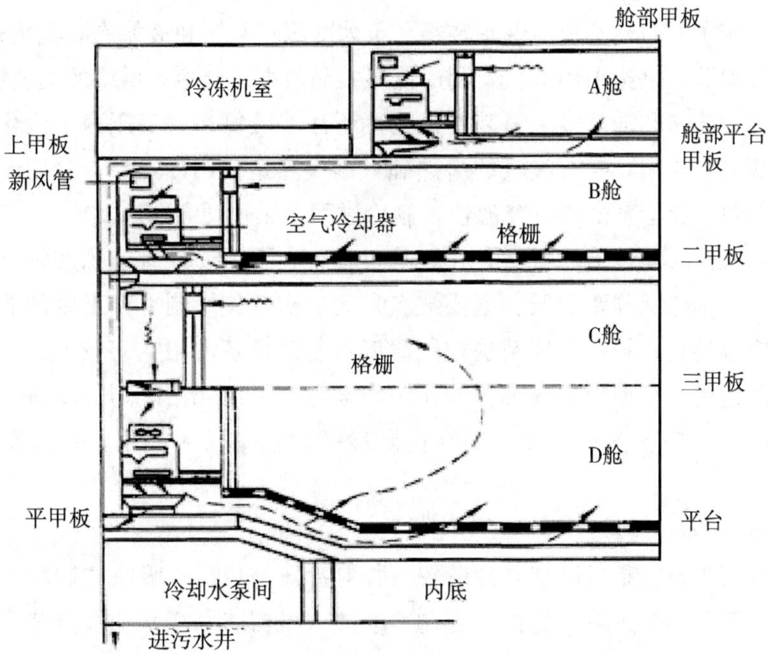

图 6-11　典型船舶冷藏货舱的布局

五、冷藏集装箱运输技术及装备

(一) 冷藏集装箱的类型及应用

1. 冷藏集装箱的定义

集装箱是一种标准化的运输工具，根据国际标准化组织的定义，它应具备下列条件。

(1) 具有足够的强度，可长期反复使用。

(2) 适用于一种或多种运输方式运送，途中转运时，箱内货物不需换装。

(3) 具有快速装卸和搬运的装置，特别便于从一种运输方式转移到另一种运输方式。

(4) 便于货物装满和卸空。

(5) 具有 $1m^3$ 及以上的容积。

凡具有隔热的箱壁（包括端壁和侧壁）、箱门、箱底和箱顶，能阻止内外热交换的集装箱称为保温集装箱（Thermal Container）。保温集装箱是一个总称，根据中华人民共和国国家标准《系列 1：集装箱的技术要求和试验方法 保温集装箱》(GB/T 7392—1998) 的分类。

2. 冷藏集装箱的类型

1) 耗用冷剂式冷藏集装箱

此类集装箱主要包括冷板冷藏集装箱、干冰冷藏集装箱和液氮冷藏集装箱。

冷板冷藏集装箱是指采用冷板，利用低温共晶液进行储冷和供冷的集装箱。

干冰冷藏集装箱和液氮冷藏集装箱是利用干冰或液氮在大气压力下汽化温度低的特点，用干冰或液氮在汽化时所吸收的潜热和升温显热达到制冷效果。采用干冰或液氮制冷所用设备简单、无运动部件、降温快，制冷过程中无须动力电源。

耗用冷剂式冷藏集装箱的特点是在运输过程中，不需要外接电源或燃烧燃料等，无任何运动部件，维修保养要求低。主要缺点是无法实现连续制冷；蓄冷剂放冷或消耗后必须重新充冷或补充；较难实现精确控制温度；制冷设备占用空间较大。耗用冷剂式冷藏集装箱只能适用于小型冷藏集装箱的短距离运输。目前耗用冷剂式冷藏集装箱只有在区域性短途冷链运输中尚有使用，而在国际冷链运输中已无使用，并有逐步被淘汰的趋势。

2) 机械式冷藏集装箱

机械式冷藏集装箱是指设有制冷装置（如制冷压缩机组、吸收式制冷机组等）的保温集装箱。冷藏和加热集装箱是指设有制冷装置（机械式制冷）和加热装置的保温集装箱。在实际应用中，通常把这两类保温集装箱统称为机械式冷藏集装箱。

机械式冷藏集装箱不仅有制冷装置，而且具有加热装置，可以根据需要选择制冷或加热，使冷藏集装箱的箱内温度控制在所设定的温度范围内。一般机械式冷藏集装箱的箱内控制温度范围为－18～38℃。

机械式冷藏集装箱以压缩式制冷为主：当机械式冷藏集装箱在船上运输或在集装箱

堆场时，由船上或陆上电网供电；而当机械式冷藏集装箱被放在陆上集装箱用专用拖车运输时，一般由车载柴油发电机供电。

机械式冷藏集装箱是当前技术较为成熟，应用较为广泛的一种冷链运输工具。

3）隔热式冷藏集装箱

隔热式冷藏集装箱是指不设任何固定的、临时附加的制冷或加热装置的保温集装箱。隔热式冷藏集装箱是一个具有良好隔热性能的集装箱。为实现其保温功能，必须有外接制冷或加热设备，向箱内输送冷风或热风以达到保温目的。

隔热式冷藏集装箱的特点是箱体结构简单。箱体货物有效装载容积率高，造价便宜。适合大批量、同品种冷冻或冷藏货物在固定航线上的运输。缺点是缺少灵活性，对整个运输线路上的相关配套设施要求高。

隔热式冷藏集装箱在 20 世纪 70 年代以前曾经是国际之间冷藏保鲜货物的主要运输工具之一，随着 20 世纪 80 年代以后机械式冷藏集装箱的大量使用，目前隔热式冷藏集装箱已逐步被更为灵活的机械式冷藏集装箱取代，但在某些具有稳定货源的航线上仍有使用。

4）气调式冷藏集装箱

气调式冷藏集装箱具有一般机械式冷藏制冷或加热功能，同时气调式冷藏集装箱装有一种调气装置，可以产生一种处理过的空气成分并维持其含量，以减弱新鲜果蔬的呼吸量和新陈代谢强度，从而减缓果蔬的成熟进程，达到保鲜的目的。

气调保鲜的关键是调节和控制货物储存环境中的各种气体的含量。目前最常见的是通过充氮降氧的方法来降低环境中的氧气含量，控制乙烯含量，减缓果蔬成熟进程。气调式冷藏集装箱的气密性要求较高，一般要求漏气率不超过 $2m^3/h$。

采用气调冷链运输具有保鲜效果好、储藏损失少、保鲜期长和对果蔬无任何污染的优点。但由于技术要求高、冷藏箱价格高，并且气调在大批量货物的储存和运输中更有优势，因此目前使用还不普遍。

（二）冷藏集装箱的工作原理

1. 隔热式冷藏集装箱

隔热式冷藏集装箱本身是一种具有良好隔热性能的集装箱，所有箱壁均采用热导率低的隔热材料制成。如图 6－12 所示，在箱子的一端有两个风口，下部为送风口，上部为回风口，风口可通过专用接头与制冷装置的供风系统相连。从隔热集装箱上部回风口抽回的回风，经制冷装置冷却降温后，再分别送入集装箱的下部送风口。低温空气从送风口进入箱内后，先进入箱底风轨，再向上经过货物后，从回风口被抽回到制冷装置，以达到对冷藏货物的降温、保温作用。

由于隔热式冷藏集装箱必须依赖其外部的制冷与送风装置进行工作，因此在使用中有明显的局限性。

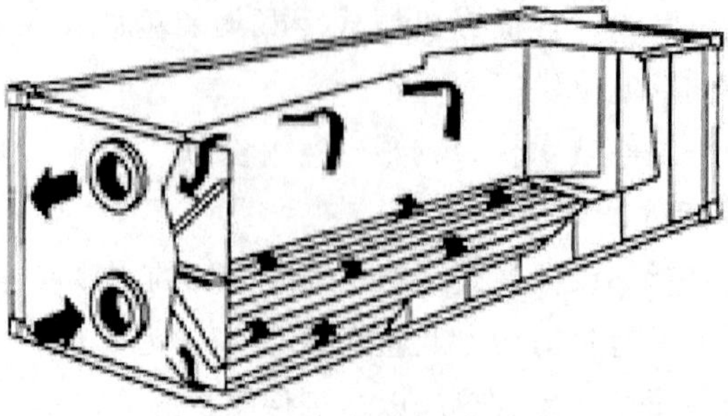

图 6-12　隔热式冷藏集装箱工作原理示意

由于隔热式冷藏集装箱（以下简称“隔热集装箱”）本身无任何制冷能力，必须依赖外部制冷装置与系统来维持其正常的工作。船舶运输途中，采用船舶集中式制冷系统向冷藏箱供冷时，货舱中必须装有隔热式冷藏集装箱专用设施，且隔热集装箱只能装载在船舶货舱内。由于船舶制冷装置不能提供太多种送风温度，且各隔热集装箱的回风经汇合后返回到集中式制冷装置处，即各箱的回风存在混合问题，因此隔热式冷藏集装箱较适合运送同品种的冷藏货物。另外，只有当隔热集装箱的数量足够多时，集中式制冷装置才能显示其经济性。因此，隔热集装箱只有在用于运送大批量、同品种的冷藏货物时，其经济性才能得到充分体现。

当隔热集装箱处于集装箱堆场时，可采用集装箱堆场的集中式制冷系统向隔热集装箱其供冷，以维持隔热集装箱的正常工作。因此，保证隔热集装箱正常工作的必要条件是：集装箱所途经的堆场，必须有能维持隔热集装箱正常工作的集中式供冷装置和设施。

当隔热集装箱处于车辆运输途中时，一般采用壁挂式制冷装置向隔热集装箱供冷，以保证隔热集装箱的正常工作。

2. 机械式冷藏集装箱

机械式冷藏集装箱由具有良好隔热结构的集装箱和与制冷机组构成一体的机械制冷装置组成。机械式冷藏集装箱的外形尺寸是标准的 20ft 或 40ft。制冷装置藏在箱体的一端，因此机械式冷藏集装箱有时也被称为内藏式冷藏集装箱。

冷藏集装箱由箱体和制冷装置两部分组成。制冷装置的蒸发器离心风机将冷藏集装箱的回气经回风格栅后被抽入制冷装置，回风经蒸发器降温后，被送入送风道并进入送风压力室；冷却降温后的送风从送风压力室经 T 形风轨被送入冷藏集装箱，冷风在冷藏集装箱内从下往上经过货物后，回到回风格栅进入下一次循环。在机械式冷藏集装箱正常工作过程中，冷藏集装箱内部的热量由循环空气不断带回到制冷装置；制冷装置中的制冷剂则不断地将热量从蒸发器带到冷凝器，并经冷凝器将热量排至周围环境中。机械式冷藏集装箱的工作原理示意如图 6-13 所示。

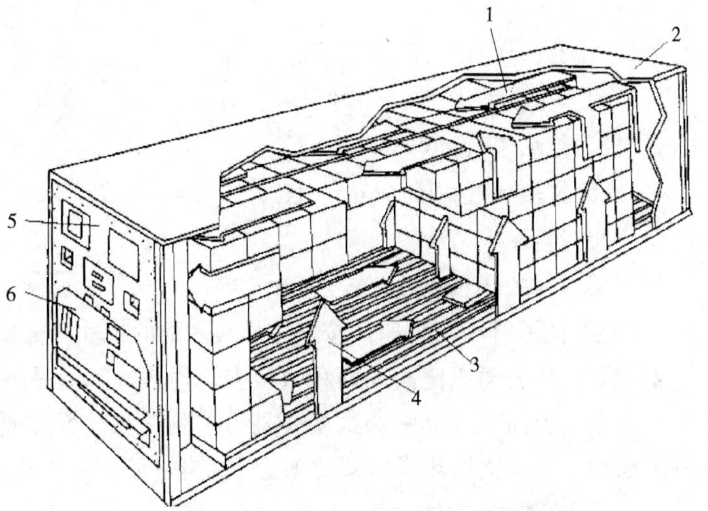

1—回风气流；2—箱体；3—通风轨道；4—送风气流；5—制冷机组；6—冷风机

图 6-13 机械式冷藏集装箱的工作原理示意

第三节 冷链物流运输节能管理

一、冷链运输工具热计算

冷链运输工具的热计算是设计冷却设备、加温设备和空气循环设备的基础工作，在日常组织工作中也经常需要运用热计算。在热计算中最重要的是计算冷藏车各项冷消耗（耗冷量）和冷却器的散冷量。把这两方面根据具体情况加以灵活运用，就可以挖掘出一系列生产上所必需的数据。以下将讨论冷藏车（含冷藏集装箱）热计算的基本原理。

（一）冷消耗的计算

对于通用冷链运输工具来说，在各种情况下可能遇到的冷消耗因素共有八项，各项因素计算方法如下。

1. 漏热的冷消耗［Q_1，见式（6-1）］

$$Q_1 = 3.6 F_{车} K_{车} (t_{外} - t_{内}) z \tag{6-1}$$

式中：$F_{车}$ —— 车体外表面积，m^2；

$K_{车}$ —— 传热系数，$W/(m^2 \cdot K)$；

$t_{外}$ —— 在 z 时间内外界阴面的平均温度，℃；

$t_{内}$ —— 车内平均温度，℃；

z—— 传热时间，h。

其中，$K_{车}$的计算公式如式（6-2）所示。

$$K_{车}=\frac{1}{\frac{1}{A_{外}}+\sum\frac{\delta_i}{\lambda_i}+\frac{1}{A_{内}}} \tag{6-2}$$

式中：$A_{外}$——外表面传热系数，W/（m^2·K）；

$A_{内}$——内表面传热系数，W/（m^2·K）；

δ_i——第 i 层材料厚度，m；

λ_i——第 i 层材料的导热系数，W/（m·K）。

式（6－1）中 $F_{车}$是车体的外表面积，即按车体外部六面的尺寸计算出的六个面的面积之和。由于车厢壁很厚，外表面积比内表面积大得多，传热实际上是通过平均表面积进行计算，那么为什么用外表面积计算呢？这主要是为了测量和计算方便。在测定传热系数时，可按照外表面积计算，这样计算出来的 $K_{车}$已经考虑了 $F_{外}$与 $F_{均}$的差别，而且对应于 $F_{外}$。当试验时 $K_{车}$是按照车体的平均表面积计算的，则在使用式（6－1）时，$F_{车}$应相应地采用平均表面积，$F_{车}=\sqrt{F_{外}\cdot F_{内}}$。车体的传热系数是不断变化的，新出厂的最小，在使用中逐渐增大，维修后又减小，之后又增大。我国目前还没有一套记录这种变化的试验资料，在做比较精确的试验时，每次都应对所选车辆重新测定 $K_{车}$ 值。

式（6－1）中的 $t_{外}$是车辆外界阴面的平均温度，阳面由于太阳辐射而增加的热量另做计算，$t_{内}$是车内的平均温度。$t_{外}$、$t_{内}$是在 z 时间内定时测定的若干读数（每个读数是几个温度的读数的平均值）的总平均值。

2. 漏气的冷消耗（Q_2）

当车内外有温度差时，车门、通风口等不严密处会发生漏气。漏气量的大小和缝隙的大小、温差的大小、外界的气候条件（如风速、风向、雨量等）有关。同一车型的车可能不同，同一辆车在不同的场合和时期可能有很大差别。因此，Q_2 是很难用理论计算的方法准确确定的，只能利用试验方法确定。在一般情况下，可简化认为 $Q_2=0.1Q_1$。

3. 太阳辐射的冷消耗（Q_3）

车体被太阳照射的部分因温度升高，所以传热温差也有所提高。计算公式如式（6－3）所示。

$$\begin{aligned}Q_3&=3.6\gamma F_{车}K_{车}(t_{阳}-t_{内})z_{阳}-3.6\gamma F_{车}K_{车}(t_{外}-t_{内})z_{阳}\\&=3.6\gamma F_{车}K_{车}(t_{阳}-t_{外})z_{阳}\end{aligned} \tag{6-3}$$

式中：γ——车体被太阳照射面积占车体总面积的百分比，%；

$t_{阳}$——车体被太阳照射面的平均温度，℃；

$z_{阳}$——车体被太阳照射的时间，h。

根据对单辆车的试验观测，车辆经常有三面（顶、端、侧）被太阳照射，只有短暂的时间可能是两面（顶、端或顶、侧或端、侧）被照。因此可以近似地把单辆车的被照面积百分比取为 50%。通常车顶部比端、侧面温度高，端、侧面的温度也不相同，计算时应取测定各点的平均值，在粗略计算时，可取 $t_{阳}$ 比 $t_{外}$ 高 10～12℃。车体被太阳照射的时间，在具体进行试验时可按测定值计算，在理论计算中，可按当时当地平均的日照时间折算。

4. 通风的冷消耗（Q_4）

运送某些货物（如未冷却的蔬菜、水果、鲜蛋以及熏制品等）时需要通风，通风时会把外界的热空气带入车内，一方面需要降温（在计算时假定降低至车内设定温度），另一方面可能有一部分水蒸气凝结（假定降低至车内设定湿度水平），这两部分热量之和就是通风的冷消耗，其计算公式如式（6－4）所示。

$$Q_4 = V_{通}[C_{空}(t_{外} - t_{内}) + q(f_1 p_1 - f_2 p_2)]z_{阳} \tag{6-4}$$

式中：$V_{通}$——计算期间的通风容积，m^3；

$C_{空}$——空气的容积比热，1.297kJ/（$m^3 \cdot K$）；

q——水蒸气的凝结热或凝固热。车内零上温度时为凝结热，可取 2.51 kJ/g；车内零下温度时为凝固热，可取 2.845 kJ/g；

f_1——通风时外界空气的相对湿度，%；

f_2——通风时车内空气的相对湿度，%；

p_1——外界空气的饱和绝对湿度，g/m^3；

p_2——车内空气的饱和绝对湿度，g/m^3。

5. 货物降温的冷消耗［Q_5，见式（6－5）］

$$Q_5 = (m_{货} C_{货} + m_{容} C_{容}) \Delta t \tag{6-5}$$

式中：$m_{货}$——货物的重量，kg；

$m_{容}$——包装容量的重量，kg；

$C_{货}$——货物的比热容，kJ/（$kg \cdot K$）；

$C_{容}$——包装容器的比热容，kJ/（$kg \cdot K$）；

Δt——计算期内货物降温度数，K。

6. 车体降温的冷消耗（Q_6）

车体在冷却以前，可以把车体温度看作与环境温度相同，冷却后，外壁与外界空气温度一致，内壁与车内温度相同，计算公式如式（6－6）所示。

$$Q_6 = m_{车} C_{车}\left(t_{初} - \frac{t'_{外} - t'_{内}}{2}\right) \tag{6-6}$$

式中：$m_{车}$——车体需要冷却部分的重量，kg；

$C_{车}$——车体需要冷却部分的比热容，kJ/（$kg \cdot K$）；

$t_{初}$——车体初始温度，℃；

$t'_{外}$——计算终了时车体内表面温度，℃；

$t'_{内}$——计算终了时车体外表面温度，℃。

7. 货物呼吸的冷消耗［Q_7，见式（6－7）］

$$Q_7 = m_{货} q_{货} z_{货} \tag{6-7}$$

式中：$q_{货}$——货物在车内温度下的呼吸热，kJ/（h·kg）；

$z_{货}$——货物在车内时间，h。

8. 循环风机的冷消耗［Q_8，见式（6-8）］

$$Q_8 = 3600 N_{风机} z_{风机} \tag{6-8}$$

式中：$N_{风机}$——循环风机功率，kW；

$z_{风机}$——循环风机开动时间，h。

（二）装运货物时的实际冷消耗

在装运某种具体货物时，其冷消耗因素并不总是八项，各类货物制约因素互有差别。有些货物即使冷消耗的因素相同，但数据却有差别，举例如下。

（1）冻货。运送冻货时，涉及漏热、漏气、太阳辐射、车体降温、循环风机的冷消耗，但货物不需要降温和通风，也无呼吸，因此冻货的冷消耗如下。

$$Q = Q_1 + Q_2 + Q_3 + Q_6 + Q_8 \tag{6-9}$$

（2）鲜蛋。这类货物在运送中除式（6—9）中的冷消耗外，还多一项货物呼吸的冷消耗。果蔬和鲜蛋在冷却后运送一般不需要通风。

$$Q = Q_1 + Q_2 + Q_3 + Q_6 + Q_7 + Q_8 \tag{6-10}$$

（3）冷却的水果、蔬菜。这类货物八项冷消耗俱全。

$$Q = Q_1 + Q_2 + Q_3 + Q_4 + Q_5 + Q_6 + Q_7 + Q_8 \tag{6-11}$$

二、影响能耗的主要因素

1. 漏热量的影响

冷链运输装备之所以能控制食品温度，除有效的制冷手段外，良好的隔热性能也是十分重要的。以冰激凌等需要低温运输的食品为例，车内温度常在－18℃以下。考虑到太阳辐射的影响，车外综合温度超过60℃也十分常见，车内外温差较大，故需要冷链运输装备具有较好的隔热性能。此时，若冷链运输装备的隔热性能好［设传热系数为0.2W/（m^2·K）］，则热负荷为1.2kW左右，但如果传热系数为0.5 W/（m^2·K），则热负荷将接近3kW。值得注意的是，传热系数为0.5W/（m^2·K）的冷藏车在现实生活中比比皆是，尤其是使用过很长一段时间的车辆，漏热量的增加造成能耗激增。此外，因一般40ft冷藏集装箱在－20℃/30℃的工况条件下制冷量仅为6000～10000W。因此，车体漏热量大，不仅影响能耗，还有可能使得车辆无法满足保证食品品质的需要，造成更恶劣的影响。

由此可见，对于冷链运输装备，一方面，在最初选择时，应采用隔热性能好的装备；另一方面，要注意使用过程中的维护，及时进行维修，以达到保证装备隔热性能的作用。但在实际操作中仍存在一定的误区。

（1）过于注重车辆传热系数 K 值，忽略了厢体热桥效应。目前我国在进行冷藏车隔热性能测试时，多采用传热系数 K 为分析、比较的基础。若从传热系数 K 的物理意义的源头出发，K 反映了厢体材料绝热效果、厢板的保温材料种类以及厚度等因素，但无法反映因厢体几何尺寸的不同、不同位置材质不同（车厢部分位置需采用钢质加强筋进行强化）所造成的整体传热和车厢隔热的薄弱部分（热桥效应）。冷藏车使用一段时间后，由于车辆的震动、车厢各接口的开裂等，这些薄弱部分的漏热量也将越来越大，为此，必须引入漏热率 L 来表征车厢漏热效果。漏热率 L 是北美国家为表征冷藏车单位面积传热量而引入的传热单位，能更好地分析整车隔热效果，因此运输商在选择冷藏车时若综合考虑 K 和 L，将能对车辆隔热效果做出更全面的评价。

（2）忽略车辆老化率。目前，国际上通常采用聚氨酯泡沫制作隔热材料以阻止外界热量传入车厢内，由于这种方法具有高绝热、易加工、整体成型的特点，从而被大规模使用。在制作时，首先将混合好的聚氨酯泡沫注入车壁内外夹层间，待其固化后形成模块化整体。可见，这种制作发泡过程实际是一种化学反应，气体在泡沫中膨胀并保留在聚氨酯的微小空隙结构中。

随着厢体的老化，这些气流会从微小空隙流出，而外界的空气和水便会渗入这些空隙，从而严重降低其隔热性能。研究表明，车辆隔热性能下降率约为每年 5%，5 年即为 25%。在欧美，冷链运输公司一般每 3～5 年会对冷藏车厢进行全面更换，而国内公司很少对车厢进行维护或更换，使得车辆在使用后期性能严重下降，大大增加了能耗。

2. 漏气量的影响

冷链运输中所采用的运输装备，如冷藏集装箱的气密性并不是 100%完好，在运输过程中必定有气体渗透入或者渗透出集装箱，从而改变冷链运输内部单元的温湿度和气体成分，最终可能导致运输食品腐败变质，另外，也会影响运输装备的运输总能耗。冷藏集装箱在运输货物过程中，由于围护结构缝隙逐渐增大，也会使得其整体气密性下降。

在冷链运输过程中，若运输货物状态稳定，运输装备渗风能耗则主要取决于装备内外温差和装备的漏气量，运输装备的内外温差则主要由外部自然环境条件决定。冷链运输装备的性能与设计标准、制作工艺水平、老化率和使用年限都有很大关系。我国铁路冷藏车气密性要求仅为 50Pa 压差下漏气量小于 $40 \sim 60m^3$（远低于冷藏集装箱和冷藏汽车的相关要求）。

随着车速的提高，漏气量越来越大，因此在列车运行速度越来越快的今天，无论从节能，还是从食品品质安全的角度考虑，均应对装备气密性提起重视。

目前，在发泡工艺上常用三明治发泡（将每个车壁做好后拼装为一个整体）或整体式发泡（将车厢外表面整体成型后一次性充注发泡料），由于三明治发泡在各壁面间存在接口，所以气密性先天不足，且随着使用时限的增长，漏气量也会不断增加，因此应尽量淘汰。此外，车辆老化导致气密性下降是难以避免的，为此，必须定期对车辆进行检修和维护。

车门漏风同样是能耗的主要来源。车门关闭时，门封是阻止漏气的重要装置，因此门封应具有良好的密闭效果并且容易更换。因为随着密封条的老化，漏气现象会越来越严重，建议一年一换。此外，目前的密封条材料一般是 PVC（聚氯乙烯），但它的低温耐疲劳性能差，特别是温差较大时易损坏，而 EPDM（三元乙丙橡胶）具有大温差下耐疲劳的特点，建议采用其作为密封条材料。

此外，在车辆配载和卸货时，车门需长时间开启，若不采取保护措施，车外热湿空气渗入车内，一方面增加热负荷，另一方面会导致蒸发器结霜影响车辆制冷，因此建议采用塑料门帘进行隔热。在塑料门帘选材上，应选用满足食品安全需要的食品级 PVC 材质门帘，同时应有足够的耐低温性能；在安装方式上，应从门顶到门底完全遮盖，且门帘叶片皆相互重叠，以保证隔热、隔气的有效性。

3. 田间热与呼吸热的影响

新鲜产品在采摘后进行运输时仍然具有生命力，在呼吸的同时不断产生水、二氧化碳和热量。呼吸作用消耗了果蔬养分，缩短了保质期，对食品保存是极为不利的。而不同果蔬所产生的呼吸热也是有区别的，此外与货物温度以及周围氧气和二氧化碳的浓度也密切相关。出于品质的考虑，为控制货物周围气体成分，对于某些呼吸作用强的果蔬，在运输过程中必须强制通风，如《铁路鲜活货物运输规则》中明确要求未冷却水果、蔬菜和其他需要通风运输的货物每日需要通风 2 次以上，这就需要运输方在通风过程中严格控制通风量，减少内外空气交换带来的热损失。同时，在车辆制造时考虑将通风口由手动操作改为电控自动操作，以优化设计。

另外，研究表明食品呼吸作用随温度的升高而升高，温度每升高 10℃，食品的呼吸作用会增强 2～3 倍，因此在冷链运输开始之前通过预冷措施将货温降到适宜的区间，对降低能耗具有重大意义。应该看到，冷链运输装备是维持适当低温的设施而不是强制降温的装置（大型地面冷库的制冷成本只有机械冷藏车制冷成本的 1/8 左右），若生鲜食品不进行预冷处理，车辆则会不得不减少食品装载量，从而降低了使用效率。同时，由于温度达不到设定要求，制冷压缩机长时间运行又增加了油耗。据统计，运输同样的货物，预冷和未预冷的单位能耗相差 50%。此外，未经预冷的水果、蔬菜在运输中的腐烂率为 25%左右，而预冷后腐烂率在 5%以下，其经济效益和社会效益是不言而喻的。可见，冷链的操作贯穿于农田到餐桌的整个流程，冷链运输作为冷链中极为重要的一环，其效果与生产、加工、预冷、冷藏、零售等环节密切相关。但从现场调查来看，目前我国冷链运输预冷率不高，绝大部分果蔬在运输前都没有进行预冷处理，而冻肉、冰激凌等冻结货物在运输前的冷冻往往不充分。据统计，90%以上的果蔬在运输前并未预冷，需－18℃以下运输的冻肉承运时多为－12～－6℃，而冰激凌也经常达不到－18℃的规定承运温度。

4. 开门漏气的影响

在冷链运输中，由于配货及其他原因，实际装货时间较长，在此期间车门的敞开极易导致货物升温，品质下降。因此，如在冷链运输装备车门处安置风幕设备将能有效改善车内温度分布、节约能源。

5. 送风方式的影响

目前冷藏装备多采用上出风的送风方式，这种方式技术成熟，但存在一定缺陷。首先是强制从上向下送风时，与吸热后上升的冷风形成冲突，其次为保证送风速度的均匀性，风道不能太小，这也使得车厢装货容积减少。

为改善车厢内温度场分布，国外冷链运输装备生产商开始采用下送上回的送风方式，在该方法中，空气以蒸发器风扇驱动为主，冷空气受热上升这一原理为辅进行循环。冷空气在冷链运输装备底部通过T形槽和离水格子之间的空隙流动，由货物间空隙以及车壁的凹形风道吸收外界以及食品内部的散热量，冷空气受热上升，通过车厢内顶部和货物上部形成的回风通道被吸入蒸发器，经过蒸发器时吸入冷量，降温后由车底部送出，以此方式不断循环。

对于下送上回的送风方式，由于车内自然对流和强制循环一致，气流稳定性好。同时，由于不设大送风道，装货容积大，得到了越来越广泛的应用。目前，在冷藏集装箱中已基本采用下送上回。

6. 制冷机组优劣的影响

制冷机组的优劣直接影响冷链运输装备能耗的高低。因此，在冷藏车设计中，可以考虑使用新型制冷机组，以提高效率。如具有新型涡旋式压缩机的制冷机组、具有一定气调功能的制冷机组等。美国开利公司发明的 Ever Flash 气调装置就属于后者。该装置利用一个小型空气压缩机压缩空气，氮气分子通过氮气分子筛过滤后进入，实现气调运输；美国冷藏公司利用水果、蔬菜在运输中不断消耗氧气产生二氧化碳气体的原理，配以计算机控制的新鲜空气通风控制系统，把二者结合起来，巧妙地控制箱内气体成分，实现了气调运输。

冷链运输装备制冷装置的数字化控制也是必需的。目前发达国家已实现由人工操作的 PTI（冷藏箱预检）检查向自动 PTI 检查的转变，可记录 1～2 年的温度信息。如果出现故障，不必像以前那样依靠经验来判断，故障信息会自动出现在显示屏上，只需按图索骥就可以了。依靠解码器，运输装备内部温度信息可直接通过电源线传到监控箱，方便了操作。

制冷机组技术的提高能大幅提高运输食品的品质，在节能方面，它也是最为直接的。制冷机组性能每提高 1%，节能效率也将直接提高 1%，因此，制冷机组的选型是冷链运输装备设计的重中之重。一方面，应引入国际先进技术提高制冷系统效率；另一方面，在冷链运输装备设计时，可有针对性地设计适用于冷却货物运输的冷链运输装备和适用于冷冻货物运输的冷链运输装备。通过对整个运输装备进行最优化设计，提高运行效率和节能效果。

7. 通风换气的影响

在冷链运输中，因货物的需要，有时必须采用自然通风的方式对车内空气进行置换。此时，如果内外温差大则会导致货物升温明显，不仅影响食品品质，还将大量消耗制冷系统冷量。因此，如在通风换气系统加设空气-空气换热器则能有效解决上述问题。所谓空气-空气换热器是指在通风过程中通过换热器，使内外空气进行热量交换的设备。

目前，空气-空气换热器有以下三种类型：采用全热转轮式热回收装置的空气-空气换热器；采用板式热回收装置的空气-空气换热器；采用通道轮式热回收装置的空气-空气换热器。

根据上述三种类型设备的特点，对其在设计、应用中的通风换气效果进行对比、分析如下。

1）全热转轮式热回收装置的空气-空气换热器

全热转轮式热回收装置的空气-空气换热器是一种传统的新风处理设备，具有热回收效率高、结构简单等优点。但其体积大，阻力损失为200～300Pa，且存在二次污染、装置不易再生等问题。

2）板式热回收装置的空气-空气换热器

板式热回收装置的空气-空气换热器也是传统的热回收设备，目前我国常见的新风换气机采用板式换热器。这种换热器一般采用金属板制成。板间距为3～8mm、阻力在200～400Pa、热回收效率为40%～60%。采用板式热回收装置的新风换气机受换热器的结构限制，体积大、阻力大。当一侧气流温度低于另一侧气流的露点温度时，会产生凝结水，甚至发生结冰现象，引起阻力剧增，影响使用寿命。板式热回收新风换气机采用双风机实现通风换气。在通风系统中使用时，系统阻力损失大，造成通风换气效率低。

目前国内采用板式热回收装置的空气-空气换热器的产品结构大致相同。其主要技术参数（全压或机外余压）一般以风机参数为准，并没有给出该换热器的阻力值，极易造成设计上的失误，可能导致的负面影响如下。

（1）当新风换气机安装在通风换气系统中时，由于换热器、新风过滤器的存在，新风换气机内阻极大。

（2）风机首先要克服换热器阻力 $\Delta P_{换}$、新风过滤器阻力 $\Delta P_{过}$ 和新风风管阻力 $\Delta P_{管}$。这些阻力为300～500Pa，严重影响风机的送风量和送风带承载能力。

（3）风机除需要克服室内新风风管的阻力外，还要克服换热器阻力，影响新风机的排风能力。

（4）在实际使用时，表现为新风送入量小、排风能力低，使得整个系统的通风换气效率降低。

3）通道轮式热回收装置的空气-空气换热器

通道轮式热回收装置的空气-空气换热器是近几年开发成功的新型换热装置。它集换热装置和双向风机于一体，具有结构简单、体积小、换热效率高等特点。通道轮式热回收装置的空气-空气换热器一般采用金属薄板作为换热通道。新风和换风通道相邻且相互隔离，并由单电机拖动处于高速旋转状态。当气流进入各自的换热通道时，气流无法在通道表面形成层流界面，气体分子增加与通道器壁的碰撞机会，大大提高能量转换效率。因而在相同风量的情况下，换热器体积和内阻要小很多。另外，由于换热器工作时处于旋转状态，当一侧气流温度低于另一侧气流的露点温度时，也会产生凝结水。但凝结水会在离心力的作用下甩出换热器，不会因发生结冰现象而影响使用寿命。通道轮式热回收装置的空气-空气换热器在单电机驱动下可实现双向通风换气，在通风系统中使用时，换气机产生的排风负压、出风正压可全部用于克服系统风管阻力，通风换气效率可为70%左右。

在空调领域，上述技术已较为成熟，并已得到广泛应用，完全可以应用于冷藏车，达到节能降耗、保证食品品质的目的。

复习与思考

1. 冷链运输装备主要有哪些？
2. 冷藏集装箱主要技术指标参数有哪些？
3. 影响冷链运输能耗的主要因素有哪些？应如何降低这类能耗？
4. 冷链运输装备性能测试的指标主要有哪些？

课后习题答案

第七章　冷链物流信息技术与装备

冷链物流信息
技术与装备

教学目标

理解冷链物流信息管理的必要性；了解冷链物流监测技术；掌握冷链温度监测相关技术、理解冷链物流温度监测系统；掌握冷链物流信息追溯技术。

第一节　冷链物流信息技术概述

2016年以来，重庆市利用中央财政2亿元专项资金，积极推动应用现代信息技术和冷链物流标准项目，通过着力源头补短、中间整合、终端发力三个环节，构筑农产品全程冷链物流体系。《保鲜花椒冷链作业规范》《动物性火锅食材冷链物流作业操作规范》以及《重庆脐橙冷链物流作业规范》等冷链物流团体标准先后出台，并在有关骨干企业得到应用，取得了一定效果。政策红利下，标准化、信息化也成为冷链物流发展的关键。

一、冷链物流信息化

在许多发达国家，生鲜品的冷链流通率接近100%。目前我国冷链行业仍处于起步阶段，果蔬类产品、肉禽类产品以及水产品的冷链运输率分别为5%、15%和40%，冷链基础设施也不完善。这表明了我国冷链物流仍然与发达国家存在很大的差距。为了保证生鲜品顺利流通，迅速地发展并完善冷链物流很有必要。各级政府和相关冷链企业为冷链的发展做出了诸多努力，其中包括政策的制定和基础设施的建设，这使得冷链物流的服务水平和流通率得到了一定的改善。但这仍然不够，我国仍存在冷链物流标准不统一、信息不透明、监控不完善、生鲜品溯源不顺畅等一系列问题。冷链信息的采集和应用，对于政府和诸多冷链企业来说是一个亟待解决的问题，生鲜品信息的采集、冷链设备的监控、冷链信息的公示以及生鲜品的预警、溯源和追踪等，这些都是发展冷链物流不得不面对的问题。冷链信息平台作为一个公共的冷链信息服务平台，是进行信息处理、信息展示和信息交换的枢纽。

二、冷链物流信息管理的必要性

由于冷链物流几乎贯串了货物从生产到销售的全生命周期，其间涉及生产和流通过程的部门非常多，所以必须运用专业的物流管理信息系统来建立食品全生命周期信息档案，科学地整合生产、分销、仓储、运输和配送等供应链上、下游的信息。冷链物流信息化的作用具体如下。

1. 解决市场信息无法顺畅地传递至生产者的问题

冷链物流的流动方向是由生产者到消费者，而信息流正好相反，是由消费者到生产者。这就说明生产者在生产前必须充分获得信息，了解消费者的消费情况和市场的供需情况。但在我国，实际情况是多数生产者在生产前根本无法获得有用的信息，在生产后也无法及时获得产品物流系统反馈的信息，这使生产者无法根据实际的市场需求生产产品。这种情况容易导致生产者的盲目、过度竞争，也使生产者不但承受了自然风险，还承受了市场风险。

2. 解决冷链物流各环节不协调的问题

冷链物流的各个环节之间不可避免地相互影响、相互制约，一个环节效率低下，有时会降低其他环节的效率，从而导致整体的效率降低。一个高效率运转的冷链物流系统必然是各个环节紧密相连、相互协调的系统。

3. 解决冷链食品出现质量问题难追溯的问题

随着消费者对生鲜食品消费量的日益增加，食品质量安全等问题越来越受到人们的关注。建立鲜活农产品的准入制度，把质量差、存在安全问题的产品排除在外是对冷链物流系统的基本要求，对冷链物流系统进一步健康发展起决定性作用。我国现阶段并没有建立起有效的鲜活农产品身份证制度，一旦出现问题，很难追本溯源。

4. 解决冷链物流企业间未形成物流信息共享机制的问题

信息共享实现的手段涉及条码技术、RFID 技术、EDI 技术和网络技术。其中，条码可应用于供应链全过程，作为商品货运单元的唯一标识。其表示信息多、可变性强的特点具有很广泛的应用场景。RFID 技术可以助力供应链可视化。EDI 技术的应用范围相对有限，主要集中在进出口海关和商检等环节。网络的出现使资源共享变得简单，交流的双方可以跨越时空的障碍，随时随地传递信息。

5. 解决冷链物流区域发展上的不平衡导致区域间信息壁垒严重的问题

在较发达的地区，由于信息技术应用水平高，冷链物流现代化步伐较快，而在中西部很多地区，信息技术水平低，农产品物流依然过度依赖传统的营销方式。这就会导致发达地区与不发达地区之间的信息传递出现难以衔接的问题，造成区域间的信息壁垒，严重影响我国鲜活农产品跨区域流动的效率。

6. 解决物流企业信息标准化水平低的问题

信息技术大都只应用在某一环节，如条码管理系统、全球定位系统、地理信息系统、立体库以及呼叫中心等，缺乏物流信息管理系统的整合，呈现出凌乱和分散的局面。大多数物流企业都是在自己传统优势业务的基础上开展信息化建设。由此带来的问题是：冷链物流信息如何在冷链物流的各个层面自由交换，使需要综合冷链物流服务的企业得到完善的物流方案。这造成了我国冷链物流企业信息技术资源浪费严重，由此产生信息交换断层，从而制约了整个冷链物流企业竞争力的提升。

三、实现冷链物流信息化的措施

由于我国冷链物流基础设施的落后，造成了某些食品零售价格居高不下，一些易腐食品售价中甚至有七成是用来补偿物流过程中损失的货物价值。加紧投资建设冷链基础设施，不断普及卓有成效的全国性冷链供应链配送网络系统，同时通过信息化建设，促进冷链物流软件的优化，提升利润水平，减少相应损耗，避免浪费，进而间接推动配送产品价值的提升，促进冷链物流产业升级。因此，信息化就成了中国冷链物流走向规范化的关键所在。在冷链物流的投资和扶持上还需要政府出台相关政策，这样更有利于我国冷链物流行业的发展。具体地说，目前我国实现冷链物流信息化发展有以下六大措施。

1. 政府统筹规划，相关行业协会通力合作，大力推动

对粮食物流、棉花物流、烟草物流、冷链物流等做出相应规划，提出达到目标的措施，并给予人、财、物等方面的大力支持。国家发展改革委仍要把支持农副产品物流发展项目作为贴息贷款与技术改造项目的重点。实行政府推动力、行业推动力与市场推动力并举。

2. 构建供应链信息化体系

把冷链产业上、下游结成供应链，形成一个完整的体系，实行全过程监控，加强冷链物流信息化、精细化、标准化和智能化建设，改变各自为战的局面。从而实现哪个环节出了问题都可以追溯，找出真正的原因。特别是要推进信息共享，提高冷链全程透明度，加快冷链标准的制定和修订，并与国际接轨。

3. 加强技术研究和推广

加强冷链物流信息技术研究与新技术推广，启用全程监控的信息化技术，以适应小批量、多品种的冷链物流需要，对冷链物流全过程进行实时监控与预测。推进冷链物流中铁路、公路、水路与航空的多式联运。

4. 推进集约化共同配送

加快发展第三方冷链物流企业，建立冷冻冷藏产品加工配送中心，推进集约化共同配送。对现有冷链资源进行重组与整合，以提高效率。对综合性或专业性冷链物流企业，给予必要的支持，特别是政策与金融支持。

5. 加强国际交流合作

进一步对外开放，引进国外先进的冷链物流信息技术与装备、运作模式及管理经验。将“派出去、请进来”相结合，通过引进与消化吸收，实现冷链物流信息技术创新，形

成中国自主的知识产权。

6. 大力培养冷链物流信息化专门人才

据中国物流与采购联合会冷链委相关报告显示，当前冷链物流领域人才同自身专业匹配度较低，接受过高等教育的中、高级管理人员中，有物流相关专业教育背景的人占比较少，管理专业人才较多。当务之急是加强对冷链物流信息化人才培养的支持力度。政府、企业、行业协会和高等院校多方联动，建立完善的冷链物流教育体系；企业内部开展信息化技能培训；组织内部人员交流经验、分享技术，高素质、高技术水平的从业人员能够从内部推动冷链物流信息化发展。

第二节　冷链物流监控技术与装备

为了维持一个高效且完整无缝的冷链，需要在储存、处理和运输全过程中进行温度监控，安装相应的系统。在监控之外，这些系统还需要提供数据采集和警报等一系列功能，使产品能够一直处于合适的温度环境中。

温度监控能够让客户知道产品在冷链流通中所处的条件和位置。监控设备监测冷藏/冷冻设备（如冷藏卡车、配送仓库）的运行性能，以及产品在运输过程中不同环境的空气温度和湿度。监控产品能够获得包括产品中转的所有温湿度历史记录；监控设备能够及时发现冷藏/冷冻设备的运行问题（故障停机或温湿度不满足要求范围等）并及时解决。

一、冷链温度监控概述

（一）温度监控的类型

根据监控对象不同，可以将冷链温度监控分为产品温度监控和设备运行监控。

产品温度监控指对冷链过程中易腐品的温度进行监测，如果出现不适温度会有报警系统报警并进行相应的控制。设备运行监控指运用信息技术对冷链设备运行过程的指标（如温度、湿度、冷藏车位置等）进行监控。

根据监控设备的使用情况可以将冷链温度监控记录方法分为手动型和自动型。

手动型分为以下两类。

（1）笔和纸记录：这是一种最简单的设备监控方式，即让员工定时记录设备的显示数据，例如数字温度计等。这个方法最简单，但是需要人工实现，并且很难保证持续性与高精准性。

（2）计算机图表记录：设备的运行数据自动生成图表记录，需要定期存档。因为数据记录功能通常整合在设备里，所以这种方法的数据储存比较简单。但这种方法需要大量人工操作，记录的准确性也不够高。

自动型包括以下两类。

(1) 中央监控系统记录：此系统在各设备上装有远程感应器，这些感应器组成一个网络并与输入设备连接。定制系统通常要满足特定的监控和记录功能需要，它们可以和远程监控、警报和报告系统整合在一起。

(2) 网络数据记录系统记录：这种类型的系统具有更深的分布式程度。多个数据记录器与各个设备相关联，每个记录器都有自己的感应器、储存器、时钟和电池。它们独立地记录各个设备的数据，并与计算机网络相连。这些网络的规模和配置都非常灵活，能让操作员方便地添加记录器或者将一个记录器从一个位置移动到另外一个位置。此网络可同时实现中央监测、报警和数据采集功能。

实时数据采集的能力包括容量和速度，它们体现了一个监控系统的监控能力和对故障反应的及时性。一些标准和认证也对数据的采集容量和速度进行了规定。同时，管理设备的职员也需要能够实时地获取这些信息，以确保冷链的完整性，并在故障发生时迅速进行维护。许多先进的系统和硬件能够同时允许本地监控和远程监控，本地监控通常通过与计算机连接而实现，远程监控则常常需要借用有线或者无线网络。

(二) 温度监控规程

温度监控系统需要一个合适的规程来进行温度控制。这些系统都需要利用一个温度读取设备来读取冷藏或冷冻区域的温度。除了这些温度的监测和记录设备本身，还需要按照规程整合所有的温度记录。这些规程规定温度监控不仅需要包含产品的温度记录，同时也要记录运输工具（包括拖车、货车、容器以及有轨车等）的温度。规程还要求记录产品从一个处理环节转换到另一个处理环节的时间，例如，从运输车到零售商或者其他物流中心的时间。这些步骤对保证冷链的完整性非常重要，一旦出现问题，能够迅速找到问题发生的时间和地点。

规程还规定，操作员需要定时对温度计或者其他设备进行校准，并对这些校准操作进行记录。校准记录包括所有设备的情况以及每次的校准时间。通常使用冰水混合物对温度计进行校准，这个时候读数应该是 0℃。

(三) 温度测量采样布局

合理的温度测量采样布局能够准确反映产品所处的环境或者冷藏设备所处的工作状态。布局时，操作人员首先需要查明关键的布置区域。在很大的开放式冷藏/冷冻区域中，有几个区域的温度特别容易波动。例如，距离天花板或者外墙很近的空间容易受到外界温度的影响；当冷库门打开时，外界温度会对门附近的区域造成很大影响；棚架、支架或者集装架区域因为阻挡了空气循环，可能会有较高的温度点。上述重要区域需要使用设备进行监测。同时，为了进行对比，在冷藏/冷冻区域的出口区域、外部区域和冷藏/冷冻区域的不同高度区域都需要使用设备进行监测。许多设备的设计者还建议在蒸发器的回风口处放置温度计，这样能够比较准确地反映室内空气的平均温度。在出风口处的温度计的读数通常比回风口处的低 2～3.5℃。

如果需要对车辆装载货物过程中的产品温度进行实时的测量，则应该抽取邻近每扇门或双门的开启边缘处的顶部和底部的样品。如果需要测量产品温度，在车辆卸载以后且货物都已被安置在一个适宜的冷冻环境内后，需要在装运车辆内的以下几个测量点处选择样品，要密切注意装载物在转运车辆内的位置，如图 7－1、图 7－2 中的“▲”所示。

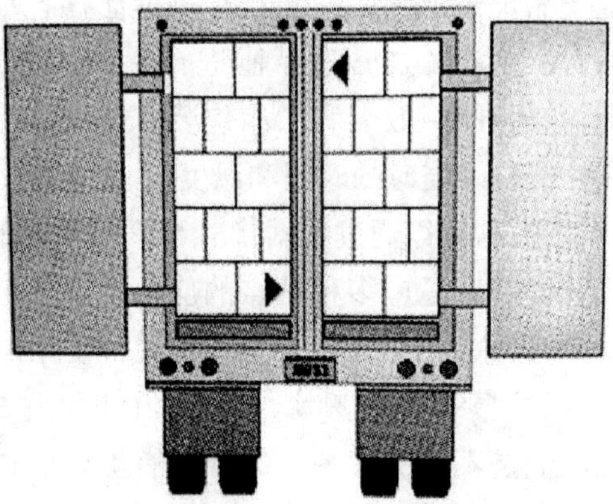

图 7－1 装载后车辆内的测量位置

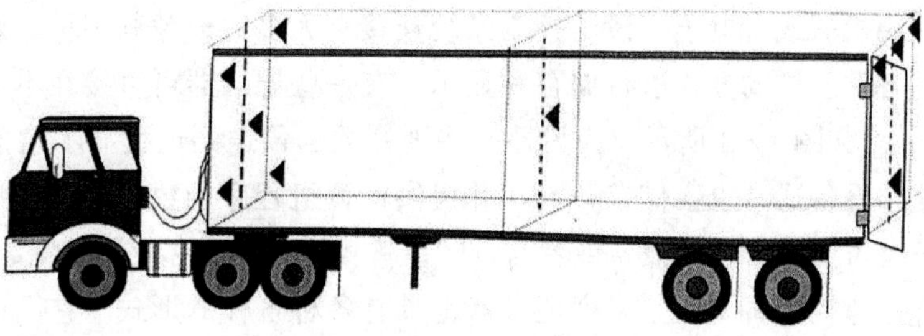

图 7－2 卸空后车辆内的测量位置

如果冷库由小的冷藏/冷冻室单元组成，应该在每个里面都放置监测设备。一旦安装后，温度监测设备应该尽可能快地取样，避免较大的温度变化。但是这种取样也不能过于频繁，以免带来大量多余的数据。一般来说，每 15 分钟进行一次采样较为合理。

二、冷链温度监控设备与技术

（一）产品温度监控设备

这部分涉及的设备和技术主要用来监控产品的温度。需要注意的是，在很多情况下，为防止破坏产品，会将贴近产品周围的环境温度作为产品的温度而记录。

1. 手持温度检测器

手持温度检测器/传感器，是在冷链中应用最多的基本设备。它们具有各种各样的形式，包括使用热电偶的无线探测器和一些新型电子温度计。它们需要手动操作来获得数据，包括将探头插入产品中或者手动打开电子温度计。这些设备具有准确、易用、相对便宜、购买方便等特点。

2. 温度记录器

在冷链中使用最广泛的是产品温度记录器（也称温度记录仪）。这些记录器很小，由电池提供能量，可以跟随产品记录温度。它们具有多种储存容量，可根据具体需求进行选择。且可对记录时间间隔和警报数据临界值进行更改。客户在将产品装载后出发前，将温度记录器装在运输产品间隙或者和产品包装在一起。在运输过程中超出设定温度时，警报器会发出警报，并记录当时的时间和温度。

温度记录器的时间/温度数据可以通过数据接口和桌面软件下载到计算机中。还可以用一些网络软件对数据进行处理以适应多种站点的应用。温度记录器的准确度较高：冷藏时误差为±0.6℃；冷冻时误差为±1.1℃。大多数设备使用的不是一次性电池。电池寿命取决于具体使用情况（如记录和下载频率），一般在1年左右。一些制造商销售一些一次性产品，这些产品的电池是不可更换的，通常具有更好的精度和电池寿命，并且能够适用于一些要求较高的产品，比如药品。这种一次性温度记录器使用完毕后，由厂家提供回收服务。

温度记录器有多种类型，包括单独构造和具有硬接线的探头设备的温度记录器。一些设备可以利用机械或者电子手段与控制系统连接。大多数设备利用可以感应温度的热电偶，并采用各种各样的方式进行储存和显示。有一些记录器可直接在本地设备上显示温度，如图7－3和图7－4所示。而另外一些则将数据传送到远程显示设备，如图7－5所示。不过这些设备通常也会储存数据，并提供计算机程序的数据读取接口。如果必要的话，这些设备可以包含打印设备或者与打印设备相连来打印温度记录。

和其他冷链监控设备一样，温度记录器也具有各种各样的形式。它们可以是安装在各种冷藏设备上的固定设备，比如冷藏库、冷链运输车和冷藏零售柜；也可以是移动式设备，主要用来追踪一些易腐烂的产品从供应链的发货地到接收地的全程。

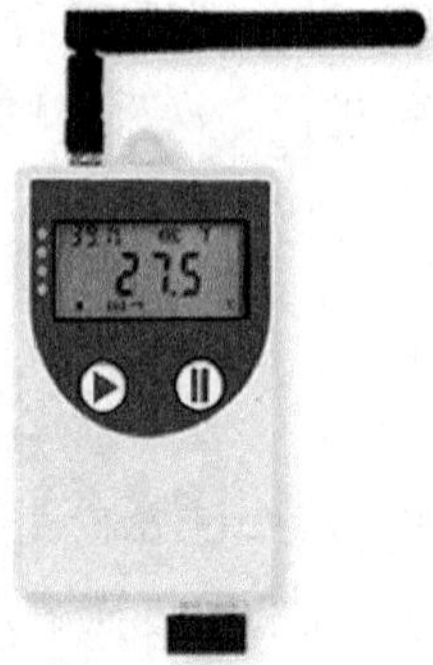

图7－3　无线车载温度测点设备

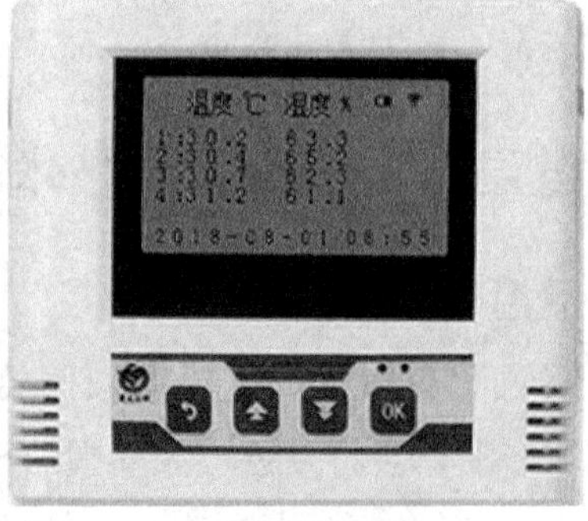

图7－4　无线车载温度记录仪主机

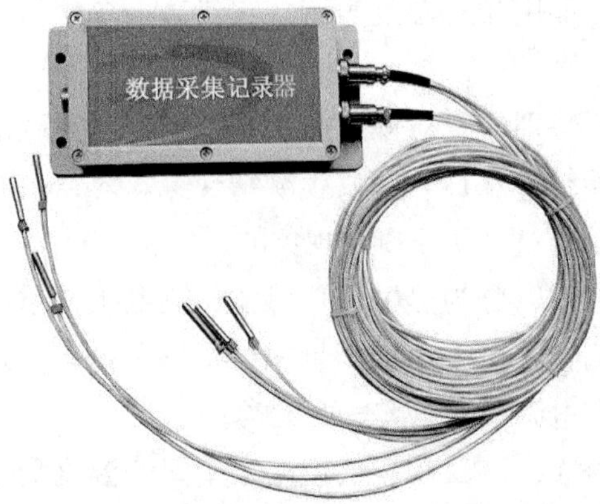

图 7-5 温度记录器

（二）设备运行监控系统

设备运行监控系统主要用来检测和/或控制冷藏设备的运行情况（包括温度、湿度、位置等），所使用的系统主要如下。

1. 卡车监控系统

现在的卡车或者拖车的冷冻/冷藏单元装载的计算机监控系统不但能够减少卡车或者拖车的冷冻/冷藏单元的燃料消耗，还能根据产品和消费者的需求进行冷冻/冷藏单元的温度控制。

有的系统可供运输方/商预设易腐品的 10 种运输条件，从而确保货物在运输方/商或者客户要求的环境下运输。有的冷链运输卡车上搭载的运输温控系统能够在运输过程中对新鲜产品进行质量优化管理，该运输温控系统与高性能的数据采集系统配合使用，可用于记录运输过程中的温度、设定点、运行模式和外在事件等数据。待货物被送达后，可通过便携式打印装置打印温度、湿度等数据，如图 7-6 和图 7-7 所示。

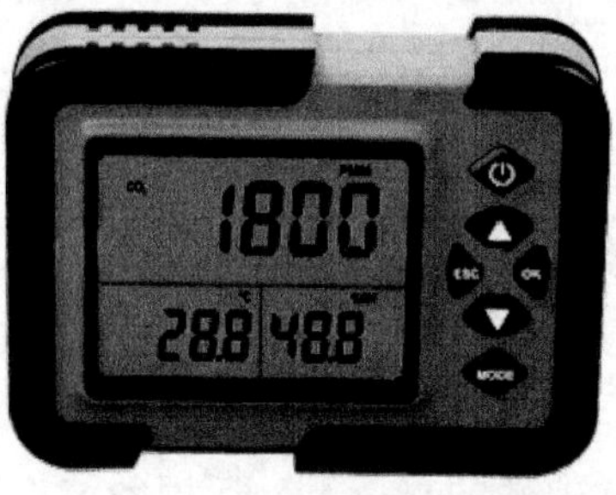

图 7-6 货物监测数据记录器

图 7-7 数据打印装置

2. 传感器

温湿度采集技术主要是通过温湿度传感器来实现的。冷链物流中主要传感器的应用主要有两种：温湿度传感器和门传感器。对温度的测量一般用摄氏度（℃）表示，0℃为结冰点；对湿度的测量一般用相对湿度表示，它代表一单位气体中所含水蒸气与饱和水蒸气的百分比。

在冷链物流中，需要特别注意对湿度的控制。因为当空气的湿度过高时，温度的下降会导致空气中水蒸气凝结成水珠，即发生凝结现象。对需要长时间低温干燥运输的货物来说，需要对湿度进行测量，防止凝结现象的发生。

温度传感器按其类型可以分为热电偶传感器、热电阻传感器、数字温度传感器和红外温度传感器。而湿度测量相对于温度测量来讲要复杂得多，最简单的湿度传感器是湿敏元件。湿敏元件主要有电阻式和电容式两大类。

冷链物流需要保持冷库、冷藏车、低温加工车间的温度稳定。开门时，外界较热的空气会进入低温的空间影响内部温度。所以冷链企业会在冷库、冷藏车、低温加工车间的门上加装门传感器以防止出现门长时间打开忘记关闭的现象。门传感器的工作原理为：在门框和门上分别安装传感器甲和传感器乙。当甲、乙传感器的相对距离在一定范围内时，表示门为关闭状态；当甲、乙传感器的相对距离超出一定范围时，表示门为开启状态。当门长时间处于开启状态时，传感器将信号传递到报警器，报警器发出警报提醒工作人员及时关闭仓门。

3. 全球定位系统（GPS）

车载信息服务是一个集成计算机技术和移动通信技术的终端服务。在冷链中应用的车载信息服务包括冷藏车和拖车的远程通信设备。冷藏车的车载信息服务系统为监控冷藏卡车中的货物提供了一个完整的解决方案，比传统的卡车数据记录器或移动数据记录器具有更多的优点。

许多车载信息服务设备使用GPS来计算位置、速度和行动方向。GPS是由美国国防部管辖的24颗卫星组成的导航系统。GPS接收器和这些卫星中的几个进行通信，用信息传输时间差来计算距离，并进行三角定位。一般而言，GPS的精确度为15m，但使用广域增强系统（WAAS）后，精度可达到3m。民用GPS使用特高频（UHF）无线电波频带中的1575.42MHz的L1频率。GPS的良好运行需要良好的天气条件，接收天线可以通过玻璃、塑料和云层接收信号，但是金属、建筑和厚植被会阻挡信号。

4. 地理信息系统（GIS）

GIS经过了数十年的发展，到今天已经逐渐成为一门相当成熟的技术，并且得到了极广泛的应用。尤其是近些年，GIS更以其强大的地理信息空间分析功能，在GPS及路径优化中发挥着越来越重要的作用。

GIS是以地理空间数据库为基础，在计算机软硬件的支持下，运用系统工程和信息科学的理论，科学管理和综合分析具有空间内涵的地理数据，以提供管理、决策等所需信息的技术系统。简单地说，地理信息系统就是综合处理和分析地理空间数据的一种技术系统。

作为获取、存储、分析和管理地理空间数据的重要工具、技术和学科，GIS可以运用于现阶段任何行业。从技术和应用的角度，GIS是解决空间问题的工具、方法和技术；从学科的角度，GIS是在地理学、地图学、测量学和计算机科学等学科基础上发展起来的一门学科，具有独立的学科体系；从功能的角度，GIS具有空间数据的获取、存储、显示、编辑、处理、分析、输出和应用等功能；从系统学的角度，GIS具有一定结构和功能，是一个完整的系统。简言之，GIS是一个基于数据库管理系统（DBMS）的分析和管理空间对象的信息系统，以地理空间数据为操作对象是GIS与其他信息系统的根本区别。

第三节　冷链物流追溯技术与装备

食品安全追溯体系①是一种能应用于食品生产、加工、流通、销售等各环节中，用于追踪某一产品及其特性的信息记录与应用系统。该系统记录食品流通各环节中的信息流，并且保障信息流的连续性。当发现不安全因素时，可以通过溯源或追踪来识别问题产品的源头以及流向，有利于有效、精确地召回食品，其目的是解决食品自生产到消费过程的质量安全问题。

组织应建立且实施可追溯性系统，以确保能够识别产品批次及其与原料批次、生产和交付记录的关系。可追溯性系统应能够识别直接供方的进料和最终产品初次分销的途径。应按规定的期限保持可追溯性记录，以便对体系进行评估，使潜在不安全产品得以处理。在产品撤回时，也应按规定保持记录。可追溯性记录应符合法律法规要求和顾客要求，如可以是基于最终产品的批次标识。

现在的食品安全溯源体系主要建立在条码、射频识别（RFID）、无线传感器网络（WSN）、区块链技术上，使得参与食品安全控制各相关方得以进行互联，实现食品安全溯源，具体如下。

一、条码技术

条码技术属于自动识别技术范畴，它为快速、准确地输入所采集的数据提供有效手段。条码是由一组宽度不同、反射率不同的条和空按规定的编码规则组合而成，用以表示一组数据和符号，包括：一维条码，如EAN码、UPC码、39码、交叉25码和EAN 128码等，其共同的缺点是信息容量小、需要与数据库相连，防伪性和纠错能力较差；二维码是由矩阵代码和点代码组成，其数据是以二维空间的形态编码的，在一维条码无法满足实际应用需求的前提下产生。受信息容量的限制，一维条码通常是物品的标识，而不是对物品的描述。

条码功能强大，具有成本低、使用简单等特点，在商品库存管理方面得到广泛应

① 本节主要讲冷链物流追溯技术中的食品安全追溯技术。

用，如大型超市或购物中心、配送中心、库存管理、国际贸易等。

二、射频识别技术

射频识别技术和条码技术比较相似。它由连接在微处理器上的天线构成，里面包含了唯一的产品识别码。当用户激活标签的感应天线时，标签将返回一个识别码。和条码不同的是，射频识别标签可以容纳更多的数据，不需要可见的瞄准线即可读取数据，并允许写入数据。使用射频识别技术的最大问题是成本。也有一些新的制造技术，如液体自动分布式封装工艺，能够在很大程度上降低成本。射频识别技术还面临着可读性的挑战。含有金属和水的产品会减弱射频波，导致数据不可识别。2.4 GHz 波段的射频识别标签不适合在水分较多的环境里使用，因为水分子在 2.4 GHz 的时候会发生共振并吸收能量，从而导致信号的减弱。射频识别标签的分类及说明如表 7－1 所示。

表 7－1　射频识别标签的分类及说明

CLASS 0/CLASS I（第 0，1 类）	CLAS 0/CLASS I 为只读的被动射频识别标签
CLASS Ⅱ（第 2 类）	CLASS Ⅱ为被动射频识别标签，包含一些储存和加密功能
CLASS Ⅲ（第 3 类）	CLASS Ⅲ为半被动射频识别标签
CLASS Ⅳ（第 4 类）	CLASS Ⅳ为主动射频识别标签，它们能够和同频率的标签或者阅读器进行点对点的通信
CLASS Ⅴ（第 5 类）	CLASS Ⅴ实际上是阅读器，它们能够给第 1，2，3 类标签提供能量并可以和第 4 类标签一样进行无线通信

1. 被动射频识别标签

被动射频识别标签内部不带电池，要靠外界提供能量才能正常工作。阅读器通过天线发送出一定频率的射频信号，标签进入磁场后，接收阅读器发出的射频信号，凭借感应电流所获得的能量发送出存储在芯片中的产品信息。因为被动射频识别标签的主要目的是产品管理和追踪，所以这类标签不需要能量进行远程通信。

2. 半被动射频识别标签

半被动射频识别标签保持休眠状态，被阅读器激发后会向阅读器发送数据。半被动射频识别标签具有较长的电池寿命且不会有太多的射频频率干扰。另外，这类标签传输数据的范围可为 10～30m，而被动射频识别标签则只有 1～3m。

3. 主动射频识别标签

主动射频识别标签同样有电池，不过跟半被动射频识别标签不一样，它们主动地发送信号，并监听从阅读器传来的信号。一些主动射频识别标签能够更改程序转变成半被动射频识别标签。

主动式温度感应射频识别标签能够用来开发更为自动化的冷链监测程序，它可以贴在托盘上或者产品的包装箱上（使用何种方式由成本决定），保存的温度记录在经过阅读器时被下载。阅读器可以放置在冷链运输的开始、结尾和中转环节的一些交接站。主动式温度感应射频识别标签为冷链温度监控系统100%保存数据提供了有力支持。

三、无线传感器网络技术

随着无线传感器网络技术的迅猛发展，欧美等发达国家逐步认识到无线传感网络系统在冷链物流中的重要作用。

无线传感器网络（WSN）是一种分布式的传感器网络，即由大量的静止或移动的传感器以自组织和多跳的方式构成的无线网络，通过协作感知、采集、处理和传输网络覆盖地理区域内被感知对象的信息，并最终把这些信息发送给观察者，和RFID技术共同被认为是物联网的关键技术。无线传感器网络作为一种全新的信息获取技术，凭借其低功耗、低成本、高可靠性等特点，已广泛应用于冷冻储藏、冷链运输等领域。

由于无线传感器网络是由微型传感器节点组成的传感器网络，且采用对等式节点拓扑，在较集中的监测区域内布局，然后通过网关与控制中心进行通信，是一个以数据为中心的传感器网络，网关节点融合的数据相当于来自一个分布式的数据库。

无线传感器网络主要由三大部分组成，包括节点、传感网络和用户。传感器节点是无线传感器网络的基本功能单元。节点对其本身采集到的信息和其他节点转发给它的信息进行初步的数据处理和信息融合，再以相邻节点接力传送的方式传送到基站。传感网络是最主要的部分，它将所有的节点信息通过固定的渠道进行收集，然后对这些节点信息进行一定的分析计算，将分析后的结果汇总到一个基站，最后通过卫星通信传输到指定的用户端，从而达到无线传感的要求。WSN在冷链物流中的组织结构如图7-8所示。该图是一个层次型网络结构，最底层为部署在实际监测环境中的传感器节点，向上依次为传感网络、基站，最终连接到互联网，此系统构架可分为三个部分：感知域、网络域和应用域。

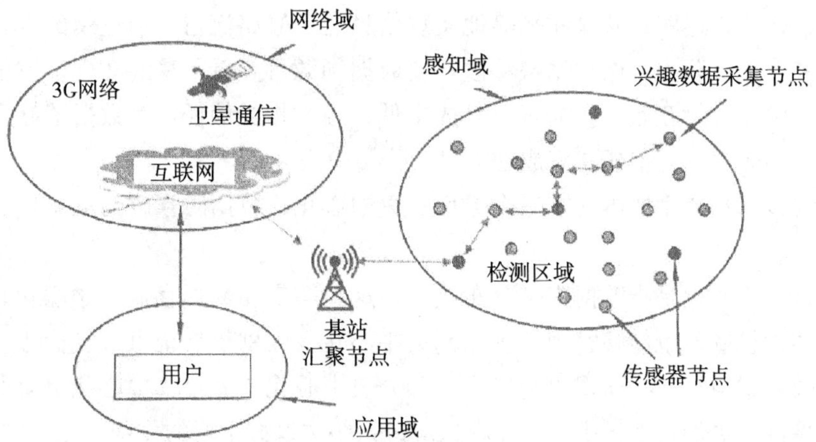

图7-8　WSN在冷链物流中的组织结构

节点——感知域，主要是实现对感兴趣信息的采集和处理，采用的主要技术为无线传感器网络技术，主要节点包括传感器节点、汇聚节点。

传感网络——网络域，主要是实现传感器网络信息的承载和传送，如互联网、移动通信网络、卫星通信网络等。

用户——应用域，主要是实现对获取到的信息的标识及分析应用，主要是信息管理节点。冷链运输时，无线传感器网络能够为用户提供实时的冷藏车厢内的环境信息，如温度、湿度、气体浓度等，帮助用户及时发现问题，调整管理策略，真正实现冷链监控的自动化、智能化与网络化。采用无线传感器网络构建冷链运输监控系统，有部署方便、成本低廉等优势，可以有效实现冷链运输数据的采集和传输。

四、区块链技术

（一）区块链技术概述

1. 区块链概念

区块链本质上是一种存储和访问数据的综合性的计算机技术。其由块链式结构组成，每个“块”存储一组有限的数据，“链”则用来按顺序固定所有块。当前数据集内容是通过跟踪从第一个块到（当前）最后一个块的链并解析每个块中的数据来确定的。因此，区块链不仅能够保存当前的数据集，还能保存完整的交易历史数据集。与传统的数据库或纸质分类账相比，区块链的基础构架和计算方式具有许多优势。

2. 区块链技术特点

本质上，区块链技术是一套用来解决信任问题的方法。该技术以数字信息的形式记录下可供对方参与者访问的物流过程，其主要特征是通过分布式数据存储来实现数据的不可篡改；通过点对点传输来实现信息的快速记录；通过共识机制来提升多方参与主体的信息识别效率；透明、共享和平等地实现信息的全通路流通。通过新的方式将这些技术组合起来，能够防止存储数据被篡改，使数据溯源可查看，最终实现多方信任成本降低。区块链赋予万物互联、数据真实且成本低、各方相互信任，为数据基础设施的构建提供基础，使多方相互信任并完成互动。

区块链技术价值主要体现在三个方面：去中心化、数据防篡改与溯源性、节点传输机制。

首先，去中心化是指数据库是分布式的，这能够实现数据存储去中心化，同时，由于自身的共识机制，也能够实现管理体制去中心化。区别于传统供应链业务，区块链能够较为有效地避免行业垄断现象的发生，部分去中心化与完全去中心化使得业务平台能够保持公平性，更加有助于中小企业在供应链系统中发挥重要的作用。

其次，数据防篡改与溯源性是指通过密码学技术与哈希追溯技术实现供应链的追溯，这有效避免了数据被参与者篡改。

最后，节点传输机制是一种可信任的点对点传输机制。

区块链分布式特性保证了每个节点拥有均等的权利和义务，每个节点对整体影响非常小，从而形成去中心化的可信任的系统，并且满足安全性和所有权验证的需求。同时，通过防篡改、抵赖和违约，区块链技术还能保证数据传入平台后，不会被更改。其部署的各种计算算法和方法确保了数据库上的记录是永久的，而且是按时间先后顺序排列的，并且可供平台上其他用户查看。

（二）“区块链＋冷链物流”应用概况

1. 我国冷链物流发展中存在的问题

我国冷链物流存在很多问题。首先，目前我国冷链物流基础设施建设尚不完善，冷链物流行业的基础设施建设与一些发达国家相比还存在着非常大的差距，虽然国家已经制定了一系列的发展准则以及相关的行业标准，但是由于资金量投入以及行业体系问题等原因，其发展速度目前较为一般。其次，冷链物流关联采购、生产、销售等各环节，相关企业因业务关系会产生信息交互和共享需求，但由于各方利益出发点不同，相互间会受时间、成本等因素影响产生不同的需求，有可能出现操作人员为了某种不正当的利益，修改、编造自身环节数据库中的数据，导致追溯时无法寻找到出现问题的环节，难以保证其余各方的正当利益。最后，在现有冷链物流模式下，各方信息分布在各自的数据库中，造成了数据无法及时交互、沟通效率低下、信息核对出现错误等问题，从而导致部分工作环节紊乱，金融审计成本大幅增加。基于上述状况，区块链技术的兴起带来了新的思路。

2. “区块链＋冷链物流”的应用优势

（1）冷链体系信任保障的优势。确保冷链物流体系中各方安全认证极其重要，区块链的技术特点能够很好地满足其供应链信任安全体系的构建需求，降低构建成本，确保供应链流程的安全无缝对接。采用 ChainSQL 分布式数据库构建平台底层，根据区块链技术特性，在区块链系统平台上为用户建立信任关系并相互监督。例如，食品厂通过智能合约子系统向原材料供应商发布信息，将交易信息存储到网络的“区块”中，然后通过区块进行全网广播，各成员核实交易信息真实无误后，原材料供应商对其进行私钥加密，提交己方认证后的标识码，将物品流转信息写入区块链数据库中。双方确认“交易”时，两节点之间通过智能合约签订协议并通过密钥进行数字签名。链上的数据不可篡改且有时间戳的存在性证明能很好地应用于解决供应链体系内各参与主体之间的纠纷，实现轻松举证与追责。

（2）数据可视化监管的优势。使用物联网智能感应装置给冷链物流的监管方式带来了新的发展方向。从原材料运输开始，每个环节的各项关键数据指标信息都能够通过物联网智能感应装置存储到区块中，每个环节生成的区块被链上各方确认后，按照时间顺序链接到一起，被永久记录且不能被篡改，这避免了传统电子或人工检测中出现的数据造假或数据冗余等问题，使得农副产品从原材料到消费者购买期间检测跟踪的全程实现自动化及数字化，让消费者买得放心，吃得安心。若某一环节出现问题，须经链上各方人员共同协商处理，所有处理信息都会被完整记录到主链当中。

（3）二者天然耦合性的优势。首先，在区块链网络中，数据由链上各方共同努力维护，并非传统模式中由某一方对数据进行独立维护，这正体现了区块链技术的“去中心化”的特性。而冷链物流所涉及的供应链体系中制造商、供应商、分销商、零售商和客户等多主体可通过信息共享以共同构建多元化、多层次、多功能的链式组织。

（三）区块链技术下农产品冷链物流模式的构建

1. 区块链赋予冷链物流新的价值

为了保障冷链物流中农产品的品质、低温环境的持续性和数据传输的功能，区块链将赋予这项工程一些新的价值。

（1）全球定位技术。区块链技术将定位系统运用到冷链物流中，能够实时记录数据信息，并保证产品在运输时的位置信息可靠，做到了对运输车辆的实时位置查询，并且能够有效地进行数据溯源，使后期问题排查得到了有效的时间保障。

（2）智能温控技术。通过全程监控区块链质量，能够避免产品的损耗，减少运输损耗带来的高额成本。

（3）物联网技术。物联网技术给产品赋予网络价值，在网络中实现可视化管理，最大限度保持产品的低温保鲜状态，随时收集温湿度信息。能够借助区块链技术实现报警处理机制，降低货运过程中出现的不可控情况导致的损耗，从而降低物流成本。

2. 抢占“最先一公里”

在整个物流供应链中，“最先一公里”指的是在供应链上游中，原材料供应商和制造商之间的距离。“最先一公里”是整个冷链供应链体系中的基石部分。在农村中，由于冷库等基础设施建设不完善，很难保障农产品的新鲜程度。因此，对采摘后的易腐坏农产品进行分级储藏是农产品后续流通的重要保障。冷链前端建设成为传统物流企业和自营电商最关注的地方。

目前流行的前端问题解决方式主要体现在从冷库与产地集配中心等基础设施入手，主要目的是推动农产品从田地里就有了商品化的属性。而区块链分布式账本的属性，能够保留每一件农产品的自身信息，一旦入库就形成了一个产品信息，不可被篡改。区块链赋予农产品特殊的属性，其真实性也能够得到有效保障。

3. 竞争“最后一公里”

“最后一公里”是指产品到客户的这一段距离，也是运输过程中的重点部分，即消费完成。如何保障农产品以最佳状态进入“最后一公里”，继续保持整个物流过程中的产品品质，是众多物流企业与自营电商平台重点关注的内容。

区块链技术赋予出仓后的每件农产品供应链上的信息数据，运输过程中的温度控制信息被全部写入区块链，能够真正实现每件农产品的溯源过程。当农产品的节点信息被记录在每一次冷链传输过程中，实时监控的温度将得到有效的保障，因此产品的质量将得到更深层面的保障。监控过程的时效性，更体现在对易腐坏产品的质量保障上，一旦出现问题，能够有效避免农产品在运输过程中腐坏，降低损耗。产品交到客户手中时，农产品的信息数据依旧可以被客户查询。这有效降低了农产品运输过程中的信任成本，客户能够查询到采购、冷藏、运输到进入平台或商店的全过程，跨越了横亘在多个参与主体之间的信息障碍，实现了信息公平，有效破除信息信任鸿沟。

五、冷链物流追溯体系

（一）食品安全追溯体系设计

考虑可操作性，食品安全追溯体系的设计原则应采用“向前一步，向后一步”原则，即每个组织只需要向前溯源到产品的直接来源，向后追踪到产品的直接去向。根据追溯目标、实施成本和产品特征，适度界定追溯单元、追溯范围和追溯信息。具体包括如下步骤：确定追溯单元、明确组织在食品链中的位置、明确物料流向、确定追溯范围、确定追溯信息、确定标识和载体、确定记录信息和管理数据的要求以及明确追溯执行流程等。

1. 确定追溯单元

关于组织如何建立并融入可追溯体系，《饲料和食品链的可追溯性　体系设计与实施的通用原则和基本要求》（GB/T 22005—2009）及GSI可追溯体系中都引入了追溯单元的概念。追溯单元是指需要对其来源、用途和位置的相关信息进行记录和追溯的单个产品或同一批次产品。该单元应可以被跟踪、回溯或召回。企业内部可追溯体系建设的基础与关键就是追溯单元的识别与控制。从追溯单元的定义来看，一个追溯单元在食品链内的移动过程同时伴随着与其相关的各种追溯信息的移动，这两个过程就形成了追溯单元的物流和信息流。组织可追溯体系的建立实质上就是找到追溯单元的物流、信息流之间的关系并予以管理，从而实现物流和信息流的匹配，如表7－2所示。

当建立可追溯体系时，以下四个基本内容是不可避免的。一是确定追溯单元，追溯单元的确定是建立可追溯体系的基础；二是信息收集和记录，要求企业在食品生产和加工过程中详细记录产品的信息，建立产品信息数据库；三是环节的管理，即对追溯单元在各个操作步骤的转化进行管理；四是供应链内沟通，以追溯单元与其相对应的信息之间的联系。

由于各项基本内容围绕追溯单元展开，因此追溯单元的确定非常重要。组织应明确可追溯体系目标中的产品和/或成分，对产品和批次进行定义，确定追溯单元并对追溯单元进行唯一标识。

表7－2　原料接收过程追溯单元的确定

原料接收过程	过程特点描述	过程处理	追溯单元模块
移动	追溯单元物流位置的改变	不创建追溯单元	—

续 表

原料接收过程	过程特点描述	过程处理	追溯单元模块
转化	追溯单元特性的变化	创建追溯单元，确定追溯码	以提单为单位
储存	追溯单元的保留	不创建追溯单元	—
终止	追溯单元的消亡	不创建追溯单元，剔除不合格品	—

每一个追溯单元在任一环节都可能包含以上一个或多个过程。以水产品加工厂的原料接收环节为例，将接收到的某一批原料定义为一个追溯单元，那么原料从无到有的过程就是转化；在接收过程可能存在不合格的原料，这些不合格原料应该被排除出食品链，这个过程就是终止。

从表 7－2 中可以看出，我们并不是将操作步骤中的每一个“变化”都确定为追溯单元。食品追溯单元具体可分为：食品贸易单元、食品物流单元和食品装运单元，由存在于食品供应链中不同流通层级的追溯单元构成。

食品贸易单元根据销售形式不同，分为通过 POS（销售终端）销售和不通过 POS 销售的贸易单元。通过 POS 销售的贸易单元即零售贸易单元，不通过 POS 销售的贸易单元即非零售贸易单元，如农场主将番茄按筐卖给批发商，这里一筐番茄即为一个非零售的贸易项目。

食品物流单元是在食品供应链过程中为运输、仓储、配送等建立的包装单元，如装有食品的一个托盘。食品物流单元由食品贸易单元构成。它可由同类食品贸易单元组合而成，也可由不同类食品贸易单元组合而成。

食品装运单元是装运级别的物流单元，由食品物流单元构成。如将 10 箱马铃薯和 8 箱番茄装运在一个卡车上，该卡车即为一个装运单元。

2. 明确组织在食品链中的位置

食品供应链涉及食品的种养殖、生产、加工、包装、储藏、运输、销售等环节。组织可通过识别其上、下游组织来确定其在食品链中的位置。通过分析食品供应链过程，各组织应对上一环节具有溯源功能，对下一环节具有追踪功能，即各追溯参与方应能对追溯单元的直接来源进行追溯，并能对追溯单元的直接接收方加以识别。各组织有责任对其输出的数据，以及对其在食品供应链中上一环节和下一环节的位置信息进行维护和记录，同时确保追溯单元标识信息的真实唯一性。

3. 确定食品流向和追溯范围

组织应明确可追溯体系所覆盖的食品流向，以确保能够充分表达组织与其上、下游组织之间以及本组织内部操作流程之间的关系。食品流向涉及：食品的外部接收点和分包点；原料、辅料和中间产品投入点；组织内部操作中所有步骤的顺序和相互关系；最终产品、中间产品和副产品放行点。

组织依据追溯单元流动是否涉及不同组织，将追溯范围划分为外部追溯和内部追溯。当追溯单元由一个组织转移到另一个组织时，涉及的追溯是外部追溯，外部追溯是供应链上组织之间的协作行为。一个组织在自身业务操作范围内对追溯单元进行追踪和/或溯源的行为是内部追溯。内部追溯主要针对一个组织内部各环节之间的联系。外部追溯按照“向前一步，向后一步”的设计原则实施，以实现组织之间和追溯单元之间的关联为目的，需要上、下游组织协商共同完成。内部追溯与组织现有管理体系相结合，是组织管理体系的一部分，其以实现内部管理为目标，可根据追溯单元特性及组织内部特点自行组合。

4. 确定追溯信息

组织应确定不同追溯范围内需要记录的追溯信息，以确保饲料和食品链的可追溯性。需要记录的信息包括：供应方的信息；产品加工过程的信息；向客户和/或供应方提供的信息。

为方便和规范信息记录和数据管理，宜将追溯信息划分为基本追溯信息和扩展追溯信息，如表 7－3 所示。

表 7－3　　追溯信息划分和确定原则

追溯信息	追溯范围	
	外部追溯	内部追溯
基本追溯信息	以明确组织间关系和追溯单元来源与去向为基本原则，是能够“向前一步，向后一步”链接上、下游组织的必需信息	以实现追溯单元在组织内部的可追溯性、快速定位物料流向为目的，是能够实现组织内各环节之间有效链接的必需信息
扩展追溯信息	以辅助基本追溯信息进行追溯管理为目的，一般包含产品质量或商业信息	更多的是企业内部管理、食品安全和商业贸易服务的信息

注：基本追溯信息必须记录，对于扩展追溯信息的交流与共享以不涉及商业机密为宜。

食品追溯体系中的组织及位置信息主要包括追溯单元提供者信息、追溯单元接收者信息、追溯单元交货地信息及途径位置信息。

食品贸易单元基本追溯信息有：贸易项目编码、贸易项目系列号和批/次号、贸易项目生产日期/包装日期、贸易项目保质期/有效期。扩展追溯信息有：贸易项目数量、贸易项目重量。

对于由同类食品贸易单元组成的物流单元，其基本追溯信息有：物流单元编码、物流单元内贸易项目编码、物流单元内贸易项目数量、物流单元内贸易项目系列号及批/次号。扩展追溯信息有：物流单元包装日期、物流单元重量、物流单元内贸易项目的重量。

对于由不同类食品贸易单元组成的物流单元，其基本追溯信息是物流单元编码。扩展追溯信息有物流单元包装日期、物流单元重量。

食品装运单元基本追溯信息包括装运代码、装运单元内物流单元编码。

5. 确定标识和载体

对追溯单元及其必需信息的编码，建议优先采用国际或国内通用的或与其兼容的编码，如采用通用的国际物品编码体系对追溯单元进行唯一标识，并将标识代码与其相关信息的记录一一对应。

食品追溯信息编码的对象包括食品链的组织、追溯单元及位置。食品链的组织为食品追溯单元提供者和食品追溯单元接收者；食品追溯单元即食品追溯对象；位置指与追溯相关的地理位置，如食品追溯单元交货地。

根据技术条件、追溯单元特性和实施成本等因素选择标识载体。追溯单元提供方与接收方之间应至少交换和记录各自系统内追溯单元的一个共用的标识，以确保食品追溯时信息交换保持通畅。载体可以是纸质文件、条码或 RFID 标签等。标识载体应保留在同一种追溯单元或其包装上的合适位置，直到其被消费或销毁为止。若标识载体无法直接附在追溯单元或其包装上，则至少应持有可以证明其标识信息的随附文件。应保证标识载体不对产品造成污染。食品追溯参与方及其位置信息的编码数据结构如表 7－4 所示。

表 7－4　食品追溯参与方及其位置信息的编码数据结构

<table>
<tr><th>参与方</th><th colspan="2">位置信息的编码数据结构</th></tr>
<tr><td rowspan="2">追溯单元提供者</td><td>AI（标识代码）</td><td>GLN（参与方位置编码）</td></tr>
<tr><td>412</td><td>厂商识别代码 →　　位置参考代码 ←　　校验码
N_1 N_2 N_3 N_4 N_5 N_6 N_7 N_8 N_9 N_{10} N_{11} N_{12} N_{13}</td></tr>
</table>

注：1. N 为数字字符。2. 厂商识别代码为 7～9 位数字，表中仅列出 7 位，由中国物品编码中心统一分配。3. 位置参考代码由食品供应链参与方自行分配。4. 自动生成校验码。

6. 确定记录信息和管理数据的要求

组织应规定数据格式，确保数据与标识的对应。在考虑技术条件、追溯单元特性和实施成本的前提下，确定记录信息的方式和频率，且保证记录信息清晰准确，易于识别和检索。数据的保存和管理，包括但不限于：规定数据的管理人员及其职责；规定数据的保存方式和期限；规定标识之间的关联方式；规定数据传递的方式；规定数据的检索规则；规定数据的安全保障措施。

7. 明确追溯执行流程

当有追溯需求时，应按如下顺序和途径进行。

（1）发起追溯请求：任何组织均可发起追溯请求。提出追溯请求的追溯参与方应至少将追溯单元标识（或其某些属性信息）、追溯参与方标识（或其某些属性信息）、位置标识（或其某些属性信息）、日期/时间/时段、流程或事件标识（或其某些属性信息）之一通知追溯数据提供方，以获得所需信息。

（2）响应：当追溯发起时，涉及的组织应将追溯单元和组织信息提交给相关的组织，以帮助实现追溯的顺利进行。追溯按食品链逐环节进行，与追溯请求方有直接联系的上、下游组织响应追溯请求，查找追溯信息。若实现既定的追溯目标，追溯响应方将查找结果反馈给追溯请求方，并向上、下游组织发出通知，否则应继续向其上、下游组织发起追溯请求，直至查出结果为止。

(3) 采取措施：若发现安全或质量问题，组织应依据追溯界定的责任，在法律和商业要求的最短时间内采取适宜的行动。包括但不限于：快速召回或依照有关规定进行妥善处置；纠正或改进可追溯体系。

(二) 食品追溯信息系统

食品追溯信息系统（Food Traceability Information System）是指运用信息技术，系统化地采集、加工、存储、交换食品企业内外部的追溯信息，从而实现食品供应链中各环节信息追溯的系统。追溯执行流程如图 7-9 所示。

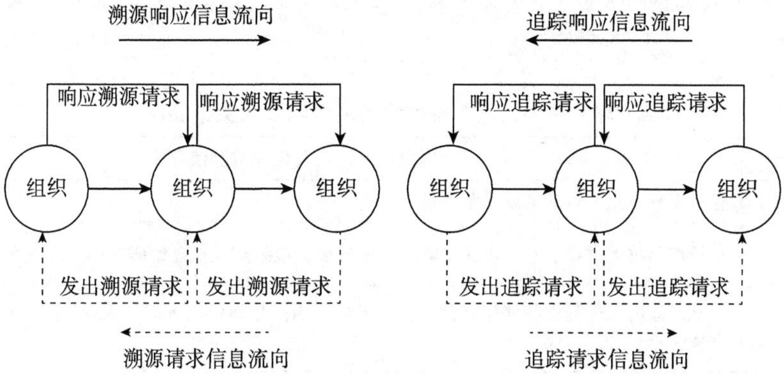

图 7-9 追溯执行流程

1. 食品追溯信息系统功能模块

食品追溯信息系统可分为：生产环节追溯信息系统、物流环节追溯信息系统和销售环节追溯信息系统。

生产环节追溯信息系统模块包括：场地管理模块、投入品管理模块、原料管理模块、制定生产流程模块、生产计划管理模块、生产执行模块、产品包装模块、产品存储模块、产品管理模块和员工管理模块。生产环节追溯信息系统模块功能说明及相关追溯信息如表 7-5 所示。

表 7-5 生产环节追溯信息系统模块功能说明及相关追溯信息

模块名称	模块功能说明及相关追溯信息
场地管理	记录生产车间场地信息，包括产地位置码、环境信息、土壤水质信息
投入品管理	记录生产过程中使用或添加的物质信息，如种子、肥料、农药、兽药
原料管理	记录原料采购信息，包括供货商信息、产品用料分类（主料、辅料、包材）信息、原料信息（原料编码、包装单位）、原料入库信息
制定生产流程	信息是指不同的产品定义个性化的追溯流程的信息，包括产品生产过程的主要阶段（如种植、收割、捕捞、包装、检验）、生产工序（浇水、施肥、除虫等）、生产操作管理

续 表

模块名称	模块功能说明及相关追溯信息
生产计划管理	记录产品生产前的生产计划信息，包括生产的产品名称、商品条码、数量、班次、产品批号、用料和追溯码等信息
生产执行	记录产品的实际用料信息，削减原料库存
产品包装	记录包装材料、包装形式、包装负责人、日期、重量等信息
产品存储	记录成品入库信息，包括入库时间、商品条码、追溯码、库房信息等
产品管理	记录产品的相关信息，包括商品条码、规格型号、名称和对应的生产流程等信息
员工管理	记录生产阶段责任人员信息，包括员工信息管理、员工岗位管理、员工班次管理等信息

物流环节追溯信息系统模块包括：车辆管理模块、物流管理模块、储存管理模块、分拣包装模块和员工管理模块，物流环节追溯信息系统模块功能说明及相关追溯信息如表 7 - 6 所示。

表 7 - 6　　物流环节追溯信息系统模块功能说明及相关追溯信息

模块名称	模块功能说明及相关追溯信息
车辆管理	记录车辆信息，包括车型、车牌号、驾驶员信息
物流管理	记录产品物流过程信息，包括车辆、运输环境、包装箱及托盘编码、始发地和目的地等信息
储存管理	记录产品物流过程中的储存信息，包括包装箱或托盘编码、来源、入/出库时间和数量、库房环境等信息
分拣包装	记录托盘卸货过程的信息，包括托盘编码与卸载后追溯码的对应关系等信息
员工管理	记录物流阶段责任人员信息，包括员工个人岗位信息、员工班次管理等信息

销售环节追溯信息系统模块包括：入库管理模块、储存管理模块、货品上架模块、产品销售模块和员工管理模块，销售环节追溯信息系统模块功能说明及相关追溯信息如表 7 - 7 所示。

表 7 - 7　　销售环节追溯信息系统模块功能说明及相关追溯信息

模块名称	模块功能说明及相关追溯信息
入库管理	记录产品在销售企业的入库信息，包括追溯码、商品条码、入库时间等信息
储存管理	记录产品在销售企业的储存信息，包括库房信息、库存量、产品名称等信息
产品上架	记录产品上架的信息，包括追溯码、货架号、上架时间、产品名称等信息
产品销售	记录产品销售信息，包括日期、追溯码、产品名称等信息
员工管理	记录销售阶段责任人员信息，包括员工个人信息、员工岗位、员工班次、员工变更等信息

2. 食品追溯信息系统信息编码

食品追溯信息系统涉及的编码对象应尽量采用国家标准。一般来说，企业的食品追溯信息系统应预留与其他信息系统的接口，以实现追溯系统之间以及与食品追溯公共信息服务平台的对接。

3. 食品追溯信息系统的开发

考虑到食品可追溯性要求，食品追溯信息系统应尽量满足：支持多样化信息采集方式；实现内部追溯和外部追溯；支持追溯数据的汇总、挖掘和交换；提供外部接口，实现追溯系统与其他系统的对接；可向政府部门或消费者提供产品追溯信息，支持信息查询；对问题产品给予预警、公示等。食品追溯信息系统的开发可分为如下几个阶段。

（1）准备阶段。在需求分析的基础上，提出建立食品追溯信息系统的计划，确定建立的目的、范围、要求以及预算等，包括：食品追溯信息系统建立的基本想法；食品追溯信息系统将发挥的作用；食品追溯信息系统期望达到的效果；食品追溯信息系统建立的规格或规模。由此分析需求，形成食品追溯信息系统基本建设方案。

（2）建立阶段。确定信息系统规格，包括：数据库的规格；输入/输出规格；信息交换的规格。确定食品追溯信息系统涉及的岗位和人员的相关信息，包括：清晰地界定各岗位职能及责任人，每个岗位涉及的信息关键点、信息收集的方式及要求以及收集信息的时段；人员的培训及管理。

（3）系统测试与发布阶段。试运行食品追溯信息系统，检验和评估其系统设计和建设情况；根据试运行的情况，修正和完善食品追溯信息系统；公布食品追溯信息系统及其使用手册；全面启用食品追溯信息系统。

4. 食品追溯信息系统的应用

可预留食品追溯信息系统与其他信息系统的接口，以实现追溯系统之间以及与食品追溯公共信息服务平台的对接。系统本身或通过食品追溯公共信息服务平台实现追溯相关的查询，食品追溯信息系统应提供系统查询和公共查询功能。下面介绍基于追溯码的信息查询系统。

追溯码（Traceability Code）是在追溯系统中，对追溯单元进行标识的唯一编码。不同类型产品可采用不同编码结构、编码类型和载体对追溯码进行标识。追溯码用条码表示时可使用 GS1－128 条码。追溯码的条码示意如图 7－10 所示。

追溯码：01069012345××××21007060102

（01）069012345××××2（10）07060102

图 7－10 追溯码的条码示意

追溯码在整个供应链中会经历从最初产生到最终失效的过程，称为追溯码的生命周期，由以下几个阶段构成。

（1）在生产环节产生追溯码。首先确定产品的贸易项目代码，然后确定追溯码中的其他信息，最终组合成产品追溯码。在生产过程中确定该产品原料信息，使产品追溯码与原料信息形成对应关系。

(2) 在产品包装阶段打印商品条码和追溯码标签。产品装箱或装托盘时将产品的追溯码与包装箱/托盘编码关联，使产品追溯码与包装箱/托盘编码形成对应关系。

(3) 在储存和物流过程中将包装箱/托盘编码与所在库房、车辆等物流信息关联，并形成对应关系。

(4) 食品到达目的地分拆包装或卸载托盘时，将包装箱/托盘编码与产品的追溯码关联，使包装箱/托盘编码与产品追溯码形成对应关系。

(5) 产品销售到最终客户时，应包含清晰的追溯码标签。

根据《食品安全法》的规定，企业保存没有明确保质期的食品的追溯信息数据期限不得少于两年。

食品追溯信息系统中通过追溯码可以查询到该产品的生产信息、产品运输信息以及销售信息等；通过员工姓名可以查询到该员工参与的所有追溯环节；通过原料的批号可以查询到利用该原料生产出来的产品，如图 7－11 所示。

图 7－11　食品追溯信息系统查询功能示意

若系统具备数据发布的能力，追溯参与方可将追溯环节数据上传至食品追溯公共信息服务平台。该平台的数据查询方式应方便、快捷、实时，支持利用互联网、短信、电话和超市终端等方式。食品追溯公共信息服务平台查询功能示意如图 7－12 所示。

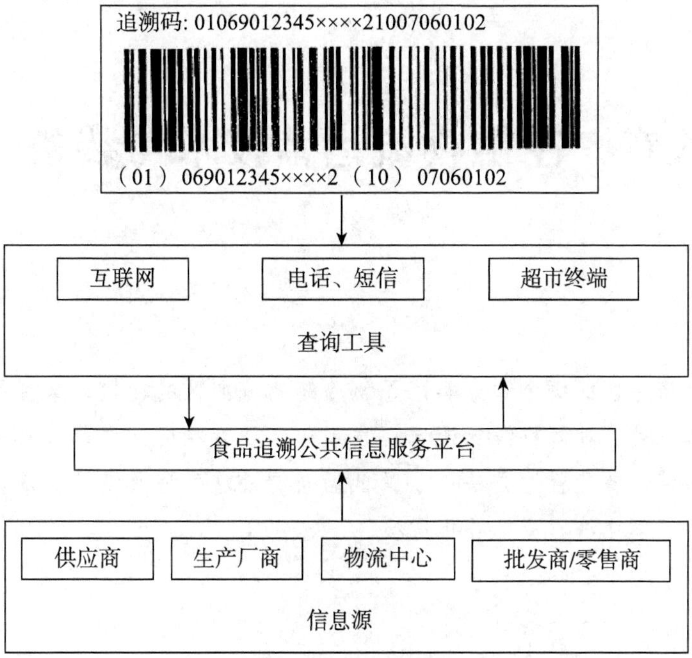

图 7－12 食品追溯公共信息服务平台查询功能示意

复习与思考

1. 简述冷链物流信息管理的必要性。
2. 简述如何实现冷链物流信息化。
3. 冷链物流设备运行监控系统的构成要素有哪些？
4. 简述追溯技术。
5. 简述区块链技术。
6. 简述食品安全溯源体系的内涵。

课后习题答案

第八章　冷链物流运营技术与装备

冷链物流运营
技术与装备

教学目标

了解冷链物流园区的概念和分类；了解冷链物流园区的功能；掌握冷链物流园规划和布局的原则和方法；理解冷链物流园区发展趋势及存在的问题；了解冷库建筑的特点和要求；掌握冷库设备配置的方法；了解低温仓储设施类型及设计；掌握易腐品质量安全与配送技术；了解冷链物流标准化现状。

第一节　冷链物流园区规划

一、冷链物流园区概述

随着国内冷链物流市场规模迅速扩大，生鲜电商、连锁餐饮、新零售、跨境电商等新型终端渠道快速发展，这促使生鲜农产品流通节点逐步由交易聚集地向物流聚集地转变。

在消费升级和政策支持双轮驱动下，冷链物流行业发展模式也日趋多元化，已不再仅仅以物流园区中的一个专业物流功能或单体冷库仓储形式存在，冷链物流园区已逐渐成为未来发展的重要趋势。

冷链物流园区通常处于几种冷链物流作业集中与转运衔接的地区，众多与冷链相关的企业聚集在一起，实现专业化和规模化经营，以提供集加工、包装、储存、分拣、配送、交易、信息处理于一体的服务，冷链物流园区的发展将会对传统的生鲜农产品流通渠道产生深刻的影响。

（一）冷链物流园区概念

冷链物流园区（Cold Chain Logistics Park）是指在物流作业集中的地区，在几种运输方式的衔接地，将多种物流设施和不同类型的冷链物流企业在空间上集中布局的场所。也是一个有一定规模的和具有多种服务功能的冷链物流企业的集结点。

本质上，冷链物流园区是一个空间概念，和其他产业园区一样，是将具有冷链物流功能的企业和与之相关的企业集中到一个空间。然而，我们并不能简单地将冷链物流园区等同于各种物流业务集中运营的场所，物流园区还应该考虑区位效益、社会经济带等。

（二）冷链物流园区分类

冷链物流园区按照不同分类方法可以分为以下几类。

1. 按冷链物流园区在物流节点中的位置划分

（1）产地型冷链物流园区。其主要面向在链条中最复杂、最薄弱、发展空间最大的“最先一公里”环节，是以满足农产品产地检测、分拣、分级、初级加工、包装、预冷、保鲜、产地集散等功能为主，专业服务于生鲜农产品产地标准化作业的冷链物流园区。

（2）加工型冷链物流园区。园区内通常会建设大型加工车间及具有仓储功能的冷库，并配套研发区域、检测区域、生活服务区域。区别于其他类型的园区，该类型园区对排污、环保、用水、用电条件有较高要求。加工型冷链物流园区主要提供农产品初加工、深加工、中央厨房等服务。

（3）交易型冷链物流园区。互联网的高速发展，加快了交易环节去中间化进程。交易型冷链物流园区以农产品批发交易为核心服务功能，形成了冷链物流与市场交易相互促进、良性互动的服务模式。该类型的园区是传统农产品批发市场深刻变革的体现，传统的现金交易、档口交易方式正被网上支付、无店铺交易替代，使农产品流通小批量、长链条、多环节、依赖信息不对称谋利的交易方式不断透明化。未来冷链物流园区与农产品批发交易市场将互相融合，在农产品流通环节，农产品批发市场既是无法被替代的节点，也是未来变革空间最大的节点。

（4）枢纽型冷链物流园区。园区多处于农产品大型产地或销地区域，该类型园区以多式联运为纽带，以区域中转、集储集运为主要功能，承担着区域内大宗生鲜农产品产地或销地的区域集散重任。

（5）临港型冷链物流园区。多以综合功能园区或业态聚集形式呈现，港口贸易、进出口报关保税等是该类园区的主要功能。近几年，随着进口食品贸易的快速增长，围绕着进出口需求逐步形成对食品进口报关、检验、保税、储存、转运、跨境贸易等的特色集成服务。同时，基于互联网平台的全面性、物流组织方式的多样性以及结算方式的灵活性，临港的含义已不仅是临海、临空的实体港概念。近几年，发展迅速的内陆港同样具备临港功能。

（6）区域配送型冷链物流园区。此类园区多数临近大型销地城市，除了承担区域储藏、分拨功能外，主要承担城市配送功能，以多温区、多品类、多频次、共储共配为特点，具有区域配送效率相对最高、成本相对最低的优势。

2. 按冷链物流园区的经营方式划分

（1）市场型冷链物流园区。其主要以易腐品批发为主，是目前库房出租率最好、盈利水平最高的园区。此类园区依靠冷链产品集中交易必须以冷库为依托的特点，一般租赁价格较高，而且其他配套功能也有很好的收益，如制冰、礼盒包装、配送、叉车租赁等。北京的西南郊冷库、上海的东方物流港冷库、武汉的白沙洲冷库等都属于此类型园区。

(2) 仓储型冷链物流园区。其以冷库租赁为主，一般建在离市区较远，或靠近港口和道路中转枢纽的地方。较大储存量的冷库、较便宜的地价和建造成本适合大批量的储存冷产品，如进口海产品、国家储备肉和水果的保鲜库等。

(3) 综合型冷链物流园区。其以提供配套冷库为主，是目前大多数冷链物流园区的存在形式。目前，大型的农产品批发市场、综合型物流园区都需要冷库作为园区功能的一部分，尽管冷库容量只占库房总数中很少的一部分，主办方也愿意选择冷链物流作为园区主打业务。

二、冷链物流园区功能

(一) 冷链物流园区社会功能

物流园区具有很强的基础性、公共性、服务性等特点，属于基础设施。其功能定位主要有以下几个：缓解城市交通压力，减少环境污染，调整功能结构，提高物流运作效率，降低物流成本以及实现物流园区的经济合理性，代表性的有德国的不莱梅物流村。

1. 发挥集聚功能

冷链物流园区的建立将过去分散的易腐货物、货场、货站集聚在一处，采用规范化流程、现代化技术手段、规模化设施设备以及综合化信息平台对冷链物流活动进行有效的组织管理，充分发挥集聚作用，提高运作效率，降低运作成本。

2. 改善城市环境

通过空间的重新布局和功能的重新组合，减少了交通线路、货站以及相关物流设施在城市市区的占地面积。通过联合运输、减少车辆出行次数、提高装载率以及集中进行车辆维修处理，减少了噪声、尾气、货物对城市环境的污染，改善了城市环境。

3. 有效衔接多种运输方式

通常物流园区的建设是依托城市交通枢纽或港口实现公路、铁路、水路运输等不同交通方式的有效衔接，将以往散杂、分散形式的易腐货物纳入联合运输中。

4. 降低易腐品损耗

冷链物流的服务对象多为生鲜易腐的食品和低温药品等对温度较为敏感的货物。这些货物从生产到储藏运输、销售等各环节均须处于所要求的低温环境，如果控制不好，将面临不可避免的损耗。这种日常生鲜货物的运输损耗会带来大量的浪费和高昂的物流成本。

在冷链物流园区建立高效、完整的全程冷链供应链，其服务范围覆盖目标货物从生产到销售的全过程，通过高效的管理和完整的衔接降低日常生鲜货物损耗，进而降低运输成本。

5. 整合供应链上、下游

国内的冷链物流服务市场较分散，第三方的冷链物流发展相对滞后，容易导致冷链物流中间环节的断裂，进而导致储运环节中大量的损耗。冷链物流园区的建设与运营能够较好地促进区域第三方冷链物流行业的发展，在所处区域范围内整合冷链物流的上游和下游，形成统一协调的冷链供应链，达到冷链供应链的上、下游环节紧密配合的目的。

6. 缓解供需矛盾

冷链物流具有特殊的高成本特性，综合性的冷链物流园区较少，不能很好地满足区域内城乡居民对冷链物流服务的需求，这直接导致区域范围内冷链物流服务的供需矛盾激化。冷链物流园区的建立缓解了这一矛盾。

7. 提升物流服务水平

物流园区的空间集聚和功能集聚效应缩短了物流服务时间，提高了物流服务速度，精简了搬运、装卸、储存等运作环节，提高了准时服务水平，降低了物流费用，极大地提高了物流服务水平，有利于实现规模化、综合化和现代化的物流服务。

8. 促进经济发展

物流园区对经济的促进发展功能表现在以下几方面：支撑当地经济整体发展的功能；吸引外部投资、新建物流基础设施的项目开发建设功能；物流设施资源的整合优化功能；吸引生产加工企业、现代物流企业、其他服务企业及机构入驻园区的产业发展带动功能；促进园区土地增值的土地资源开发功能等。

（二）冷链物流园区业务功能

1. 冷链物流园区基础功能

（1）装卸搬运功能。装卸搬运是在实现冷链运输、仓储、包装、流通加工、配送等物流活动（作业）过程中，为改变产品（货物）空间位置和状态而反复进行的重要配套物流服务功能。

（2）运输功能。在冷链物流系统中，运输功能是最重要、最有活力的功能要素。冷链物流园区的运输完成的是易腐货物集散、发送、到达、中转等与运送活动配套的运输功能。

（3）储存功能。在现代物流网络体系中，对于包括物流园区在内的物流节点设施，储存功能是其最主要的基础功能，可通过调节供需实现物流的时间价值。

（4）配送功能。配送是物流系统中的一个重要功能要素，配送活动实质上是在活动范围、运送距离、覆盖深度、货物批量批次、时效性、可靠性、服务质量、信息技术应用要求、配送车辆通行约束及组织复杂程度等方面与干线运输活动有较大差异的一种特殊性的运输活动。建立一个健全发达、高效运作的冷链物流配送网络体系，是有效发挥冷链物流园区整体功能、提高园区核心竞争力的重要基础。配送功能可按服务辐射范围和面向的客户及产品类别进行细分。

(5) 流通加工功能。流通加工是在商品流通中为灵活适应销售市场需求变化、更好满足末端消费者需要、节约运输资源、提高物流运作效率、减少物资损耗、保证产品性能和质量而提供的各种重要的配套物流服务功能。

(6) 集散中转功能。将货物直接运输到物流作业区进行中转、集散，避免了二次落地，为中转货物提供了便利条件。同时，作业区也将起到衔接干线运输和支线配送的作用。

(7) 信息服务功能。物流园区不仅是货物的集中地，还是信息的集中地。物流园区必须要有一套高效、完整的信息系统支撑其运作，以对各种物流活动和功能进行组织、协调、控制和整合，以充分发挥整体功能，为客户提供综合一体化服务。具体的信息包括交易信息、市场信息、货物流通信息、运输信息、配送信息、储存信息等。

2. 冷链物流园区增值功能

随着经济全球化发展，企业竞争加剧，客户企业除了要求提供运输、仓储、配送等基础功能外，还希望物流园区提供物流网络设计、需求分析、订货管理、订单处理、信息服务等增值功能。从国外物流发展经验来看，物流增值服务是现代物流业发展的趋势和利润增长点。增值功能具体可分为以下几类。

1) 商品展示、交易功能

商品展示、交易功能是将物流与商流活动相结合，是对物流系统各项基本服务功能进行拓展、开展增值服务的一项重要服务功能，能够吸引生产企业或商贸企业来此参加会展，开展批发、零售等贸易服务。

2) 保税物流功能

保税物流功能包括吸引物流企业和加工制造企业进驻物流作业区，为进出境货物提供保税仓储、进料加工、复运出境和办理正式进口手续等保税物流服务。

3) 物流规划咨询功能

物流规划咨询功能指根据不同行业、企业、有关机构的需要，依靠园区联系的专家团队和园区的实际运作管理经验，为客户提供有关物流供需市场调查、企业诊断、企业物流发展规划、物流解决方案策划、物流项目可行性分析、物流系统分析设计、物流绩效评价等多种类型的咨询服务。

4) 资金结算功能

资金结算功能依托专业银行网络系统，组建银行与企业联合建立的园区资金结算中心，负责园区内各入驻企业间、供应商与客户及运输商之间的资金往来结算服务，提供不同城市间货物运输、货款异地代理结算等服务。通过与市内、省内各城市商业银行发展联行协作业务，逐步发展到其他地区乃至全国，确保为客户提供安全、方便、快捷的资金结算服务。

5) 物流需求预测功能

物流需求预测功能指物流园区根据园区商品进货、出货信息来预测未来一段时间内的商品进出库量，从而预测商品的市场需求。

6）信息服务功能

现代物流区别于传统物流的一个重要标志就是对现代信息技术的广泛应用和在此基础上对全城物流活动实施的系统化和集成化管理。现代物流的信息化成为实现物流国际化、网络化、社会化、反应快速化、作业自动化、智能化的重要保障条件。物流园区信息化建设最重要的是要规划和建设好公共信息化平台，并在此基础上开发功能完善的物流信息系统，构建完善的信息网络。

7）教育培训功能

通过教育培训培养高素质的技术人才和管理人才是构成企业及园区核心竞争力的最关键要素。园区通过与高校及相关研究机构实行产学研相结合，为园区自身、入驻企业、客户企业及社会各界举办现代物流前沿讲座、现代物流发展论坛、物流市场供需双方交流会、物流知识与操作技能专业培训等多种形式的教育培训服务，帮助企业提高员工素质和企业管理水平。

3. 冷链物流园区配套功能

为了给入驻园区的企业及其所服务的客户企业提供完善的配套服务，对园区及入驻企业实施有效的管理，园区必须设置完善的综合配套服务功能。如工商管理、税务管理服务，公证，法律咨询服务；海关报关、通关代理服务；园区管理及物业管理服务；金融、保险服务；邮政，电信服务；车辆停靠、维修、配件供应、加油、清洗服务；医疗、卫生、保健服务；住宿、餐饮、购物、娱乐、健身服务。

三、冷链物流园区规划

（一）冷链物流园区规划目标与原则

物流园区作为一个复杂的社会经济系统，系统要素间往往既相互联系又相互矛盾，处理不慎会导致系统总体恶化，达不到预期的效果。因此，做好物流园区的规划和设计，是物流园区持续运行、良好运行的前提。

1. 规划目标

(1) 集聚物流企业，实现规模化运营。作为物流活动集中进行的场所，物流园区具有很强的集聚功能，对物流运营实体进行集聚，减少了货物无效转运、装卸和处理流程，缩短了物流作业时间，大大提高了物流效率。对于周边商贸企业、制造企业以及入驻企业而言，规模化的物流运营也进一步降低了其物流运作成本，为企业争取了更多利润空间，从而获得市场竞争优势。一些物流园区定位明确、服务意识好、配套设施齐全，吸引了众多周边企业入驻，成为示范性园区。

(2) 加强城市的基础设施建设。通过建立物流园区，形成新的城市功能区，可以对城市进行科学布局，完善城市功能，从而合理配置城市产业，提升城市服务能力，改善城市人居条件，集中并改善一些数量众多、庞大且异常分散的旧的物流资源（如仓库、站场、营业网点等），提高物流资源利用率。

（3）节约土地资源，优化城市布局。土地作为不可再生资源，越来越受到各界的重视，而城市的现代化不得不面临发展空间有限、资源不足的压力。同时，物流园区的建立可以将众多企业集聚到城市郊区，从而优化城市宏观布局。传统的仓储业规模小、布局散，占地面积大却效率低。

目前我国物流园区的建设大多依托于城市郊区交通枢纽、港口、码头以及铁路货运中心等地，大大缓解了城市的发展压力。尤其是北京、上海、深圳等一线城市，更是面临空间有限的压力，物流园区的建设为其发展起到非常重要的作用。

（4）改善交通状况，减轻道路压力。物流园区的建设可以实现对物流车辆的统一控制和管理，提高车辆的满载率并合理安排回程运输，以缓解城市交通压力。传统的运输采用分散化运营，货运信息不畅通，导致汽车运输空载率较高，形成资源浪费。物流园区通过信息化系统为供需双方搭建平台，实现信息共享，发挥整体优势，大大提高货运运载率，进而改善道路压力和交通情况，具有很好的社会效益。

（5）减轻环境污染。大量的运输服务给周边环境以及居民生活造成了很大的不利影响，同时物流量的增加及车辆的重型化、快速化加剧了负面影响。物流园区多建设于城市郊区，对车辆进行集中运营和管理，可减少汽车废气的排放和对中心城区的噪声污染，实现废物集中处理和用地结构的调整，减轻企业对周边环境的污染。

（6）带动区域经济发展。我国物流设施相对分散，对地区性需求不断增大，传统的商业流通模式很难满足区域的需求，流通效率很难提升。物流园区通过对企业空间集聚以及对资源的有效整合，解决了供需之间的匹配问题，促进了商贸流通，提升了物流服务能力和服务水平，从而带动了区域经济发展。物流园区为周边众多的商贸、制造等相关企业提供一体化的物流服务，带活了区域相关产业的发展，同时成长为区域的龙头企业，为当地经济创收做出巨大贡献。

（7）提供良好的、公平的、协作的、竞争的物流发展环境。物流园区可以集中对物流设施进行大规模建设，提供良好的、公平的、协作的、竞争的物流发展环境。这不仅改善了经济环境，还改善了投资环境，促进了经济的繁荣发展。就物流企业发展而言，有利的物流发展环境能够实现企业自身的高速发展，提高市场竞争力，提供方便高效的社会物流服务。

2. 规划原则

（1）统一规划原则。按照区域经济的功能、布局和发展趋势，根据物流需求量的不同特点进行统一规划，以科学布局、资源整合、优势互补、良性循环的思路为原则，防止各自为政、盲目布点、恶性竞争、贪大求多的现象发生。

（2）科学选址原则。选址时须充分利用现有资源，选择交通便利、土地资源开发程度较好、物流需求旺盛的地区，以利于物流网络优化及信息资源利用。

（3）经济合理性原则。物流园区合理的设计为物流企业提供了有利空间，从而能吸引物流企业的加入。在物流园区选址和确定用地规模时，必须以物流现状分析和预测为依据，按服务空间范围的大小，综合考虑影响冷链物流企业布局的各种因素。

（4）环境合理性原则。缓解城市交通压力、减轻物流对环境的不利影响是物流园区设计的主要目的。环境合理性原则包括：远离交通拥挤、人口密集和人口活动比较集中的城市地区；减少噪声污染；减少尾气排放；减少废物丢弃。

（5）高起点原则。规划冷链物流园区时应以物流企业为核心，以现代先进物流技术为指导，以市场为导向，以信息管理系统为重点，使物流园区成为集研发、应用与转化为一体的主要基地。

（6）发挥自身优势，整合现有资源。在对物流园区进行系统网络规划时，必须充分利用和整合现有资源，合理规划物流基础设施的新建、改建以及与现有物流服务相关的企业功能，从而最大限度地发挥物流服务的系统功能。

（7）市场化运作原则。物流园区的规划与建设离不开市场化运作原则。在园区的功能开发建设、企业的进驻和资源整合等方面，都要依靠园区优良的基础设施、先进的物流功能、健康的生活环境、各项优惠政策和周到有效的服务吸引物流企业和投资者共同参与，真正使物流园区成为物流企业发展的舞台。

（8）循序渐进原则。物流园区的规划具有超前性，但是，任何盲目的、不符合实际的超前都有可能造成不必要的浪费。因此，必须坚持循序渐进原则，结合城市的实际情况，在客观分析物流业发展现状和未来趋势的基础上，合理规划物流园区。

（9）风险预防原则。物流园区的建设投资大、周期长、效应慢、风险大，因此，必须建立合理的风险评估机制。通过定性、定量相结合的风险评估机制，提高规划的科学性和可行性，以起到风险预防的作用。

（10）人才优先原则。物流园区的规划和建设是一项非常复杂、庞大的工程，涉及的专业领域相当广泛，需要各种类型的专业人才参与建设。因此，物流园区的规划和建设必须坚持人才优先原则，充分发挥其专业知识和技能。

（二）冷链物流园区规划程序与规划内容

1. 冷链物流园区规划程序

物流园区规划设计应从系统的角度入手，物流园区规划程序如图 8－1 所示。

2. 冷链物流园区规划内容

物流园区规划内容主要包括选址规划、开发模式设定、投资规划、布局设计、规模设计、设施设计、消防安全设计、信息平台设计、环境评价等。

1）选址规划

物流园区的选址是指在一个具有若干需求点和供应点的经济区域范围内，选择一个合适的地址进行园区建设的规划过程。一般而言，较好的物流园区选址方案使货物从流入园区，经过汇集、中转、分拨，到流出园区，直至到达需求点的全过程的效率和效益都较高。

物流园区选址的目标是实现相对的成本最小、物流量最大、服务最优、发展潜力最大等。明确物流园区的选址原则和程序，运用较优的定性和定量选址方法对物流园区的总体进行规划是非常重要的。

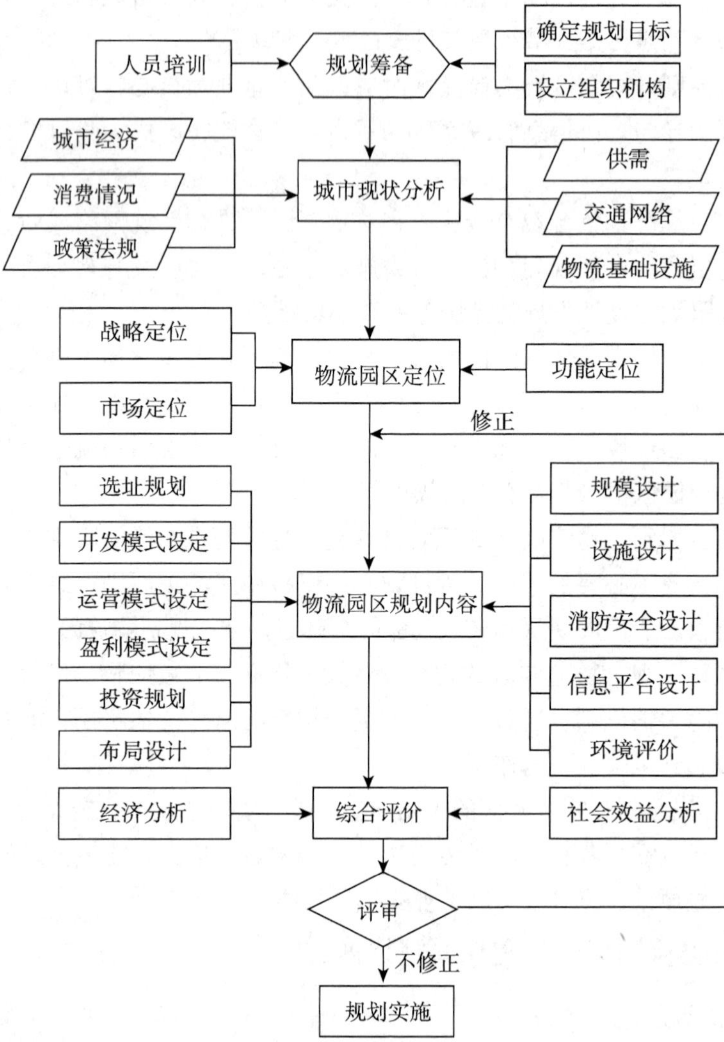

图 8－1　物流园区规划程序

2）开发模式设定

考虑到我国的经济发展特点和对物流发展的需求，我国物流园区开发模式主要有 4 种：政府规划、企业主导开发；政府规划、工业地产商主导开发；企业自主开发；综合运作开发。

3）投资规划

物流园区的投资规划主要是根据物流园区的功能定位、服务对象、服务范围等因素，分析物流园区各种资源要素的投入（包括土地、资金、人力资源投入等）和产出情况。物流园区投资是一个多投入、多产出的长期决策问题，可以用数据包络分析法

(DEA) 对物流园区经济性进行分析。

4) 布局设计

物流园区的布局规划是指根据物流园区的战略定位和经营目标，在已确认的空间场所内，按照货物进入、组装、加工等到货物运出的全过程，力争对人员、设备和物料所需要的空间做最适当的分配和最有效的组合，以获得最大的经济效益。

在物流园区布局设计中，必须明确物流园区的布局方案以及对其进行评价的方法等。

5) 规模设计

物流园区规模的含义包括了两部分：区域内物流园区的总规模以及各个物流园区的规模。区域内物流园区的总规模的确定方法主要是参数法，而各个物流园区的规模有多种确定方法，主要有功能点计算法、时空消耗法和类比法。

物流园区建设规模过小会限制区域潜在物流需求，不利于园区的持续发展；而如果园区规模过大，则可能造成投资浪费和资源闲置。因此，园区的规模需要经过科学论证，否则会给园区后期运营带来不利影响。

6) 设施设计

设施设计是物流园区规划很重要的环节，主要包括：库房设计、月台设计、停车场设计、通道和道路设计、地面设计及其他建筑公用基础设施设计等内容。

7) 消防安全设计

由于物流园区规模大、层次多、人员集中，设施设备和仓库先进、功能多，仓库中货物数量巨大，有的价值极高。一旦发生火灾，可能带来巨大的经济损失，甚至生命危险。因此，物流园区消防已经成为物流园区规划时不可缺少的组成部分，有着极为重要的意义。

8) 信息平台设计

物流园区信息平台是指利用信息平台对物流园区内物流作业、物流过程和物流管理的相关信息进行采集、分类、筛选、储存、分析、评价、反馈、发布、管理和控制的通用信息交换平台。

9) 环境评价

物流园区环境评价是指分析、预测和评估物流园区建成后可能对环境产生的影响，并提出污染防治或减轻这一影响的对策和措施。

物流园区环境评价主要涉及的内容有评价标准、评价方法、相应措施和评价制度体系等。

四、冷链物流园区布局

(一) 冷链物流园区布局原则

冷链物流园区布局的几项原则：一是要坚持以冷链物流需求为导向；二是要坚持与综合交通运输网络相配套；三是要坚持与相关规划和现有设施相衔接；四是要充分考虑功能定位。一个特定的冷链物流园区所具备的服务功能，应该以市场需求分析为基础，整合园区所在地的现有物流资源和设施，明确其产业和物流服务对象、服务内容及服务方式，调查所需的服务需求功能，并结合一定的原则来确定。

功能区域的确定对冷链物流园区的规划具有决定性意义，一方面，确定功能区域也就大体确定了物流园区的内部总体结构。另一方面，功能区域是园区内部布局的基本空间单元，其规则主要涉及三个方面的内容：一是确定功能区域的数量；二是确定功能区域的类型、所承担功能、主要服务对象；三是确定功能区域内部组成和相互关系等。基本方法是将功能类型相同或相近的各个单一服务功能进行归并，整合为一个功能区域，即可得到所需的功能区域的数量和类型。在功能区域的确定过程中，应注意兼顾下列原则。

1. 市场性原则

园区的功能区域设定必须以市场需求为基础，立足现有物流需求，同时，功能区域的类型和服务对象必须明确，要能在市场经济原则下进行规划、建设和运作。

2. 整合性原则

园区功能区域必须能有效整合现有的物流资源和设施，能对原有物流系统进行补充和完善。

3. 系统性原则

园区功能区域之间在功能上必须具有互补性、协作性和整体性，使这些功能区域能独立提供物流服务。要重视物流园区作业流程的优化，功能区域规模和布局的优化，各物流环节的机械化、省力化和标准化等，从而使物流园区实现整体化、合理化和系统化，整体运作达到最优。

4. 近距离原则

近距离原则是指在条件允许的情况下，使货物在园区内移动的距离最短。以最少的运输与搬运量、最快的速度将货物送至客户，满足客户的要求，进而提高整个物流园区效率和整体运作的有序性。

5. 布置优化原则

在园区布局时，货物流量大的功能区之间应尽量靠近，货物流量小的设施与设备可布置得远一些。同时，必须将货物运输的迂回和倒流减少到最低程度，使物流园区的整体效率与效益达到最优。

6. 柔性化原则

物流园区功能布局应该留有发展的空间且能够适应变化的设计。因为随着社会经济的发展，货流量及货物的种类会不断发生变化。

7. 满足工艺流程、生产要求的原则

功能区域布局要满足货物的工艺流程的要求，要有利于货畅其流，有利于生产和管理，有利于各环节的协调和配合。

8. 便于管理原则

要完善物流增值配套功能，加强与海关和检疫等监管部门的协作，完善通关环境等，以便于管理，为客户的整个物流过程节省时间、减少费用，实现物流园区内部功能区域布局规划的目标和原则。

（二）冷链物流园区布局方法

常用的功能区域布局方法包括解析法、计算机模型法、启发法和系统布置设计法等。

1. 解析法

解析法是通过建立数学模型并进行计算以求得最优布局方案的方法，一般可分为基于成本的模型和基于效益的模型两类。基于成本的模型，主要考虑使总成本最小化；而基于效益的模型则主要考虑使总收益最大化。采用解析法，首先要根据问题的特征、外部条件和内在联系建立起数学模型或图解模型，然后对模型求解，从而获得最佳的布局方案。解析法的优点是能获得精确的最优解，缺点是对某些复杂问题难以建立起恰当的模型，或者是由于模型太复杂，而使求解困难或要付出相当高的代价。因此，这种方法在实际应用中会受到一定的限制。

2. 计算机模型法

计算机模型法是将各种布局方案用数学方法和逻辑关系表示出来，然后通过模拟计算及逻辑推理来确定最佳的布局方案。采用计算机模型法进行布局设计时，必须对各种布局方案进行分析评价，从中找出最佳组合。因此，决策的效果好坏依赖于分析者制定的组合方案是否接近最佳方案，这是该方法不足的地方。

3. 启发法

启发法是针对模型的求解方法而言的，是一种逐步逼近最优解的方法。这种方法对所求的解进行反复判断、实际修正，直至满意为止。启发法的特点是模型简单，需要进行组合的方案个数少，因此，便于寻求最终答案。此方法不能保证得到最优解，但只要处理得当，可获得决策者满意的近似最优解。

4. 系统布置设计法

系统布置设计法（Systematic Layout Planning，SLP）是理查德·缪瑟（Richard-Muther）于1961年提出的。它是一种典型的布局设计方法，系统布置设计法是一种以大量的图表分析为手段、以物流费用最小为目标、条理性很强、物流相互关系分析与非物流相互关系分析相结合，以求得合理布局的技术。它使布局规划与设计由定性阶段发展到定量阶段，并且广泛应用到了包括物流设施在内的各种生产系统与服务系统中。

1）系统布置设计法的设计原理

首先，对各作业单元（设施）之间的物流相互关系和非物流相互关系分别做出分析，建立作业单元相互关系表。其次，根据各作业单元之间的物流相互关系与非物流相互关系，得到综合相互关系分析表。根据各个作业单元之间的综合密切程度，决定它们之间的距离远近，从而绘制出作业单元位置相关图。再次，通过把每个作业单元的实际占地面积与位置相关图结合起来，形成场地空间关系图，并对其进行调整和修正，得到一些实际可行的布局方案。最后，采用专业的评价方法对备选方案进行打分、评价以及选择，最佳布置方案为得分最高者。

2）步骤

系统布置设计法步骤如图 8-2 所示。

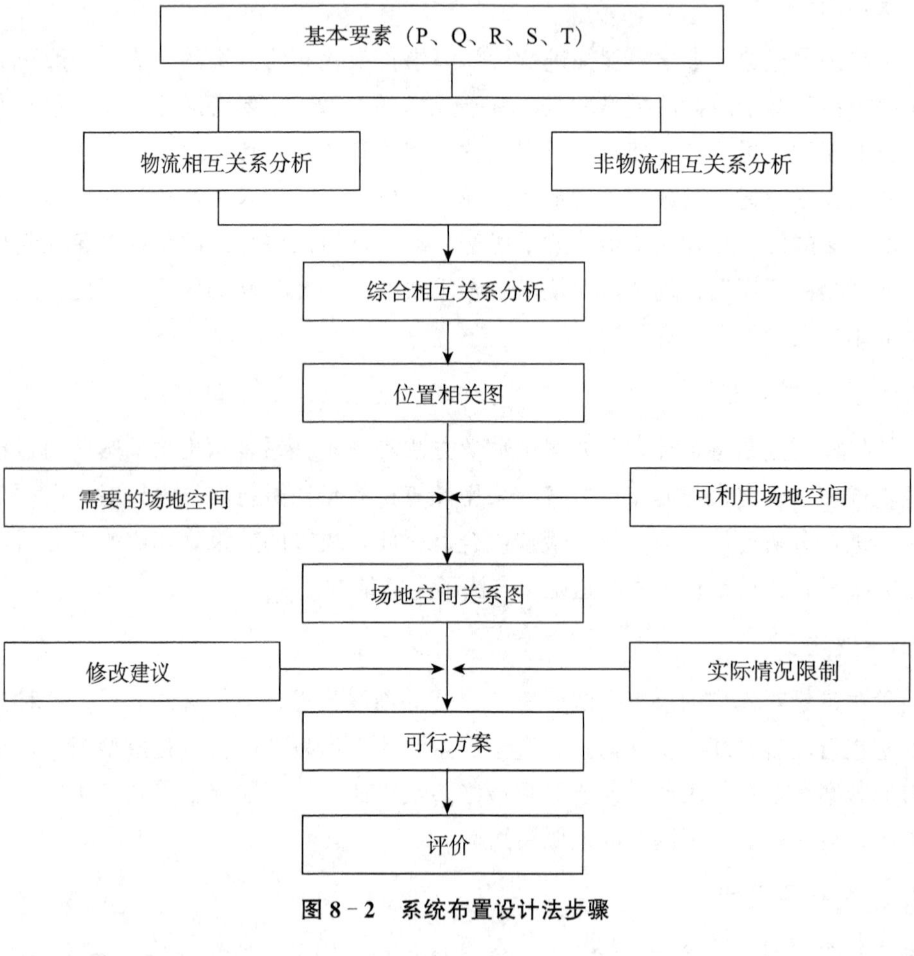

图 8-2　系统布置设计法步骤

（1）基本要素（P、Q、R、S、T）

首先要确定物流园区布局设计的 5 个基本要素，即 P（物流对象）、Q（物流量）、R（物流作业路线）、S（辅助服务部门）、T（物流作业技术水平）。

（2）物流相互关系分析

物流相互关系是指社会物质资料从生产一直到消费前的全部流通过程，可根据各区域之间的物料流量编制起讫表。从物料流量大小，可以看出各区域之间的关系程度，从而确定各区域之间的物流相互关系。在物流园区中，物流分析是在作业流程分析的基础上，对物流园区各区域之间的物流量进行分析，用物流强度和物流相关表表示各区域之间的物流关系强弱，确定各区域的物流相关程度，是物流园区布置设计的核心工作。通常SLP方法的物流分析由物流对象P和物流量Q决定，因此，物流相互关系分析也被称为“P－Q分析”，主要有以下几种方法。

①物流过程图法。当物流园区的物流对象P的种类很少而物流量Q又很大时，可以通过用标准符号绘制的物流过程图直观地反映出物流园区作业的详细情况。只需在物流过程图上注明各作业单元之间的物流量就可以表明整个物流园区物流作业过程中的物料搬运情况。对于规模较小的物流园区，只要其物流对象种类比较单一，就可以通过物流过程图来进行分析。

②多物流对象物流过程表法。当物流对象的种类比较多、物流量比较大时，可以将各类物流对象的物流作业流程汇总在一张表上，形成多物流对象物流过程表。在这张表上，各类物流对象的作业流程并列显示，可以反映出各个物流产品的物流途径。

③成组法。当物流对象种类比较多、物流量属于中小规模时，可以采用成组法将物流对象按照性质相似性或作业流程的相似性进行归类分组，然后对每一类对象采用物流过程图进行物流分析，或者先采用多物流对象物流过程表表示各组对象的物流作业过程，再做进一步的物流分析。

④从至表法。当物流对象种类很多、物流量比较大时，可以用一张方阵表来表示各物流作业单元之间的物流方向和物流量，如表8－1所示。

表8－1　从至表

作业区域		搬运到达区					
		1	2	3	4	5	合计
搬运区域	1						
	2						
	3						
	4						
	5						
	合计						

某一定时间周期内的物料移动量称为物流强度，在SLP中将物流强度划分成六个等级，分别用符号A、E、I、O、U、X表示，如表8－2所示，作业区间的物流强度可根据物流线路所占比例和所承担的物流量比例来确定。

表8－2　物流强度等级对应的符号及相关比例

物流强度等级	符号	物流线路所占比例（%）	承担的物流量比例（%）
超高物流量	A	10	50
特高物流量	E	20	40

续 表

物流强度等级	符号	物流线路所占比例（%）	承担的物流量比例（%）
较大物流量	I	30	30
一般物流量	O	40	20
可忽略物流量	U	50	10
无物流量	X	0	0

对冷链物流园区内部布局来说，低温仓储区、运输配送区、展示交易区、综合办公区、流通加工区、生活服务区和停车区是主要的功能区块。对以上作业区域进行作业相关性的分析可得到作业单元之间的密切程度，并将其作为冷链物流园区域布局规划的基础。为了能清楚地表明所有作业区域之间的物流相互关系，我们可以用物流相关图表示物流强度，如图 8－3 所示。

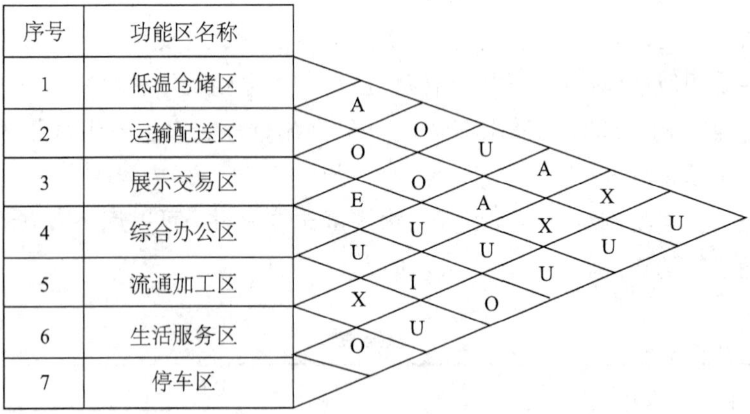

图 8－3　各作业区物流相互关系

（3）非物流相互关系分析

物流园区的非物流相互关系主要有以下几个方面。

①程序上的关系：如物流与信息流相互传递信息或人员、设备之间的流程关系。

②组织和管理上的关系：为便于管理，同一部门组织的功能区域应靠近。

③功能上的关系：各作业区之间因功能相近或根据需要而形成的关系。

④环境上的关系：从操作环境和安全需要考虑而保持的关系。

由于非物流相互关系是一种定性关系，很难用数据衡量。因此，可以通过对这些定性因素进行具体分析，并运用某种方法将它们转化成能够衡量的定量因素。一般将区域间的相关程度分为 6 个等级，分别用符号 A、E、I、O、U、X 来表示，如表 8－3 所示。

表 8－3　作业区相互关系等级

相关程度等级	相关程度说明
A	绝对重要

续 表

相关程度等级	相关程度说明
E	特别重要
I	重要
O	一般重要
U	不重要
X	不可接近

布置原则是相关程度高的区域尽量紧邻或接近，而相关程度低的区域不宜接近。

(4) 综合相互关系分析

冷链物流园区运作过程中，作业单元之间物流相互关系与非物流相互关系往往并不一致，为了确定各作业单元之间的综合密切程度，需将两个表进行合并，求出合成的相互关系——综合相互关系，然后从各作业单元之间的综合相互关系出发，实现各作业单元的合理布置。某一作业单元综合相互关系等级级值等于该作业单元与其他所有作业单元间量化后的关系等级之和，综合相互关系等级级值的高低反映了该作业单元在布置图中是应该处于中心位置还是处于边缘位置。具体步骤如下。

第一步：确定各级关系的级值，即量化物流相互关系等级和非物流相互关系等级，A=5，E=4，I=3，O=2，U=1，X=0。

第二步：确定物流（m）与非物流（n）相互关系的相对重要性（加权取值）。一般 $m:n$ 应在 1/3～3，当比值大于 3 时，说明物流相关关系占主导地位，布置时只需考虑物流相互关系的影响；当比值小于 1/3 时，说明物流相互关系对生产的影响非常小，布置时只需要考虑非物流相互关系。实际工作中，物流与非物流相互关系的相对重要性，对应的比值分别为 $m:n=3:1$；2∶1；1∶ 1；1∶ 2；1∶ 3。根据物流园区物流量较大的特点，确定物流相互关系与非物流相互关系的比值为 3∶1。

第三步：确定综合相互关系级别。当作业单元数目为 N 时，总的作业单元对数可用下式计算：$P=N(N-1)/2$，然后计算量化的所有作业单元之间的综合相互关系。设任意两个作业单元分别为 A_i 和 A_j（$i \neq j$），其量化的物流相互关系等级级值为 MR_{ij}，量化的非物流的相互关系等级级值为 NR_{ij}，则作业单元之间综合相互关系等级级值 $TR_{ij}=m\times MR_{ij}+n\times NR_{ij}$。

将两种关系的级值分别乘以各自的权重，然后相加得出综合相互关系等级级值，以此确定综合相互关系级别。

第四步：综合相互关系的等级划分。综合计算得出的是量值，需经过等级划分才能建立与物流相关表相似的符号化的作业单元综合相互关系表。将综合相互关系的等级划分为 A，E，I，O，U，X，综合相互关系等级与对应的作业单元对比例如表 8-4 所示。

表 8 - 4　　综合相互关系等级与对应的作业单元对比例

关系等级	符号	作业单元对比例（%）
绝对重要	A	1～3
特别重要	E	2～5
重要	I	3～8
一般重要	O	5～15
不重要	U	20～85
不可接近	X	0～10

应注意的是，将物流与非物流相互关系进行合并时，任何一次物流相互关系与 X 级非物流相互关系等级合并时不应超过 O 级。可以将某些极不希望靠近的作业单元之间的相互关系定为 XX 级，即绝对不能相互接近。

（5）绘制作业单元位置相关图

从各作业区之间的综合相互关系密切程度出发，对物流园区进行平面布置。依据作业区综合相互关系等级的高低，依次确定不同级别的作业区位置。对于同一级别的作业单元则依据综合相互关系级值的高低顺序来进行布置，依据所确定的综合接近程度布置各作业区之间的相对位置，将整个布置过程简化为算法方式的程序，常用的方法有以下三种。

①关联线图法。作为一种定性分析方法，它以作业区之间的接近程度（定性测量）为挑选法则，在分析各作业区相关资料（如面积大小和作业流程等）的基础上，假设各作业区的空间需求相同或不同，将各作业区绘制成方块模片，根据作业区之间的关联程度布置样板的相对位置，以此为依据构建各作业区的关联线图。

②图形建构法。该方法是一种启发式的方法，利用在共平面上发展最大权数的邻接图来完成区域布局。它有两种方式：一种方式是在关联线图的基础上，选择性地删去弧线，以确保最后的图形为共平面；另一种方式是经由节点插入算法来构建邻接图，并且保持共平面的性质。

③动态布局法。该方法合并考虑各作业区的不同空间需求和关联需求。首先把系统中的主要动线方向确定下来，然后根据关联性或流程性来进行作业区的布置。绘制作业区之间的位置相关图时，利用号码来反映各作业区的功能和性质。根据图 8 - 3 来考虑每对作业单元间相互关系等级的高或低，决定两作业单元相对位置的远或近，得出各作业单元之间的相对位置关系。这时并未考虑各作业单元具体的占地面积，因此，得到的仅是作业单元相对位置，称为位置相关图。

（6）作业单元占地面积计算

各作业单元所需占地面积与设备、人员、通道及辅助装置等有关，计算出的面积应与可用面积相适应。

在物流园区规划设计中，物流园区各功能区域面积的确定与各区域的功能、作业方式、所配备的设施和设备以及物流量等有关，应分别进行详细计算。物流作业区域的面积主要取决于货物作业量，可以用以下公式估算：

$$R = W_d \times \alpha'$$

式中：R——区域面积，m^2。

W_d——各种货物每日的作业量，t。

α'——该区域的面积利用系数，t/m^2。

在确定作业单元占地面积和空间几何形状的过程中，需要将占地面积、建筑空间几何形状与作业单元位置相关图相结合，形成作业单元面积相关图。其中，作业的占地面积由设备占地面积、物流模式、人员活动需求等因素决定。

(7) 绘制作业单元面积相关图

把各作业单元占地面积附加到作业单元位置相关图上，就形成了作业单元面积相关图。

(8) 方案调整与修正

作业单元面积相关图只是一个原始布局图，还需要根据其他因素进行调整与修正。需要考虑的修正因素包括运输方式、储存设备、场地环境、人的要求、厂房特性、辅助设施、管理控制、建设成本等具体因素。考虑了各种修正因素与实际限制条件以后，对面积图进行调整，最终得出几个有价值且可行的布局方案。

(9) 方案评价与择优。

针对得到的数个方案，需要进行技术、费用及其他因素评价，通过对各方案的比较评价，选出或修正设计方案，得到最终布局方案图。常用的评价方法有加权因素比较法、优缺点比较法、专家打分法等。

五、冷链物流园区发展趋势及存在的问题

(一) 冷链物流园区发展趋势

1. 多功能一体化

品质保障、提高时效、一站式服务是当前社会对冷链行业提出的刚性要求。现代化的冷链物流园区不能仅仅具备冷库储藏、冷链运输等单一服务，多种冷链功能聚集在同一园区才能够较好地满足社会需求。因此，高效集合储藏、加工、分拨、检测、展示、体验、餐饮、娱乐、交易、多式联运等多种功能于同一园区内，并进行模块化组合，成为冷链物流园区发展的一种趋势。

2. 产业集群化

园区聚集着功能不同的冷链企业，依靠地理和区域经济优势，使运输、仓储、货物进出口、流通加工与配送、信息处理及相关设备制造高效集聚，形成物流资源高度密集和管理运营极度专业的物流产业链条，从而整体提高区域内所有企业的运行效率。

3. 平台网络化

基于大数据、云计算的专业物流网络平台，能够使园区之间实现互联互通，帮助园

区企业摆脱“点式经营”“信息孤岛”的困境；同时，网络支撑下的冷链物流园区，更能够充分发挥物流交易、电子结算、仓单质押、融资担保等方面的服务功能；园区角色也由单一的房东向提供解决方案的服务商转变，通过园区平台为入驻企业提供金融、信息、数据、供应销等一体化配套服务。

4. 食品安全监管便利化

冷链物流园区的发展为政府监管部门进行食品安全的集中监管提供了便利条件，对推动食品安全保障体系建设，完善食品安全监管体制起到积极作用，能够切实做到来源可查、去向可追、责任可循、监管集中。

（二）冷链物流园区存在的问题

我国冷链物流园区在快速发展过程中遇到了很多问题。首先是园区建设，其次是园区运营管理。园区的建设属于战略投资，它所带来的影响无论对企业还是对社会都将是长期和巨大的。园区的运营管理虽然也存在很多问题，但可以逐步改善，而园区规划定位的失误会带来不可挽回的损失。

1. 受政策性影响较大，盲目建设现象严重

我国现阶段冷链行业的发展受政策影响比较大。政府的财政支持、土地优惠政策等，影响着投资方对该行业的投入程度。政府出台鼓励政策的初衷是促进冷链行业长期、良性发展，但投资方追求的利益可能与之相反。

有的冷链物流园区在得到政府优惠土地后，改变规划方向，加大商业建筑面积，减少冷库面积或拖后建设；有些冷链物流园区建设受政策影响，忽略市场实际需求，造成了冷库的建筑模式和规模背离了市场的实际需求。

2. 园区建设缺少专业规划咨询

冷链物流园区是以物流运作、产品交易、物流加工为主的设施，并且冷库又是包含较多专业技术的建筑物，所以冷链物流园区的建设更应注重前期的规划研究。有很多冷链物流园区投资方不愿意花钱、花精力在规划研究上，而更愿意相信自己的直觉和已有信息。有人对此总结：“很多人愿花钱买教训，而不愿花钱买思想。”这种现象在冷链物流园区的规划上体现得更明显。

3. 冷库建设国家标准仍需完善

2010 年出台的《冷库设计规范》（GB 50072—2010）是目前冷库建设可以参照的国家标准。标准中对冷库的最大防火间隔定为 3500m^2，而相同等级的干货库房是 6000m^2。冷库中不储存易燃品，冷库保温用的是不自燃的材料，在冷库运作越来越复杂的情况下，限定 3500m^2 作为最大分隔面积是不合理的。标准还规定冷藏间与穿堂之间的隔墙应为防火墙，该防火墙的耐火极限不应低于 3h。以上规定给冷库建设造成了极大限制。

第二节 冷库规划

一、冷库设计与规划

冷库主要用于食品的冷冻加工及冷藏，通过人工制冷使室内保持一定低温，以供调节淡旺季库存、保证市场供应、执行出口任务和做长期储备之用，是人类生活中不可或缺的部分。

（一）冷库建筑的特点和要求

冷库建筑区别于其他一般建筑的根本特点是“冷”，由于库外环境温度受自然界气温影响，经常处于周期波动（既有昼夜交替的周期波动，又有季节交替的周期波动），加上冷库生产作业库门时常开启，货物时常进出，库内、外经常进行热湿交换。因此，冷库的墙壁、地板和平顶都设有一定厚度的隔热材料以减少外界传入的热量。为了减少所吸收的太阳辐射能，冷库外墙表面一般涂成白色或浅颜色。

严寒地区的一般建筑与冷库建筑不同。前者在严寒季节是外冷内热，而冷库即使位于寒冷地区，在一年中多数时间也是内冷外热。在经受低温、环境温度变化、热湿交换等方面的考验时，冷库建筑与严寒地区的一般建筑有很大差别。严寒地区的一般建筑在严寒季节里，外界冷空气进入室内后其状态变化是升温吸湿过程，只会影响室内温度波动而不会析出水分。外围护结构的地基基础周期性地受外界土壤冰冻的影响，但不必担心室内地坪及内部墙柱基础下的土壤会冰冻。对于冷库建筑，外界热空气进入冷库后，其状态变化为降温析湿过程，不但影响库内温度波动，而且所析出的水分将在低温的围护结构表面凝结成水或冰霜。冰霜可能受热融化成水。若渗入建筑结构内部，水分冻结导致体积膨胀，将使建筑结构受到损坏。某些库内温度经常低于0℃，若其地坪下的土壤得不到足够的热量补充，温度就会逐渐降低。此时土壤中所含水分出现冻结，产生极大的冻胀破坏力，能使墙柱基础被“抬起”，从而危及建筑结构和制冷设备的安全；能使地坪胀裂，加速地下土壤冻结进程。

严寒地区的一般建筑围护结构受气温周期变化的影响，与冷库建筑内围护结构受热湿交换影响的性质也不相同。虽然两者同属低温建筑研究的范畴，但所处的低温环境条件不同，性质也就不相同。

根据冷库建筑的特点，建筑设计时必须采取相应的技术措施。比如，要设定严格的隔热性、密封性、坚固性和抗冻性要求以保证建筑物的质量，这几个方面是冷库建筑设计时需要着重注意的问题。

1. 防止隔热性能不佳产生的漏冷

由于冷库建筑内冷外热，因此需要保持特定的“冷”度才能满足生产使用的要求。

为了阻挡外界热流侵入冷库，影响库内温度的相对稳定，建筑围护结构必须设置具有适当隔热能力的隔热层。为了保持隔热层的隔热性能，免于受水或水蒸气侵袭使其隔热能力降低，必须在隔热层的适当部位设置隔气层或防水层、防潮层。

隔热材料的选择很重要，有些适用于其他建筑保温的隔热材料不一定适用于冷库。隔热层必须布置得完整连续，注意不能存在“漏冷”或者以后可能出现“漏冷”的地方。

2. 防止热湿交换产生的各种破坏作用

库内、外的空气热湿交换最为显著的地方是冷库出入口附近。热湿交换极易在冷库的内围护结构和建筑结构体表面产生凝结的水、冰、霜，以及由表及里地渗入水分，向结构体内渗入水分的过程在一定的负温条件下仍不会停止。热湿交换越频繁，凝结的水、冰、霜就越多；冻融循环越频繁，建筑结构遭到破坏的可能性越大。可采取的措施，除选择防水性、抗冻性建筑材料外，还可以利用相关设备降低热湿交换的程度，如设空气幕，在平顶设空气冷却器，设常温穿堂、走道，不设保温穿堂、走道等。

因此，必须采取措施防止热湿交换的产生，尽可能使建筑结构构造中存在“冷桥”，避免因结构产生温度变形，从而引起围护结构层、隔汽层和隔热层被拉裂。

3. 防止地下土壤冻结引起的破坏作用

一般情况下，只有低温冷库的地下土壤才可能冻结。通常采取的措施是加热防冻。就是说除了设置绝热地坪外，还可采用通风加热、通热油管加热、通电加热等方法为地下土壤提供所需补充的热量，以及加强对这些防冻设施的维护管理。

防止地下土壤冻结在冷库的建筑设计中之所以重要是因为：冻胀力会使建筑结构遭到严重破坏，结构破坏必然造成停产，并且需要卸除地坪以上的各种设施才能进行维修。

4. 防止存在降温使用后难以补救的隐患

冷库的围护结构构造层次较多，主要有围护结构层、隔汽层、隔热层、表面防护层等。其中较重要的隔汽层和隔热层在施工完毕后隐蔽在其他的构造层之中。如果设计不缜密，施工时不认真选用符合设计要求的材料以及不遵守施工操作规程，一旦存在设计、施工质量上的隐患，降温使用后才发现就难以进行及时的维修和补救。目前冷库建筑大多还是使用钢筋混凝土、水泥砂浆和沥青油毡等为主要建筑材料，在低温条件下用这些材料做成的构件进行维修、补救有一定的困难，这是冷库建筑区别于其他建筑的特点。

（二）冷库的分类

1. 按冷库容量分类

冷库按容量可以分为大型冷库、大中型冷库、中小型冷库和小型冷库。一般情况下，当冷库容量超过 10000t 时，可以认为是大型冷库，而小于 500t 的冷库是小型冷库。另外，各冷库冷冻能力的要求也不同，如表 8-5 所示。

表 8－5　按容量分类及冷冻能力

冷库种类	冷库容量（t）	冷冻能力（t/d）	
		生产型冷库	分配型冷库
大型冷库	＞10000	120～160	40～80
大中型冷库	5000～10000	80～120	40～60
中小型冷库	500～5000	40～80	20～40
小型冷库	＜500	20～40	＜20

2. 按温度分类

冷库按温度通常可以分为高温冷库、低温冷库和超低温冷库，冷库按温度分类及用途如表 8－6 所示，有时还将温度范围介于 15℃～20℃的冷库称为恒温冷库。

表 8－6　冷库按温度分类及用途

冷库种类	冷库温度（℃）	用途
高温冷库	－2～15	冷却物冷藏
低温冷库	－13～－10	冻结物冷藏
超低温冷库	＜－60	金枪鱼等食品冷藏

3. 按建筑结构形式分类

冷库按建筑结构形式分类，可分为土建式冷库、装配式冷库、夹套式冷库和气调冷库，冷库按建筑结构分类及特点如表 8－7 所示。

表 8－7　冷库按建筑结构分类及特点

冷库种类	特　点
土建式冷库	主体结构和地下荷重结构采用钢筋混凝土，围护结构的墙体采用砖块，具有坚固、隔热性能好、造价低、建设周期长等特点
装配式冷库	主体结构都采用轻钢结构，围护结构使用预制的聚氨酯或聚苯乙烯夹芯板材拼装而成
夹套式冷库	在常规冷库的围护结构内增加一个内夹套结构，夹套内装设冷却设备，冷风在夹套内循环制冷
气调冷库	主要用于新鲜果蔬、农作物种子和花卉的较长期储存，除了要控制库内温度、湿度外，还要控制库内氧气、二氧化碳、氮气和乙烯的含量，抑制果蔬等植物的呼吸

4. 按使用性质分类

冷库按使用性质，可分为生产型冷库、分配型冷库和零售型冷库。冷库按使用性质分类及特点和建设地点如表 8－8 所示。

表 8-8　冷库按使用性质分类及特点和建设地点

冷库种类	特　点	建设地点
生产型冷库	具备大批量且连续的冷加工能力，加工后的食品必须尽快运走；冷冻能力大，并设有一定容量的周转用冷库	主要建在食品原材料基地、货源较集中地区或交通便利地区
分配型冷库	冷藏容量大，冻结能力小，适宜于多种食品的储存	通常建在大中城市或人口比较集中的地区
零售型冷库	供临时储存零售食品之用，库容量小，储存期短，库温随使用要求不同而不同	通常建在大中城市、人口较多的工矿企业或大型副食品店、菜场内

5. 按冷加工能力分类

冷库按冷加工能力可以分为预冷式冷库、冷却物冷库、冻结物冷库、速冻冷库、储冰冷库等。

（三）冷库的组成

冷库由主体建筑和附属建筑两大部分组成。按其用途不同，可分为冷间、冷库辅助设施、冷库配套设施、生活辅助用房和控制系统五部分。

1. 冷间

由于冷链货物容易造成交叉污染、气味容易互串，各类货物所需储藏条件均有所不同，按照温度应分为相互独立的冷间，用于分别储存不同类别的商品，如表 8-9 所示。

表 8-9　冷间储存条件及储存货物类型

序号	冷间名称	室温（℃）	相对湿度（%）	储存货物类型
1	预冷间	0～4	—	需要预冷的食品
2	冻结间	−23～−18	—	肉类、速冻食品
3	冷藏间	−30～−23	—	鱼、虾等
4		0～4	85～90	冷却后的肉、肉类加工副食品
5		−1～4	90～95	冰鲜鱼等
6		2～10	95～100	鲜牛奶、酸奶、乳酪
7		2～4	85～90	土豆、橘子、荔枝
8		11～16	85～90	香蕉等
9	恒温库	15～20	85～90	巧克力等
10	低温库	−20～−15	85～90	冻肉等
11		−25～−18	90～95	冻鱼、虾等

2. 冷库辅助设施

（1）制冷机房。其用于安装制冷机设备，是冷库的心脏，机房中安装了制冷压缩机、中间冷却器、调节器、控制台等。一般设 2 个或 2 个以上的出、入口。机房必须有独立外开门，氨机房必须具有紧急状态自动开启门和应急风机的功能。

(2) 设备间。其应靠近机房，且安装冷凝器、储氨器、气液分离器、氨泵等制冷设备。

(3) 配电室。其要求单独建造，通风良好，防鼠防雀，有高压配电器、变压器、电容器等设备。

(4) 锅炉房。其要求全年处于下风向，尽可能靠近使用气量最大的车间，防火等级不低于二级。

(5) 水泵房。为了节约用水，冷库多采用循环冷却水，冲霜用水也可回收利用，故一般设置专用水泵房来安装冷却水水泵和冲霜水水泵。

(6) 挑选整理包装间。其主要用于食品在进、出库前的挑选、分级、整理、过磅、装箱或包装等。

3. 冷库配套设施

(1) 冷库门是冷库围护结构的重要组成部分，其主要作用是供人和货物出入库房。

(2) 门帘和门斗能减少冷库开门冷量损失，是防止外界湿热负荷进入的基本设施。

(3) 空气幕主要作用是减少库内外湿热负荷的交换，方便装卸作业。此外，还可以阻止尘埃、昆虫、污染、废气、异味等侵入库内。

(4) 穿堂是运输作业和库房间联系的通道，一般分为低温穿堂和常温穿堂。

(5) 货物装卸设施。进出货作业时，要保持冷链不会“断链”，必须在装卸口设置保温滑门、月台高度调节板和密闭接头等。

4. 生活辅助用房

生活辅助用房主要有生产管理人员的办公室和管理室、生产人员的休息室和更衣室以及卫生间等。

5. 控制系统

冷库制冷系统的运行情况是通过温度、湿度、压力、压差、液位等参数来反映的。如果靠人工检测温度计、压力表、液位计和显示仪表等，再由人工调节，则需要技术很熟练的工人才能完成这项工作，而且不一定能及时、准确。而如果采用自动调节，则无论储藏时间或外界条件如何，均能自动调节制冷工况，既简化了管理，还保证了制冷装置运行的可靠性、安全性和经济性。

冷库的构成随生产性质、建设规模、储藏的食品品种及生产加工工艺要求不同而有所区别。

二、冷库设备配置与管理

(一) 冷库门

1. 冷库门使用和构造

冷库门的设计首先应考虑满足使用要求。冷库门应设在方便货物进出库房的位置，其尺寸大小根据使用要求既要尽可能减少库门开启时的冷量损失，又要适应运输、堆码工具的需要，冷库门洞的尺寸如表 8-10 所示。

表 8-10　　冷库门洞的尺寸

门的位置		门洞尺寸（mm）		备　注
		宽	高	
冷藏库	冷库门	1200	2000	用手推车搬运
	冷库门	1500	2400～2600	用电动叉车搬运
	水产托盘传递门	600	400	—
冰库	冰库门	800	1900	—
	冰块进出小门	400～1200	400～650	高度 400mm 的门适用于搬运快速制成的冰块

为减少库房外部空气温湿度对室内的影响，冷库门应具有一定的隔热性能，因此冷库门的门扇应设置厚度足够的隔热层，并设置相应的隔汽层以防止隔热层受潮失效。目前冷库门的隔热材料一般采用聚苯乙烯泡沫塑料或软木，而相应采用塑料薄膜或热沥青作为隔汽层。为了减少冷库门部位的热量传递，冷库门的门扇与门框应有足够的搭接宽度，并应保证门扇在关闭时具有良好的密封性。冷库门的门框在设计时也必须注意避免形成冷桥。

冷库门要求关闭紧密、开启灵活、结构牢固、变形小、机械强度高、刚性好。为了减轻门扇的重量，冷库门应尽可能采用密度较小的结构材料和隔热隔汽材料制作。例如，采用聚苯乙烯泡沫塑料做隔热层、外包塑料薄膜做隔汽层的冷库门与用软木做隔热层、沥青做隔热层的冷库门相比，密度大大减小，因此有条件时一般均采用前者制作冷库门。

冷库门还应考虑安全要求。为了便于库内人员在发生意外时能迅速离开库房，库门一律采用外开的方式且关闭的库门均必须可从库内打开，电动门必须附设手动装置，并应在库内安装报警装置。

冷库门是库房货物进出的咽喉，开启频繁。当库门打开时，库内、外的冷热空气就在门洞附近进行冷热交换，门洞周围的墙面、地板面、天棚底面等处很容易出现凝露、滴水、结霜、结冰现象，这样会造成围护结构隔热材料受潮而降低其隔热效能、缩短冷库使用寿命并影响库房工人的安全操作。另外，在门窗和门框的搭接部位以及门脚处也常因密封性不好而严重冻结，从而影响库门的启闭。因此，除了提高冷库门的隔热隔汽性能、加强搭接密封性外，还必须采取一些有效的辅助措施。例如，为减少库内、外空气的热交换以及减小热交换造成的危害，在冷库门外设置空气幕，不设隔热回笼间；为了防止门扇周围冻结，在冷库门上设置电热防冻装置等。

2. 冷库门的分类

（1）按门的开启方式分为旋转门和推拉门。

（2）按动力方式分为手动门和自动门。

（3）按门扇结构分为单扇门和双扇门。

（4）按冷间的性质分为高温库冷库门、低温库冷库门和气调库冷库门。

（5）按用途分为普通门和供通行吊运轨道（冻结间用）的特殊门等。

3. 冷库门的安装形式

1）嵌入式冷库门（包括半嵌入式冷库门）

门扇嵌入门洞内，如果门扇、门樘制作准确且骨架材料又不变形时，其密闭性很好，但实际情况往往并非如此，主要有以下原因。门扇制作尺寸不可能非常准确，制作、安装的误差与材料的变形难以避免；使用时间长，门扇就会变形，且门扇与门樘的接缝有松有紧；缝隙中易结冰，使门扇的开启有时很吃力；嵌入式冷库门，不论门扇还是门樘，其构造都较复杂。因此嵌入式冷库门现在采用得不多。

2）外贴式冷库门

这种冷库门避免了嵌入式冷库门的缺点，门扇和门樘的几何尺寸稍有变形但影响不大。若密封条性能良好、压紧装置有效，则其密闭性很好。门扇和门樘的外形简单、制作安装方便，可做成多种开启形式（如平开、推拉、电动等）。不易结冰，如果结冰易于清除。

外贴式冷库门中最常见的是门轴式平开大门，此外还有平移式手动、电动大门，种类较多。

常见的冷库门如图 8－4 所示。

（二）门帘、门斗、空气幕

减少冷库开门冷量损失，防止外界热湿负荷进入的基本措施有：在冷库门内侧设门斗和门帘；在冷库门上方设置空气幕；设置定温穿堂和封闭式站台，并在站台装卸口设置保温滑升门、站台高度调节板、密闭软接头等。

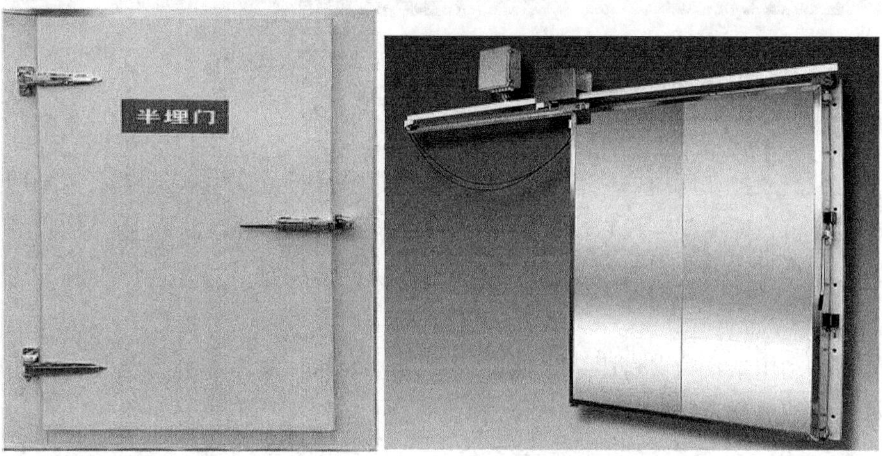

(a)嵌入式/半嵌入式冷库门　　(b)平移式手动/电动冷库门

图 8－4　常见的冷库门

(c)双扇门

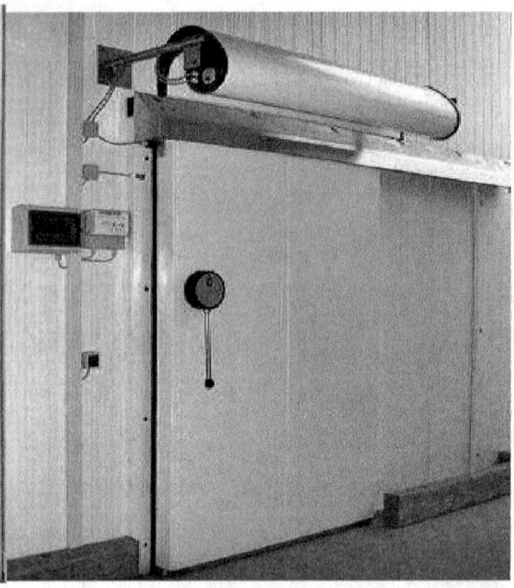

(d)回归门

(e)气调冷库门

(f)滑升式冷库门

图 8－4　常见的冷库门（续）

冷库门帘一般挂在库门内侧紧贴冷库门，早期多采用棉门帘，近年来多采用聚氯乙烯塑料透明门帘。冷库门斗设在冷库门内侧，其宽度和深度约为 3m。门斗的尺寸既要方便作业，又要少占库容；材料以简易、轻质和容易更换为宜；门斗地坪应设电热设施以防结冰。

空气幕是利用条状喷口送出一定速度、一定温度和一定厚度的幕状气流，用于隔断另一气流，如图 8－5 所示。具体分类如下。

(1) 贯流式空气幕，又称横流式空气幕，具有圆筒式形状，气流垂直于轴线进入，以相反方向穿过排出，贯流式空气幕进出口气流在较大的送回平面内很均匀，适用于隔离空间小的场合。

（2）轴流式空气幕是指气流主要沿轴线方向运动，即沿轴线方向进入，同时也沿轴线方向排出，轴流式空气幕出风集中，风量大，适用于安装高度较低、空间较大的场合。

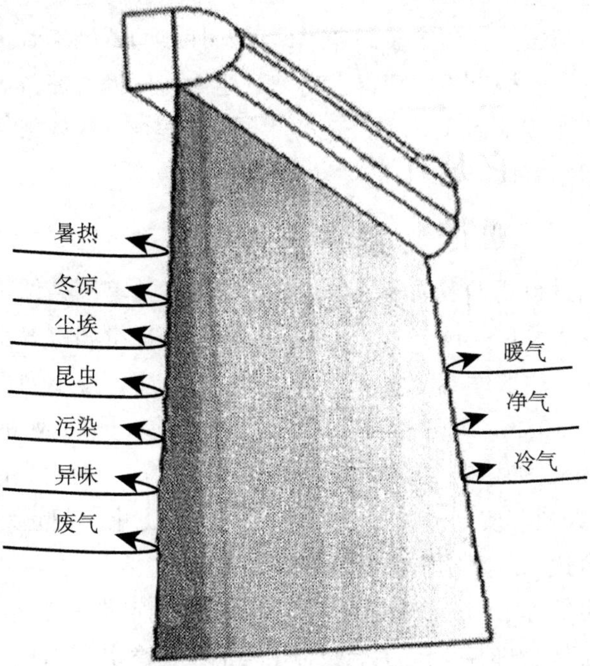

图 8-5　空气幕

（三）穿堂

常温穿堂使温度经常保持接近于或略低于室外大气温度。在建筑构造上无须做绝热处理，而且一般要求有自然通风条件。只要处理得当，使其内部不滴水、不结冰即可延长冷库使用年限并降低工程造价。

常温穿堂要保持常温，因此需要外界向穿堂补充热量，具体的做法：常温穿堂的围护结构不宜大面积与低温房间共用，以便外界的热量能通过传导途径进入穿堂；为穿堂创造自然通风条件，以便外界空气以对流方式进入穿堂。

低温穿堂的温度为 0℃以下，要保持低温，其围护结构就必须有隔热层和制冷设备。为了能快速有效地吸收外界空气和货物带入穿堂的水蒸气，制冷设备常采用小型吊顶式冷风机。若低温穿堂的温度时而高于 0℃、时而低于 0℃，就会产生时而结冰、时而融化的现象，从而损坏围护结构。在设计中若可以采用常温穿堂，就不采用低温穿堂。

（四）装卸月台

为了便于装卸货物，冷库中必须设置月台。根据户外运输工具的不同，月台可分为公路月台和铁路月台。

1. 公路月台

目前有关规定指出 1000t 以下的小型冷库以公路运输为主。

公路月台的长度和宽度按吞吐量大小确定。对于吞吐量大、装卸频繁、专为市场服务的分配型冷库，由于节日调运以及装卸的车辆较多，可设计长一些。以铁路运输为主时，基本上是整批进、整批出的库，难免也兼有少量的公路运输任务，所以仍需设公路月台。这种公路月台只按少量汽车装卸考虑即可。月台的罩棚不宜过高，可根据月台的大小和深度适当考虑，且檐口不宜翘得太高，罩棚太高或檐口翘得太高对防雨、遮阳均不利。月台要高出回车场地面 1.0～1.2m；月台地面要有 1%外斜坡度以利于排水；月台外缘应镶嵌角钢以防碰撞损坏。

2. 铁路月台

我国的冷库铁路月台绝大多数采用敞开式，只有少数有围挡结构。月台高出铁轨面 1.1～1.3m，月台宽度为 6～8m。月台长度应根据吞吐批量和保温车种类而定。吞吐批量与冷库库容量有关。一般库容量为 1500～5000t 的冷库，按小列机械保温车的一半长度计算，月台长度为 108m。库容量在 5000t 以上的冷库，按小列机械保温车的全长计算，月台长度为 216m。如厂内自备牵引机车或牵引绞车时，月台长度可适当缩短。

采用模数 30M 数列，按 6m、9m 柱距布置。为了防止车门正对柱子、便于装卸作业，柱子中线至月台边缘距离应不小于 2m。

采用加冰保温的车辆时，应与铁路运输部门联系并确定是否必须由冷库负责向车辆加冰，如必须由冷库负责加冰时，应在月台设计中考虑设置输冰、碎冰、提冰、加冰设施。

月台宽度和冷库规模、货物周转量、装卸数量以及所使用的装卸工具等有关。一般机械装卸速度快，要求月台宽；人工装卸速度慢，要求月台窄，如表 8-11 所示。

表 8-11　冷库月台的宽度　　单位：m

运输工具	铁路月台宽度	公路月台宽度	备注
手推车	7～9	5～7	大中型冷库、大中城市分配型冷库取上限
电瓶叉车	8～10	6～8	

月台有敞开式月台和封闭式月台两种，上述均为敞开式月台。在气候特别炎热和风沙特别大的地区还可采用封闭式月台，使火车和汽车进入室内进行装卸。与常规月台相比，封闭式月台就是增加了隔热围护结构的常规月台，使之形成一个保温隔热的封闭空间；同时对进、出冷库的物品对接的汽车、铁路列车门设置专用的密封门，使物品在进、出月台这个环节上与室外大气隔断，确保其质量和卫生。装卸口设施组合示意如图 8-6 所示。

装卸货月台本身的温度控制也需考虑。有些低温储存货物需要在月台上存放一定的时间，等候装载进入运输环节，因此月台本身也需要保持低温，特别是当外界环境温度较高时。这也是保证冷链“无缝”连接的重要环节。另外，当环境温度很低时，月台就需要通过加热来防止一些温度敏感物品被冻伤，而这种热量可以通过制冷系统的热回收来实现。

封闭式月台的配套设备有各类防撞装置、滑升门、月台高度调节装置等。冷库进、出货作业时要保持冷链不会“断链”，在装卸口设置保温滑升门、月台高度调节板、车辆限制器和密闭接头等是必要的，图 8-7（a）、图 8-7（b）所示分别为充气式门封和机械式门封示意，图 8-8 为结合式密封装卸货口。

月台高度调节板的主要作用是将封闭式月台和冷藏车连成整体，方便叉车的机械化门对门作业。常见的月台高度调节板有机械式、液压式和气袋式等，分别如图 8-9（a）、图 8-9（b）、图 8-9（c）所示。

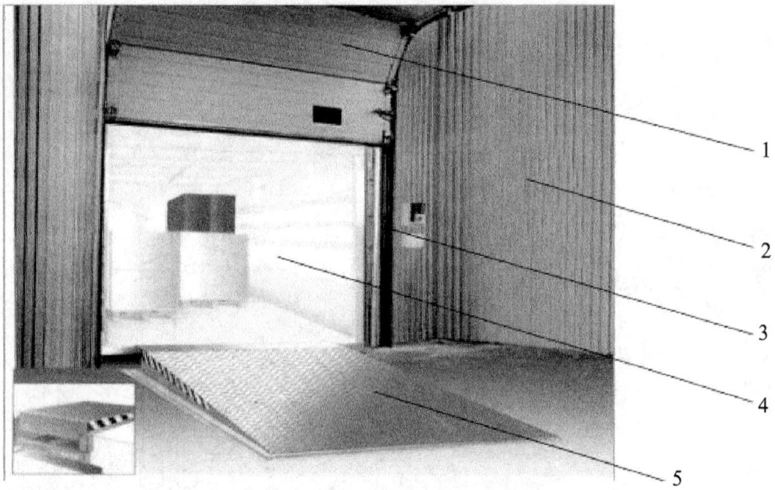

1—保温滑升门；2—冷库月台；3—充气套式密封设施；
4—冷藏车；5—月台高度调节板

图 8-6 装卸口设施组合示意

（a）充气式门封

图 8-7 常见门封

（b）机械式门封

图 8－7　常见门封（续）

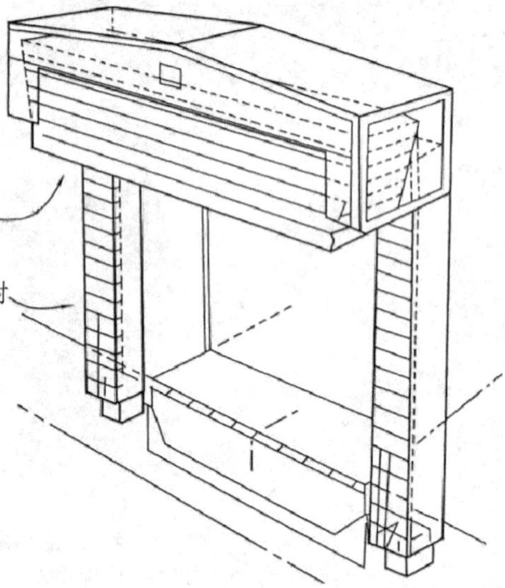

图 8－8　结合式密封装卸货口

（a）机械式月台高度调节板　（b）液压式月台高度调节板　（c）气袋式月台高度调节板

图 8－9　常见调节板

第三节　冷链物流作业运营

一、低温仓储管理

从田间到餐桌的整个供应链条中，低温仓储设施是最重要的流通节点，也是冷链物流企业最重要的业务载体。如果对冷链仓储过程的控制不够准确，将会导致商品品质降低、组织结构改变、颜色改变、碰撞挤压的损伤以及微生物繁殖等。因此，为充分保障商品品质，完善冷链仓储管理具有重要的现实意义和经济价值。本节将讨论各类冷藏设施，包括大型冷库、加工中心、配送中心以及步入式冷柜/冷藏室（区），其中有些共性问题和因素需要在设计和建设阶段予以考虑。

（一）低温仓储设施类型

1. 大型冷库

冷库用于易腐品的储存，可分为不同类型，比如散装货物冷库和成品货物冷库，也可分为降温库和保温库。冷库的真正功能和货物的类型将决定冷库的各种参数：冷库大小、平均储存时间、温湿度分区（分库）的数量和类型。冷库有时也会包含一定的加工区域，而不仅是简单的温湿度控制，在设计时应特别考虑，大型冷库如图 8－10（a）所示。

2. 加工中心

加工中心一般负责把原材料部分或全部加工成包装产品，通常使用大型设施，设有仓库。由于较多地使用机械设备，比如传送带、恒温箱等，因此冷冻加工中心通常比大型冷库或者配送中心需要更多的制冷量。加工中心的设备通常用来处理货物表面的颗粒或者化学物质，以及加工车间卫生的清洁，加工中心如图 8－10（b）所示。

3. 配送中心

配送中心通常也是大型仓储设施，用于短期储存、整理不同来源的货物并根据订单给客户发货。配送中心和大型冷库在设计和建造时的理念往往是类似的，但是两者在具体使用时会有所不同，具体如下。

（1）配送中心需要对货物进行分拣和填写订单；

（2）由于放置时间短，货物很可能储存在配送中心；

（3）货物箱和条板箱会放置在配送中心；

（4）配送中心也会有自己的装卸月台，且开关门更加频繁。

越库配送中心几乎不设储存区域，比较典型的配送中心一般宽约 75m，长约 300m，两端设置若干装卸进出口。产品在一端从车辆卸下，分类整理，然后在另一端装上冷藏车离开中心，进入零售环节。

4. 步入式冷柜/冷藏室（区）

步入式冷柜/冷藏室（区）一般是非独立设施，通常和其他制冷设备共享一套制冷机组，应用于零售或者餐饮服务领域，少量的产品在较短时间内保存，直到被使用或者出售。

有些零售场所需要采用多温区设计，此时可采用多个互相独立的步入式冷柜/冷藏室（区），或者是混合步入式冷柜/冷藏室（区），后者采用多个小隔间共用同一个外围壁面的设计，最常用的是两室混合设计。在一些较大的食品服务设施中，这种混合步入式冷柜/冷藏室（区）可以有多达6个甚至7个隔间，包含了来料散货储存（肉类，鱼类及其他农产品），中央处理厨房以及成品储存区域。这些内部隔间之间通常有活动门可以互通，步入式冷藏区如图8-10（c）所示。

（a）大型冷库

（b）加工中心

（c）步入式冷藏区

图8-10 仓储设施类型

（二）低温仓储设施的设计

1. 热负荷的定义

低温仓储设施会同时与外部环境和内部货物进行热交换，它会最小化并平衡各种热源。主要热源有：太阳热负荷，天花板、壁面、地板导热，漏热，产品呼吸热负荷和附加热负荷。这些热负荷的大小决定了低温仓储设施的制冷量。需对各个房间的热负荷进行单独计算，以便根据制冷量和相关要求来合理设计系统。

为了保证得到不同的冷藏温度，需要对各单独的制冷空间的热负荷进行计算处理。每种热负荷的描述及与仓储设计相关的注意事项如下。

1）太阳热负荷

太阳热负荷是指低温仓储设施因暴露于太阳辐射下而获得的热量。两个最重要的影响因素是设施的位置以及建造的方法，设施所处环境、朝向、经纬度、每年以及每天使用时长等都会影响设施的太阳辐射量。相对于植被较多区域，建在反射表面（沙子或水）区域附近的低温仓储设施，需承受更多的太阳热负荷，在设计时应考虑这些热负荷。另外，建造过程中采用具有较好绝热性能的材料，将有助于降低太阳热负荷。

2）天花板、壁面、地板导热

低温仓储设施的天花板、壁面、地板所采用的建筑材料，对于降低设施的热量传递以及太阳热辐射会起到重要作用。材料本身的类型以及厚度是至关重要的因素。从材料本身来说，具有低热传导率的材料意味着更好的绝热效果。同等条件下，越厚的材料具有越好的绝热效果。

为简化起见，材料的热阻 R 被用来综合衡量材料组成及厚度对传热的影响，R 越大，材料的绝热性能越好。

3）漏热

由于冷暖空气的密度不同，当门开启时，外部的暖空气会进入低温储存区域，导致热量渗入低温储存区域。另外暖湿空气中的水分凝结所释放的潜热也会增加制冷系统的负荷。开关门的次数和时长通常是不一样的，制冷系统的设计必须考虑补偿这些潜热和显热的负荷。对于那些含（释放）水量较多的货物，必须考虑去除空气中的水分，避免在货物表面结冰。

4）产品呼吸热

低温仓储设施用来储存易腐品，由于这些产品附加了热源，被称为产品呼吸热。当产品运至低温仓储设施内部时，空间内部温度升高，产生了附加的热源。这些热源主要来自两个方面：产品与储存空间的温差以及产品呼吸作用产生的热源。产品刚装入储存区域时，产品本身温度一般高于区域温度，此时需要降温，直至温度与区域温度一致。果蔬等产品在采收后仍会继续呼吸，呼吸作用会产生附加热源，这对于制冷设备来说是额外“负担”。呼吸作用所产生的热负荷与温度有关，温度降低时，热负荷会显著减少。一般温度每升高 10℃，呼吸热就会增加 2～3 倍。应当注意，肉类产品不具有呼吸作用，也就不会在储存时继续产生热量。

5）附加热负荷

除了储存的产品，低温仓储设施中进行的操作也会带来额外的热源，例如，区域内工作人员人体产热、呼吸产热，光源、电机及其他产热设备（如叉车等车辆）产热，这一点在设计制冷系统和设施时也应予以考虑。对产品本身以及设施使用的充分全面考虑是低温仓储设施优化设计的关键。另外，库存周转量也是需要考虑的。

2. 产品要求

产品的类型以及客户要求决定了设施的温度要求。各种产品已经有了标准化的温度要求，在分析这些要求时，必须考虑储存的兼容性，确保将不能储存在一起的产品分开储存。如：a. 确保所有储存在一起的产品所需的温度和相对湿度相同；b. 将乙烯释放量较高的产品与那些对乙烯敏感的产品分开；c. 将释放气味的产品与那些容易吸收气味的产品分开；d. 评估各种产品的化学处理方法；e. 评估所有储存在一起的产品的气调参数的兼容性。果蔬对温度的变化较敏感，很小的温度波动都会对某些产品产生不可逆转的损害。例如，许多热带水果如果在较低温度下储存会被冻伤。这些果蔬的适宜冷藏温度各有不同，一般在2℃～12.8℃。另外，较低的温度或者较高的入库温差会导致某些产品严重脱水，因此在系统设计时应特别注意，在中等湿度时，尽量减小蒸发器盘管的温差，或者通过加湿器提高湿度等。

不同产品不仅有不同的温度要求，而且在气调（湿度、氧气、二氧化碳、一氧化碳或者乙烯等）、冷处理和预冷处理（敷冰的产品需要地板上有排水设施）上的要求都有所不同。

对于加工型设施，要求具有清洁的环境。为此，带有空气处理设备的制冷设备必须满足严格的卫生和清洁要求。这种设备可以安装在室内或者室外，通过导管来连通，也会要求附加部件（如空气过滤器和紫外灯）去除微生物。

3. 制冷设备的选型

1）蒸发器

该设备的作用是使低温低压的液态制冷剂通过时吸收设施内（室内）热量，蒸发为气体。由于蒸发器正好位于设施内，因此选择时必须考虑设施的使用情况、产品本身的要求以及设计要求，蒸发器的位置以及气流的布局、方向和大小等都是很重要的因素。例如，在狭长的库内，蒸发器通常位于走廊之间，以保证气流吹到整个库内，而不会被货架或者堆栈堵塞。较大的房间往往需要若干蒸发器机组，此时可采用吹风或者抽风方式来保证所需的气流。例如，冰激凌对于气流的要求较严格，因为温度的持续稳定性对于冰激凌的质量至关重要，所以需采用较大的气流来保证温度的稳定性。产品的包装也会影响气流的设计，例如，比较结实的包装（防止损坏产品）或者塑料包装（防止脱水）都会减弱气流在产品周围流动，这会严重影响冷却效率。

另外，蒸发器盘管材料的选择也是需要考虑的因素。目前主要有四类盘管材料，它们各有优劣，具体如下。

（1）镀锌钢是常用的材料，非常耐用，并且能和任何制冷剂兼容（特别是氮），所以广泛使用在氨系统中。然而，这种盘管较重，在抗震等级要求比较高的地区，要使用该种材料就必须加强建筑的结构强度。

（2）铝合金（铝制换热管和翅片），铝制盘管通常用于氨系统或者卤代烃系统。铝合金具有轻质的特点，一般不会被气体腐蚀（用于处理某些产品的气体），但是容易被酸腐蚀。此外，铝制盘管具有较高的传热效率与更短的融霜周期。在气调库中，特别是在有乙烯存在的情况下，铝制盘管是较好的选择。值得注意的是，铝的抗拉强度低于钢，在铝制盘管与钢管路连接处，容易产生因表面层机械分离而发生的失效。另外，目前也没有比较成熟的钢与铝的焊接技术。

(3) 铜管铝翅片盘管具有质轻、不易腐蚀、传热效率高以及融霜周期较短等优点，可用于卤代烃、水或者乙二醇系统。由于铜和氨会发生化学反应，所以该种盘管不能用于氨系统，且该种盘管还有表面层机械分离及电化学腐蚀的风险。

(4) 不锈钢管铝翅片盘管是目前市场上较新的盘管，将来可能代替镀锌钢盘管。由于采用了铝制翅片，所以在处理相同的制冷剂容量时，具有轻质的优点。同时，因该种盘管有铝翅片及较薄的钢管壁厚，所以它具有更短的融霜周期。

蒸发器风扇的噪声也是设计时必须考虑的，要能保证室内操作人员的正常工作和沟通。产品在某种程度上是可以减弱噪声的，所以在那些不是持续性装满产品的房间内，尤其要注意噪声问题。减小噪声的方法有很多，诸如减小风扇的直径、降低转速、使用小叶片的风扇或者使用离心风机。

2) 压缩机

该设备吸入从蒸发器出来的低压制冷剂气体，将其压缩为高温高压气体。压缩机的选择是整个制冷系统最重要的环节之一，受多种因素决定。例如，系统的类型、客户的使用喜好、成本、设施所在区域的维修资源水平、设施所在区域的气候和水资源条件等。

活塞式压缩机（见图 8-11）具有悠久的历史，但是一般冷量较低（小于 186kW)，活塞式压缩机因具有较多的运动部件，维护要求较高。螺杆式压缩机（见图 8-12）具有较大的冷量（37～373kW)。螺杆式压缩机的润滑系统要求较高，必须得到足够的润滑，以保证螺杆的密封效果。螺杆式压缩机会产生较大的噪声，一般放置在室外，如果放在室内，则要放置在单独的压缩机房。

3) 冷凝器

该设备的功能是将高温高压的制冷剂气体冷凝为液态制冷剂，并向室外散热，常见的冷凝器有蒸发式（水冷式）和风冷式两种。

蒸发式冷凝器采用将水喷淋在盘管上，并依靠风机气流充满整个盘管的方法来达到散热的目的。该方法成本较高，效率也很高，特别适用于大型系统。蒸发式冷凝器要求有持续水源供应设备、水处理设备以及水泵、排水设备等附加设备。另外，在某些条件下还需要考虑防冻，需附加防冻设施。蒸发式冷凝器需要定期维护，从而确保高效性。

风冷式冷凝器不需使用水，更适用于小型系统。该方式需要较大的地基（尤其在氨系统中)，但是不需要水供应设备、泵等附加设备。另外，风冷式冷凝器也需要定期的维护从而确保其运行效率。蒸发式冷凝器在湿度较低时效率较高，而风冷式冷凝器可在高湿度时仍保持较高效率。

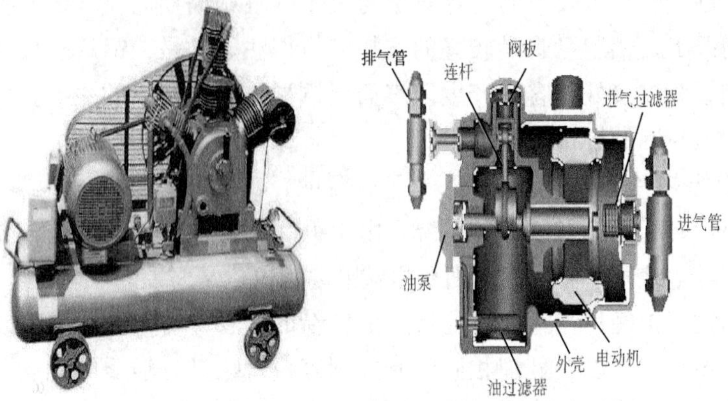

（a）活塞式压缩机　　（b）活塞式压缩机组成部件

图 8－11　活塞式压缩机

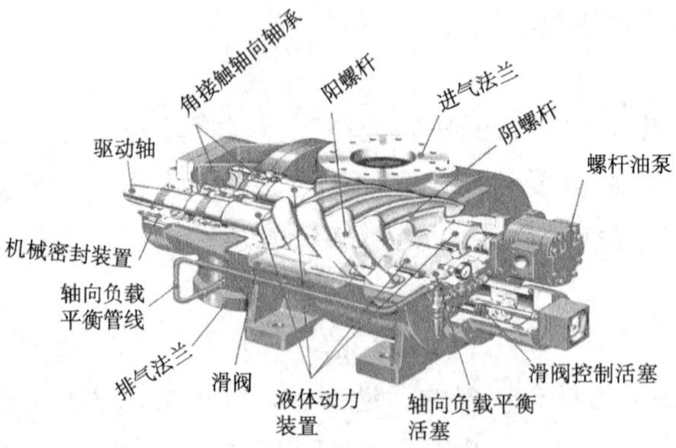

图 8－12　螺杆式压缩机

4）膨胀阀

其主要作用是使制冷剂从系统的高压侧流到低压侧，再回到蒸发器。膨胀阀本身不能控制压力或者温度，但是可通过对温度和压力的感应控制进入蒸发器的制冷剂流量。膨胀阀通过对四种影响因素的同时作用及平衡来控制阀的运行，这四种影响因素包括：a. 阀的入口压力；b. 蒸发器出口温度；c. 蒸发器出口压力；d. 设定过热度（通过阀内部的弹簧调节）。

4. 制冷系统的选型

1）低温仓储设施的规模要求

按照所用制冷剂的类型，低温仓储设施可以分为氟系统和氨系统。在选择冷库的过程中，从成本角度来讲，氟的成本较高，氨的成本较低。从环境角度来说，即从安全、健康的角度来说，氟有很多的优点，没有怪味，而氨的含量多一点就易引起中毒，所以国家对氨型冷库有很多规定。从运行或服务角度来讲，因为氨可能会泄漏，泄漏后可能引起中毒，所以氨型冷库在这方面有很多的要求，它要求厂家、服务人员24小时在岗，相对来说，氟型冷库在这方面的技术要求会低一些，它的管理大都是自动化的。

通常，制冷系统的类型受制于设施的规模要求。较大型的配送中心和冷库（面积大于5000m²），冷量在350kW以上（基于热负荷要求），经常选用氨系统；面积小于1500m²的经常采用R404A或者R134a系统。

在实际操作中，商业上用的较小冷库，选择氟系统具有显著优势，而大型商用冷库，如25～700t的冷库，究竟是选择氟还是氨要根据企业规模的大小和地理位置而定。如果处于市中心，周围有很多居民居住，就要谨慎处理。这种情况下，一般选择氟型冷库。如果地处郊区，就可以选择氨型冷库。在工业上还是用氨型冷库比较多。

除了设施的规模大小要求，还要考虑政府的法规、仓储企业经营习惯及服务维修人员水平。

2）法规要求

在低温仓储设施的设计及设备选型时，必须遵循相应的制冷设备及建筑设施的法律规范要求。

氨压缩机房的防火要求应符合现行《建筑设计防火规范》（GB50016—2014）中火灾危险性为乙类的建筑的有关规定。

氨压缩机房的自动控制室或操作值班室应与机器间隔开，并应设固定观察窗。

氨压缩机房屋面应采取隔热或保温措施，设备间的墙裙、地面和设备的基座应采用易于清洗的面层。

配电室与氨压缩机房毗邻时，共用的隔墙应采用耐火极限不低于4小时的非燃烧体实体墙，该墙上只允许穿过与配电室有关的管道、沟道，其孔洞周围应采用非燃烧性材料严密堵塞；氨压缩机房和配电室的门应向外开启，不得用侧拉门。

配电室可通过走廊或套间与氨压缩机房相通，走廊或套间门应采用阻燃烧体，并配有自动关闭装置；配电室与氨压缩机房共用的隔墙上不宜开窗，如必须开窗时，应采用难燃烧的密封固定窗。

3）仓储企业经营习惯

制冷系统的最终选型也取决于仓储企业的喜好。有些企业只要氨系统或者氟系统，而不关注设施本身的规模大小。这通常与仓储企业对系统的认知程度有关，或者与他们为满足地方规范而采取的方式有关。

4）服务维修人员水平

如果低温仓储设施的位置比较偏远，当地的服务维修人员很可能对于新的系统或设备没有足够维修经验。一旦发生紧急情况，就可能无法及时找到合适的、有经验的维修人员。

二、易腐品质量安全与配送技术

新鲜的农作物要通过食品供应链到达消费者手中，而给所有的食物都提供理想的环境需要大量不同的流程，这对于一个有效率的供应链系统来说不符合商业可行性，同时，也会带来商业风险。于是，优化供应链效率与保证食物运输环境就成了一对矛盾。因此，一个企业开发和执行平衡的供应链解决方案的能力是获得长期成功的关键。

食品供应链配送效率的四个关键因素包括：最小化供应链中的人工搬运冗余；保证用于食品配送点之间的卡车满载；办公无纸化，用计算机作业取代手工记录和工作文档；持续改进，培育长期的学习文化，通过跨部门合作压缩供应链成本。

下面将阐述易腐品冷链的上游节点到下游节点企业是如何做到易腐品质量安全和配送效率之间的平衡的。

（一）农场

在经济发展过程中，提倡规模经济效应以及种植地气候和土壤环境的不同使得从农场到零售配送中心的货运出现单一化的趋势。

产品供应链中农场生产产品的单一化，减少了不适合相互接触的产品在仓储或货运过程中接触的可能性。此外，预冷装置（流态冰预冷、水预冷、真空预冷、空气预冷）可以与单一的农产品相匹配。这能减少供应链中农场部分的资金成本和运营花费。

（二）加工和配送中心

1. 加工环节

1）加工中心与混合储藏的兼容性

为了得到规模经济效应，大部分果蔬的清洗、整理、分级以及原料混合都要集中到食品加工中心来完成。这是把收获后的四大关键因素，即温度、清洁度、混合储藏的兼容性以及质量安全控制，从种植者/农场转移到一个自动化加工中心的过程。

集约化的食品加工中心与在田间的处理相比有更多的优点。首先，多班制可以在不依赖天气、阳光或者田间条件的情况下运作。其次，固定资产可由多家农场或多个种植者共同投资。再次，室内的工艺流程可以在不破坏产品质量的情况下通过优化设计来提高效率。最后，对于这种处理方法来说，纯净、无限的水源较容易获得。从原材料的入库仓保开始，存货的单一性使得温度控制相当简单。从种植者到食品加工中心再到零售/配送中心都可以采用同一个最佳温度。

单一化、互补的产品也减小了装运过程中交叉污染的可能性，这种污染可能来自乙烯、水或冰。为保证产品混合储藏的兼容性，减少了隔板或其他间隔物的使用，使得拖车可以满负载运作，仅受空间或者载重限制。

为了保证稳定的质量以及把成本减少到最低，食品加工厂通常按照高自动化、大产量以及以固定的加工方式加工有限的几种产品来设计。加工的监控程序早在加工中心之前的农场或者种植者就开始了。

2）加工中心实行的监控机制

这些机制可能在供应链的下游中用于追踪产品，如 UPC 码、EAN 码、GS1 条码、ITF－14 条码，RFID 标签等。

2. 配送环节

与一般的产品配送相比，生鲜食品冷链配送具有技术要求高、时效性强、配送范围限制性大等特点。首先是技术要求高，体现在生鲜食品易腐易损，要保证其质量，在配送之前必须采取相应的技术措施。其次是时效性强。与常温食品配送相比，生鲜食品冷链配送对时间要求非常高。另外，生鲜食品种类繁多，需求也多，并且是小批量，这就决定了其物流配送工作具有多品种、小批量、多批次等特点。最后是配送范围限制性大。由于生鲜食品的冷链配送需要较高的标准，导致其配送的范围受到一定限制，配送的距离越远，时间越长，相对应的损耗就越多，所以生鲜食品的配送半径比一般产品的小。

3. 配送效率的影响因素

配送效率的影响因素包括配送路径的选择、配送产品的规模和配送信息的共享程度。

（1）配送路径的选择直接影响生鲜食品的鲜度。在我国现存配送模式的基础上，由于生鲜食品各方面设施设备不够完善，导致生鲜食品在途时间较长，在最终送往客户手中时，快速配送显得尤为重要。选择适合、快速的配送路径，可以有效降低配送成本、提高生鲜食品的鲜度。

（2）配送产品规模的大小也直接影响生鲜食品的鲜度。不同类型的生鲜食品，对保障鲜度的温度和湿度等要求不同。如果该类产品规模较小，企业会认为使用冷藏冷冻类型的车辆不划算，就会放弃配置此类车辆，造成到达客户手中的产品鲜度下降，致使产品销量下降。

（3）配送信息的共享程度越高，越能保证生鲜食品的鲜度。比如，在城市的早上，各类生鲜食品的经营门店外，聚集着各个厂家的配送车辆，导致路面严重拥堵。如果各企业间可以实现信息共享，那么可以使用同一辆车向同一需求地配送不同种类的生鲜食品，不仅提高了产品鲜度，节省了社会资源，而且降低了各企业的配送成本。

第四节　冷链物流标准化

随着互联网全球化发展进程的加快，以及大数据、云计算、虚拟现实、人工智能、物联网等高新技术手段的引入，现代物流业正发生着翻天覆地的变化，我国物流业也面临着转型升级的迫切需求。为了充分应用信息化和标准化手段，促进我国物流业“降本增效”，提升物流业信息化、协同化水平，提升物流信息服务质量，冷链物流标准化建设将成为现阶段我国物流业转型升级与质量提升的有力支撑。

一、冷链物流标准化概述

（一）物流标准化

物流业蓬勃发展的今天，国内与国外物流往来日趋增多。保证高效率、高质量的物流交往，是物流人当下需要迫切思考的问题。统一物流标准是解决目前问题的重要措施。

1. 物流标准化概念

物流标准化是指以物流作为一个大系统，制定并实施系统内部设施、机械设备、专用工具等的技术标准，制定并实施包装、装卸、运输、配送等各类作业标准、管理标准及物流信息标准，并形成全国及和国际接轨的标准体系，以推动物流业发展。

物流标准化包括以下 3 个方面的含义。

（1）从物流系统的整体出发，制定其各子系统的设施、设备、专用工具等的技术标准以及业务工作标准。

（2）研究各子系统技术标准和业务工作标准的配合性，按配合性要求，统一整个物流系统的标准。

（3）研究物流系统与其他相关系统的配合性，谋求物流大系统标准的统一。

以上 3 个方面是分别从不同的物流层次上考虑实现物流标准化。要实现物流系统与其他相关系统的沟通和交流，在物流系统和其他系统之间建立通用的标准，首先要在物流系统内部建立物流系统自身的标准，而整个物流系统的标准的建立又必然包括物流各个子系统的标准。因此，要实现最终的物流标准化必然要实现以上 3 个方面的标准化。

2. 物流标准化特点

1）物流标准化系统属于二次系统或称后标准化系统

物流标准化系统属于二次系统或称后标准化系统，是由于物流及物流管理思想诞生较晚，组成物流大系统的各个分系统在没有归入物流系统之前，早已分别实现了本系统的标准化，并且经多年的应用和不断发展巩固已很难改变。在推行物流标准化时，必须以此为依据，个别情况下固然可将有关的旧标准化体系推翻，按物流系统提出的要求重建新的标准化系统，这就必然要求从适应及协调角度建立新的物流标准化系统，而不可能全部创新。

2）物流标准化体现科学性、民主性和经济性

科学性、民主性和经济性是标准的“三性”，由于物流标准化的特殊性，必须非常突出地体现这三性，才能做好物流标准化。

科学性的要求是要体现现代科技成果，以科学实验为基础。在物流中，则还要求与物流的现代化（包括现代技术及管理）相适应，要求能将现代科技成果转化为物流生产力。否则，尽管各种具体的硬件技术标准化水平颇高，十分先进，但如果不能与系统协调，单项技术再高也是无用的，甚至还起相反作用。

民主性指标准的制定要采用协商一致的办法，广泛考虑各种现实条件，广泛听取意

见，使标准更权威，易于贯彻执行。

经济性是标准化主要目的之一，也是标准的生命力如何的决定因素。物流过程不像深加工那样引起产品的大幅增值，即使通过流通加工等方式，增值也是有限的。所以，物流费用多一分，就要影响一分效益。但是，物流过程又必须投入大量成本，如果不注重标准的经济性，片面强调反映现代科技水平，片面顺从物流习惯及现状，引起物流成本的增加，自然会使标准失去生命力。

3）物流标准具有较强的国际性

改革开放以来的事实表明，对外贸易和交流对我国经济发展的作用越来越大，而所有的对外贸易又最终靠国际物流来完成。因此，我国的物流标准在运输工具、包装、装卸搬运工具、流通加工等方面都要与国际物流标准相一致。积极采用国际物流标准，完善国内物流标准体系，提高运输效率，缩短交货期限，保证物流质量，有利于促进对外贸易、降低成本、增加外汇收入。

3. 物流标准化意义

物流标准化是物流发展的基础。因为物流是一个复杂的系统工程，对待这样的大型系统，要保证系统的统一性、一致性和系统内部各环节的有机联系，需要许多方法和手段，物流标准化是现代物流管理的重要手段之一。

（1）物流标准化是实现物流管理现代化的重要手段和必要条件。

（2）物流标准化是物流服务的质量保证，物流标准化可以规范物流企业活动。

（3）物流标准化是降低物流成本、提高物流效益的有效措施。

（4）物流标准化是我国物流企业进军国际物流市场的通行证，可以使国内物流与国际接轨。

（二）冷链物流标准化

1. 冷链物流标准化概念

冷链物流标准化是指将冷链看作一个综合性的系统，制定系统内部设施设备、专用工具等的技术标准，把运输、仓储、加工等各类作业标准作为现代冷链的突出特征，并形成和国际接轨的标准化体系。

2. 冷链物流标准化建设必要性

冷链物流标准化的作用主要体现在以下几个方面。

（1）冷链物流标准化是实现物流管理现代化的重要手段和必要条件。从技术和管理的角度来看，要使整个冷链物流系统形成一个统一的有机整体，冷链物流标准化起着关键纽带性作用。只有在冷链物流系统的各个环节制定标准并严格贯彻执行，才能实现整个物流系统的高度协调统一，提高物流系统管理水平。

（2）冷链物流标准化是保证产品质量的重要措施。冷链物流活动的根本任务是将易腐产品保质保量并及时地送到客户以及消费者手上。冷链物流标准化应对运输、包装、装卸、搬运、仓储、配送等各个子系统都制定相应标准，形成冷链物流的质量保证体系。通过冷链标准的约束能有效地规范各环节的操作规范，促进冷链物流的健康发展。

（3）冷链物流标准化是消除贸易壁垒、促进国际贸易发展的重要保障。在国际经济交往中，各国或地区标准不一，存在各种技术贸易壁垒，严重影响进出口贸易的发展。因此，要使国际贸易更快发展，必须在运载工具、包装、装卸、仓储、信息，甚至资金结算等方面采用国际标准，实现国际冷链物流标准统一化。例如，集装箱的尺寸规格只有与国际上相一致，与国外物流设施、设备、机具相配套，才能使运输、装卸、仓储等物流活动顺畅进行。

（4）冷链物流标准化是降低成本、提高冷链物流效益的有效措施。冷链物流的高度标准化可以加快物流过程中运输、装卸、搬运的速度，降低物流费用，减少中间损失，提高工作效率，因而可获得直接或间接的物流效益，也是保证易腐货物品质安全的需要。

二、我国冷链物流标准化现状

（一）冷链物流标准制定情况

目前，我国冷链物流领域内的国家标准、行业标准修订与推广工作由全国物流标准化技术委员会冷链物流分技术委员会负责。截至2019年年底，《中国冷链物流标准目录手册》的标准共计283项。其中，2019年发布实施的标准总计20项。随着冷链标准日益完善，不难看出，冷链物流行业门槛逐渐提高，如表8-12所示。

表8-12　冷链物流标准分类数量统计　　单位：项

标准分类	基础标准	设施设备标准	技术标准	作业标准	管理标准	其他
数量	28	50	65	25	96	19

资料来源：2019年《中国冷链物流标准目录手册》。

从已颁布的农产品冷链物流标准中看出，涉及的冷链物流对象包括食品、水产品、肉类、果蔬、饮料等，涉及标准共145项，约占全部标准的51%，如表8-13所示。

表8-13　冷链物流标准对象数量及比例

标准对象	食品	水产品	肉类	果蔬	饮料
数量（项）	8	25	17	89	6
比例（%）	2.8	8.8	6.0	31.4	2.1

资料来源：2019年《中国冷链物流标准目录手册》。

（二）我国冷链物流标准化存在的主要问题

1. 标准的执行和监管力度不足

冷链物流标准化的迫切性是由冷链物流自身特点和我国冷链物流的现状所决定的。

生鲜食品在原料获取、加工技术和设备、质量控制和管理、产品质量和检验方法以及产品安全、卫生、包装、储运、销售等产业链条的每个环节都要有相应的标准和规范，标准之间应相互联系形成有机的整体。但是，现状与要求之间还存在一定差距。目前我国冷链物流标准仍然不够健全和规范，绝大部分都为推荐性标准，对冷链物流企业缺乏有效的引导力和监管力。

2. 标准未覆盖冷链物流的全过程

冷链物流过程涉及原料获取、冷冻加工、冷藏、冷链运输和配送、销售等诸多环节，任何一个环节上的疏忽都有可能带来服务“断链”，影响食品品质，甚至给消费者健康带来损害。

我国分布在不同行业的冷链物流标准共有 200 余项，无论是国家标准还是行业标准，都以产品标准和产品检验标准为主。已有的产品标准和产品检验标准大多集中在储藏和运输两个环节，针对上、下游环节衔接与全过程的标准以及销售环节的规范还十分欠缺。

3. 标准之间协调性差，存在重复和交叉现象

我国冷链物流涉及的管理职能部门主要包括交通运输、铁道运输、卫生、农业、进出境检验检疫等部门。目前，冷链物流标准的制定一般由各个部门根据自身管理的需要，从不同的角度，针对不同的范围进行制定，部门之间缺乏足够的协调，难以形成完整的体系。

此外，地方标准、国家标准、行业标准三者之间的关系有些混乱，标准制定的主题不明确，条块分割现象还比较严重，导致冷链物流标准存在重复和交叉现象，彼此缺乏统一性和协调性。

4. 标准的可操作性不强

冷链物流标准应当在冷链物流行业中发挥积极作用。实际上，我国冷链物流领域的相关企业大多采用自己的企业标准，较少采用国家标准和行业标准。究其原因，一方面是现有的冷链物流标准尚不完善，另一方面是某些现存标准与企业实际脱节，置换成本较高。目前，全国物流标准化技术委员会冷链物流分技术委员会在推进冷链物流标准化建设的进程中，应积极引导企业参与行业标准的制定，以提高冷链物流标准的可操作性和实用性。

5. 国际标准采用比例较低

随着经济全球化的发展，冷链物流面对的是全球化的市场环境，冷链物流标准化具有非常强的国际性，要求与国际物流标准化体系相一致。然而，由于缺乏全球化的思考，冷链物流标准在制定过程中较少考虑与国际标准的衔接问题。

（三）制约我国冷链物流标准化发展的因素

冷链物流标准化对冷链物流企业的发展有着十分重要的意义。同时也受到市场导向

和政府推动两个方面的影响。

1. 市场导向

目前，我国的消费水平与发达国家相比还有差距，在产品质量等级上的划分标准不清晰，导致市场上标准化产品与非标准化产品价格相差无几。对于企业而言，提供标准化的产品需要人员、设备等方面的投入，这也意味着产品成本上升。而目前大多数消费者还不愿意为高价产品埋单。

2. 政府推动

随着我国冷链物流以及生鲜电商企业的发展，政府部门、行业协会日益重视冷链物流标准化的建设，制定了一系列相关标准，但标准比较宽泛，且市场执行力度远远不够。

三、冷链物流标准化体系

冷链物流标准化体系主要包括五大模块，即冷链物流基础标准、冷链物流技术与操作标准、冷链物流管理及质量控制标准、冷链物流设施设备标准和冷链物流设施设备能耗标准（见图 8－13）。

此部分主要针对冷链中涉及的人、物品、环境、作业等，即从管理角度制定相应规范。

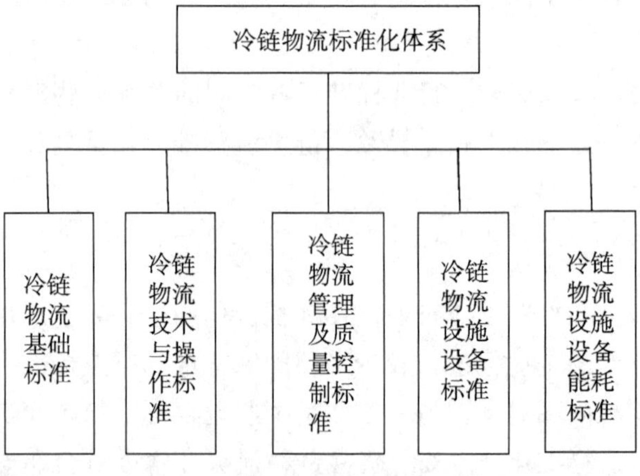

图 8－13　冷链物流标准化体系架构

1. 冷链物流基础标准

冷链物流基础标准主要包括冷链的术语、图形与标志以及规范等，如图 8－14 所示。

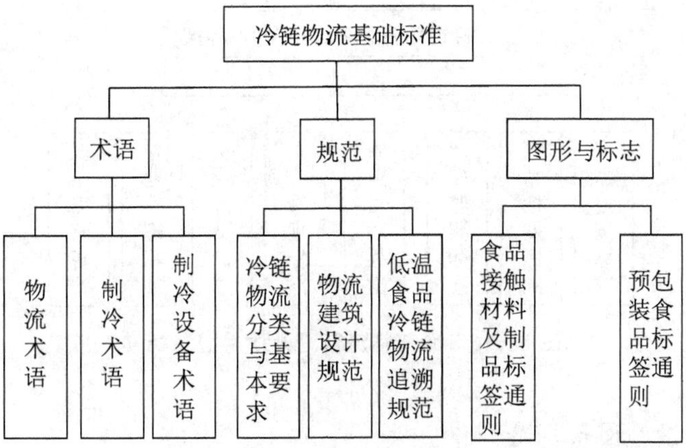

图 8－14　基础类标准

2. 冷链物流技术与操作标准

冷链物流技术与操作标准对冷链各环节、各种易腐货物冷链技术与操作加以规范，明确各种货物进出冷链的质量要求、在各环节的操作要求和相应的技术条件。具体如图 8－15 所示。

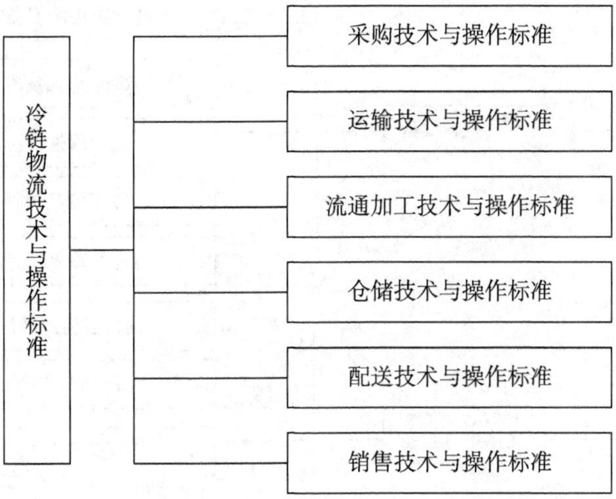

图 8－15　冷链物流技术与操作标准

3. 冷链物流管理及质量控制标准

冷链物流管理及质量控制标准主要针对冷链中涉及的人、易腐货物、环境、作业等从物流管理的角度制定相应的规范，如图 8－16 所示。

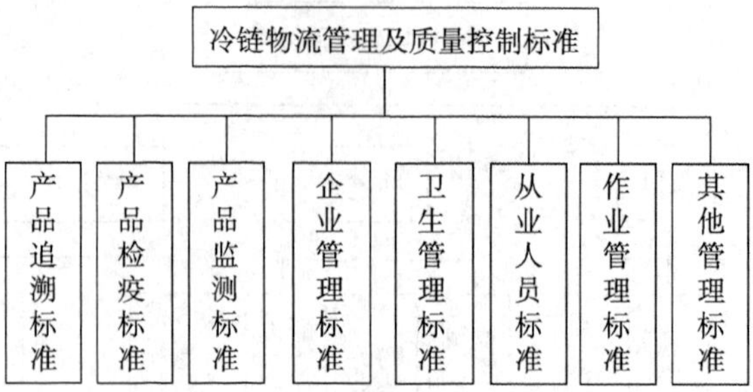

图 8－16　冷链物流管理及质量控制标准

4. 冷链物流设施设备标准

冷链物流设施设备标准主要针对冷链中各环节的相关设施设备制定规范，分别对加工、冷藏、运输、配送、销售等环节涉及的预冷设施设备、运输设施设备、冷库设施等的技术要求进行规范，如图 8－17 所示。

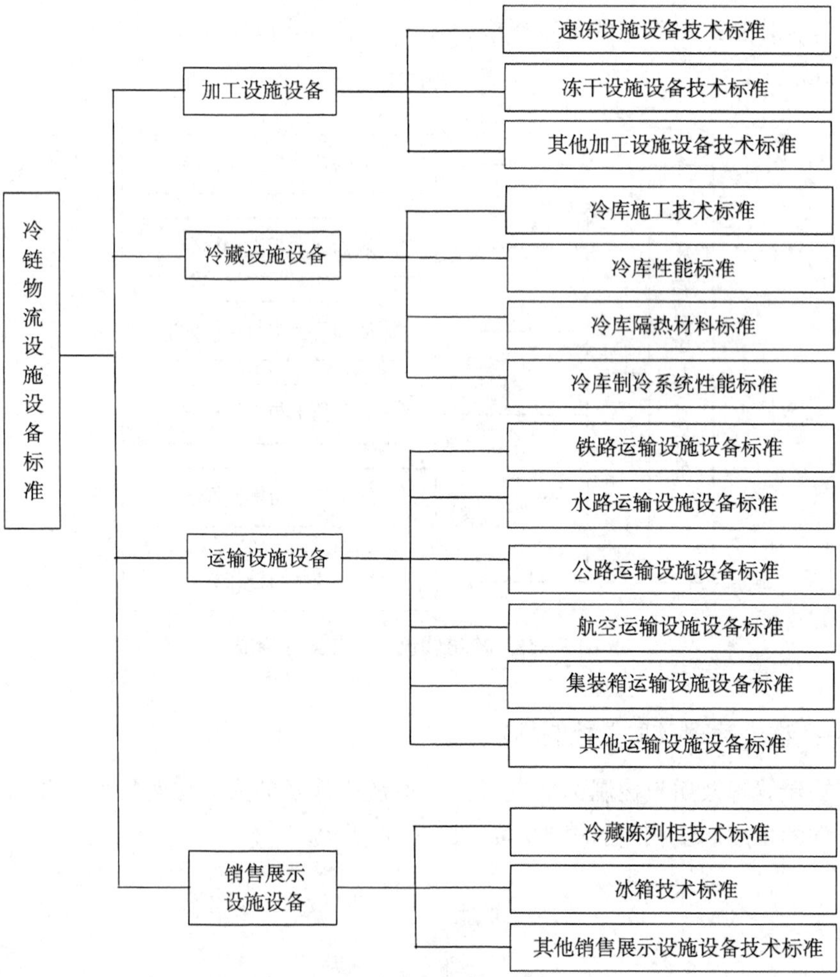

图 8－17　冷链物流设施设备标准

5. 冷链物流设施设备能耗标准

冷链物流设施设备主要针对冷链中各环节的相关设施设备能耗进行规范，分别对加工、冷藏、运输、配送、销售等环节涉及的预冷设施设备、运输设施设备、冷库设施等的能耗指标进行规范，如图 8 - 18 所示。

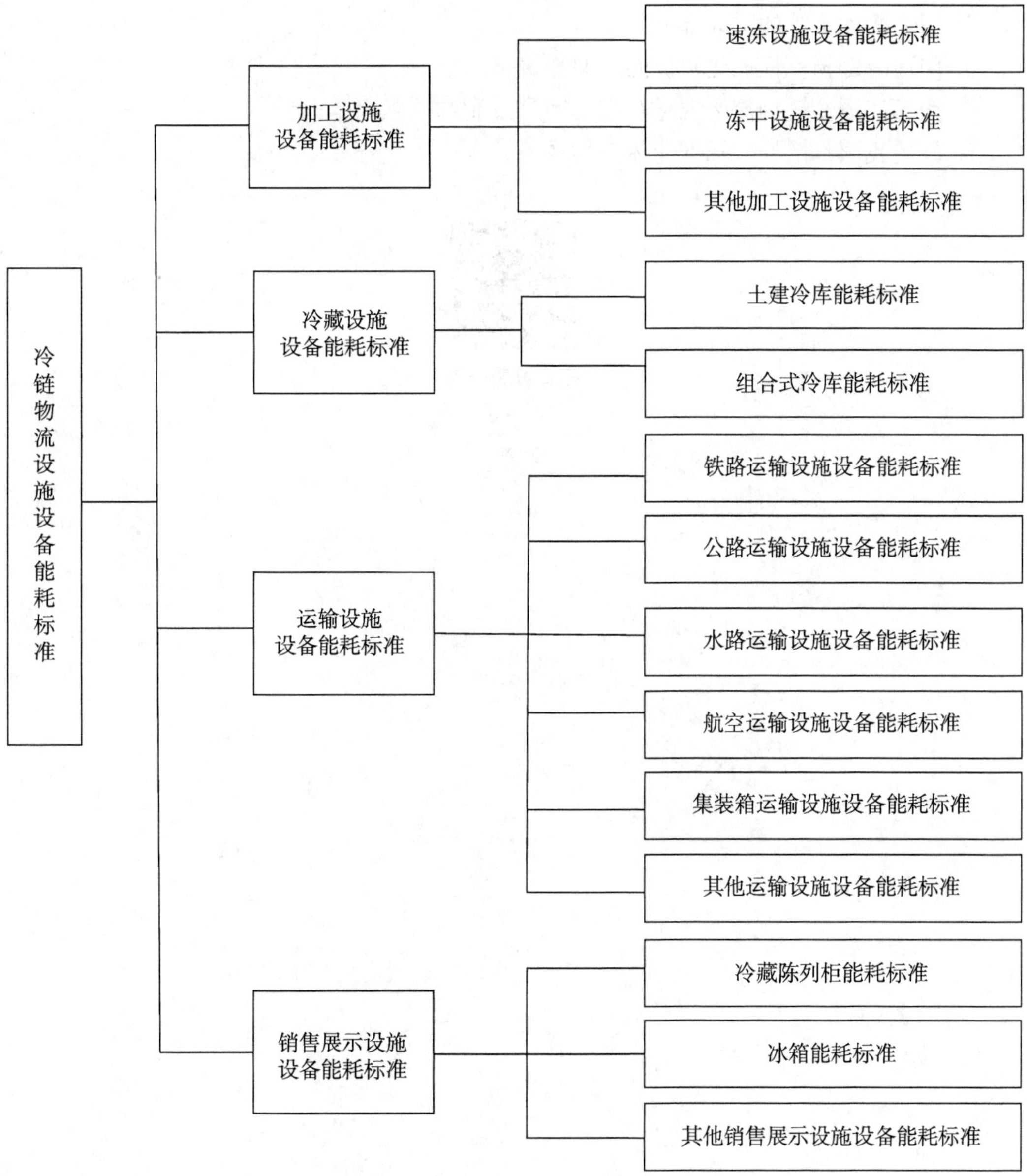

图 8 - 18 冷链物流设施设备能耗标准

复习与思考

1. 冷链物流园区分类有哪些？
2. 全面阐述冷链物流园区的功能。
3. 冷链物流园区规划及布局原则分别是什么？
4. 简述冷库建筑的特点和要求。
5. 简述冷库系统的组成部分。
6. 阐述冷链物流标准化建设的必要性。
7. 阐述我国冷链物流标准化存在的问题及制约因素。
8. 阐述我国冷链物流标准化体系构成。

课后习题答案

参考文献

[1] 孙明燕，兰洪杰，黄锋权. 冷链定义浅析 [J]. 物流技术，2007 (10)：29 - 31，52.

[2] 孙杰，司京成，兰洪杰. 北京2008年奥运会食品冷链物流系统研究 [J]. 食品科学，2008 (07)：470 - 478.

[3] 刘宝林. 食品冷冻冷藏学 [M]. 北京：中国农业出版社，2010.

[4] 毋庆刚. 我国冷链物流发展现状与对策研究 [J]. 中国流通经济，2011 (02)：24 - 28.

[5] 史海峰，郭瑞红. 安徽省冷链物流的现状及对策 [J]. 企业改革与管理，2014 (03)：22 - 24.

[6] 冯均元. 速冻食品及速冻研究现状 [J]. 食品安全导刊，2016 (36)：126.

[7] 汪利虹，冷凯君. 冷链物流管理 [M]. 北京：机械工业出版社，2019.

[8] 王微微. 国内外农产品冷链物流发展的比较与借鉴 [J]. 对外经贸实务，2012 (04)：90 - 92.

[9] 郑彤彤. 国外典型国家农产品冷链物流发展现状与启示 [J]. 中国商论，2017 (30)：11 - 12.

[10] 王青燕. 国外冷链物流的发展经验及对我国的启示 [J]. 时代经贸，2016 (21)：51 - 53.

[11] 周海霞. 国外农产品冷链物流一体化经验及借鉴 [J]. 世界农业，2016 (05)：18 - 22.

[12] 张景豪. 改革开放40年我国冷链物流的现状与未来发展 [J]. 广西质量监督导报，2018 (11)：85 - 86.

[13] 崔忠付. 2016中国冷链物流发展回顾与2017展望 [J]. 物流技术与应用，2017 (13)：12 - 13.

[14] 翁心刚，安久意，胡会琴. 冷链物流 [M]. 北京：中国财富出版社，2016.

[15] 崔忠付. 冷链物流：2019年回顾与2020年展望 [J]. 中国物流与采购，2020 (01)：23 - 24.

[16] 刘佳霓. 冷链物流中制冷技术应用的现状与发展 [J]. 中国校外教育，2010 (09)：134 - 135.

[17] 张辉，房亚群. 现代信息技术在冷链物流监控系统中的应用分析 [J]. 无线互联科技，2014 (12)：25，27.

[18] 周强. 基于节能技术的冷链物流成本控制体系 [J]. 物流工程与管理，

2019，41（11）：75－77.

［19］周远，田绅，邵双全，等. 发展冷链装备技术，推动冷链物流业成为新的经济增长点［J］. 冷藏技术，2017，40（01）：1－4.

［20］陈子侠，蒋军，彭建良. 物流技术与物流装备［M］. 2版. 北京：中国人民大学出版社，2015.

［21］贺俊杰. 制冷技术［M］. 2版. 北京：机械工业出版社，2012.

［22］金苏敏. 制冷技术及其应用［M］. 北京：机械工业出版社，2004.

［23］濮伟. 制冷技术及设备制冷与空调专业［M］. 上海：上海交通大学出版社，2006.

［24］华泽钊，李云飞，刘宝林. 食品冷冻冷藏原理与设备［M］. 北京：机械工业出版社，2002.

［25］卢士勋，杨万枫. 制冷技术及工程应用［M］. 上海：上海交通大学出版社，2010.

［26］杨清，吴立鸿. 冷链物流运营管理［M］. 北京：北京理工大学出版社，2018.

［27］李学工，李靖，李金峰. 冷链物流管理［M］. 北京：清华大学出版社，2017.

［28］张虎. 面向品质的葡萄冷链物流技术效率评价系统研究［D］. 北京：中国农业大学，2017.

［29］蔡宋宋，韩澄，廖甜甜，等. 生鲜电商冷链物流包装技术研究［J］. 北方园艺，2015（19）：122－125.

［30］陈镜羽，黄辉. 我国生鲜农产品电子商务冷链物流现状与发展研究［J］. 科技管理研究，2015，35（06）：179－183.

［31］汤元睿，谢晶，徐慧文，等. 冷链物流中包装方式对金枪鱼品质的影响［J］. 现代食品科技，2014，30（07）：187－192.

［32］杨帅，康勇刚，齐菲. 低温对聚乙烯发泡材料动态缓冲性能的影响［J］. 包装工程，2015，36（07）：21－25.

［33］王宏伟. 金属材料低温性能的研究［D］. 沈阳：沈阳航空航天大学，2014.

［34］邵珍珠. 纸浆模塑在不同温湿度条件下的缓冲性能研究［D］. 株洲：湖南工业大学，2016.

［35］徐华东，徐国祺，王立海. 低温对红松和大青杨木材力学性质的影响［J］. 南京林业大学学报（自然科学版），2014，38（05）：25－28.

［36］黎青松. 现代物流设备［M］. 重庆：重庆大学出版社，2009.

［37］刘广海，吴俊章，ALAN FOSTER，等. GU－PCM2型控温式相变蓄冷冷藏车设计与空载性能试验［J］. 农业工程学报，2019，35（06）：288－295.

［38］汤元睿，谢晶，李念文，等. 不同冷链物流过程对金枪鱼品质及组织形态的影响［J］. 农业工程学报，2014，30（05）：285－292.